本报告（保险蓝皮书）得到
中央财经大学中国精算研究院、中央财经大学保险学院、
长城人寿保险股份有限公司、北京智方圆税务师事务所等
单位的支持和帮助，在此表示衷心的感谢！

# 2021 保险蓝皮书
## 中国保险市场发展分析

寇业富 ◎ 主　编

褚福灵　周　桦　廖　朴　高洪忠　陈　辉 ◎ 副主编

中国经济出版社
CHINA ECONOMIC PUBLISHING HOUSE
北京

图书在版编目（CIP）数据

2021 保险蓝皮书：中国保险市场发展分析／寇业富主编．－－北京：中国经济出版社，2021.10
ISBN 978－7－5136－6690－9

Ⅰ.①2… Ⅱ.①寇… Ⅲ.①保险业－经济发展－研究报告－中国－2021 Ⅳ.①F842

中国版本图书馆 CIP 数据核字（2021）第 207307 号

| 责任编辑 | 贺　静 |
| 责任印制 | 巢新强 |
| 封面设计 | 华子设计 |

| 出版发行 | 中国经济出版社 |
|---|---|
| 印 刷 者 | 北京力信诚印刷有限公司 |
| 经 销 者 | 各地新华书店 |
| 开　　本 | 889mm×1194mm　1/16 |
| 印　　张 | 28.5 |
| 字　　数 | 525 千字 |
| 版　　次 | 2021 年 10 月第 1 版 |
| 印　　次 | 2021 年 10 月第 1 次 |
| 定　　价 | 198.00 元 |

广告经营许可证　京西工商广字第 8179 号

中国经济出版社　网址 www.economyph.com　社址 北京市东城区安定门外大街 58 号　邮编 100011
本版图书如存在印装质量问题，请与本社销售中心联系调换（联系电话：010-57512564）

版权所有　盗版必究（举报电话：010-57512600）
国家版权局反盗版举报中心（举报电话：12390）　　服务热线：010-57512564

# 2021年中国保险年度人物——孙祁祥教授

孙祁祥，北京大学经济学院教授，博士生导师，北京大学博雅特聘教授，美国C. V. Starr冠名教授，享受国务院政府特殊津贴专家，国家社科基金重大项目首席专家，联合国开发计划署《人类发展报告（2021—2022）》顾问委员会委员。

孙祁祥教授是北京大学经济学院（系）第21任院长（主任），也是北京大学经济学院百余年历史上的首位女院长。同时，她还兼任北京大学中国保险与社会保障研究中心主任、中国银保监会国际咨询委员会中方委员；曾任亚太风险与保险学会主席，首都女教授协会会长。

孙祁祥教授目前的主要研究领域为风险管理与保险、养老保险、政府与社会资本合作等。30多年来，她在《经济研究》《金融研究》《管理世界》和 The Geneva Papers 等国内外学术期刊上发表论文190余篇；独著、主笔、主编、主译著作20余部；主持中央财经领导小组办公室、教育部、国家发展和改革委员会、中国商务部、中国银保监会、国家社科基金等部委和国际著名机构委托的科研课题30余项。

孙祁祥教授是国际学者眼中中国保险学界的标志性人物。她是迄今为止唯一一位连续10多年担任国际保险学会（IIS）学术主持人的亚洲人，是第一位应邀在美国风险与保险学会（ARIA）年会上（1996年）宣读学术论文的中国内地学者，是第一位人物介绍出现在美国风险与保险学会会刊上的亚洲人。2014年，国际保险学会将"约翰·毕克利创始人奖"授予孙祁祥，她也由此成为该奖项自1972年设立以来的首位中国学者和女性获奖人。国际保险学会颁奖委员会这样评价孙祁祥教授："她一直致力于前沿创新与相关研究，研究领域除商业保险之外，还涉及社会保障，是政策制定者的重要顾问和智囊。"2017年，全国妇联将"全国三八红旗手标兵"——中国妇女界的最高荣誉授予了"教学科研成果卓著的国内风险管理与保险界学术带头人"孙祁祥教授。

孙祁祥教授是一位优秀的学者。她主持的包括国家社科基金重大项目在内的数十项国家级、省部级课题以及在国内外学术刊物上发表的许多专著和论文，在政、产、学界都产生了十分重要的影响。

早在1987年，孙祁祥教授就以一篇题为《根本出路在于改革国家所有制形式》的论文开始在经济学界初露锋芒。在这篇论文中，她提出了"传统的国家所有制形式在理论上是与商品经济对立的，是短缺经济的主要根源，传统的国家所有制改革是政治体制改革成功与否的关键；改革传统的国家所有制不等于改变社会主义的公有制"等重要观点。这篇论文以加编者按的形式发表在当年《金融时报》的头版上，在当时引起很大反响。

1992年，孙祁祥教授的题为《模式转换时期的收入流程分析》的博士论文在有多位著名经济学家出席的答辩会上获得了充分的肯定和高度评价，被认为是一篇"选材新颖、内容丰富、见解深刻、具有开拓性和创新性的论文"。论文中的一些观点，如"外赋权力与宏观失控""总量膨胀、结构失衡的三大循环效应"等均为理论界所接受和使用。这篇论文于1993年由中国金融出版社出版，并荣获1994年度北京市第三届哲学和社会科学优秀成果奖。

1993 年，孙祁祥教授的《市场经济与竞争机会的平等》一文在《经济研究》上发表并由《新华文摘》全文转载，引起了学术界和社会的重视。

孙祁祥教授曾参与"八五"规划项目"股份经济研究"、中国社会科学院重点项目"中国市场经济"、国家十部委联合调查组课题"香港回归后深圳的地位和作用"；担任过北京大学重点课题"论建立具有中国特色的保险市场体系"的总负责人和中国原保监会重点课题"论建立具有中国特色的保险市场体系"的总负责人之一。由她主持的国家发改委"十一五"规划课题"中国系统性金融风险与国家经济安全"的成果，作为向国务院高层汇报的重要研究资料，为国家《中华人民共和国国民经济和社会发展第十一个五年规划纲要》做了重要的前期研究准备；由她与他人共同主持的"中国保险业'十五'发展规划"课题成果经中国原保监会发布，成为指导中国保险业 2001—2005 年发展的重要纲领性文件；"经济全球化背景下中国的贸易强国战略与外贸风险管理"课题的主要成果经新华社《国内动态清样》报送中央高层及省部级领导，引起政府对政策性保险业发展的高度重视，直接影响了国家关于出口信用保险运行模式的选择。

此外，她的"处理转轨成本是个人账户从'空账'转变为'实账'、改革和完善中国养老保险制度的关键""保险制度是市场经济不可或缺的重要组成部分""美国金融危机对中国保险业的六大警示""'十二五'期间中国应当重视宏观综合风险管理，确保经济与社会的动态均衡与协调发展"等观点和研究在学术界和相关领域都产生了广泛的影响，其科研成果多次获得各项奖励，包括"首届陈岱孙经济学论文奖""北京市哲学社会科学成果一等奖""中国保险学会保险理论创新成果一等奖""北京大学人文社会科学成果一等奖""曹凤岐经济与金融理论突出贡献奖"等。

孙祁祥教授也是一位杰出的教师。多年来，她一直承担着本、硕、博各个层面的一线课堂教学任务，其创新性的工作和新颖的教学方式深受广大学生的喜爱。她为研究生开设的"国际保险理论与实践"课程一直采用全英文教学，已经成为北大保险专业研究生阶段的一门品牌课程，甚至有很多外校的研究生和已在国外获得学位的学生慕名前来旁听。2007 年，她主持的北大专业核心课程"保险学原理"先后荣获"北京市精品课程"和"国家级精品课程"荣誉称号。她撰写的教材《保险学》迄今已更新 7 版，重印 30 多万册，全国有 180 余所大学的金融保险学科在使用。该教材先后获得"教育部推荐教材"、"北京市哲学社会科学第五届优秀成果奖"、"普通高等教育'十五'、'十一五'、'十二五'国家级规划教材"、"北京市精品教材"、北京大学优秀教材、首届中国大学出版社图书奖优秀教材奖一等奖、第七届全国高校出版社优秀畅销书一等奖、第五届金融图书"金羊奖"等多项荣誉。有读者这样评价："孙祁祥教授的《保险学》一版再版，我们也是一读再读，真的堪称经典，影响绵延悠长。"

孙祁祥教授曾获北京大学"首届研究生学术十佳"、"首届优秀中青年学术骨干"、"最受学生爱戴的'十佳教师'"、"十佳导师"、北京大学教学成果特等奖、北京大学优秀共产党员标兵、北京市高等教育教学成果一等奖、北京市精品课程奖、北京市哲学社会科学优秀成果奖一等奖、国家精品课程奖、北京市教学名师、北京市师德榜样、北京市先进工作者、北京市创先争优优秀共产党员、中国保险年度人物、中国经济女性年度人物、全国"三八红旗手"标兵等荣誉称号。

孙祁祥教授还是一位优秀的管理者。1993年，北京大学顺应经济发展需求，设立了保险学专业。应组织安排，孙祁祥转入当时在中国还处于发展初期的保险研究领域，组建保险学专业。作为北大风险管理与保险学系的创系主任，她通过刻苦钻研、分析比较和实地考察，带领团队制定了科学的学科发展规划。在她的带领下，经过全系师生的共同努力，北京大学经济学院的风险管理与保险学科迅速成长，于2007年先后被评为高等教育北京市级特色专业和国家级特色专业，并于2017年首批获得"全球优秀保险学科"国际认证。2010—2018年，孙祁祥担任北京大学经济学院院长，是北京大学经济学院百余年历史上第一位女性院长。在她卸任之际，北大党委组织部在给她的感谢函中写道："尊敬的孙祁祥老师：感谢您在担任北京大学经济学院院长期间，锐意进取，开拓创新，勤勉敬业，甘于奉献，尽职尽责，克己奉公，为经济学院的发展改革做出了突出贡献。"

在孙祁祥教授看来，大学教育不只是传授知识，更要为学生发展奠定全面基础，也就是要践行"全人教育"理念。作为"北京市师德榜样"，她经常受邀去各大高校包括中学传授为人、为师、为学的经验。2017年，孙祁祥作为教师代表，在北京大学开学典礼的致辞以"珍惜"为题，诠释了新时代积极、健康、向上的人生观和价值观，引起了社会各界的强烈反响，网络阅读量超过3亿人次，被学生们誉为"8000新生来到北大的第一堂最生动的教育课"。

"穷则独善其身，达则兼济天下"是孙祁祥教授在北京大学2007届研究生毕业典礼上告诫毕业生的谆谆教诲，也是她的行事准则。从教30多年来，她以一名学者的赤子之心，于一方天地默默耕耘。她秉承北大精神，施教于万众学子，坚守内心所向，为爱谱写伟大师魂。

2014年孙祁祥教授在伦敦举行的国际保险学会第五十届年会上荣获"约翰·毕克利创始人奖"。图中女士（图左）为已故创始人毕克利先生的女儿，男士（图右）为评奖委员会主席。

# 前言 Foreword

本部著作是我们连续主编出版"保险蓝皮书——中国保险市场发展分析"系列的第六部。中国保险业作为最早对外开放的金融行业，从"入世"之初的备受争议、挑战，发展到保费收入居世界第二位，中国保险业可以说走过了一段披荆斩棘、奋发有为的发展路程。

中国民族保险业开始于1885年在上海成立的"仁济和"保险公司。1949年之前，中资保险业机构曾多达600家，但其市场占有率仅为25%左右；外资保险公司虽然只有60多家，却拥有75%的市场份额，实际上是外国保险资本控制着中国保险市场。

中华人民共和国成立后，政府非常重视民族保险事业的发展，为适应社会主义经济建设的需要，1949年10月20日成立了国营的中国人民保险公司，总部设在北京。截至1956年，中国保险业实现社会主义国有化目标，无论是财产保险业务还是人身保险业务，无论是城市保险业务还是农村保险业务，无论是国内保险业务还是涉外保险业务，都出现了轰轰烈烈的发展局面。1958年10月，中央的西安财贸会议正式提出："人民公社化以后，保险工作的作用已经消失，除国外保险业务必须继续办理外，国内保险业务应即停办。"到12月，武汉全国财政会议正式做出决定：立即停办国内保险业务。1959年1月，中国人民保险公司召开第七次全国保险会议，贯彻落实国内保险业务停办精神，并布置了善后清理工作。

1978年12月召开的中共十一届三中全会，不仅挽救了濒临崩溃的中国经济，同时也给中国保险业带来了勃勃生机。1979年4月，国务院批转《中国人民银行全国分行行长会议纪要》（以下简称《纪要》）。《纪要》指出："开展保险业务，为国家积累资金，为国家和集体财产提供经济补偿。今后对引进的成套设备、补偿贸易的财产等，都要办理保险。凡需补偿外汇的保险业务，其保险费改收外币。保险公司所得的利润，不再上缴财政，留作国家发展保险事业的基金……"1979年11月，中国人民银行召开全国保险会议，决定从1980年起，恢复停办20余年的国内保险业务，同时在原有的基础上大力发展涉外保险业务。从此，中国的保险事业又翻开了崭新的一页!

保险事业的发展，急需大量的保险专业人才，中国保险专业人才的需求与供给之间形成了巨大的差距。

1980年，中央财政金融学院（现中央财经大学，当时隶属于财政部）率先开设保险专业，每年招生40名；1982年，中国人民银行金融研究生部开始招收保险专业研究生，其所属金融专科学校也开设了保险专业。

1983年，为缩小保险专业人才需求与供给之间的差距，中国人民保险公司一方面建议教育部增设保险专业，尽快在有条件的高等学校开设保险专业；另一方面决定投资高校办学。中国人民保险公司先后与南开大学、武汉大学、辽宁大学、四川财经学院（现西南财经大学）签订了委托协议，对这四所院校一次性投资共920万元；之后又相继资助中央电大、中央财政金融学院、上海财经学院（现上海财经大学）、北京财贸学院（首都经贸大学的前身之一）共160万元。为保证顺利实施委托办学的具体方案，中国人民保险公司牵头组织编写教材，1985年出版了第一部综合性的保险专业教科书——《社会主义保险学》，1987年又组织了5个写作班子，编写出了供中央电大使用的5部教材：《保险学概论》《财产保险》《人身保险》《农业保险》和《海上保险》，促进了保险专业人才的培养。

2003年，依托中央财经大学雄厚的金融学科以及国民经济学、统计学等学科的综合优势，教育部成立了中央财经大学中国精算研究院。中央财经大学中国精算研究院是中国保险精算领域唯一的教育部人文社会科学重点研究基地，具有比较雄厚的科研实力和业界影响力，为精算科学在中国的普及应用以及中国精算师制度的建立和完善做出了重要贡献，培养了多位具有国际水平的精算和保险人才。

根据教育部《普通高等学校人文社会科学重点研究基地管理办法》的要求，重点研究基地应该聚集和培养优秀学术人才，围绕国家发展战略，针对学科前沿和社会经济发展中的重大理论与实践问题，组织高水平的新型科研团队，在产出创新成果、形成学术交流开放平台、带动高校哲学社会科学发展创新等方面发挥重要作用。

为了对中国保险产业的快速发展，特别是加入世界贸易组织（以下简称"WTO"）以来中国保险业发展的经验教训进行整理总结，自2010年开始，中央财经大学中国精算研究院成立保险数据文献中心，于2011年主编出版《2011中国保险公司竞争力评价研究报告》，以后每年出版一部研究报告，这一系列著作已经成为中国精算研究院的标志性成果。到2021年10月出版《2020中国保险公司竞争力评价研究报告》，正好是10周年。

我们在总结并继续出版"中国保险公司竞争力评价研究报告"系列的基础上，自2016年开始主编出版《保险蓝皮书——中国保险市场发展分析》，对保险业的发展状况进行梳理分析，希望能够为业界、学界和政府部门的相关研究提供支持和参考。

保险蓝皮书主要从保险产业发展与政策，保险经营主体分析，中国保险产品、服务与科技发展，社会保险，业界天地、专家声音等五方面对中国保险产业的发展进行总结分析，并始终坚持"公开、客观、科学"的原则。

所谓"公开"，包括两方面的含义：一是指信息数据来源、评价方法等全部公开；二是指梳理分析或评价结果的有的放矢或可验证性。尽管在相关数据的可得性方面还存在不少问题，但是随着我国保险业的不断发展以及对信息数据的重视，无论是从信息公开的渠道、方式还是内容等方面，数据的公开性、可得性都越来越好。

保险产业的发展离不开经济发展水平、经济制度、产业政策等各方面综合复杂因素的影响。

所谓"客观"，一是指分析的理论基础尽量符合中国的国情和发展道路；二是指评价过程、评价方法等尽量避免或者减少人为主观因素的干扰。我们尽量在分析中做到客观、公正。

所谓"科学"，一是指能够历史、辩证地看待中国保险业的发展；二是指分析评价方法的科学性。中国保险业的快速发展既得益于保险业的改革开放，也得益于中国经济的快速发展为保险业提供了健康发展的广阔空间。

《2021保险蓝皮书——中国保险市场发展分析》主要包括五大部分——保险产业发展与政策，保险经营主体分析，中国保险产品、服务与科技发展，社会保险的发展与创新，业界天地、专家声音，共十三章内容。其主要内容和结构如下：

第一部分　保险产业发展与政策，包括第一章和第二章。主要根据产业经济学和保险产业发展理论，从产业经济学、产业组织学等理论视角分析中国以及美国、英国等国家保险产业的发展现状、评价及发展展望等；并强调市场结构、市场行为、市场绩效之间的相互影响和关联性。通过西方发达国家的保险产业发展与政策，为分析中国保险产业的发展方向和发展思路等提供借鉴和参考。

第一章　产业经济学与保险产业。本章从产业经济学的研究对象、研究内容和研究方法等几个方面，分析了保险产业的结构与发展、政策与市场机制之间的关系。

第二章 中国与国际保险产业发展状况。本章主要分析中国、美国、英国保险产业的发展状况，包括市场特点、产业链、产业结构与发展以及保险产业政策等，希望对中国保险产业的发展有所借鉴。

第二部分 保险经营主体分析。本部分主要根据各保险公司的年度信息披露报告、保险年鉴、保险公司官网以及保监会网站等渠道的公开信息数据，对中国中小型保险公司的价值成长性、中国保险中介机构的发展、中国保险资产管理业的发展等进行分析评价，包括第三章、第四章和第五章。

第三章 中国中小型保险公司价值成长性分析。由于中小型保险公司占全部保险公司的90%左右，中小型保险公司的发展状况对中国保险业的发展具有重要影响。本章我们建立"保险公司价值成长性"概念，构建包括市场拓展能力、融资能力、盈利能力、风险管理能力和经营创新能力等一级指标和50多个二级指标的评价体系，采用定性和定量相结合的方法对中国中小型保险公司的各一级指标和价值成长性等进行评价分析，促进中国保险业的长期健康可持续发展。

第四章 中国保险中介机构的发展。保险中介是保险市场不可或缺的重要组成部分，对保险产品创新、管理创新、服务创新和保险科技的快速发展与应用等发挥着不可替代的重要作用。本章分别对保险代理公司、保险经纪公司和保险公估公司的发展进行了梳理和分析，并对其发展中存在的问题和不足进行了探讨。

第五章 中国保险资产管理机构的发展分析。本章主要从中国保险资产管理业的制度建设、经营状况、经营热点问题、中国保险资产管理公司的机遇与挑战等方面对中国保险资产管理业和公司发展进行了梳理总结。

第三部分 中国保险产品、服务与科技发展。本部分主要针对当前中国保险公司的产品、服务特别是消费者的投诉与处理进行分析，包括第六章、第七章和第八章。

第六章 中国人身保险产品和服务分析。本章主要对寿险、意外险、健康险的产品结构进行了分析；并对保险公司服务及消费者投诉进行了统计，阐述了其趋势和特点。

第七章 中国财产保险产品和服务分析。本章主要内容包括对企业财产保险、农业保险、责任保险以及机动车辆保险的产品结构进行分析；对财产险公司的产品市场发展和服务情况及消费者投诉等方面进行统计分析。随着保险产业发展规模的不断扩大、市场监管的不断发展和完善，保险科技、创新和监管的技术与手段等对保险业的发展越来越重要。

第八章 互联网保险与保险科技。本章主要内容包括互联网保险发展概况、互联网保险与保险互联网、互联网保险未来发展趋势、保险科技赋能保险业发展。互联网极大地影响和改变了现代企业的组织经营方式，不断催生出新的商业机会和商业模式，对传统保险市场的竞争格局和竞争方式产生了深远的影响。

第四部分 社会保险。本部分包括第九章和第十章。

第九章 社会保险制度。本章主要从社会保险制度的主要内容、社会保险的原则与功能以及社会保险与商业保险的区别等方面对我国的社会保险进行概述，并分别就基本养老保险、基本医疗保险、失业保险、工伤保险、生育保险的覆盖范围、基金来源、资格条件、就医服务、费用报销等进行整理总结。

第十章 社会保险基金。本章主要就社会保险基金（包括基本养老保险基金、基本医疗保险基金、失业保险基金、工伤保险基金、生育保险基金）自2017年到2019年的参保情况、收入情况、支出情况、基金结余以及历史演变、发展趋势等进行分析，可为相关研究和政府部门提供比较可靠的数据资料与参考。

第五部分 业界天地、专家声音。随着中国保险业实践经验的不断丰富，保险机构的经营管理和社会责任也不断得到加强，保险公司、保险中介机构、保险资产管理公司等除了在风险管理、经济补偿、资金融通等方面发挥职能外，开始把企业的社会责任、社会服务等贯穿到公司的经营管理过程中，很好地履行了社会责任。本部分共分三章，除了对2020年中国保险机构的社会责任进行评价外，还对在履行社会责任方面表现优秀的保险机构的发展状况与社会责任事例进行了展示宣传；并就当前保险业界的热点问题，邀请部分专家学者对此进行了分析解读。

第十一章 中国保险公司的社会责任评价。本章主要基于"利益相关者原则"建立评价体系，包括股东责任、员工责任、客户责任、政府责任、社区责任5个一级指标和40多个二级指标；综合运用主成分分析、因子分析、正态分析等进行评价，得到对2020年中国人身险公司和财产险公司的社会责任评价结果。

第十二章 保险机构的发展与社会责任。本章主要对保险公司、保险中介机构和保险资产管理公司等履行社会责任的实践和事例进行宣传，发挥"展示保险业形象、传递社会正能量"的作用。本章节选了长城人寿、百年人寿、泰康养老、中意人寿、北京智方圆税务师事务所等几家保险机构进行了相关内容的展示和宣传。

第十三章 保险学界、业界专家学者观点介绍。本章的主要内容是邀请国内专家、学者就当前保险业发展中的热点、难点问题进行分析探讨，为相关研究内容、学术观点等提供一个互相交流、学习借鉴的平台。

本章主要刊选了中央财经大学的许飞琼教授，北京工商大学的王绪瑾教授，首都经贸大学的庹国柱教授，广东金融学院的岑敏华教授、罗向明教授、张伟教授，北京大学的朱南军教授等学者的部分学术论文与实证研究内容等，欢迎国内外学者、专家交流借鉴。

本报告的结构由寇业富提议，项目组成员讨论通过。具体写作分工如下：寇业富负责第一章，周桦、寇业富负责第二章，寇业富负责第三章、第四章、第五章，廖朴负责第六章、第七章，陈辉负责第八章，褚福灵负责第九章、第十章，寇业富负责第十一章、第十二章、第十三章以及专题部分。

无论是保险资本的实力、保险管理与技术水平，还是国家对保险业的定位与要求，都体现了中国保险业面临的快速发展与矛盾累积同时叠加的情况。保险业对国内的经济发展、经济结构的改善和供给侧结构性改革，以及"一带一路"建设等方面都发挥着越来越重要的作用，也面临着更多的挑战。在保险业如何更好地保护广大消费者、保险公司的合法利益，发挥国有企业的核心竞争力，促进社会主义制度建设等方面还有很多问题亟待研究。本报告是项目组第六年的工作成果，限于能力、知识、精力和信息数据等各方面的因素，不足之处在所难免，望各位读者能够不吝赐教，我们必将在以后的工作中有所补充改进，谢谢！

寇业富

保险数据文献中心主任

中央财经大学中国精算研究院·保险学院

2021 年 7 月 16 日

# 目录 Contents

## 第一部分 保险产业发展与政策

### 第一章 产业经济学与保险产业 ……………………………………（3）
第一节 产业经济学的概念 …………………………………（3）
第二节 产业政策 ……………………………………………（18）
第三节 保险产业的特点与发展 ……………………………（21）

### 第二章 中国与国际保险产业发展状况 ……………………………（33）
第一节 2020年中国（不含港澳台地区）保险市场分析 …（33）
第二节 中国港澳台地区保险业发展状况 …………………（50）
第三节 美国保险产业发展研究 ……………………………（64）
第四节 英国保险产业发展研究 ……………………………（85）

## 第二部分 保险经营主体分析

### 第三章 中国中小型保险公司的价值成长性分析 …………………（101）
第一节 保险公司价值成长性的概念 ………………………（101）
第二节 保险公司价值成长性评价指标体系建设 …………（104）
第三节 中国人身保险公司价值成长性评价结果与分析 …（108）
第四节 中国财产保险公司价值成长性评价结果与分析 …（115）

## 第四章　中国保险中介机构的发展 ……………………………………（123）
- 第一节　保险专业代理机构的发展 ………………………………（124）
- 第二节　保险经纪机构的发展 ……………………………………（129）
- 第三节　保险公估机构的发展 ……………………………………（134）
- 第四节　总结与展望 ………………………………………………（139）

## 第五章　中国保险资产管理机构的发展分析 …………………………（142）
- 第一节　中国保险资产管理业制度建设 …………………………（142）
- 第二节　中国保险资产管理业经营状况 …………………………（149）
- 第三节　中国保险资产管理业热点 ………………………………（153）
- 第四节　中国保险资产管理的机遇与挑战 ………………………（160）

# 第三部分　中国保险产品、服务与科技发展

## 第六章　中国人身保险产品和服务分析 ………………………………（165）
- 第一节　人身险保险公司市场份额分析 …………………………（165）
- 第二节　人身险公司产品结构分析 ………………………………（167）
- 第三节　人身险公司服务及消费者投诉分析 ……………………（171）

## 第七章　中国财产保险产品和服务分析 ………………………………（176）
- 第一节　中国财险市场份额分析 …………………………………（176）
- 第二节　财产保险公司产品结构分析 ……………………………（180）
- 第三节　财产保险公司服务及消费者投诉分析 …………………（189）

## 第八章　互联网保险与保险科技 ………………………………………（193）
- 第一节　互联网保险的认知迭代 …………………………………（193）
- 第二节　互联网保险的发展回顾 …………………………………（201）
- 第三节　保险科技赋能保险业高质量发展 ………………………（207）

## 第四部分 社会保险

### 第九章 社会保险制度 …………………………………………………… (217)
第一节 社会保险制度概述 ………………………………………… (217)
第二节 基本养老保险 ……………………………………………… (222)
第三节 基本医疗保险 ……………………………………………… (229)
第四节 失业保险、工伤保险、生育保险 ………………………… (234)

### 第十章 社会保险基金 …………………………………………………… (241)
第一节 社会保险基金概况 ………………………………………… (241)
第二节 基本养老保险基金分析 …………………………………… (251)
第三节 医疗保险基金分析 ………………………………………… (258)
第四节 失业保险、工伤保险、生育保险基金分析 ……………… (264)

## 第五部分 业界天地 专家声音

### 第十一章 中国保险公司的社会责任评价 ……………………………… (275)
第一节 保险（集团）公司社会责任的概念与分析方法 ………… (275)
第二节 中国保险公司的社会责任评价 …………………………… (278)
第三节 中国人身保险公司社会责任评价的结果与分析 ………… (281)
第四节 中国财产保险公司社会责任评价的结果与分析 ………… (288)

### 第十二章 保险机构的发展与社会责任 ………………………………… (295)
第一节 拥抱变化 客户至上 价值优增 共同成长
——长城人寿步入"四五"战略新周期　　　　　　白　力 (295)
第二节 创新百年 关爱永恒
——百年人寿保险股份有限公司介绍　　　　　　　单　勇 (300)
第三节 承接国家多层次医养保障体系 做大民生工程骨干企业
——泰康养老保险股份有限公司　　　　　　　　李艳华 (307)

第四节 拥抱变革 创新发展
——中意人寿保险有限公司发展回顾 ………………… 张剑锋（317）

第五节 资管产品与金融业增值税问答
——北京智方圆税务师事务所有限公司 …………………………
………………… 王冬生 马雯丽 曾春娟 孙延玲（322）

## 第十三章 保险学界、业界专家学者观点介绍 ……………（334）

第一节 中国多层次医疗保障体系建设现状与政策选择 …… 许飞琼（334）

第二节 "保险姓保"：理论溯源与价值回归 ………………………
………………………… 岑敏华 罗向明 张 伟（348）

第三节 论地方政府在农业保险中的职责和权力 ………… 庹国柱（356）

第四节 中国保险业发展回顾与展望 ……………… 费安玲 王绪瑾（367）

第五节 公司治理与风险承担
——来自中国保险业的证据 ……………… 朱南军 王文健（377）

## 专 题 中国养老产业的发展与养老保险机构的
服务创新能力评价 …………………………… 寇业富（397）

## 附 录 ………………………………………………………（405）

附录一 2021年中国保险公司综合竞争力的评价结果 ……………（405）

附录二 中国保险资产管理业的政策与机构建设 ………………（407）

## 参考文献 …………………………………………………………（431）

## 后 记 ……………………………………………………………（435）

# 第一部分
# 保险产业发展与政策

# 第一章
# 产业经济学与保险产业

## 第一节 产业经济学的概念

### 一、产业和产业链

(一) 产业概念和产业分类

产业是指具有某种相同属性经济活动的集合或系统,是由利益相互联系的、具有不同分工的、由各个相关行业所组成的业态总称。产业是社会分工的产物,随着社会分工的产生和发展,尽管不同产业的经营方式、经营形态、企业模式和流通环节有所不同,但是它们的经营对象和经营范围是围绕着共同产品而展开的,并且可以在构成业态的各个行业内部完成各自的循环。

产业经济学以产业作为专门的研究对象,在产业经济学意义上,产业具有自己特定的内涵与外延。从狭义上看,工业在产业发展中占有特殊位置,经济发展和工业化过程密切相关,因此产业有时指工业部门。产业经济学中研究的产业是广义的产业,泛指国民经济的各行各业。从生产到流通、服务以至文化、教育,大到部门,小到行业,都可以称为产业。

产业是介于微观经济细胞(企业和家庭消费者)与宏观经济单位(国民经济)之间的若干"集合"。现代经济社会中,存在着大大小小的、居于不同层次的经济单位,企业和家庭是最基本的,也是最小的经济单位;整个国民经济是最大的经济单位;介于两者之间的经济单位是大小不同、数目繁多的,因具有某种同一属性而组合到一起的企业集合,又可看成国民经济按某一标准划分的部分,这就是产业。简单地讲,产业就是生产物质产品的集合体,包括工业、农业和交通运输业等,一般不包括商业。

产业的分类法包括：关联方式分类法、三次产业分类法、国家标准分类法、国际标准分类法、两大部类分类法、农轻重产业分类法、生产要素分类法等，以下介绍主要和常用的四种分类方法。

1. 关联方式分类法

关联方式分类法是指将具有某种相同或相似关联方式的企业经济活动组成一个集合的分类方法，有技术关联分类（如制造业、建筑业、运输业）、原料关联分类（如电力、煤气、采石、渔业）、用途关联分类（如单向关联产业、前向关联产业、横向关联产业、环向关联产业）、战略关联分类（如主导产业、支柱产业、重点产业、先导产业）等。

2. 三次产业分类法

三次产业分类法由新西兰经济学家费歇尔创立。二战以后，西方国家大多采用了三次产业分类法。

在中国，三次产业的划分分别为：

第一产业为农业，包括农、林、牧、渔各业；

第二产业为工业，包括采掘、制造、自来水、电力、蒸汽、热水、煤气和建筑各业；

第三产业是广义上的服务业，包括运输业、通信业、金融业、房地产业、旅游业、文化、教育科学、新闻公共行政、国防、生活服务等产业。

3. 国家标准分类法

中国国家标准局编制和颁布的《国民经济行业分类》对产业的分类如表1-1所示。

表1-1 《国民经济行业分类》中的三次产业分类

| 产业 | 《国民经济行业分类》（GB/T 4754—2011） | | |
|---|---|---|---|
| | 门类 | 大类 | 名称 |
| 第一产业（农业） | A | | 农、林、牧、渔业 |
| | | 01 | 农业 |
| | | 02 | 林业 |
| | | 03 | 畜牧业 |
| | | 04 | 渔业 |
| 第二产业（工业） | B | | 采矿业 |
| | | 06 | 煤炭开采和洗选业 |

续表

| 产业 | 《国民经济行业分类》（GB/T 4754—2011） | | |
| --- | --- | --- | --- |
| | 门类 | 大类 | 名称 |
| 第二产业（工业） | | 07 | 石油和天然气开采业 |
| | | 08 | 黑色金属矿采选业 |
| | | 09 | 有色金属矿采选业 |
| | | 10 | 非金属矿采选业 |
| | | 12 | 其他采矿业 |
| | C | | 制造业 |
| | | 13 | 农副食品加工业 |
| | | 14 | 食品制造业 |
| | | 15 | 酒、饮料和精制茶制造业 |
| | | 16 | 烟草制品业 |
| | | 17 | 纺织业 |
| | | 18 | 纺织服装、服饰业 |
| | | 19 | 皮革、毛皮、羽毛及其制品和制鞋业 |
| | | 20 | 木材加工和木、竹、藤、棕、草制品业 |
| | | 21 | 家具制造业 |
| | | 22 | 造纸和纸制品业 |
| | | 23 | 印刷和记录媒介复制业 |
| | | 24 | 文教、工美、体育和娱乐用品制造业 |
| | | 25 | 石油加工、炼焦和核燃料加工业 |
| | | 26 | 化学原料和化学制品制造业 |
| | | 27 | 医药制造业 |
| | | 28 | 化学纤维制造业 |
| | | 29 | 橡胶和塑料制品业 |
| | | 30 | 非金属矿物制品业 |
| | | 31 | 黑色金属冶炼和压延加工业 |
| | | 32 | 有色金属冶炼和压延加工业 |
| | | 33 | 金属制品业 |
| | | 34 | 通用设备制造业 |
| | | 35 | 专用设备制造业 |
| | | 36 | 汽车制造业 |
| | | 37 | 铁路、船舶、航空航天和其他运输设备制造业 |
| | | 38 | 电气机械和器材制造业 |

续表

| 产业 | 《国民经济行业分类》（GB/T 4754—2011） | | |
| --- | --- | --- | --- |
| | 门类 | 大类 | 名称 |
| 第二产业（工业） | | 39 | 计算机、通信和其他电子设备制造业 |
| | | 40 | 仪器、仪表制造业 |
| | | 41 | 其他制造业 |
| | | 42 | 废弃资源综合利用业 |
| | D | | 电力、热力、燃气及水的生产和供应业 |
| | | 44 | 电力、热力生产和供应业 |
| | | 45 | 燃气生产和供应业 |
| | | 46 | 水的生产和供应业 |
| | E | | 建筑业 |
| | | 47 | 房屋建筑业 |
| | | 48 | 土木工程建筑业 |
| | | 49 | 建筑安装业 |
| | | 50 | 建筑装饰和其他建筑业 |
| 第三产业（服务业） | A | 05 | 农、林、牧、渔服务业 |
| | B | 11 | 开采辅助活动 |
| | C | 43 | 金属制品、机械和设备修理业 |
| | F | | 批发和零售业 |
| | | 51 | 批发业 |
| | | 52 | 零售业 |
| | G | | 交通运输、仓储和邮政业 |
| | | 53 | 铁路运输业 |
| | | 54 | 道路运输业 |
| | | 55 | 水上运输业 |
| | | 56 | 航空运输业 |
| | | 57 | 管道运输业 |
| | | 58 | 装卸搬运和运输代理业 |
| | | 59 | 仓储业 |
| | | 60 | 邮政业 |
| | H | | 住宿和餐饮业 |
| | | 61 | 住宿业 |
| | | 62 | 餐饮业 |
| | I | | 信息传输、软件和信息技术服务业 |

续表

| 产业 | 《国民经济行业分类》（GB/T 4754—2011） | | |
|---|---|---|---|
| | 门类 | 大类 | 名称 |
| 第三产业（服务业） | | 63 | 电信、广播电视和卫星传输服务业 |
| | | 64 | 互联网和相关服务 |
| | | 65 | 软件和信息技术服务业 |
| | J | | 金融业 |
| | | 66 | 货币金融服务 |
| | | 67 | 资本市场服务 |
| | | 68 | 保险业 |
| | | 69 | 其他金融业 |
| | K | | 房地产业 |
| | | 70 | 房地产业 |
| | L | | 租赁和商务服务业 |
| | | 71 | 租赁业 |
| | | 72 | 商务服务业 |
| | M | | 科学研究和技术服务业 |
| | | 73 | 研究和试验发展 |
| | | 74 | 专业技术服务业 |
| | | 75 | 科技推广和应用服务业 |
| | N | | 水利、环境和公共设施管理业 |
| | | 76 | 水利管理业 |
| | | 77 | 生态保护和环境治理业 |
| | | 78 | 公共设施管理业 |
| | O | | 居民服务、修理和其他服务业 |
| | | 79 | 居民服务业 |
| | | 80 | 机动车、电子产品和日用产品修理业 |
| | | 81 | 其他服务业 |
| | P | | 教育 |
| | | 82 | 教育 |
| | Q | | 卫生和社会工作 |
| | | 83 | 卫生 |
| | | 84 | 社会工作 |
| | R | | 文化、体育和娱乐业 |
| | | 85 | 新闻和出版业 |

续表

| 产业 | 《国民经济行业分类》（GB/T 4754—2011） | | |
|---|---|---|---|
| | 门类 | 大类 | 名称 |
| 第三产业（服务业） | | 86 | 广播、电视、电影和影视录音制作业 |
| | | 87 | 文化艺术业 |
| | | 88 | 体育 |
| | | 89 | 娱乐业 |
| | S | | 公共管理、社会保障和社会组织 |
| | | 90 | 中国共产党机关 |
| | | 91 | 国家机构 |
| | | 92 | 人民政协、民主党派 |
| | | 93 | 社会保障 |
| | | 94 | 群众团体、社会团体和其他成员组织 |
| | | 95 | 基层群众自治组织 |
| | T | | 国际组织 |
| | | 96 | 国际组织 |

4. 国际标准分类法

联合国为了统一世界各国的产业分类，于 1971 年编制并颁布了《全部经济活动的国际标准产业分类索引》。国际标准产业分类法将全部经济活动分为大、中、小、细四个层次，并规定了统计编码。全部经济活动共分为 10 大项，再将每个大项细分为若干个中项，然后将各中项细分为若干个小项，最后将小项细分为若干个细项。10 个大项分别为：

（1）农、林、狩猎、渔业；

（2）矿业和采石业；

（3）制造业；

（4）电力、煤气及供水业；

（5）建筑业；

（6）批发和零售业、餐馆和旅店业；

（7）运输业、仓储业和邮政业；

（8）金融业、不动产业、保险业和商业性服务业；

（9）社会团体、社会及个人服务业；

（10）不能分类的其他活动。

(二) 产业链

产业链是产业经济学中的一个概念，是指各个产业部门之间基于一定的技术经济关联，并依据特定的逻辑关系和时空布局关系客观形成的链条式关联关系形态。产业链形成的动因在于产业价值的实现和创造。产业链是产业价值实现和增值的根本途径。

1. 产业链的四维调控机制

产业链包含价值链、企业链、供需链和空间链四个维度的概念。

(1) 价值链是指企业创造价值的一系列生产经营活动。这些活动是企业在设计、生产、销售、发送和辅助其产品的过程中进行种种活动的集合体，可以分为基本活动和辅助活动。基本活动包括内部后勤、生产作业、外部后勤、市场和销售、服务等；辅助活动则包括采购、技术开发、人力资源管理和企业基础设施等。这些互不相同但又相互关联的生产经营活动构成了一个创造价值的动态过程，即价值链。

(2) 企业链是指由企业生命体通过物质、资金、技术等流动和相互作用形成的企业链条。组成企业链的企业彼此之间进行物质资金的交易以实现价值的增值，又通过资金的反向流动相互联系，企业链是企业生命体与生态系统的中间层次。不同点上的企业对企业链的形成和稳定都有一定的作用，企业的活力和优势决定了企业链的活力和优势，同时企业链也会对企业进行筛选，通过优胜劣汰，实现企业与企业链的协同发展。企业链中的企业也与企业链以外不同渠道的企业进行合作，不同企业链实际上是相互联系的，构成网状结构，优势企业会形成核心节点，占据优势。

(3) 供需链是由物料获取并加工成中间件或成品，再将成品送到顾客手中的一些企业和部门构成的网络。根据APICS[①]的概念，供应链是一种具有生命周期的流程，包含物流、信息、资金和知识流，其目的是通过众多链接在一起的供应商提供产品和服务，满足最终用户的需求。

(4) 空间链是指同一种产业链条在不同地区间的分布。

这四个维度在相互对接的均衡过程中形成了产业链，这种"对接机制"是产业链形成的内在模式。作为一种客观规律，它像一只"无形之手"调控着产业链的形成。随着产业链的发展，产业价值由在不同部门间的分割转变为在不同产业链节点

---

① APICS，英文"America Production and Inventory Control Society"的缩写，即美国营运管理协会，APICS认证是全球公认的供应链管理专业能力的标准。

上的分割。

**2. 产业链的本质**

产业链的本质是一个具有某种内在联系的企业群结构，它是一个相对宏观的概念，存在两维属性：结构属性和价值属性。产业链中大量存在着上下游关系和相互价值的交换，上游环节向下游环节输送产品或服务，下游环节向上游环节反馈信息。产业链也是为了创造产业价值最大化，它的本质是体现"1+1>2"的价值增值效应。这种增值往往来自产业链的乘数效应，它是指产业链中的某一个节点的效益发生变化时，会导致产业链中其他关联产业相应地发生倍增效应。产业链价值创造的内在要求是生产效率大于内部企业生产效率之和，同时，交易成本小于内部企业间交易成本之和。企业间的关系也能够创造价值，价值链创造的价值取决于该链中企业间的投资，不同企业间的关系将影响它们的投资，进而影响被创造的价值。

**3. 产业链的内在规律**

产业链形成的内在规律是：从供需链内部的需求链和技术链的对接开始，引起产业链的载体——企业链的有效对接，并形成一定的空间布局。产业链内不同地区和形式的企业链的实现价值不同，直接导致产业链的组织形式、空间布局、供需流动的特色和差异，这些差异会促使企业链之间不断竞争并推动产业链的不断演变，直到在"四维对接"机制的作用下，产业链内部实现一种均衡并达到稳定状态时，产业链才最终得以形成。对于产业链的四个维度来说，是以价值链为主导，以企业链为载体，通过企业链在空间的分布，来实现供需链的相互链接和价值链的实现。

**4. 产业链的四大模式**

产业链在内在规律和作用机制下，在现实中形成了一些具体模式。划分模式的标准是看产业链中主要节点之间的主要企业与企业的关系。企业之间有三种主要关系及其契约形式，即纯粹的市场交易关系、产权关联式关系（体现为企业通过收购、并购、持股、控股、参股等形式对其他企业进行控制）、准市场式关系（即企业间通过关系型契约所建立的较稳固的关系）。相应的契约形式有：市场交易式契约，即纯粹的商品买卖合同；产权契约，即企业持股或控股数量与质量的制度安排；关系型契约，即既非产权又非完全商品交易的契约关系。按照上述关系和契约形式，可以把产业链的形成模式分为市场交易式（市场交易关系、市场交易式契约）、纵向一体化式（产权关联、产权契约）、准市场式（准市场关系、关系型契约）和混合式四种。

## 二、产业经济学

产业经济学是现代经济学中用于分析现实经济问题的新兴应用经济理论。产业经济学围绕企业、行业、市场这三个经济社会的基本层次，以产业内企业间垄断与竞争的关系结构为中心，将不完全竞争的状态作为分析出发点，研究各种不完全的实证及规范含义，探讨市场结构、企业行为、市场绩效之间存在的内在关系，旨在提高市场绩效的各种公共政策效应。

为适应产业经济学的各个领域在进行产业分析时的不同目的的需要，可将产业划分成若干层次，这就是"产业集合"的阶段性。具体来说，产业在产业经济学中有三个层次。

（1）第一层次是以同一商品市场为单位划分的产业，即产业组织。现实中的企业关系结构在不同产业中是不相同的。产业内的企业关系结构对该产业的经济效益有着极其重要的影响，要实现某一产业的最佳经济效益须使该产业符合两个条件：首先，该产业内的企业关系结构的性质使该产业内的企业有足够的改善经营、提高技术、降低成本的压力；其次，充分利用"规模经济"使该企业的单位成本最低。

（2）第二层次是以技术和工艺的相似性为根据划分的产业，即产业联系。一个国家在一定时期内所进行的社会再生产过程中，各个产业部门通过一定的经济技术关系发生着投入和产出，即中间产品的运动，它真实地反映了社会再生产过程中的比例关系及变化规律。

（3）第三层次是大致以经济活动的阶段为根据，将国民经济划分为若干大部分所形成的产业，即产业结构。产业结构是指各产业的构成及各产业之间的联系和比例关系。

（一）产业经济学的研究对象

产业经济学属于应用经济学，它以"产业"为研究对象，研究产业组织、产业结构发展规律及其相互作用。产业经济学的研究对象是介于宏观经济领域与微观经济领域的中观经济领域的产业。中西方的产业经济学的研究对象是不同的。中国是一个社会主义国家且受到日本产业政策的影响，产业和经济受到国家干预，所以中国的产业经济学是以研究产业结构、产业关联、产业政策为主。而西方产业经济学主要受到马歇尔悖论（规模经济与垄断无效）的影响，其主要研究产业组织，就是企业与企业之间的关系与反垄断。

1. 欧美产业经济学的研究对象和学科内容

在欧美国家，经济学界将产业经济学等同于产业组织理论。尤其在美国，一般不说产业经济学，而是说"产业组织理论"。在欧洲有"产业经济学"这一说法，但其研究的对象及学科内容与产业组织理论相一致。

产业组织理论以产业内企业与企业之间的互动联系的经济规律为研究对象。

产业组织理论可追溯至亚当·斯密的劳动分工理论关于市场机制的论述。比较完整的产业组织理论是20世纪30年代在美国以哈佛大学为中心逐步形成的，其标志是SCP范式的建立。

SCP范式建立后，不同的产业组织理论流派相继发展起来，具有影响力的有芝加哥学派、新奥地利学派、新制度学派，这些流派的研究对象及内容体系也不尽相同。

2. 日本产业经济学的研究对象及学科内容

日本产业经济学的学科内容体系中不仅包括产业组织理论，还包括产业关联理论、产业结构理论、产业布局理论和产业政策研究理论等方面的内容。

产业布局理论：以产业的空间分布规律为研究对象。

产业政策研究理论：以产业政策制定及实施规律为研究对象。

日本的产业经济学，尤其是产业政策研究理论，在日本战后经济飞速发展的进程中发挥着重要作用。

（二）产业经济学的研究领域

理论界一般认为，产业经济学的学科领域包括以下六个方面。

1. 产业组织学

产业组织学研究产业内部各企业之间相互作用关系的规律。

产业组织学的起源可以追溯到亚当·斯密（Adam Smith，1776）的劳动分工理论和竞争理论。1959年，贝恩（Bain，Joe S.）出版了第一部系统论述产业组织理论的教科书《产业组织》，在书中，贝恩明确指出产业组织学所研究的产业指的是生产具有高度替代性的产品企业群。在一系列基本概念的基础上，完整提出了构成传统产业组织理论核心内容的结构（Structure）—行为（Conduct）—绩效（Performance）模式，简称SCP模式，奠定了产业组织学的理论体系。

SCP模式的理论逻辑在于，市场结构是决定市场行为和市场绩效的基础。市场行为受市场结构制约，但又决定了市场绩效；市场绩效受市场结构和市场行为两方面的共同制约，是反映产业配置优劣的最终评估标志；市场行为和市场绩效又会反作用于市场结构，影响未来的市场结构。

在《产业组织》一书中，贝恩指出产业组织学的研究范围不包括金融企业，也不涉及非金融企业作为生产要素市场上的买者的问题，其原因是"金融企业有着许多与非金融企业不同特点和所需要研究的问题。保险业作为金融业的一个分支，我们也不采用SCP模型进行研究分析"。

2. **产业结构理论**

产业结构是指在社会再生产过程中一个国家或地区的产业组成,即资源在产业间的配置状态、国民经济各产业之间的生产技术经济联系和数量比例关系。

"产业结构"这一概念始于20世纪40年代。产业结构可以从以下两个角度来考察:

一是从"质"的角度动态地揭示产业间技术经济联系与联系方式不断发生变化的趋势,揭示经济发展过程的国民经济各部门中,占主导或支柱地位的产业部门的不断替代的规律及其相应的"结构"效益,从而形成狭义的产业结构理论。

二是从"量"的角度静态地研究和分析一定时期内产业间联系与联系方式的技术经济数量比例关系,即产业间"投入"与"产出"的量的比例关系,从而形成产业关联理论。广义的产业结构理论包括狭义的产业结构理论和产业关联理论。

产业结构演变与经济增长具有内在联系。产业结构的高变换率会导致经济总量的高增长率,而经济总量的高增长率也会导致产业结构的高变换率。随着技术水平的进一步提高,这两者间的内在联系日益明显,社会分工越来越细,产业部门增多,部门与部门间的资本流动、劳动力流动、商品流动等联系也越来越复杂。这些生产要素在部门之间的流动对经济增长的影响,逐渐引起许多专家、学者的注意。他们开始重视研究生产要素在不同产业之间的这些变化与经济增长之间的内在联系。他们注意到,大量的资本积累和劳动投入虽然是经济增长的必要条件,但并非充分条件,因为大量资本和劳动所产生的效益在很大程度上还取决于部门之间的技术转换水平和结构状态,不同产业部门对技术的消化、吸收能力往往有很大不同,这在很大程度上决定了部门之间投入结构、产出结构的不同。

产业结构的演变,从工业化发展来看,经历了前工业化时期、工业化时期、工业化中期、工业化后期和后产业化时期;从三大产业内部来看,其体现为三大产业内部由低级向高级的发展;从市场结构导向来看,其经历了封闭型—进口替代型—资本密集型—知识密集型的演变;从产业结构演变的顺序来看,产业结构由低级向高级发展是难以逾越的,但各阶段的发展过程可以缩短。

3. **产业关联理论**

产业关联理论又称产业联系理论或投入产出理论,侧重于研究产业间的中间投入和中间产出之间的关系,主要由里昂惕夫的投入产出法来解决。

产业关联理论能很好地反映各产业的中间投入和中间需求,这是区别于产业结构和产业组织的一个主要特征。产业关联理论还可以分析各相关产业的关联关系(包括前向关联和后向关联等)、产业的波及效果(包括产业感应度和影响力、生产的最终依赖度以及就业和资本需求量)等。

里昂惕夫在1986年版的《投入产出经济学》一书中,就将投入产出理论应用于国民经济核算、国内生产和国际贸易、地区结构的分析、裁军对经济的影响、环境问题对经济的影响、人口增长与经济发展的问题等方面。①从应用范围来看,其涵盖了宏观、中观和微观经济领域,并扩展到国际经济范围。里昂惕夫早期将其用于一国经济的分析,目前已扩展至地区、部门、企业和地区间、部门间的经济活动。1977年,里昂惕夫出版了《世界经济的未来》一书,研究了国际投入产出模型;1985年,日本则编制了亚洲11个国家和地区的投入产出表。②应用的内容不断拓展。从最初的产品投入产出表到目前的固定资产、投资、环境、劳动力占用及非物质的灰要素投入产出表;并运用投入产出的基本原理研究其他专门问题,如能源、环境保护、水资源、人口、人才、教育、银行、财会、信息等。为国民经济综合平衡和分析提供了更多信息。

4. 产业布局理论

产业布局是指产业在一国或一地区范围内的空间分布和组合的经济现象。从静态上看,产业布局是指形成产业的各部门、各要素、各链环在空间上的分布态势和地域上的组合。从动态上看,产业布局则表现为各种资源、各生产要素甚至各产业和各企业为选择最佳区位而形成的在空间地域上的流动、转移或重新组合的配置与再配置过程。

产业布局理论的形成期是在19世纪初到20世纪中叶。以后起国家为出发点的西方产业布局理论有增长极理论(法)和点轴理论。

增长极理论(法):在一国经济增长过程中,由于某些主导部门或者有创新力的企业在特定区域或者城市聚集,从而形成一种资本和技术高度集中,增长迅速并且有显著经济效益的经济发展机制。其对邻近地区经济发展同时有着强大的辐射作用,因此又被称为"增长极"。根据增长极理论,后起国家在进行产业布局时,首先可通过政府计划和重点吸引投资的形式,有选择地在特定地区和城市形成增长极;其次凭借市场机制的引导,增长极的经济辐射作用得以充分发挥,并从其邻近地区开始逐步带动增长极以外地区经济共同发展。

点轴理论:点轴理论是增长极理论的延伸。从区域经济发展的空间过程来看,产业特别是工业等集中于少数点,即增长极。随着经济的发展、工业的增多,点与点之间由于经济联系的加强,必然会建设各种形式的交通线路彼此相联系,这一线路即为轴。轴线一经形成,对人口和产业就具有极大的吸引力,吸引企业和人口向轴线两侧聚集,并产生新的增长点。从而由点到轴,由轴带面,最终促进整个区域经济的发展。

### 5. 产业发展理论

产业发展是指产业的产生、成长和进化过程，既包括单个产业的进化过程，又包括产业总体，即整个国民经济的进化过程。而进化过程既包括某一产业中企业数量、产品或者服务产量等数量上的变化，又包括产业结构的调整、变化、更替和产业主导位置等质量上的变化，而且主要以结构变化为核心，以产业结构优化为发展方向。因此，产业发展既包括量的增加和质的飞跃，又包括绝对的增长和相对的增长。

产业发展理论就是研究产业发展过程中的发展规律、发展周期、影响因素、产业转移、资源配置、发展政策等问题。

产业结构演变理论：产业结构同经济发展相对应而不断变动，在产业高度方面不断由低级向较高级演进；在产业结构横向联系方面不断由简单化向复杂化演进。这两方面的演进不断推动产业结构向合理化方向发展。

区域分工理论：从区域分工的角度确定城市产业发展定位是城市发展的客观要求，可以从区域角度分析城市在区域中的优势、劣势和发展潜力等，确定城市在区域中所发挥的作用、扮演的角色，进而确定城市产业，以避免"就城市论城市"的产业确定方式。

发展阶段理论：美国经济学家H.钱纳里运用投入产出分析方法、一般均衡分析方法和计量经济模型，通过多种形式的比较研究考察了以工业化为主线的第二次世界大战以后的1950—1970年101个发展中国家的发展经历，构造出具有一般意义的"标准结构"，即根据国内人均生产总值水平，将不发达经济到成熟工业经济整个变化过程分为三个阶段6个时期：第一阶段是初级产品生产阶段（或称农业经济阶段）；第二阶段是工业化阶段；第三阶段为发达经济阶段。不同阶段不同时期对应的人均GDP不同。

### 6. 产业政策研究

产业政策是政府为了实现一定的经济和社会目标而对产业的形成和发展进行干预的各种政策的总和。产业政策的功能主要是弥补市场缺陷、有效配置资源、保护幼小民族产业成长、熨平经济震荡、发挥后发优势和增强适应能力等。

产业政策由于研究的角度不同，在国际上尚未有统一的定义，主要有以下三种。其一是将之理解为各种指向产业的特定政策，即政府有关产业的一切政策的总和，如"产业政策是与产业有关的一切国家法令和政策"。其二是将其理解为弥补市场缺陷的政策，即当市场调节发生障碍时，由政府采取的一系列补救的政策，如日本学者认为"产业政策是政府为改变产业间的资源分配和各种产业中私营企业的某种经营活动而采取的政策"。其三是将之理解为产业赶超政策，即工业后发国家为赶超工业先进国家而采取的政策总和，如中国有些学者将其定义为"产业政策就是当一国产业处于比其他国家产业落后状态，或者可能落后于其他国家时，为加强本国产业所采取的各种政策"。

产业经济学各研究领域与宏观经济学、微观经济学的关系如图1-1所示。

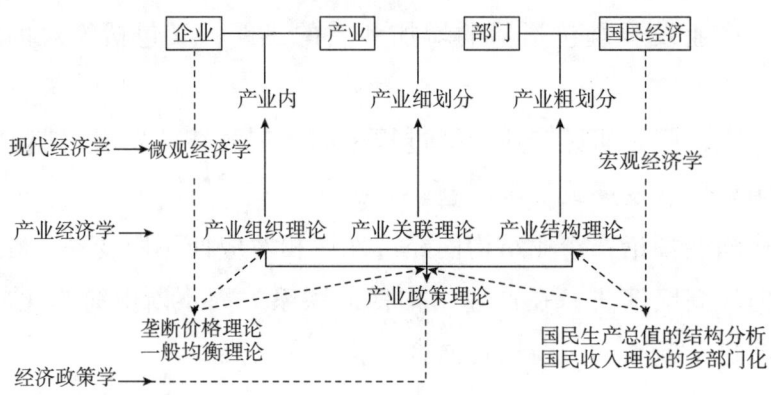

**图1-1　产业经济学研究领域示意图**

### （三）产业经济学的研究方法

多年来，产业组织理论的研究方法通常被认为是一个既无规范理论又无规范计量手段、多少带有理智色彩和经验主义的方法体系，涉及范围很广，实证方法也五花八门。在这个方法体系中，虽然无一个统一的理论主线加以概括，但是在发展过程中，已经逐步一致化，主要采用博弈论进行逻辑推理，以实现整个产业组织理论的再造。产业结构理论现在主要还是处在经验实证阶段，不过得益于现代计量经济学和计算机技术的快速发展，实证效果大大提高。

在产业经济的研究中，一般采用以下具体研究方法。

**1. 实证分析与规范分析相结合**

实证分析就是用实际的证明和数据进行论证分析，产业经济研究用博弈论、矩阵代数等实证分析方法研究产业组织、产业关联规律。而规范分析就是进行常规分析，对一定数据进行归纳总结，如分析经济发展、社会福利和经济效率之间的联系。实证分析中必须要做规范分析，而规范分析可以做实证分析，也可以不做实证分析。

产业经济研究中往往要将调查统计中所得的各种经济变量的实际数值与理论规律作比较，用理论规律加以解释，以探讨对实际产业运作规律的认识。

**2. 定性分析与定量分析相结合**

定性分析和定量分析是经济学研究的两种基本手段。前者是对经济事物本质及其属性的分析；后者是对经济事物进行量的考察。定性分析是用文字对现象和方法方略进行描述。其主要是基于分析者主观上的直觉、经验对事物的分析和判断，对研究对象的特点、性质和变化趋势进行预测和判断。定量分析是基于数学模型，在进行充分的统计调研之后，利用数学上的数字、数据进行分析描述的方法。

产业是一个系统，涉及众多因素纷繁的联系和多个变量，要想从总体上得到优化结果，就需要将系统各方面的关系抽象化，用数学关系来表达真实的系统关系，然后建立模型，进行试验和计算，探讨系统规律。产业经济研究中的案例分析方法就是一种定性与定量相结合的方法。

3. 静态分析与动态分析相结合

静态分析，考察在既定的条件下某一经济事物在经济变量的相互作用下所实现的均衡状态。动态分析，是在引进时间变化序列的基础上，研究不同时点上的变量的相互作用在均衡形成和变化过程中所起的作用，考察在时间变化过程中的均衡状态的实际变化过程。

产业经济学的研究更着眼于动态的、发展的观点，所以动态分析是产业研究的主要方法。

4. 统计分析与比较分析相结合

统计分析是以统计资料为依据，以统计方法为手段，定量分析与定性分析相结合去认识事物的一种分析研究活动，是统计工作的最后阶段，是充分发挥统计职能作用的高级阶段。

比较分析试图通过事物异同点的比较去区别事物，达到对各个事物深入的了解认识，从而把握各个事物。其适用于在调查资料的理论分析中，通过比较两个或者两个以上事物或者对象的异同来达到对某个事物的认识。

5. 博弈论

产业组织理论主要研究产业内企业的相互作用及其规律，是最早应用博弈论进行研究的一个领域。现代博弈论常常用于研究寡头垄断、不完全竞争市场定价、企业兼并、反垄断规制等问题。

6. 投入产出分析法

投入产出分析，是研究经济系统各个部分间表现为投入与产出的相互依存关系的经济数量方法。投入产出法应用投入产出表和投入产出数学模型，对一国或一地区在一定时间内的社会再生产过程中的各产业部门间通过一定的经济技术联系所发生的投入产出关系加以量化，以此分析该国或该地区在这一时期内社会再生产过程中的各种比例及特性。

### 7. 案例研究法

案例研究法是以典型案例为素材，结合实际发生的经济案例，通过具体分析和剖析，定性或定量地阐明某一经济规律。案例分析研究方法还能揭示出普遍经济规律在不同的实际环境中所表现出的不同形式，特别适用于无法精确定量分析的实际的复杂经济事例，在比较研究中一般要用到大量的案例研究方法。

### 8. 系统动力学方法

系统动力学方法是一种以反馈控制理论为基础，以计算机仿真技术为手段，通常用以研究复杂的社会经济系统的定量方法。系统动力学方法注重各经济变量之间的动态反馈结构，而对变量的精确数值要求不高，适合于产业经济学这种许多方面难以定量的复杂系统的研究。现在国内外已有许多学者用系统动力学方法来进行产业结构、产业布局、产业组织的研究，取得了令人满意的效果。

## 第二节　产业政策

### 一、产业政策的构成与分类

产业政策的构成要素包括：政策对象、政策目标、政策手段和措施、政策实施机构以及政策的决策程序与决策方式。

产业政策按其功能可以分为产业组织政策、产业结构政策和产业布局政策等。

#### （一）产业组织政策

产业组织政策是为了获得理想的市场绩效，国家根据国民经济运动规律调整产业组织形式和结构，从而提高供给总量的增长速度，使供给总量适应需求总量要求的所有政策措施及手段的总和。

产业组织政策的任务是协调生产者之间的关系及组织结构、规模结构，使之合理化和高效化，以促进资源的有效分配和产业效率的提高，最终促进供给的增加。

产业组织政策的主要内容是通过利用规模经济、组织适度竞争秩序、提高产业技术等途径，实现产业组织的高效化和合理化。

产业组织政策的实施手段主要包括控制市场结构、调节市场行为和控制市场绩效，以达到直接改善不合理的资源配置状况这一目的。

#### （二）产业结构政策

产业结构政策是指一国政府依据本国在一定时期内的产业结构现状，遵从产业结构演进的一般规律，规划产业结构逐渐演进的目标，并分段确定重点发展的战略产业，以实现资源的重点配置，引导国家经济向新的广度和深度发展的政策。

产业结构政策是根据经济发展的内在联系，揭示一定时期内生产结构的变化趋势及过程，并按照生产结构的发展规律规定各产业部门在社会经济发展中的地位和作用，同时提出协调生产结构内部比例关系及保证生产结构得到优化的政策措施。

产业结构政策的核心是促进产业结构的合理化，提高产业结构的转换能力，从而推动产业结构在合乎规律的转换中求速度、求效益。

产业结构政策是一个包括产业计划、经济立法、税收结构、预算分配结构以及价格政策、信贷政策在内的调节系统。科学的产业结构政策可以反映生产结构协调性发展规律，反映生产结构的整体性发展规律，反映生产结构在时间组合上的有序发展规律，反映生产结构的企业规模结构合理化发展规律。

产业结构政策按照目标和措施的不同，可划分为多种不同的类型，主要包括主导产业选择政策、战略产业扶植政策、衰退产业撤让政策、产业的可持续发展政策等。

（三）产业布局政策

产业布局政策是指政府机构根据产业的经济技术特性、国情、国力状况和各类地区的综合条件，对若干重要产业的空间分布进行科学引导和合理调整的意图及其相关政策措施。产业区域布局政策即产业空间配置格局的政策。这一政策主要用来解决生产的相对集中所引起的"积聚效益"，尽可能地缩小各区域间经济活动的密度和产业结构不同所引起的各区域间经济发展水平的差距。

产业布局政策的内容如下：制定产业布局战略，完善产业投资环境，加速产业集中，优化区域产业结构。制定产业布局战略，规定战略期内重点支持发展的区域，同时设计重点发展区域的经济发展模式和基本思路；以直接投资的方式，支持重点发展区域的交通、能源和通信等基础设施建设，乃至直接介入当地有关产业的发展；利用各种经济杠杆形式，刺激重点地区的发展，以加强该区域经济自我积累的能力；通过差别性的区域经济政策，使重点发展区域的投资环境显示出一定的优越性，进而引导更多的资金和劳动力等生产要素投入该区域的发展。

在产业集中发展战略方面，可供采用的产业布局政策大致包括：通过政府规划的形式，确立有关具体产业的集中布局区域，以推动产业的地区分工，并在一定意义上发挥由产业集中所导致的集聚规模经济效益；建立有关产业开发区，将产业结构政策重点发展的产业集中于开发区内，既使其取得规模集聚效益，也方便政府产业结构升级政策的执行。

## 二、地区发展重点产业的政策选择

在经济不发达阶段,政府通常更强调产业布局的非均衡性,即强调优先发展某些地区,通过这些地区经济的超常规增长,带动其他地区以及整个国家经济的增长。并且,政府也往往倾向于以建立开发区或在某些地区实行特殊政策的方式,将某些在政府经济发展战略中具有重要功能的产业(如出口加工业)和高新技术产业相对集中,以使其较快增长,进而提高其对经济增长的贡献度。

而当经济较为发达之后,政府则会从维护经济公平和社会稳定等目标出发,偏重于强调地区经济的均衡性。因此,除了个别特殊产业(如对环境保护有较大妨碍的产业)之外,政府已不倾向于通过重点扶持某一地区的经济发展来带动国民经济增长,而往往对不发达地区经济给予较多的支持,甚至在某些经济发达地区或产业高度集中地区实行一定程度的限制进入政策。

## 三、产业政策的手段和作用

(一)产业政策的手段

产业政策的手段通常可分为直接干预、间接诱导和法律规制三大类型。

1. 直接干预

直接干预包括政府以配额制、许可制、审批制、政府直接投资经营等方式,直接干预某产业的资源分配与运行态势,以及纠正产业活动中与产业政策相抵触的各种违规行为,以保证预定产业政策目标的实现。

2. 间接诱导

间接诱导主要是指通过提供行政指导、信息服务、税收减免、融资支持、财政补贴、关税保护、出口退税等方式,诱导企业在有利可图的情况下自主决定是否服从政府的产业政策。

3. 法律规制

法律规制是指以立法的方式严格规范企业行为、政策执行机构的工作程序、政策目标与措施等,以保障预定产业目标的实现。法律规制通常适用于比较成熟和稳定的产业政策。随着法治原则的普及,越来越多的产业政策将法律法规作为实现目标的主要手段。

(二)产业政策的作用

产业政策的作用有以下五个方面。

(1)弥补市场失灵的缺陷

通过推行产业组织政策和产业结构政策,政府可以限制垄断蔓延,促进有效竞争的形成，特别是在基础设施建设、环境污染、教育科技发展等存在公共产品、外部性等市场失灵的领域。

（2）实现超常规发展，缩短赶超时间

利用产业政策充当贯彻国家经济发展战略的工具。基础设施（交通、电力、通信等）和基础工业等外部性较强且对整个经济发展具有重大促进作用的产业，投资大、盈利性低、资本回收期长，仅仅靠市场机制无法在短期内达到经济起飞所要求的条件。例如，韩国效仿日本的做法，以产业政策为手段，运用政府的力量推动产业结构的优化，在二三十年时间里走完了老工业国用一两百年才能走完的历程。实践证明，产业政策是后发国家实现超常规发展、缩短赶超时间的重要工具。

（3）促进产业结构合理化与高度化，实现产业资源的优化配置

通过制定和实施产业结构政策，政府可以有效地支持未来主导产业和支柱产业的成长和壮大，可以有秩序、低成本地实现衰退产业的撤退和调整，从而加速产业结构的合理化和高度化，实现产业资源的优化配置。

（4）增强产业的国际竞争力

产业的国际竞争力是建立在本国资源的国际比较优势、骨干企业的生产力水平、技术创新能力和国际市场的开拓能力基础上的。产业政策对于增强企业创新能力和开拓国际市场能力等都有重要作用。

（5）在经济全球化过程中趋利避害，保障国家经济安全

保障国家经济安全是产业政策最近十几年间表现出来的新功能。经济全球化极有可能给没有任何防备的发展中国家造成严重的灾难，如1997—1998年的亚洲金融危机。在全球化进程中，各国政府会以产业政策为武器，尽可能地趋利避害，确保国家经济安全。

## 第三节 保险产业的特点与发展

### 一、保险产业及其特点

（一）保险产业及其相关概念

从产业本质来看，保险产业是保险商品经济活动发展到一定阶段的产物，是资本、劳动、知识等生产要素和非生产要素资源逐渐从其他行业部门中分离出来，以风险为中心，专职分散风险，提供保障功能的一种特殊行业。

保险产业属于第三产业中的金融业。简单来说，保险产业是指将通过契约形式集中起来的资金，用以补偿被保险人的经济利益业务的产业。从产业经济学的角度，保险产业就是专门生产保险及其相关产品的部门，也就是提供保险及其相关服务的部门。

保险产业一般有四个构成要素：为保险交易活动提供各类保险商品的卖方或者供给方，实现交易活动的各类保险商品的买方或需求方，具体的交易对象、各类保险商品，以及为供需双方提供服务的保险中介。

1. 保险商品的供给方

保险商品的供给方是指在保险市场上提供各类保险商品，承担、分散和转移他人风险的各类保险人，它们以各种保险组织形式出现在保险市场上，依其经营主体的不同，可分为以下四种类型：其一，国家经营保险组织又称公营保险，是指国家、地方政府或者其他公共团体所经营的保险机构。其二，公司经营保险组织，属民营保险组织之一。根据责任形式，公司包括有限责任公司、股份有限公司、无限公司等形态。股份保险公司具有经营灵活、业务效率高的特点，但由于公司的控制权操纵在股东手中，被保险人的权益易受到限制和忽略，因而各国立法上均对公司经营保险组织进行监督管理。其三，保险合作组织，属民营保险中非公司形式的一种，是一种由社会上需要保险保障的人或单位共同组织起来采取合作方式办理保险业务的组织。其有相互保险合作社、相互保险公司、保险合作社等形式。其四，个人经营保险形式，世界上只有英国法律允许个人为主体开展保险业务。个人承保保险业务是通过劳合社这一组织开展的。劳合社是保险市场上的一种特殊现象，它自1871年以劳埃德公司的名义向政府注册以来存在至今。按照我国原《保险企业管理暂行条例》的规定，我国保险事业的组织体制是由国家保险管理机关、中国人民保险公司、其他保险企业和农村互助保险合作社组成的。

现行的《中华人民共和国保险法》规定：保险公司的组织形式应为国有独资公司和股份有限公司。关于国有独资保险公司和股份有限保险公司，除保险法有特别规定的外，均适用我国《中华人民共和国公司法》的有关规定。至于保险公司的其他组织形式，如相互保险公司等，可以根据保险业改革和发展的情况，由法律、行政法规另行规定。

2. 保险商品的需求方

保险商品的需求方是指在一定时间、一定地点等条件下，为寻求风险保障而对保险商品具有购买意愿和购买力的消费者的集合。

3. 保险商品

具体的交易对象及各类保险商品为保险市场的客体。保险是指投保人根据合同约定，向保险人支付保险费，保险人对合同约定的可能发生的事故因其发生而造成的财产损失承担赔偿保险金责任，或者当被保险人死亡、伤残或达到合同约定的年龄、期限时承担给付保险金责任的行为。在保险市场中，保险的表现形式为可以进行交换的保险商品，其实质是一种契约经济关系。保险商品是一种特殊形态的商品，从经济学角度来看，保险市场的客体是一种无形的服务商品，具有无形性、非渴求性和灾难联想性的特点。

4. 保险中介

保险中介是指介于供需方之间，专门从事保险业务咨询与销售、风险管理与安排、价值衡量与评估、损失鉴定与理算等中介服务活动，并从中依法获取佣金或手续费的单位或个人。

保险中介的主体形式多样，既包括活动于保险人与投保人之间，充当保险供需双方的媒介，把保险人与投保人联系起来并建立保险合同关系的人，即保险代理人和保险经纪人；又包括独立于保险人和投保人之外，以第三者身份处理保险合同，并受当事人委托办理有关保险业务的公证、鉴定、理算、精算等事项的人，如保险公证人或保险公估人、保险律师、保险精算师、保险理算师、保险验船师等。

按照保险标的的不同，保险可分为财产保险和人身保险两大类。

财产保险是指以财产及其相关利益为保险标的的保险，包括财产损失保险、责任保险、信用保险、保证保险、农业保险等。它是以有形或无形财产及其相关利益为保险标的的一类补偿性保险。

人身保险是以人的寿命和身体为保险标的的保险。当人们遭受不幸事故或因疾病、年老以致丧失工作能力、伤残、死亡或年老退休时，根据保险合同的约定，保险人对被保险人或受益人给付保险金或年金，以解决其因病、残、老、死所造成的经济困难。

按照与投保人有无直接法律关系，保险可分为原保险和再保险。发生在保险人和投保人之间的保险行为，称为原保险。发生在保险人与保险人之间的保险行为，称为再保险。

按照保险经营性质的不同，保险可分为政策性保险和商业保险。绝大多数保险都具有商业动机，由保险公司按商业管理经营；而政策性保险通常是按照政府有关法令或政策规定开办的，包括社会保险、财产保险和责任保险等，多为贯彻政府的某一项经济或社会政策服务。

按照保险实施方式的不同,保险可分为自愿保险和强制保险。自愿保险是当事人在平等互利和自愿的基础上确立的合同关系,被保险人可自行决定是否投保、保险标的种类、金额和期限等,保险人也可以选择承保与否及其有关承保项目和内容。强制保险又称法定保险,是政府以法令或政策形式强制规定被保险人与保险人的法律关系,在规定范围内,不管当事人双方自愿与否,必须按规定办理保险。凡属法令规定必须保险的标的,其保险责任自动开始,保险金额按规定标准收取,被保险人不得自行选定。强制保险的另一种形式是政府规定某些行业或个人从事某种经营或其他活动时必须参加的保险,否则不准其从业。

保险市场是保险产业产品的交易场所,是保险商品交换关系的总和或者保险商品供给与需求关系的总和。它可以是集中的有形市场,如保险交易所,也可以是分散的无形市场。保险市场的交易对象是保险人为消费者所面临的风险提供的各种保险保障及其他保险服务,以及各类保险商品。

(二)保险产业的特点

保险产业生产的保险产品就是保险服务,但是保险服务具有不同于其他产品或服务的特征,根据国外经济学家的总结,主要有以下九点。

(1)无形性。一项具体的保险服务不会对购买者的触觉、味觉、听觉等起作用,它是一种无形的、非实体化产品,并且也难以进行证明或展示。因此,其有赖于保险机构告诉消费者服务的内容及特别的益处,以得到消费者的支持。

(2)不可分性。由于保险服务的生产和销售是同步进行的,这种"无库存性"使消费者更加关心保险机构提供的产品以及产品的价格、促销方式等是否恰当,可否满足其需求。

(3)异质性。保险机构向不同区域的不同消费者提供范围广泛的服务,但是这些服务一般都不能被标准化。

(4)缺乏专门特性。在客户看来,不同保险机构提供的服务没有什么差异,他们一般基于便利原则选择保险机构。

(5)高度个体化的直销系统。保险服务的一项内容就是设立分支机构,直接、紧密的保险服务客户关系决定了保险服务的方式是直接销售。

(6)地理分散性。为满足国际、国内和地区的需要,保险机构必须建立分支网络,使其服务既具有吸引力又能够被广泛应用。

(7)风险性。在出售保险产品时,保险机构是在买入风险,因此必须在业务增长和风险之间保持一定的平衡关系。

(8) 需求波动性。对某些特别的保险服务的需求一般受经济活动水平的影响，波动非常大。

(9) 劳动力密集。保险产业仍属于劳动力密集型产业，人工费用直接影响着产品的价格。在这种条件下，为了节省人工成本，也为了方便消费者，科技在保险服务中的应用日益广泛。

## 二、保险产业链

从本质上说，保险产业链是保险产品被创造并且不断增值的过程，其既涵盖了保险公司内部产业的创造流程，又包括了保险相关主体之间的产业增值过程。保险产业链根据不同种类的保险产品或者不同类型的保险标的可能有不同的模式。一般来说，保险产业链是由保险人、保险代理人、保险经纪人、保险公估人、保险营业服务中心、相关技术供应商，甚至为保险公司专门印刷单证保单条款的印刷公司等组成，以风险管理为手段，通过相关利益主体的紧密联系、相互作用，实现协同效应、形成长效机制的一系列整体活动。

因为保险产业具有不可分性，保险产品的生产和消费同步产生，一般不存在中间产品，所以保险产业的价值增值主要存在于产品生产部分、产品销售部分和产品服务部分。

（一）生产部分

保险产业链中的保险公司处于保险产业链的上游，这是因为保险公司的产品研发部凭借其专业的风险管理技术和相关资讯可以进行保险产品的研发，也就是说，保险公司扮演着生产部门的角色。随着信息技术和科技的发展，再加上保险产品基于大数法则的属性，大数据的发展和运用对保险业有着巨大的推动力和颠覆力。保险公司可以和独立的信息技术公司合作，或者培养自己的 IT 和技术部门，研发更加先进和符合消费者需求的保险产品。因此，保险产业链中保险产品生产这一部分可能是以纵向一体化式或者市场交易式模式形成的。

（二）销售部分

保险产业链中的保险代理人和保险经纪人是保险产品销售部分的主要节点。

保险代理人是指根据保险人的委托，在保险人授权的范围内代为办理保险业务，并依法向保险人收取代理手续费的单位或者个人。在现代保险市场上，保险代理人已成为世界各国保险企业开发保险业务的主要形式和途径之一。保险代理人分为专业代理人、兼业代理人和个人代理人三种。其中，专业代理人是指专门从事保险代理业务的保险代理公司。在保险代理人中，只有专业代理人具有独立的法人资格。兼业代理人是指受保险人委托，指定专用设备、专人为保险人代办保险业务的单位，主要有行业兼业代理、企业兼业代理和金融机构兼业代理、群众团体兼业代理等形式。个人代理人是指根据保险人的委托，在保险人授权的范围内代办保险业务并向保险人收取代理手续费的个人。个人代理人展业方式灵活，为众多寿险公司所广泛采用。按照保险代理人的种类可将保险代理人与保险公司对接模式分为市场交易式、准市场式和纵向一体化式三种。

保险经纪人是基于投保人的利益，为投保人与保险人订立保险合同提供中介服务，并依法收取佣金的机构。一般来说，保险经纪人有个人制、合伙制和公司制三种组织方式。大多数国家如美、英、日、韩等国都允许个人保险经纪人从事保险经纪业务活动。英国等一些国家允许以合伙方式设立合伙保险经纪组织，但要求所有的合伙人必须是经过注册的保险经纪人。公司制保险经纪人一般采取有限责任公司形式，这是所有国家都认可的保险经纪组织形式。各国对保险经纪公司的清偿能力都作了具体要求，要求具备最低资本金、缴存营业保证金、参加职业责任保险。保险经纪人虽然向保险人收取佣金，但却代表投保人的利益，不受保险人的约束，所以保险公司内部一般不会设立或建立保险经纪人。那么按照保险经纪人的种类，可将保险经纪人与保险公司对接模式分为市场交易式、准市场式两种。

保险代理人和保险经纪人作为联系消费者和保险人的中介，不仅能够有效地解决信息不对称问题，还能够利用规模优势降低交易成本，从而为保险产业创造价值。

（三）服务部分

保险作为一种特殊商品，它的交易具有承诺性，而不是实物商品具有的交易即时性。当投保人决定购买某一险种，并缴纳了保费之后，商品的交易并没有完成，因为保险人只是向投保人做出一项承诺，该承诺的实质内容是：如果被保险人在保险期间发生了合同中所规定的保险事故，保险人将依照承诺做出保险赔偿或给付。可见，在保险产品交易的场合，投保人缴付了保费以后，该投保人与保险公司的关系不仅没有结束，反而是刚刚开始。

随着保险产业链的不断延伸，保险服务也更加完善。保险产品销售前期有风险咨询服务、风险检查服务等；保险产品销售后期有风险管理服务、理赔服务等。

其中，保险公估人是指依照法律规定设立，受保险公司、投保人或被保险人委托办理保险标的的查勘、鉴定、估损以及赔款的理算，并向委托人收取酬金的公司。保险公估人的主要职能是按照委托人的委托要求，对保险标的进行检验、鉴定和理算，并出具保险公估报告。其地位超然，不代表任何一方的利益，使保险赔付趋于公平、合理，有利于调停保险当事人之间关于保险理赔方面的矛盾。保险公估人代替保险公司独立承担保险理赔领域的工作，从而实现了保险理赔工作的专业化分工。这种分工一方面有利于保险理赔技术的不断升级和横向交流，并能促进保险公估业整体执业水平的提高，从而促进整个保险行业的发展；另一方面规模效应以及逆向选择和道德风险的减少，必然会大大降低保险理赔费用，降低保险成本，最终提高整个社会的福利。

除了保险公估公司，在保险产业链的服务部分，根据不同的保险产品，还有不同的企业参与进来。例如，健康保险产业链中，保险公司与医院、专业健康管理公司等机构都有合作与对接；汽车保险产业链中，保险公司与汽车制造商、汽车销售商和4S店等也进行了合作与交流。

另外，随着科技的进步和网络的普及，互联网技术也加入保险产业链中，不仅能够在保险产品销售环节增加信息透明度、降低交易成本，还能够形成自身的互联网保险产业链。

（四）微笑曲线

保险产业价值链和一般产业价值链的形成具有共性，从保险险种研发与销售、保险运营到保险品牌和服务提升的经营过程，是保险产业价值的创造过程。但在保险发展的不同时期，不同经营环节的价值创造呈现出不同的特点。在保险发展的初期，各经营环节的附加值基本均衡。随着保险的发展，保险价值链中的附加值向产品开发与销售、保险品牌和服务两端聚集，中间运营环节的附加值开始下降，曲线向上弯曲，显现出笑脸形状——微笑曲线（见图1-2）。

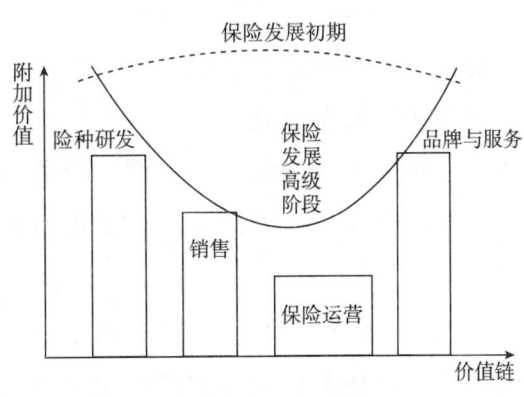

图1-2 微笑曲线

## 三、保险产业结构和发展

（一）保险产业结构的内涵

保险产业结构就是指保险产业内各公司间的关系，如资本规模、市场份额等。了解保险产业结构的发展历程、分析产业结构的现状，是研究保险业发展的基础。

对保险产业结构的研究是在产业的中观层面上研究所有保险经济活动以及相应的组织机构间的关系，探讨如何通过产业价值链的整合与重构来提升整个产业的组织化程度，拓展保险产业的功能，提高保险产业的经济与社会产出效率，引导合作竞争替代垄断竞争，形成运行效率较高的有竞争优势的保险产业组织结构。从这个角度上讲，保险产业结构，是指构成保险产业总体或总量的各个组成部分的组成、规模、分布、运作与配合等方面在物质技术层次、组织制度层次和文化意识形态层次的各种联系、影响和制约关系的状态。具体来说，保险产业结构包括各种保险商品和保险经济活动组织机构的形式、功能、性质及其相对发展规模、区域分布、开放度等。保险产业结构体现着保险要素的组合配置与运行状态，反映了保险发展的程度及其在国民经济中的地位。

（二）保险产业结构的衡量指标

审视保险产业结构的角度主要有两个方面：一是静态截面考察，表现为保险要素的种类、规模、比例和市场份额等指标；二是动态纵向角度考察，表现为发展变化的时间序列数据，如保费增长率、资金运用增长率、资产规模增长率和利税率等指标的变化。保险产业结构的变化源于保险需求结构的变化，又常常集中体现在其市场结构上，市场结构又体现在保险产品功能结构的创新上。这时的"产业"与"市场"常常是同义语，因此，保险产业结构状况就主要通过保险行业集中率（CRn）或赫芬达尔—赫希曼指数（HHI）来反映。产业集中度越高，产业垄断程度越高；产业集中度越低，产业垄断程度也越低。

综上所述，保险业组织结构类型、经营主体数量、增长速度、市场份额、保费收入、保险密度、保险深度共同构成了研究保险产业结构的分析指标。

1. 保险业组织结构类型

保险业组织结构类型大致有寿险企业、非寿险企业、再保险企业等。

因为寿险产品承保的是与人身相关的生存风险、健康风险等，具有长期性、储蓄性和给付性，与财产保险等短期的保障型保险的经营策略、管理策略以及监管策略都不同，所以一般不允许保险公司兼业经营。非寿险公司是除了寿险公司以外的保险公司的总称，包括财产保险公司、信用保险公司、健康保险公司等。

另外，再保险是指保险人将其承担的保险业务部分转移给其他保险人的经营行为。转让业务的是原保险人，接受分保业务的是再保险人。这种风险转嫁方式是保险人对原始风险的纵向转嫁，即第二次风险转嫁。再保险公司是指专门从事再保险业务、不直接向投保人签发保单的保险公司，也就是保险公司的保险公司。保险公司为了分散风险，会把一些大的承保单位再分保给另一保险公司，接受这一保单的公司就是再保险公司，一般在财险中出现得比较多。

2. 保费收入

保费收入是指保险公司为履行保险合同规定的义务而向投保人收取的对价收入。

保费收入有两个方面的内涵。一方面，保费收入是由于投保人依据保险合同的约定向保险人缴付保险费而形成的，从经济角度观察，保险费是保户为形成共同风险保障而分摊的资金；从法律角度观察，保险费是保户为获得赔付请求而付出的代价。另一方面，保费收入是保险公司最主要的资金流入渠道，同时也是保险人履行保险责任最主要的资金来源。从资产层面来看，保险费收取形成了保险资金的流入，是保险资产增长的主要动力；从负债层面来看，由于保险资金流入的前提是保险人要履行约定的保险责任，资金流入的结果造成了保险负债的增加。

3. 保险密度

保险密度是指按当地人口计算的人均保险费额。保险密度反映了该地国民参加保险的程度和保险普及度，体现了一国国民经济和保险业的发展水平之间的关系。

4. 保险深度

保险深度是指某地保费收入占该地国内生产总值（GDP）的比重，反映了该地保险业在整个国民经济中的地位。保险深度取决于一国经济总体发展水平和保险业的发展速度。值得注意的是，一些保险产业成熟、保险市场发达的国家或地区，其保险深度排名并不靠前，例如，中国台湾地区的保险深度就一直排在首位，而保险市场成熟的美国却排不进前十，这是因为美国等经济大国拥有复杂的产业结构，保险产业作为服务业的一个分支本身只占据很小的份额，而像中国台湾等地区只具有单一的产业结构，服务业本身占有很大比重，所以保险产业占GDP的比重自然相对比较高。因此，在比较保险深度时应客观对待。

5. 市场集中度

市场集中度是对整个行业的市场结构集中程度的测量指标，它通常被用来衡量企业的数目和相对规模的差异，是市场势力的重要量化指标。市场集中度是决定市场结构最基本、最重要的因素，集中体现了市场的竞争和垄断程度，经常使用的集中度计量指标有：行业集中率（CRn）、赫芬达尔—赫希曼指数（HHI）、基尼系数、洛仑兹曲线、逆指数和熵指数等，其中行业集中率（CRn）与赫芬达尔—赫希曼指数（HHI）两个指标经常被运用在反垄断经济分析中。

行业集中率（CRn），是指该行业的相关市场内前 N 家最大的企业所占市场份额的总和。但是，行业集中率的缺点是它没有指出这个行业相关市场中正在运营和竞争的企业的总数。

赫芬达尔—赫希曼指数（HHI），是指基于该行业中企业的总数和规模分布，将相关市场上的所有企业的市场份额平方后再相加的总和。赫芬达尔—赫希曼指数具有的数学上绝对法和相对法的优点，使它成为较理想的市场集中度计量指标，它可以衡量企业的市场份额对市场集中度产生的影响，成为政府审查企业并购的一个重要行政性标准。

### 6. 保险产业结构与保险业发展的关系

一个国家或地区的保险产业结构是保险业发展过程中由内在机制决定的、自然的、客观的结果或保险业发展的现实体现。在保险产业总量或总体发展的同时，保险产业结构也随之发生变动，这是一个互动的过程。保险业发展的重要标志是保险产业结构的变化。透过保险产业结构的变化，可以观察到保险产业发展是否存在问题，是否具有合理的效率，是否符合保险业发展的内在规律，是否与现实社会经济的发展需要相匹配。保险产业结构不仅是保险发展的具体体现，而且对一国或地区的保险发展具有重要的决定作用和影响力。

保险业发展是指保险经济活动的工具、规模、范围等的扩大和保险产业结构优化带来的保险功能增多与保险产业绩效的持续提高。保险业发展表现在量的增多与质的提高两个方面，即保险总量的增长和保险结构的优化。量的增多是指保险业总量扩张，表现为保险业机构数量、保险费收入总规模、保险资产规模、保险资金运用规模等的增加，以及风险管理与保险技术的不断提高，可以反映保险业发展的广度。质的提高是指保险业结构优化，即通过持续不断的风险管理与保险创新促进保险业结构的变迁与升级，以及保险功能增多和效率的提高，表现为保险密度、保险深度、劳动力吸收率、利税率、保险业在金融服务业中的相关比率等指标的提高，可以反映保险业发展的深度，也是衡量一国保险业成熟和发达程度的重要尺度。从保险业总量指标和保险业结构指标两者的比较来看，总量指标对于保险业发展一般只具有直观的表征意义；而对一些结构指标的考察和比较，则往往能够发现总量指标所反映不出来的保险业运行中更深层次的本质性东西或亟待解决的问题。较之总量指标，结构指标在衡量保险业发展的功能和效率变化方面似乎更为重要。

保险产业总量的增长与保险产业结构的调整和优化密不可分，两者间存在着相互依存的辩证关系。

保险总量增长是与经济总量增长相适应的，是保险业发展的前提与基础。通常情况下，保险总量增长在先，保险结构调整在后。只有在保险总量不断增长的基础上，才能逐渐形成发达而完善的保险产业结构。显然，保险产业结构不能脱离保险总量而孤立存在，它只是保险总量在各构成要素分布的一个现实反映，保险产业结构任何方面的变化都会表现为保险总量与各总量构成要素的同方向或反方向的不同比率的增减。同时，保险产业结构对保险总量也有很强的影响力，一个合理而完善的保险产业结构可以促进保险总量进一步健康、快速地增长；相反，如果保险产业结构不合理，那么保险总量的增长必然失去持续的动力，甚至出现增长偏离正确方向的问题。从保险发展来看，保险总量的持续增长是量的积累过程，而只有经过保险结构的不断优化之后才能实现不同保险发展阶段质的飞跃。保险总量的增长和保险结构的优化是保险发展的两个不可或缺的有机组成部分。因此，在保险总量持续增长的基础上进行保险产业结构的优化调整，而保险产业结构的优化调整又会促进保险总量的进一步增长，这个持续不断的动态过程便表现为保险业不断发展、不断深化的过程。

## 四、保险产业政策与市场机制

随着保险产业结构不断演化，组织结构类型不断增多，保险机构数量也在不断增多，它是集中在发达国家全球并购引起的保险机构数量减少和发展中国家迅速发展的保险业引起的保险机构数量增多共同作用的结果，也是发达国家近年来经济增长减缓而发展中国家经济增长强劲在保险业的体现，但这只是目前世界保险业发展过程中伴随着保险业组织结构演化而出现的暂时现象。可以预测，在今后很长一段时间内，随着经济金融一体化和自由化进程的加快、世界经济发展的向好，发达国家保险业并购浪潮后保险机构数量略有下降，发展中国家保险主体数量增长迅速，以及全球保险主体数量增长的趋势不会改变，然而，总的增长势头会减缓。

从全球保险产业结构的演化与保险发展趋势可以看出，世界保险业已进入"寡头主导，大、中、小共生"的垄断竞争格局的快速发展时期。未来国际保险市场的发展模式将是一个保险资源与保险技术共享的业务融合性的统一的国际保险大市场。这种保险产业结构模式有利于保险市场垄断竞争结构的形成，有利于保险公司经营绩效的提高，有利于一国或地区保险业的繁荣与稳定。

随着科学发展观的贯彻落实，中国保险业保险主体增长的数量与质量不断提高，增长方式逐步从粗放型向集约型转变，中国保险产业结构不良引起的增长与发展相背离的现象将逐渐缓解。中国保险业应主动顺应世界经济金融化和金融自由化趋势，以保险资源重组为核心作战略性结构调整，积极引导建成一个既能满足日益多样化的消费需求，又能适应社会经济发展，还有利于在开放背景下持续、快速、协调、健康发展的保险产业结构。

# 第二章
# 中国与国际保险产业发展状况[①]

## 第一节 2020年中国（不含港澳台地区）保险市场分析[②]

中国自1805年成立第一家保险公司以来，已经走过了200多年的历史。自1949年中华人民共和国成立以来，中国保险业也经历了初步发展（1949—1958年）、停办（1959—1978年）、恢复发展（1979年至今）三个大的阶段。中国保险业自1979年恢复以来，获得了快速发展。尤其是近年来，党中央、国务院十分重视保险业发展，在多份重要文件中提出要大力发展保险业，出台了一系列促进保险业改革发展的政策措施，我国保险业实现了长足发展。

2018年，原中国保险监督管理委员会和原中国银行业监督管理委员会合并，合并后成立中国银行保险监督管理委员会（简称"中国银保监会"或"银保监会"，"原中国保险监督管理委员会"简称"原中国保监会"或"原保监会"，"原中国银行业监督管理委员会"简称"原中国银监会"或"原银监会"）。

2019—2020年，中国银保监会在党中央、国务院统一领导下，进一步扩大了对外开放，以开放促改革，激发了市场活力，推动形成了保险业全面开放发展新格局。总体来看，保险市场发展稳中向好，产品保障功能凸显，资金运用收益稳步增

---

[①] 本章主要讨论中国、美国、英国等国保险产业发展概况。关于德国、意大利、日本、澳大利亚等国的保险产业发展状况，请参考寇业富等主编的《保险蓝皮书——中国保险市场发展分析（2019）》《保险蓝皮书——中国保险市场发展分析（2017）》等书。

[②] 本节资料主要来自《2021中国保险公司竞争力与投资价值评价研究报告》，更具体的资料可以参考此报告。

长，保险科技广泛应用，行业风险防控能力持续增强。

## 一、市场概况

2020年，全行业共实现保费收入45257亿元（除特别说明以外，本书中的保费收入指原保险保费收入），同比增长6.13%（除特别说明以外，本书中的增长或下降都表示同比变化情况），其中，产险公司增长了4.63%，寿险公司增长了6.90%；保险业赔付支出为13907亿元，同比增长7.86%；保险业总资产为232984亿元，较年初增长12.29%。具体来看，市场运行呈现出以下特点。

一是总体业务发展稳中向好，风险保障水平快速提高。2020年，全行业提供保险金额为8710万亿元，同比增长34.62%。其中，产险公司保险金额为7512万亿元，同比增长39.91%；寿险公司保险金额为1198万亿元，同比增长8.81%。财产保险业务实现保费收入11929亿元，同比增长2.40%；寿险业务实现保费收入23982亿元，同比增长5.40%；健康险业务实现保费收入8173亿元，同比增长15.67%；意外险业务实现保费收入1174亿元，同比减少0.09%；与国计民生密切相关的责任保险和农业保险业务继续保持较快增长，分别实现保费收入901亿元和815亿元，分别同比增长20.13%和21.28%。

二是资金运用配置更趋优化，投资收益稳步增长。2020年，保险公司资金运用余额为216801亿元，较年初增长17.02%，银行存款为25973亿元，占资金运用余额的比例为11.98%；债券为79329亿元，占比为36.59%；股票和证券投资基金为29822亿元，占比为13.76%。

三是保险科技应用日益广泛，创新业务快速发展。保险科技投入力度加大，大数据、人工智能、区块链、移动互联网、物联网等前沿技术被广泛运用于产品创新、保险营销和公司内部管理等方面。依托互联网保险对部分标准化传统保险的快速替代及场景创新型产品带来的增量市场，互联网保险创新业务保持高速增长。

四是立足国家战略，服务经济社会发展能力增强。2020年，保险行业积极助力经济社会发展的重点领域和薄弱环节，推动科技创新，维护社会稳定，不断提升保险服务实体经济的效率和水平。

（一）1980—2020年的保费收入

本部分简述了1980—2020年中国保险业发展概况，主要对保费收入、保险密度、保险深度等数据进行梳理和讨论。根据最新可得的国际比较数据，2020年，中国保险业保费收入达到4.53万亿元，总资产达到23.30万亿元，保险密度为3205元/人，同比增长5.24%；保险深度为4.45%，同比增长3.05%。赔款和给付达到

13907亿元，同比增长7.86%。中国保险行业的国际地位大幅度提升，世界排名从2010年的第6位上升至2020年的第2位。

表2-1显示了1980—2020年中国保费收入总额及结构。1979年中国保险业恢复发展，1980年保费收入为5亿元，1990年保费收入为178亿元，2000年保费收入为1595亿元，2010年保费收入为14528亿元；2020年保费收入达到45257亿元，分别是1980年、1990年、2000年、2010年的9051倍、254倍、28倍和3倍。

从寿险和非寿险的结构来看，在20世纪80年代初期，非寿险占绝大多数份额，随后比重逐渐下降。1997年寿险比重第一次超过非寿险，此后寿险比重逐渐上升，2008年最高达到76%，最近几年寿险和产险市场格局逐渐稳定，基本维持在7:3左右。

从图2-1中可以看出，中国的保费收入在2000年之后出现第一次快速上升，在2006年之后又出现一次快速上升，这两次上升均与新型人身保险产品（包括分红保险、投资连结保险、万能保险）的引入和推动有关。

表2-1 1980—2020年中国保费收入

| 年份 | 总保费/亿元 | 人身险（寿险） | | 财险 | |
| --- | --- | --- | --- | --- | --- |
| | | 保费/亿元 | 占比/% | 保费/亿元 | 占比/% |
| 1980 | 5 | — | 0.00 | 5 | 100.00 |
| 1981 | 8 | — | 0.00 | 8 | 100.00 |
| 1982 | 10 | 3 | 30.00 | 7 | 70.00 |
| 1983 | 13 | 0 | 0.00 | 13 | 100.00 |
| 1984 | 20 | 1 | 5.00 | 19 | 95.00 |
| 1985 | 33 | 4 | 12.12 | 29 | 87.88 |
| 1986 | 46 | 11 | 23.91 | 35 | 76.09 |
| 1987 | 71 | 13 | 18.31 | 58 | 81.69 |
| 1988 | 109 | 38 | 34.86 | 71 | 65.14 |
| 1989 | 122 | 46 | 37.70 | 76 | 62.30 |
| 1990 | 178 | 60 | 33.71 | 118 | 66.29 |
| 1991 | 236 | 83 | 35.17 | 153 | 64.83 |
| 1992 | 368 | 143 | 38.86 | 225 | 61.14 |
| 1993 | 500 | — | — | — | — |
| 1994 | 600 | 264 | 44.00 | 336 | 56.00 |
| 1995 | 683 | 262 | 38.36 | 421 | 61.64 |

续表

| 年份 | 总保费/亿元 | 人身险（寿险） | | 财险 | |
|---|---|---|---|---|---|
| | | 保费/亿元 | 占比/% | 保费/亿元 | 占比/% |
| 1996 | 788 | 343 | 43.53 | 445 | 56.47 |
| 1997 | 1087 | 607 | 55.84 | 480 | 44.16 |
| 1998 | 1247 | 747 | 59.90 | 500 | 40.10 |
| 1999 | 1393 | 872 | 62.60 | 521 | 37.40 |
| 2000 | 1595 | 997 | 62.51 | 598 | 37.49 |
| 2001 | 2109 | 1424 | 67.52 | 685 | 32.48 |
| 2002 | 3053 | 2275 | 74.52 | 778 | 25.48 |
| 2003 | 3880 | 3011 | 77.60 | 869 | 22.40 |
| 2004 | 4317 | 3228 | 74.77 | 1089 | 25.23 |
| 2005 | 4927 | 3697 | 75.04 | 1230 | 24.96 |
| 2006 | 5641 | 4132 | 73.25 | 1509 | 26.75 |
| 2007 | 7036 | 5038 | 71.60 | 1998 | 28.40 |
| 2008 | 9784 | 7447 | 76.11 | 2337 | 23.89 |
| 2009 | 11137 | 8261 | 74.18 | 2876 | 25.82 |
| 2010 | 14528 | 10632 | 73.18 | 3896 | 26.82 |
| 2011 | 14339 | 9721 | 67.79 | 4618 | 32.21 |
| 2012 | 15688 | 10157 | 64.74 | 5531 | 35.26 |
| 2013 | 17222 | 11010 | 63.93 | 6212 | 36.07 |
| 2014 | 20234 | 13031 | 64.40 | 7203 | 35.60 |
| 2015 | 24283 | 16288 | 67.08 | 7995 | 32.92 |
| 2016 | 30959 | 22235 | 71.82 | 8724 | 28.18 |
| 2017 | 36581 | 26746 | 73.11 | 9835 | 26.89 |
| 2018 | 38017 | 27247 | 71.67 | 10770 | 28.33 |
| 2019 | 42645 | 30996 | 72.68 | 11649 | 27.32 |
| 2020 | 45257 | 33329 | 73.64 | 11929 | 26.36 |

表2-2中显示了1980—2020年中国保费收入名义增长率与世界保费收入名义增长率的对比，而实际增长率扣除了名义增长率中的通货膨胀影响。

从图2-2中可以看出以下几个特点：第一，中国保费收入增长呈现出周期波动的特点，大约存在5个周期；第二，随着技术的应用，中国保费收入增长率的平均值呈逐渐下降的趋势；第三，在绝大多数年份，中国保费收入增长率高于世界保费收入的平均增长率，而且超出的幅度还很大，只有2011年是特例。

## 第二章 中国与国际保险产业发展状况

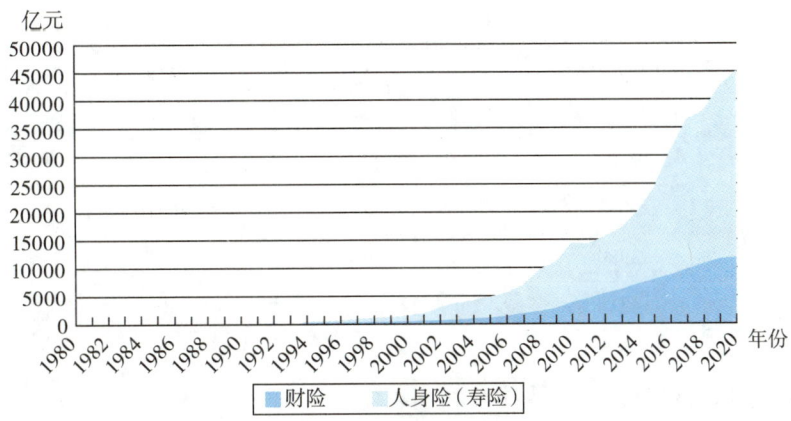

图 2-1  1980—2020 年中国保费收入

表 2-2  1980—2020 年中国和世界保费收入的名义增长率对比

| 年份 | 中国保费收入/亿元人民币 | 名义增长率/% | 世界保费收入/亿美元 | 名义增长率/% |
|---|---|---|---|---|
| 1980 | 5 | — | 4671 | — |
| 1981 | 8 | 60.00 | 4789 | 2.53 |
| 1982 | 10 | 25.00 | 4933 | 3.01 |
| 1983 | 13 | 30.00 | 5176 | 4.93 |
| 1984 | 20 | 53.85 | 5564 | 7.50 |
| 1985 | 33 | 65.00 | 6460 | 16.10 |
| 1986 | 46 | 39.39 | 8773 | 35.80 |
| 1987 | 71 | 54.35 | 10575 | 20.54 |
| 1988 | 109 | 53.52 | 12353 | 16.81 |
| 1989 | 142 | 30.28 | 12692 | 2.74 |
| 1990 | 178 | 25.35 | 14074 | 10.89 |
| 1991 | 236 | 32.58 | 15155 | 7.68 |
| 1992 | 368 | 55.93 | 16728 | 10.38 |
| 1993 | 500 | 35.87 | 18183 | 8.70 |
| 1994 | 600 | 20.00 | 19653 | 8.08 |
| 1995 | 683 | 13.83 | 21572 | 9.76 |
| 1996 | 788 | 15.37 | 21323 | -1.15 |
| 1997 | 1087 | 37.94 | 21490 | 0.78 |
| 1998 | 1247 | 14.72 | 21903 | 1.92 |
| 1999 | 1393 | 11.71 | 23662 | 8.03 |
| 2000 | 1595 | 14.50 | 24917 | 5.30 |

续表

| 年份 | 中国保费/亿元人民币 | 名义增长率/% | 世界保费/亿美元 | 名义增长率/% |
| --- | --- | --- | --- | --- |
| 2001 | 2109 | 32.23 | 24551 | -1.47 |
| 2002 | 3053 | 44.76 | 26710 | 8.79 |
| 2003 | 3880 | 27.09 | 29954 | 12.15 |
| 2004 | 4318 | 11.29 | 33069 | 10.40 |
| 2005 | 4927 | 14.10 | 34604 | 4.64 |
| 2006 | 5641 | 14.49 | 36987 | 6.89 |
| 2007 | 7036 | 24.73 | 41325 | 11.73 |
| 2008 | 9784 | 39.06 | 41964 | 1.55 |
| 2009 | 11137 | 13.83 | 40881 | -2.58 |
| 2010 | 14528 | 30.45 | 43100 | 5.43 |
| 2011 | 14339 | -1.30 | 45740 | 6.13 |
| 2012 | 15688 | 9.41 | 46145 | 0.89 |
| 2013 | 17222 | 9.78 | 46145 | 0 |
| 2014 | 20235 | 17.50 | 47837 | 3.67 |
| 2015 | 24283 | 20.00 | 46024 | -3.79 |
| 2016 | 30959 | 27.49 | 46948 | 2.01 |
| 2017 | 36581 | 18.16 | 49575 | 5.60 |
| 2018 | 38017 | 3.93 | 51932 | 4.75 |
| 2019 | 42645 | 12.17 | 52555 | 1.20 |
| 2020 | 45257 | 6.13 | — | -1.40 |

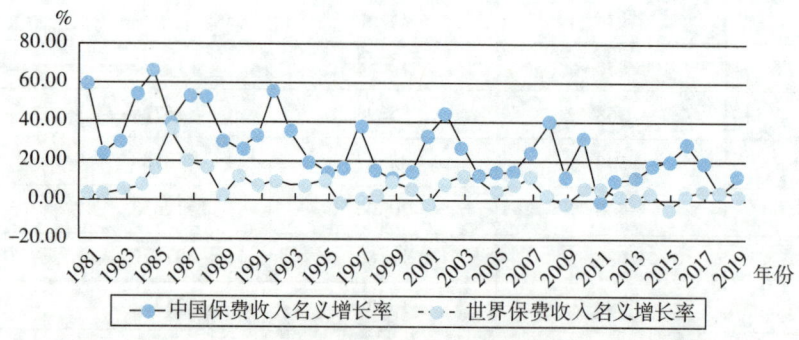

图2-2 1980—2020年中国和世界保费收入名义增长率

过去40年间中国GDP基本保持了一个比世界平均水平明显更快的增长速度，中国保费收入也同GDP一样，占世界份额逐年提高（见表2-3）。

图2-3直观地显示了这一变化趋势，2000年和2017年之后这一份额出现两次

较为明显的上升,这与前述中国保费收入的两次快速上升是相匹配的。

表 2-3　1980—2020 年中国 GDP 与世界 GDP 的发展比较①

| 年份 | 中国 GDP/亿美元 | 世界 GDP/亿美元 | 中国 GDP 占世界 GDP 的比值/% |
|---|---|---|---|
| 1980 | 1911.49 | 112275.51 | 1.70 |
| 1981 | 1958.66 | 116237.93 | 1.69 |
| 1982 | 2050.90 | 115144.75 | 1.78 |
| 1983 | 2306.87 | 117470.30 | 1.96 |
| 1984 | 2599.47 | 121798.88 | 2.13 |
| 1985 | 3094.88 | 127933.44 | 2.42 |
| 1986 | 3007.58 | 151185.14 | 1.99 |
| 1987 | 2729.73 | 172009.88 | 1.59 |
| 1988 | 3123.54 | 192441.41 | 1.62 |
| 1989 | 3477.68 | 200874.31 | 1.73 |
| 1990 | 3608.58 | 226263.69 | 1.59 |
| 1991 | 3833.73 | 239665.56 | 1.60 |
| 1992 | 4269.16 | 254528.81 | 1.68 |
| 1993 | 4447.31 | 258578.62 | 1.72 |
| 1994 | 5643.25 | 277707.01 | 2.03 |
| 1995 | 7345.48 | 308865.65 | 2.38 |
| 1996 | 8637.47 | 315726.30 | 2.74 |
| 1997 | 9616.04 | 314580.73 | 3.06 |
| 1998 | 10290.43 | 313932.88 | 3.28 |
| 1999 | 10939.97 | 325617.73 | 3.36 |
| 2000 | 12113.47 | 336186.16 | 3.60 |
| 2001 | 13393.96 | 334265.77 | 4.01 |
| 2002 | 14705.50 | 347098.10 | 4.24 |

① 依据中国国民经济和社会发展统计公报,在 1991 年及以前,中国只公布国民生产总值(GNP),不公布国内生产总值(GDP);1992 年至今,中国国民经济和社会发展统计公报只公布 GDP,不公布 GNP。表 2-3 中的 1980—1991 年的 GDP 数据均为推算数据,并且项目组认为并没有一个公认的、科学的、权威的方法来实现从 GNP 到 GDP 的推算,因此,项目组并不保证上述数据的准确性和科学性,如有引用请谨慎为之。如引用,项目组不为由此引起的各种质疑或分歧等承担责任;以下相关数据,如表 2-5 中的相关引用计算等,均参照本备注说明。

续表

| 年份 | 中国GDP/亿美元 | 世界GDP/亿美元 | 中国GDP占世界GDP的比值/% |
|---|---|---|---|
| 2003 | 16602.88 | 389448.09 | 4.26 |
| 2004 | 19553.47 | 438671.39 | 4.46 |
| 2005 | 22859.66 | 475172.27 | 4.81 |
| 2006 | 27521.32 | 515020.22 | 5.34 |
| 2007 | 35503.42 | 580315.35 | 6.12 |
| 2008 | 45943.07 | 636755.54 | 7.22 |
| 2009 | 51017.02 | 603955.40 | 8.45 |
| 2010 | 60871.65 | 661131.19 | 9.21 |
| 2011 | 75515.00 | 734483.41 | 10.28 |
| 2012 | 85322.31 | 751459.97 | 11.35 |
| 2013 | 95704.06 | 773020.23 | 12.38 |
| 2014 | 104756.83 | 794508.08 | 13.19 |
| 2015 | 110615.53 | 751987.58 | 14.71 |
| 2016 | 112332.77 | 763357.95 | 14.72 |
| 2017 | 123104.09 | 812291.83 | 15.16 |
| 2018 | 138948.17 | 863570.73 | 16.09 |
| 2019 | 143429.03 | 876975.19 | 16.35 |
| 2020 | 157842.71 | 847055.67 | 18.63 |

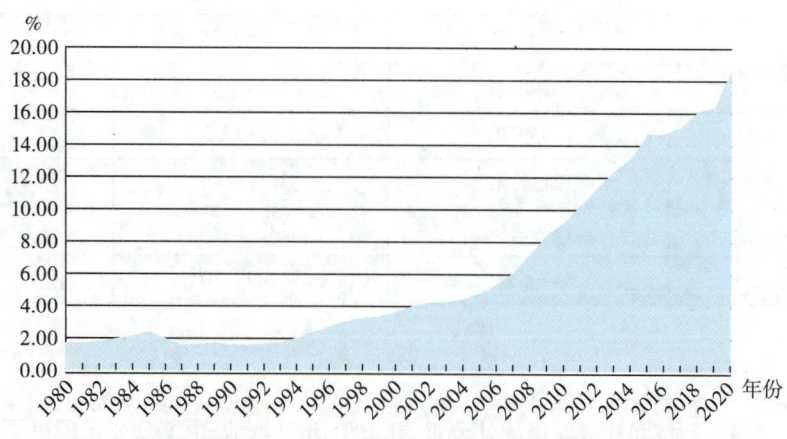

图2-3 1980—2020年中国GDP与世界GDP的比值分析

（二）1980—2020年的保险密度

表2-4显示了1980—2020年中国保险密度和世界平均保险密度的对比，图2-4直观地显示了两者的增长状况。

从图2-4中可以看出，世界平均保险密度在1984年呈现出较快增长势头，中国保险密度在过去40年间一直保持增长势头，2006年之后增长更为明显。2008年国际金融危机抑制了世界保险密度的增长，但中国保险密度仍然保持了快速增长的态势，这对于中国这样一个人口大国而言是十分不易的。

表2-4 1980—2020年中国保险密度和世界平均保险密度对比

| 年份 | 中国保险密度（元/人） | 世界平均保险密度（美元/人） | 中国保险密度增长率/% | 世界平均保险密度增长率/% |
| --- | --- | --- | --- | --- |
| 1980 | 0.47 | 103 | — | — |
| 1981 | 0.78 | 104 | 65.96 | 0.97 |
| 1982 | 1.01 | 106 | 29.49 | 1.92 |
| 1983 | 1.28 | 109 | 26.73 | 2.83 |
| 1984 | 1.92 | 115 | 50.00 | 5.50 |
| 1985 | 3.13 | 132 | 63.02 | 14.78 |
| 1986 | 4.26 | 176 | 36.10 | 33.33 |
| 1987 | 6.51 | 208 | 52.82 | 18.18 |
| 1988 | 9.86 | 239 | 51.46 | 14.90 |
| 1989 | 12.65 | 242 | 28.30 | 1.26 |
| 1990 | 15.61 | 264 | 23.40 | 9.09 |
| 1991 | 20.70 | 279 | 32.61 | 5.68 |
| 1992 | 32.26 | 302 | 55.85 | 8.24 |
| 1993 | 44.30 | 323 | 37.32 | 6.95 |
| 1994 | 52.57 | 344 | 18.67 | 6.50 |
| 1995 | 56.39 | 372 | 7.27 | 8.14 |
| 1996 | 63.40 | 363 | 12.43 | -2.42 |
| 1997 | 87.36 | 361 | 37.80 | -0.55 |
| 1998 | 100.67 | 364 | 15.24 | 0.83 |
| 1999 | 110.76 | 388 | 10.02 | 6.59 |
| 2000 | 125.91 | 403 | 13.68 | 3.87 |
| 2001 | 165.27 | 391 | 31.26 | -2.98 |
| 2002 | 237.69 | 420 | 43.82 | 7.42 |
| 2003 | 300.28 | 464 | 26.33 | 10.48 |
| 2004 | 332.19 | 505 | 10.63 | 8.84 |
| 2005 | 376.83 | 522 | 13.44 | 3.37 |

续表

| 年份 | 中国保险密度（元/人） | 世界平均保险密度（美元/人） | 中国保险密度增长率/% | 世界平均保险密度增长率/% |
| --- | --- | --- | --- | --- |
| 2006 | 429.18 | 550 | 13.89 | 5.36 |
| 2007 | 532.49 | 603 | 24.07 | 9.64 |
| 2008 | 736.74 | 605 | 38.36 | 0.33 |
| 2009 | 834.57 | 581 | 13.28 | -3.97 |
| 2010 | 1083.44 | 604 | 29.82 | 3.96 |
| 2011 | 1064.26 | 636 | -1.77 | 5.30 |
| 2012 | 1143.83 | 633 | 7.48 | -0.47 |
| 2013 | 1265.67 | 625 | 10.65 | -1.26 |
| 2014 | 1479.35 | 637 | 16.88 | 1.92 |
| 2015 | 1766.49 | 607 | 19.41 | -4.71 |
| 2016 | 2239.02 | 614 | 26.75 | 1.15 |
| 2017 | 2631.58 | 641 | 17.53 | 4.40 |
| 2018 | 2724.46 | 663 | 3.53 | 3.43 |
| 2019 | 3045.95 | 671 | 11.80 | 1.21 |
| 2020 | 3205.70 | 687 | 5.24 | 2.38 |

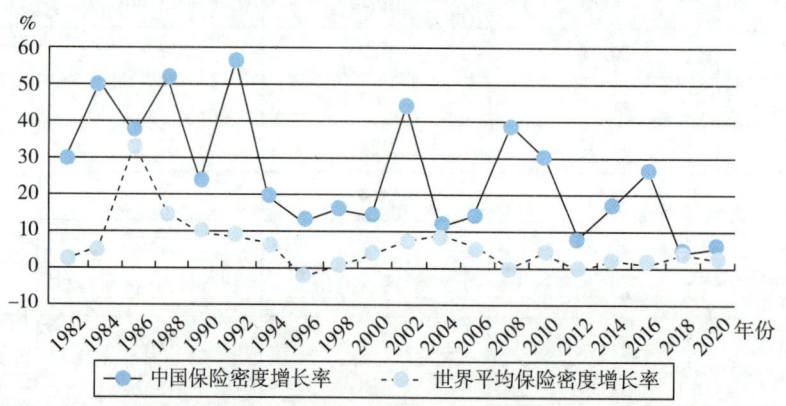

图 2-4　1980—2020 年中国保险密度和世界平均保险密度增长率

（三）1980—2020 年的保险深度

表 2-5 显示了 1980—2020 年中国保险深度和世界平均保险深度的对比，图 2-5 直观地显示了两者的增长情况。

从图 2-5 中可以看出，世界平均保险深度在 20 世纪 80 年代后呈现出较为明显的上升趋势，1993 年之后基本保持在 6%~7% 的水平，2012—2017 年下降到 6% 左右，之后的 2018—2020 年都处于上升状态。中国保险深度整体呈上升趋势，但自

2003年以来，随着中国GDP的高速增长，中国保险深度进入一个相对平稳的时期，2010—2012年有明显的下降，从2013年开始恢复上升趋势。

表2－5　1980—2020年的中国保险深度和世界平均保险深度对比　　　　（％）

| 年份 | 中国保险深度 | 世界平均保险深度 |
| --- | --- | --- |
| 1980 | 0.11 | 4.16 |
| 1981 | 0.16 | 4.12 |
| 1982 | 0.19 | 4.28 |
| 1983 | 0.22 | 4.41 |
| 1984 | 0.27 | 4.57 |
| 1985 | 0.36 | 5.05 |
| 1986 | 0.44 | 5.80 |
| 1987 | 0.58 | 6.15 |
| 1988 | 0.72 | 6.42 |
| 1989 | 0.83 | 6.32 |
| 1990 | 0.95 | 6.22 |
| 1991 | 1.09 | 6.32 |
| 1992 | 1.39 | 6.57 |
| 1993 | 1.47 | 7.03 |
| 1994 | 1.30 | 7.08 |
| 1995 | 1.11 | 6.98 |
| 1996 | 1.08 | 6.75 |
| 1997 | 1.35 | 6.83 |
| 1998 | 1.47 | 6.98 |
| 1999 | 1.54 | 7.27 |
| 2000 | 1.59 | 7.41 |
| 2001 | 1.90 | 7.34 |
| 2002 | 2.51 | 7.70 |
| 2003 | 2.82 | 7.69 |
| 2004 | 2.67 | 7.54 |
| 2005 | 2.63 | 7.28 |
| 2006 | 2.57 | 7.18 |
| 2007 | 2.60 | 7.12 |
| 2008 | 3.06 | 6.59 |

续表

| 年份 | 中国保险深度 | 世界平均保险深度 |
|---|---|---|
| 2009 | 3.20 | 6.77 |
| 2010 | 3.53 | 6.52 |
| 2011 | 2.94 | 6.23 |
| 2012 | 2.88 | 6.14 |
| 2013 | 2.90 | 5.97 |
| 2014 | 3.14 | 6.02 |
| 2015 | 3.53 | 6.12 |
| 2016 | 4.15 | 6.15 |
| 2017 | 4.40 | 6.10 |
| 2018 | 4.14 | 7.11 |
| 2019 | 4.32 | 7.17 |
| 2020 | 4.45 | 7.30 |

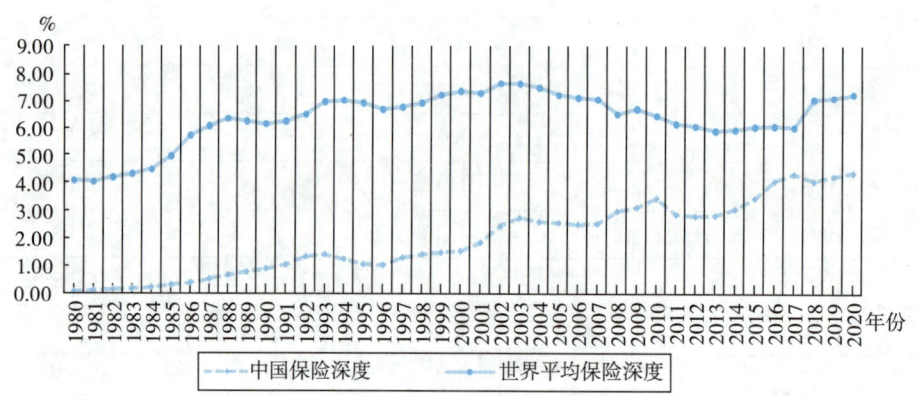

图2-5 1980—2020年中国保险深度与世界平均保险深度

## 二、发展评价

### (一) 市场主体

自1980年以来，我国保费规模从4.6亿元增长至2020年的4.53万亿元，年均增长26.61%。2020年年末，保险业总资产达23.30万亿元，净资产达2.75万亿元。多层次保险市场体系初步形成，市场主体从1家增加到235家（不包含互助保险机构3家），其中产险有87家，人身险有91家，再保险有14家，集团和控股有14家，保险资产管理有28家。

其中主要包括六种类型（截至2020年年末）。

（1）出口信用保险公司：1家。

（2）保险集团和控股公司：14家。

（3）财险公司：87家（其中，互联网公司有4家，相互保险公司有3家，自保公司有3家）。

（4）寿险公司：91家（其中，养老险公司有9家，健康险公司有7家）。

（5）保险资产管理公司：28家。

（6）再保险公司：14家（其中，中资有7家，外资有7家）。

2020年，共有4家保险机构开业，分别是恒安标准养老保险有限责任公司、招商信诺资产管理有限公司、中国银行资产管理有限责任公司、中国农业再保险股份有限公司；2020年年末，尚有1家保险机构正在筹建，为国华兴益保险资产管理有限公司。

截至2021年1月31日，保险中介机构一共有3054家，其中国内保险代理公司有1760家，保险经纪公司有496家，保险公估公司有798家。保险代理和保险经纪是最受关注的两个类型，从区域分布来看，这两类保险中介机构主要集中分布在北京、广东和上海，三个区域合计占比为32.30%，其次是山东和江苏。

我国保险代理公司共有1760家，其中全国性保险专业代理机构243家，从事代理和销售相关保险业务的237家，开展投保类业务的6家；区域性保险专业代理机构有1517家，全部从事代理和销售相关保险业务。2020年，新成立的保险代理机构有4家。从区域分布来看，广东注册公司最多，有224家；其次是北京，有169家；山东有156家。三个区域合计占比为31.19%。

保险经纪公司共有496家，其中北京最多，有174家；其次是上海，有82家；广东有70家。三个区域合计占比为65.73%。

保险公估公司共有798家，其中山东最多，有100家；其次是广东，有97家；河北93家。三个区域合计占比为36.34%。2021年，新成立保险公估公司8家，其中有3家注册地在山东。

（二）保险业经营情况

2020年，保险业实现保费收入45257亿元，同比增长6.12%。寿险公司未计入合同核算的保户投资款和独立账户本年新增交费达7517亿元，同比降低17.28%，如表2-6所示。

表 2-6  2019—2020 年保险业经营情况对比

| 项目/亿元 | 2020 年 | 2019 年 | 增长率/% |
|---|---|---|---|
| 保费收入 | 45257 | 42645 | 6.12 |
| 1. 财产险 | 11929 | 11649 | 2.40 |
| 2. 人身险 | 33329 | 30995 | 7.53 |
| （1）寿险 | 23982 | 22754 | 5.40 |
| （2）健康险 | 8173 | 7066 | 15.67 |
| （3）人身意外伤害险 | 1174 | 1175 | -0.09 |
| 保户投资款新增交费 | 7044 | 8711 | -19.14 |
| 投连险独立账户新增交费 | 473 | 376 | 25.80 |
| 赔付支出 | 13907 | 12894 | 7.86 |
| 1. 财产险 | 6955 | 6502 | 6.97 |
| 2. 人身险 | 6952 | 6392 | 8.76 |
| （1）寿险 | 3715 | 3743 | -0.75 |
| （2）健康险 | 2921 | 2351 | 24.25 |
| （3）人身意外伤害险 | 316 | 298 | 6.04 |
| 业务及管理费 | 5728 | 5491 | 4.32 |
| 银行存款 | 25973 | 25227 | 2.96 |
| 资金运用余额 | 216801 | 185271 | 17.02 |
| 资产总额 | 232984 | 205645 | 13.29 |

（1）从产寿险公司来看，产险公司实现保费收入13584亿元，同比增长4.36%；寿险公司实现保费收入31674亿元，同比增长6.90%。从业务类型来看，产险业务实现保费收入11929亿元，同比增长2.40%；寿险业务实现保费收入23982亿元，同比增长5.40%；健康险业务实现保费收入8173亿元，同比增长15.67%；意外险业务实现保费收入1174亿元，同比下降0.09%。

（2）保险金额为8710万亿元，同比增长34.62%；新增保单件数达526.34亿件，同比增长6.25%。其中，产险公司保险金额为7512万亿元，同比增长39.91%，签单件数达517.28亿件，同比增长6.13%。寿险公司保险金额为1198万亿元，同比增长8.81%，新增保单达9.06亿件，同比增长13.68%。

（3）资金运用余额为216801亿元，同比增长17.02%。其中，债券为7.98万亿元，占比为36.81%；银行存款为2.60万亿元，占比为11.99%；股票为1.88万亿元，占比为8.67%；证券投资基金为1.10万亿元，占比为5.07%；投资性房地产为2101.06亿元，占比为0.97%。投资收益实现增长，资金运用平均收益率达5.40%。

(4) 总资产为 232984 亿元，同比增长 13.29%；净资产为 27525 亿元，同比增长 10.95%；预计利润总额为 34312 亿元，同比增长 9.52%。

(5) 2020 年人身险退保金为 3207.19 亿元，同比下降 45.09%；退保率为 2.39%。

(三) 保费收入

2020 年保险业保费收入为 45257 亿元，同比增长 6.12%。从业务类型来看，产险业务为 11929 亿元，同比增长 2.40%；寿险业务为 23982 亿元，同比增长 5.40%；健康险业务为 8173 亿元，同比增长 15.67%；意外险业务为 1174 亿元，同比下降 0.09%（见表 2-6）。

(四) 赔付支出

如表 2-6 所示，2020 年，保险赔付支出为 13907 亿元，同比增长 7.86%。其中，财产险业务赔付为 6955 亿元，同比增长 6.97%；寿险业务赔付为 3715 亿元，同比下降 0.75%；健康险业务赔付为 2921 亿元，同比增长 24.25%；意外险业务赔付为 316 亿元，同比增长 6.04%。

(五) 险种结构

表 2-6 显示了 2020 年中国保险市场的险种结构及同比变化，图 2-6 直观地显示了这一险种结构。

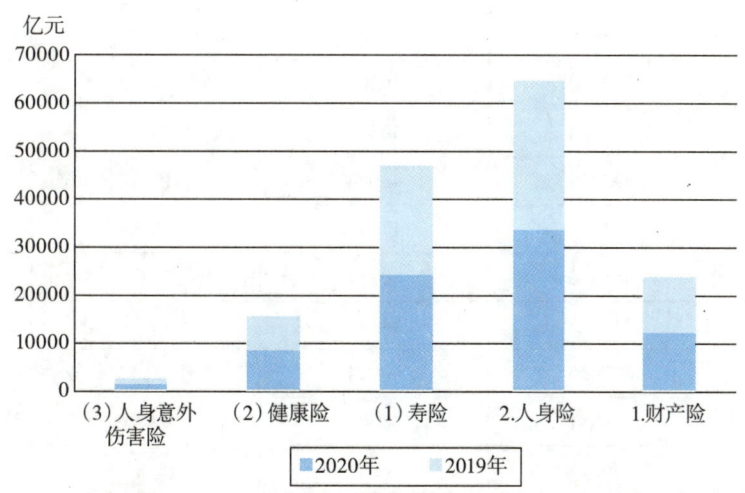

图 2-6 2019—2020 年中国保险市场的险种结构

### 三、发展展望

近年来我国经济得到了迅速发展，国内生产总值以极快的速度增长（见表 2-7），2000—2020 年，我国国内生产总值就已经增长了 9.13 倍，而 2020 年我国人均国内生产总值已经达到71965元人民币。从图2-7中可以看出,近5年来,我国国内生产总值增长率稳中有降。总的来看,2020年国民经济仍运行在合理区间,经济结构进一步优化,转型升级进一步加快,新兴动力进一步积聚,人民生活进一步改善。但是与此同时,国际环境仍然错综复杂,国内经济结构调整、转型升级正处在爬坡过坎的关键阶段,全面深化改革任务艰巨。

表2-7 2000—2020年我国GDP和人均GDP

| 年份 | GDP/元 | 人均GDP/元 | GDP增幅/% | 人均GDP增幅/% |
| --- | --- | --- | --- | --- |
| 2000 | 100280 | 7942 | 8.49 | 9.86 |
| 2001 | 110863 | 8717 | 8.34 | 9.76 |
| 2002 | 121717 | 9506 | 9.79 | 9.05 |
| 2003 | 137422 | 10666 | 12.90 | 12.20 |
| 2004 | 161840 | 12487 | 17.77 | 17.07 |
| 2005 | 187319 | 14368 | 12.04 | 15.06 |
| 2006 | 219438 | 16738 | 17.15 | 16.49 |
| 2007 | 270092 | 20494 | 23.08 | 22.44 |
| 2008 | 319245 | 24100 | 18.20 | 17.59 |
| 2009 | 348518 | 26180 | 9.17 | 8.63 |
| 2010 | 412119 | 30808 | 18.25 | 17.68 |
| 2011 | 487940 | 36302 | 18.40 | 17.83 |
| 2012 | 538580 | 39874 | 10.38 | 9.84 |
| 2013 | 592963 | 43684 | 10.10 | 9.56 |
| 2014 | 643563 | 47173 | 8.53 | 7.99 |
| 2015 | 688858 | 50237 | 7.64 | 6.50 |
| 2016 | 746395 | 54139 | 8.35 | 7.77 |
| 2017 | 832036 | 60014 | 11.47 | 10.85 |
| 2018 | 919281 | 66006 | 10.49 | 9.98 |
| 2019 | 986515 | 70581 | 7.31 | 6.93 |
| 2020 | 1015986 | 71965 | 2.99 | 1.96 |

党的十九大在政治、理论、实践方面取得了一系列重大成果,其中一个重要论断,就是中国特色社会主义进入新时代,我国社会主要矛盾已经转化为人民日益增长的美好生活需要和不平衡不充分的发展之间的矛盾。同样地,我国保险业也已经进入新时代,面临的主要矛盾已经演进为不平衡不充分的保险供给与人民群众不断

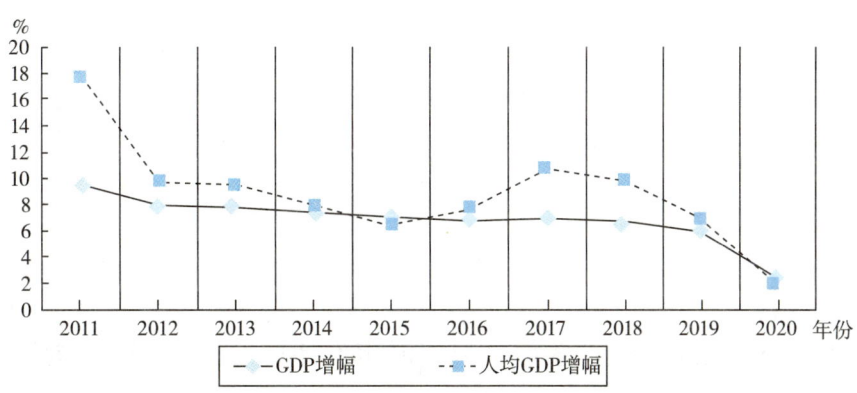

图 2-7 2011—2020 年中国 GDP 增速与人均 GDP 增速

迸发、不断升级的保险需求之间的矛盾。2017 年召开的全国金融工作会议和中央经济工作会议对金融工作做出了全面部署。可以说，新时代我国保险业的历史方位同国家、民族历史方位紧密相连，使命和任务无比清晰，那就是在实现中华民族伟大复兴中国梦中贡献行业全部力量，切实履行职责，把握机遇、迎接挑战，努力建设现代保险服务业。

2020 年以来，监管机构不断推动细分保险行业监管政策、治理行业乱象、补齐制度短板，为行业健康发展夯实各项基础制度。人身险行业保险保障功能不断增强，同时，针对各营销渠道的强化监管细则的下发也使得行业竞争更加透明；财产险业务平稳发展；保险资金运用持续重风控、调结构，以保障保险资金的安全，服务实体经济发展；偿二代[①]对保险公司资本约束性强，保险公司偿付能力充足率保持稳定。

2021 年是"十四五"开局之年、全面建设社会主义现代化国家新征程开启之年，新阶段将带来新生机、新活力。中国保险业将全面发挥资本市场"压舱石"和"稳定器"的作用，释放支持实体经济的磅礴力量；进一步完善金融产品体系，以更加开放的姿态，全面提升以市场化、专业化为底色的核心竞争能力。一方面秉承服务实体经济的初心使命；另一方面紧抓养老金融、绿色金融等领域新机遇，在持续创新的变革中开拓新局。

---

① "偿二代"是指《中国第二代偿付能力监管制度体系建设规划》，由原中国保监会于 2012 年 3 月印发。

## 第二节 中国港澳台地区保险业发展状况[①]

### 一、香港特别行政区

2019年,香港的地区生产总值(以当时市价计算)达28657亿港元,同比上升1.1%,人口(年底临时数字)为750.7万,同比增加0.2%,人均地区生产总值为381714港元。整体保险毛保费录得5802亿港元,同比上升9.1%。

(一)经营主体情况

截至2019年12月底,香港共有163家保险公司,获授权经营一般保险业务(91家)、长期保险业务(51家)和综合保险业务(21家)。其中,92家在香港地区注册成立;71家在21个不同国家(或地区)注册成立,在百慕大、英国和美国注册成立的为数最多。保险中介人方面,获登记保险代理(包括其负责人及业务代表)和获授权保险经纪(包括其行政总裁及业务代表)分别有11119名及10664名。

(二)保险市场业务概况

根据保险业的临时统计数字,2019年一般保险业务的毛保费及净保费同比分别增加3.9%至557亿港元及增加6.8%至377亿港元;整体承保表现由6亿港元的利润大幅度增至11亿港元的利润。直接业务方面,2019年毛保费同比增加10.5%至424亿港元,净保费同比增加16.7%至295亿港元。增长主要是由意外及健康业务(包括医疗业务)、一般法律责任业务(包括雇员补偿业务)及财产损坏业务所带动,其毛保费分别同比上升9.0%至172亿港元,上升14.0%至108亿港元及上升12.4%至49亿港元。随着数家新获授权海运保险公司加入市场,船舶业务的毛保费同比上升21.2%至21亿港元。再保险业务方面,2019年毛保费同比减少12.5%至13亿港元,净保费同比减少18.4%至82亿港元。毛保费减少主要受累于一般法律责任业务(包括雇员补偿业务)表现,相关业务的毛保费按年下跌48%至19亿港元,但部分跌幅由财产损坏业务的毛保费上升所抵销,有关毛保费同比上升85%至53亿港元。

长期保险业务方面,2019年的有效保单保费收入为5246亿港元,同比上升

---

[①] 本节内容引自《中国保险年鉴2020》。

9.7%。其中，个人人寿及年金（非投资相连）业务同比上升15.3%至4571亿港元，个人人寿及年金（投资相连）业务同比下跌20.5%至277亿港元，而退休计划业务同比下跌19.0%至338亿港元。2019年新造长期业务（不包括退休计划业务）的保单保费同比上升6.5%至1727亿港元。其中，个人人寿及年金（非投资相连）业务的新造保单保费同比上升11.3%至1604亿港元，而个人人寿及年金（投资相连）业务的新造保单保费同比下跌32.4%至118亿港元。

（三）新的发展

1. 香港保监局对保险中介人实施直接规管

香港保险业监管局（以下简称"香港保监局"）自2019年9月23日起接替三个自律规管机构（香港保险业联会所成立的保险代理登记委员会、香港保险顾问联会及香港专业保险经纪协会），成为规管所有保险中介人的唯一机构，直接规管逾12万名香港保险中介人，并拥有发牌、查察、调查及纪律处分的监管权力。

因应规管持牌保险中介人的新制度，香港保监局于2019年发布了一系列与中介人相关的操守守则和指引，其中包括与冷静期权益、利益说明文件，销售投资相连寿险产品，财务需要分析，送赠礼品及保单转保等规范及标准等相关的指引。此外，保监局建立了全新的信息科技系统，以确保自律规管机构的数据和记录顺利移交香港保监局，并设有保险中介人电子服务站"保险中介一站通"，以方便中介人以电子方式提交牌照申请。

根据香港保监局和香港金融管理局于2019年7月签署的《谅解备忘录》，香港金融管理局将负责处理与银行作为持牌保险代理机构行为有关的投诉。香港保监局开始负责处理与保险中介人操守有关的投诉，调查怀疑违规个案，以及根据法例和既定规例、守则和指引开展执法行动。自实施直接监管起，香港保监局从自律规管机构接收共280宗未完成的调查、纪律处分及上诉个案。截至2020年3月，99宗已结案，等终结该等个案时，保监局已对有关保险中介人采取多项监管行动，包括发出合规意见函。

2. 香港保险业施行以风险为本的资本制度

为配合偿付能力的最新标准，香港保监局正全力推动实施以风险为本的资本制度，希望通过多次量化影响研究，建构一套新的框架，既可促进审慎监管，又能保持香港的环球竞争力。

香港保监局在2019年8月进行了第三次量化影响研究后，于2020年4月与保险业界分享所得数据及分析结果，让香港保监局及业界了解偿付能力监管制度改变所产生的影响，并就风险为本资本制度下的政策决定确立全面观点。

香港保监局咨询及考虑风险为本资本制度质素方面的要求、持份者的意见后于2019年7月制定了《企业风险管理指引》（指引21），其中明确了企业风险管理架构及自身风险与偿付能力评估的指引。有关指引已于2020年1月1日生效。

香港保监局计划在2021年就风险为本资本制度的具体细则进行公众咨询，并准备在2022年实施新制度及设立适当的过渡期。制定风险为本资本制度第三支柱"资料披露"的准备工作展开后，保监局将与持份者紧密沟通，并计划于2021年进行业界咨询。

3. 对保险集团实施集团监管

因应国际标准的最新发展，香港保监局正制定适用于跨国保险集团的新集团监管架构。新框架采用原则为本、成果为重的模式，使香港的规管制度与国际标准及惯例更趋一致，直接提升香港地区在环球保险市场的竞争力，巩固其作为区域保险枢纽的地位。

《2020年保险业（修订）（第2号）条例草案》已于2020年7月获香港立法会通过。有关修订为保监局直接规管跨国保险集团的保险控权公司提供了清晰而坚实的法律基础，让保监局可继续执行效率与成效兼备的跨国集团监管工作。香港保监局与相关持份者合作制定集团监管架构，有关架构将以三大支柱为基础，分别为资本要求、风险与管治及披露要求。香港保监局于2019年10月就建议的架构发出讨论文件，向业界、专业团体及本地与海外金融监管机构等主要持份者征询意见。

4. 保险相连证券

保险相连证券，如巨灾债券，是一种将保险风险转移至资本市场的另类风险管理工具，其有助于提高保险市场的承保能力，同时可以为机构投资者提供更多分散投资风险的选择。

香港特区政府在《2018年施政报告》及《2019—2020年度财政预算案》中宣布，支持通过在香港成立特殊目的公司发行保险相连证券。2019年11月，中央政府亦鼓励内地保险公司在香港发行巨灾债券，此举令香港的风险管理中心的地位更加稳固，更能配合"一带一路"倡议及粤港澳大湾区的需求。香港保监局拟备了修订法例，为通过成立特殊目的保险公司发行保险相连证券订立精简的监管架构。该修例草案于2020年7月获得通过。为创造可持续及充满活力的市场环境，香港保监局将邀请价值链上各持份者（如内地监管机构、再保险公司、保险相连证券专家、法律顾问、投资者及专业服务机构）参与工作小组，以征询业界对上述监管架构的意见，并拟定实施细节。

5. 保单持有人保障计划

香港特区政府建议设立保单持有人保障计划，以期当保险公司无力偿债时，为保单持有人提供一个安全网，并建议计划涵盖大部分直接人寿及非人寿保单，个人保单持有人、中小型企业和业主立案法团均受保障。若保险公司无力偿债，该计划会就赔偿金额之首10万港元提供全数补偿，而余额则会获八成补偿。每份保单、申索或投保事件（视何者适用而定）的补偿总额上限为100万港元。

香港保监局与特区政府就拟备保单持有人保障计划的法例紧密合作。香港保监局亦委托顾问进行研究，就计划的关键规范（包括目标资金规模及征费率）做出最新评估。有关议案预计于2021年下半年提交立法会审议。

6. 推动保险科技的发展及应用

为了鼓励业界应用保险科技，香港保监局于2017年推出了保险科技沙盒及快速通道两项计划。

保险科技沙盒容许获授权保险公司在受控的环境中试行大致符合保监局现行监管规定的创新科技。截至2020年6月，香港保监局已批准13个先导计划的申请，其中5个与遥距销售保单有关的先导计划已开始试行。

快速通道将提供一支专队，为采用全数码分销渠道经营而不涉及任何保险中介人的新保险公司申请人加快处理有关的授权申请提供便利。继2018年发出首个授权后，保监局又于2019年10月至2020年5月向三间虚拟保险公司发出授权。目前，共有两间经营长期业务及两间经营一般业务的虚拟保险公司拓展市面上较少触及的市场领域，以改善客户体验、提升价值定位。保险科技日后将有助于重新界定保险业、深化普及金融的发展。

7.《内地与香港关于建立更紧密经贸关系的安排》（以下简称《安排》）

《安排》是内地与香港签订的自由贸易协议。框架协议下设四份协议，分别为《服务贸易协议》《投资协议》《经济技术合作协议》及《货物贸易协议》。

2019年11月签署的《服务贸易协议》的修订协议于2020年6月1日起实施。在《服务贸易协议》下，除了部分保留的限制性措施外，内地就"商业存在"的服务模式对香港保险界别的服务提供商实行国民待遇，包括放宽香港保险公司在内地设立保险公司的要求、放宽香港保险代理和保险经纪公司分别在内地设立独资保险代理公司和独资保险经纪公司的准入条件。修订内容亦包括支持内地保险公司在香港发行巨灾债券和将在监管等效基础上对符合资格的香港专业再保险公司的优惠政策纳入《安排》框架等。

这些措施充分反映了香港作为环球风险管理中心和区域保险枢纽，可以为内地企业提供全面多元的专业支持,促进两地市场加速融合及可持续发展。

8. "一带一路"建设

国家发展改革委与香港特区政府于2017年12月签署了《国家发展和改革委员会与香港特别行政区政府关于支持香港全面参与和助力"一带一路"建设的安排》,特别提及支持香港为"一带一路"建设的大型基础设施项目提供保险及再保险等专业服务,推动内地企业在香港成立专属自保保险公司,为其海外业务安排保险,完善企业的风险管理体系。

香港拥有在岸市场的离岸地位,是内地企业设立风险管理中心以及专属自保公司的理想地点。香港已为专属自保保险公司提供特定的规管框架及税务框架,包括降低最低股本及偿付准备金的规定,豁免须在香港维持资产的规定,同时亦豁免根据法定估值基准评估资产及负债的规定。目前,香港有四间获授权专属自保保险公司,为进一步加强专属自保保险公司为所属集团旗下企业提供风险管理服务的作用,香港保监局早前草拟修订法例草案,以扩大香港专属自保保险公司的可承保风险范围,该修例草案已于2020年7月获得通过。

2020年6月,中国银保监会宣布再一次延长在"中国风险导向的偿付能力体系"下给予香港的优惠措施一年,当内地保险公司分出业务予香港符合要求的专业再保险公司时,该内地保险公司的资本额要求将可获降低。该安排促进了两地保险业紧密及稳定的合作关系,有利于内地保险风险更好地进行全球范围分散,并为香港持续积极参与和助力"一带一路"建设及粤港澳大湾区发展奠定了稳固根基。

为协助参与"一带一路"项目及商业活动的企业交流意见,识别及制定可行的风险管理方案,香港保监局于2018年12月成立"一带一路保险交流促进平台",会聚主要持份者,促进其交流合作。截至2020年7月,该平台成员增至41家公司和行业组织,包括保险及再保险公司、专属自保保险公司、保险经纪公司、律师事务所和国际航运保险联盟亚洲区中心等。该平台与香港金管局基建融资促进办公室合作,于2019年12月发表文章,探讨保险及担保在项目风险管理方面的重要性,供持份者在制定风险管理策略时参考。

9. 粤港澳大湾区

除了2019年2月公布的《粤港澳大湾区发展规划纲要》外,粤港澳大湾区建设领导小组于2019年11月召开第三次会议后,推出16项普及惠民和便利港澳专业界别到大湾区发展的政策措施,其中有3项关乎保险的措施,包括增强港澳再保险公司承保内地分出业务的竞争力、降低港澳公估机构在内地设立公估机构的条件和支持内地保险公司及企业在港澳发行巨灾债券。

中央政府随后于2020年5月发布《关于金融支持粤港澳大湾区建设的意见》，进一步推进粤港澳大湾区建设，促进人流、物流及资金流互联互通。有关保险业的倡议包括支持粤港澳保险机构合作开发创新跨境医疗保险产品，通过实施"等效先认"政策，完善跨境机动车辆保险，支持香港保险公司在大湾区内设立售后服务中心等。这些措施涵盖范围广泛，支持、巩固和发展香港国际金融中心地位，加强粤港澳大湾区金融互补、互助和互动关系。

2018年10月，港珠澳大桥通车后，香港保监局与粤港澳相关部门保持紧密合作，希望方便香港车主和司机在内地、香港和澳门三地不同监管制度下购买法定汽车保险。2019年5月，香港保监局与香港保险业联会及7家提供港珠澳大桥机动车保险的香港保险公司会面，鼓励保险公司探索港珠澳大桥机动车保险产品创新的可行性，以更加便利使用者。

香港自2019年下半年起接连受到社会运动和新冠肺炎疫情的沉重打击，而且国际形势日趋复杂，资产价格大幅度波动。虽然外围环境变幻不定，但是香港保监局仍本着审慎负责的态度密切留意市场变化，并于年内完成多项工作，包括接替三个自律规管机构，实施直接规管保险中介人的新制度，制定跨国保险集团监管框架及推进粤港澳大湾区的发展建设等。表2-8为2018—2019年香港保险业务情况统计。

表2-8 2018—2019年香港保险业务情况统计

| 一般保险业务 | 单位 | 2019年 | 2018年 | 长期保险业务 | 单位 | 2019年 | 2018年 |
| --- | --- | --- | --- | --- | --- | --- | --- |
| 毛保费收入 | | | | 有效业务保费收入 | | | |
| 意外及健康 | 百万港元 | 18332 | 17132 | 个人人寿业务 | | | |
| 汽车 | 百万港元 | 6243 | 6215 | 人寿及年金（非投资相连） | 百万港元 | 457130 | 396509 |
| 货运 | 百万港元 | 1551 | 1563 | 人寿及年金（投资相连） | 百万港元 | 27683 | 34842 |
| 财产损坏 | 百万港元 | 10240 | 9278 | 小计 | 百万港元 | 484813 | 431351 |
| 一般法律责任 | 百万港元 | 12700 | 13089 | 其他个人业务 | 百万港元 | 1628 | 1529 |
| 金钱损失 | 百万港元 | 2900 | 3018 | 退休计划团体业务 | 百万港元 | 33772 | 41683 |
| 其他 | 百万港元 | 3704 | 3257 | 非退休计划团体业务 | 百万港元 | 4352 | 3613 |
| 总数 | 百万港元 | 55670 | 53552 | 总数 | 百万港元 | 524565 | 478176 |
| 净保费收入 | 百万港元 | 37650 | 35262 | 新造业务保单保费（不包括退休计划） | 百万港元 | 172716 | 162197 |
| 已承付申索净额 | 百万港元 | 22408 | 21889 | 利益给付金额 | 百万港元 | 215671 | 211805 |
| 承保利润 | 百万港元 | 1127 | 583 | 终止保单数目 | 件 | 704204 | 693157 |

续表

| 一般保险业务 | 单位 | 2019年 | 2018年 | 长期保险业务 | 单位 | 2019年 | 2018年 |
|---|---|---|---|---|---|---|---|
| 保险密度 | 港元/人 | 7415 | 7188 | 个人人寿保单数目 | 件 | 14162542 | 13376067 |
| 保险深度 | % | 1.9 | 1.9 | 其他保单数目 | 件 | 595457 | 587329 |
|  |  |  |  | 总数 | 件 | 15462203 | 14656553 |
|  |  |  |  | 保险密度 | 港元/人 | 69873 | 64176 |
|  |  |  |  | 保险深度 | % | 18.3 | 16.9 |

资料来源：《中国保险年鉴2020》。

## 二、澳门特别行政区

（一）保险市场主体

截至2019年年底，澳门特别行政区获许可经营保险业务的保险公司共有25家，其中，12家为寿险公司，其他为一般保险公司。12家寿险公司中有7家同时经营私人退休基金管理业务，另外，尚有2家专属的私人退休基金管理公司。按其原属地区分，12家获许可的保险公司及私人退休基金管理公司属本地公司，其他为外资保险公司在澳门开设的分公司，分别来自中国内地、葡萄牙、美国、加拿大、百慕大及中国香港。

截至2019年年底，受聘于保险公司及退休基金管理公司的人员总数为638人，同比增长6.0%。另有6725名获许可从事保险业务的中介人，同比增长4.1%，其中包括个人代理人5072名、推销员1559名、法人保险代理人82名及保险经纪人12名。

（二）保险市场业务概况

2019年，澳门特别行政区整体经济保持平稳发展，保险业毛保费收益为285亿澳门元，同比增长34.5%。其中，人寿保险的市场份额远超一般保险业务，全年人寿保险毛保费收入为256亿澳门元，同比增长37.0%，占市场份额的89.9%。而一般保险业务的毛保费收入同比增长15.5%至29亿澳门元，其市场占有率较2018年的11.8%轻微下降1.7个百分点至10.1%。

随着保险业的发展及市场竞争，保险公司持续提升及优化保险产品的结构、保障范围和客户服务手段，以满足消费者对风险管理及财富传承的需求。2019年，共有43项人寿保险产品、5项人寿附加契约及15项一般保险产品获批准推向市场。而私人退休基金管理业务方面，已登记的开放式退休基金共有56个，封闭式退休基金共有3个。

而一般保险业务的保费结构显示，2019年的保费结构与上年相比，居于首位的仍为火险，其毛保险费收入超过10亿澳门元，占整体市场的36.5%；杂项保险毛保费超过9亿澳门元，以32.7%的市场份额居第二位。劳工保险、汽车保险及海运保险的毛保费收入市场占有率分别为19.5%、10.8%及0.5%。在各项分类中，以杂项保险的增长最为理想，毛保费升幅达28.1%；其次是劳工保险，以13.7%的升幅居第二位。

至于毛赔偿方面，保险业2019年度总支出由2018年的56亿澳门元上升至84亿澳门元，同比增加50.0%，其中，寿险业务占99.0%，赔偿金额达83亿澳门元，较2018年上升48.8%。寿险业务中，支付保单到期价值占总赔偿的595%，达49亿澳门元，而一般保险业务只占余下的1.0%；赔偿金额为0.8亿澳门元，同比增加49.3%，包括已付赔偿及赔偿准备金共20.7亿澳门元及扣除赔偿准备金回拨19.9亿澳门元。

2019年，保险业整体的赔损率同比有所上升，由2018年的26.5%上升至2019年的29.3%。其中，寿险赔损率上升2.6个百分点至32.3%，一般保险的赔损率微升0.6个百分点至2.8%。在一般保险业务毛赔偿的组成部分中，杂项保险及火险都录得负增长。就杂项保险而言，毛赔偿下调至112.5%，而火险下调至297.8%，其主要是赔偿准备金调整所致。而海运保险、汽车保险及劳工保险分别录得176.2%、72.9%及9.6%的升幅。

至于保险业资产值方面，2019年年末的总资产值为1499亿澳门元，较2018年的1245亿澳门元增加约20.4%，增幅主要来自"资产"及"杂项债权人"项目（合计共增加255%，达到1323亿澳门元）。总负债随着资产的增加而上升至1370亿澳门元，同比增加21.6%。其中，"技术准备金"增加最为显著（增加20.6%，达到932亿澳门元）。另外，行业资产净值增长9.1%，2019年度损益转盈为亏，亏损2亿澳门元。

退休基金市场业务方面，非强制中央公积金制度于2018年实施，企业及个人相继加入非强制性中央公积金计划。截至2019年年底，由基金管理实体所管理之退休基金总资产已达到302亿澳门元，同比增长24.3%，主要来自非强制中央公积金个人供款计划的政府账户资产转入。已设立的退休基金计划方面，以个人方式参与的私人退休基金计划及非强制中央公积金个人计划超过5.4万个，其中非强制中央公积金个人计划占比超过98%；而以企业机构方式设立的私人退休基金集体加入计划及非强制中央公积金共同计划接近1300个，其中私人退休基金集体加入计划占83.3%。就整体劳动市场人口而言，受退休基金制度保障的雇员人口达到15.9万人，覆盖率已达40.9%。

### (三）监管与法规

澳门金融管理局（以下简称"澳金管局"）一直严控保险业的风险，并以"风险为本"的监管理念，采取与风险水平相称的监管方式，通过现场及非现场监管措施对保险业务的运作进行监察及审查。另外，澳金管局通过与其他国家或地区的监管机构合作，建立更完善的金融监管体系。除监察保险公司的财务状况外，澳金管局持续加强监控保险公司的企业管治及市场行为，以维护保险市场稳健发展。

澳金管局一直严格要求保险业界恪守"待客公平"的原则，以保障保单持有人的合法权益并确保保险市场得以稳健发展。为强化风险为本监管及完善制度建设，澳金管局制定规管保险业的有效措施，实施符合国际标准的监管规则及指引，并按照本地实际情况做出适当的修订，以提升监管的要求及成效。澳金管局完成修改生效多年的《保险业务法律制度》，有助于完善对保险业的审慎监管，最终可更好地保障公众利益。该法案已于2019年开始在立法会上进行审议。

澳金管局于2019年已委任专业精算公司对《汽车民事责任强制性保险》法规内不同车辆类别的最低保额及保费标准进行精算研究。这次研究将根据市场的实际情况、经济发展、港珠澳大桥通车及大湾区政策等，评估现行保费和保额的足够性，并优化现时汽车保险制度和增加市民保障。研究工作亦会参考邻近地区做法来改善澳门车保市场状况。

此外，根据《核准对工作意外及职业病所引致之损害之弥补之法律制度》中相关法律规定，澳金管局及劳工事务局根据社会发展状况及通货膨胀率等相关指标做出考量，共同就特定损害赔偿的限额进行分析及检讨。

保障客户方面，《以保费融资方式投购人寿保险产品（类别C产品除外）的重要资料声明书及利益说明指引》自2020年2月1日起正式生效。该指引的目的为确保客户可理解以保费融资方式投购人寿保险产品所构成的潜在风险，明确区分信用机构和保险公司的责任，以及促使信用机构向客户提供清晰的资料披露。

为配合《网络安全法》（简称"澳门网安法"），澳金管局已于2019年年底发出《保险业网络安全管理指引》，为保险业订明网络安全的管控措施，以应对网络风险带来的挑战。该指引涵盖管治、识别、保护、侦测、回应与恢复、测试、对情况的辨识，以及学习与发展等领域的网络安全框架的一般原则，并且要求保险公司开发及落实有效的网络安全管理，并确保执行与其相关的监控。

就监管私人退休基金而言，澳金管局主要通过规范退休基金进行设立和运作。除保持恒常监管外，为增加退休基金费用比率的透明度及可比性，澳金管局于2019年年初还要求各基金管理实体使用新的退休基金收费披露方式。另外，随着私人退休金计划及非强制央积金计划的整体参与人数持续上升，澳金管局亦计划对整体退休基金投资回报做出计算及披露，以增加退休基金制度的资讯。

保险中介业务监管方面，澳金管局实施的措施主要包括市场准入监管、持续合规监控审查、保险中介人行为操守监管，以及打击非法保险中介活动等。为更好地保障保单持有人及受益人的权益，澳金管局于2017年公布了《保险中介人持续专业培训计划》，以持续提升保险中介人的专业水平。自2019年起，计划规范个人保险中介人每年须满足专业培训时数要求，具备足够专业培训时数方可续牌。计划实施一年，大部分保险中介人已完成培训获得续期。

为配合社会发展及为市民提供更好的保障，澳金管局持续优化保险相关法律法规，特别是与民生息息相关的强制性保险。同时，澳金管局将逐步加强对保险业的风险管理架构及资本制度规范，以更切合现时国际监管需求及有效实施审慎监管原则。为贯彻落实《粤港澳大湾区发展规划纲要》，中央政府就金融建设方面提供多项支持政策，尤其是有关跨境汽车保险的"等效先认"政策、横琴深度合作及粤港澳大湾区保险服务中心的设立等，为澳门保险业发展带来了更多机遇。澳金管局将继续推动业界把握机遇，积极参与粤港澳大湾区金融建设，在不断研究产品创新的同时提高风险管理能力。随着粤港澳大湾区经济发展与融合，粤港澳大湾区居民将可享有更多便捷的跨境保险服务，保险监管部门亦加强合作沟通，有力深化跨境金融监管，促进三地协同发展。表2-9为2018—2019年澳门保险业务情况统计。

表2-9 2018—2019年澳门保险业务情况统计　　　　单位：澳门元

| 一般保险业务承保利润损失 | | 2019年 | | 2018年 | |
|---|---|---|---|---|---|
| 毛保费（包括提供之服务收益） | | | 2887229 | | 2498911 |
| 减：技术费用 | | | | | |
| | ——现存风险准备金 | 163024 | | 88649 | |
| | ——佣金及折扣 | 753732 | | 683773 | |
| | ——毛赔偿 | 81162 | 997981 | 54528 | 826950 |
| 分保损益 | | | -1198957 | | -1056312 |
| 毛承保利润/损失 | | | 690354 | | 615649 |
| 减：行政费用 | | | 324111 | | 306462 |
| 净承保利润/损失 | | | 366243 | | 309187 |
| 人寿保险业务承保利润损失 | | 2019年 | | 2018年 | |
| 毛保费（包括提供之服务收益） | | | 25577386 | | 18664620 |
| 减：技术费用 | | | | | |

续表

| 人寿保险业务承保利润损失 | | 2019年 | | 2018年 | |
|---|---|---|---|---|---|
| | ——数值准备金 | 18041071 | | 12132227 | |
| | ——佣金及折扣 | 2612862 | | 2329427 | |
| | ——毛赔偿 | 8269377 | 28923310 | 5558864 | 20020518 |
| 分保损益 | | | 64713 | | -114226 |
| 毛承保利润/损失 | | | -3281211 | | -1470124 |
| 减：行政费用 | | | 944962 | | 914516 |
| 净承保利润/损失 | | | -4226173 | | -2384640 |

| 保险密度（澳门元/人） | | | 保险深度/% | | |
|---|---|---|---|---|---|
| 一般保险 | | 一般保险 | 合计 | | 人寿保险 |
| 0.66 | | 4248 | 41884 | | 5.88 |
| 0.56 | | 3744 | 31710 | | 4.20 |

## 三、台湾地区

（一）产物保险业与人寿保险业运营情况

**1. 保险主体情况**

2019年，台湾保险业有本土财产保险公司14家，人寿保险公司19家，保险合作社1家，专业再保险公司3家。另有外商财产保险分公司6家，外商人寿保险分公司3家（见表2-10）。

表2-10 截至2019年台湾地区的保险机构

| 类别 | 本地保险公司 | 外地保险公司（分公司） |
|---|---|---|
| 财产保险 | 国泰世纪、台产、兆丰、富邦、和泰、泰安明台、南山、第一、旺旺友联、新光、华南、新安东京海上及台寿保共14家 | 比利时商裕利安宜、新加坡商美国国际、美商安达、香港商亚洲、法商法国巴黎及法商科法斯共6家 |
| 人寿保险 | 国泰人寿、台银人寿、台湾人寿、保诚人寿、"中国人寿"、南山人寿、新光人寿、富邦人寿、三商美邦远雄人寿、宏泰人寿、安联人寿、"中华邮政"、第一金人寿、合库人寿、保德信国际人寿、全球人寿、元大人寿及国际康健人寿共19家 | 英属百慕达商友邦人寿、法商法国巴黎人寿、英属百慕达商安达人寿共3家 |
| 保险合作社 | 有限责任台湾区海船产物保险合作社 | |
| 再保险公司 | "中央再保险公司"，英属百慕达商美国再保险有限公司台湾分公司及德商科隆再保险股份有限公司台湾分公司 | |

## 2. 产寿险保费收入概况

2019年，台湾财产保险业直接签单保险费收入为1771.3亿元新台币，较上年度的1656.1亿元增加115.2亿元，增长率为7.0%。本土公司保费收入为1717.7亿元新台币，占比为97.0%；外商分公司保费收入为53.6亿元新台币，占比为3.0%。

2019年，台湾人寿保险业的保险费收入为34666.9亿元新台币，较上年度的35115.6亿元减少448.7亿元，负增长率为1.3%。本土公司保费收入为33450.5亿元新台币，占比为96.5%；外商分公司保费收入为1216.4亿元新台币，占比为3.5%。

## 3. 主要险种保费收入及其所占比率

2019年，在财产保险业务保费收入1771.3亿元新台币中，汽车保险为946.5亿元，占53.4%；火灾保险为258.8亿元，占14.6%；海上保险（含货物运输险）为71.2亿元，占4.0%；航空保险为7.1亿元，占0.4%；其他保险（含工程保险）为487.7亿元，占27.5%。

2019年，在人寿保险业务全部保费收入346.9亿元新台币中，个人保险保费收入为34434.4亿元，占99.3%；团体保险保费收入为232.5亿元，占0.7%。其中，年金保险保费收入为3159.0亿元，占9.1%，较上年度的3460.7亿元，负增长8.7%。

## 4. 台湾保险市场发展的各项指标

保险密度：保费收入除以人口数，即平均每人的保费支出。

保险深度：保费收入除以国内生产总值（GDP），即衡量保险活动在当地经济体系中所占的比重。

人寿保险投保率：人寿保险及年金保险有效契约件数与人口数之比率。

人寿保险普及率：人寿保险及年金保险有效契约保额与国民所得（NI）之比率。表示人民由投保寿险所得到的保障相对于国民所得的倍数。

### （二）台湾保险业实施的重要措施与事项

#### 1. 有条件开放保险业之异业合作范畴

2019年7月31日，"保险业保险代理人保险经纪人与异业合作推广附属性保险商品业务应注意事项"签订。开放保险业保险代理人、保险经纪人两项异业合作项目，保险业可以通过销售旅游商品的网络通路或App，合作推广旅游相关保险，即寿险、产险公司未来可通过旅行社网站、订房或订机票App页面，销售旅平险、旅游不便险等第二项开放即行动装置制造商的网页、直营店及经销商,可以与保险业合作推广行动装置保单。

2. 鼓励保险业创新,提供创新保险商品或服务

2019年8月13日,"保险业申请业务试办作业要点"签订。鼓励保险业创新,使其提供创新保险商品或服务,以提升竞争力及金融消费者权益,并使"金融监督管理委员会"审查保险业申请业务试办,为规范管理,订立"保险业申请业务试办作业要点"。在该"要点"中,保险业的申请试办之业务项目有四种。

(1) 试办业务须为保险业依现行法令所得经营之业务项目范围,即为保险业已获核准业务项目之扩展,或在法令所定业务项目列有其他经主管机关核准者。

(2) 试办业务之交易及经营模式,系其他保险业尚未申请试办,或其他保险业已申请试办但尚未正式开办者。

(3) 试办业务,于未触及法令禁止事项时,得与"金融科技发展与创新实验条例"同意办理之实验项目相同;即金融业务经"金融监督管理委员会"同意进入创新实验者,如未涉及法令禁止事项,其他保险业仍可就相同业务申请试办。

(4) 业务项目涉及法令禁止者,不得申请试办,而应依"金融科技发展与创新实验条例"第二十五条规定,经由创新实验于经"金融监督管理委员会"会商其他机构同意后得排除相关法令之适用。

3. 调整保险业投资台币计价外债ETF之应计提资本

2019年11月25日,"保险业计算自有资本及风险资本之范围及计算公式"修正。台币计价债券ETF所投资区域为岛外者,依投资地区分已开发或新兴市场适用不同系数,并计汇率风险资本,合理反映业者承担之风险。

4. 将净值比率纳入资本适足指标

2019年12月4日,"保险业资本适足性管理办法"修正。将保险业净值比率(业主权益/不含分离账户之总资产)纳入监管指标,若保险业最近两期(半年一期)该比率均未达3%,则面临增资压力、被限制保险商品开办或资金运用范围等。

5. 规范寿险死亡给付对保单价值准备金(保单账户价值)之最低比率

2019年12月24日,订立"人寿保险商品死亡给付对保单价值准备金(保单账户价值)之最低比率规范"。为健全保险业之发展及接轨IFRS17,订立人寿保险商品死亡给付对保单价值准备金(保单账户价值)之最低比率,因应不同年龄,至少给付100%~190%,于2020年7月1日起生效。表2-11为台湾保险业务情况统计。

表2-11 台湾地区保险业务情况统计

| 台湾地区保险市场发展主要指标情况 ||||||| 
| 年份 | 保险密度/（元新台币/人） ||| 保险深度/% |||
|  | 产险 | 寿险 | 合计 | 产险 | 寿险 | 合计 |
| 2018 | 7021 | 148865 | 155886 | 0.90 | 19.14 | 20.04 |
| 2019 | 7505 | 146874 | 154379 | 0.94 | 18.34 | 19.28 |

| 台湾地区保险业保费收入概况 |||||||
| 年份 | 财产保险 || 人寿保险 || 合计 ||
|  | 保费收入/亿元新台币 | 成长率/% | 保费收入/亿元新台币 | 成长率/% | 保费收入/亿元新台币 | 成长率/% |
| 2018 | 1656.1 | 5.7 | 35115.6 | 2.7 | 36771.7 | 2.8 |
| 2019 | 1771.3 | 6.9 | 34666.9 | -1.3 | 36438.2 | -0.9 |

| 台湾地区保险业本土与外商业者保费收入比较 ||||||
| 项目 || 本土公司 || 外商分公司 || 合计保费/亿元新台币 |
| 险别 | 年份 | 保费收入/亿元新台币 | 占比/% | 保费收入/亿元新台币 | 占比/% |  |
| 财产保险 | 2018 | 1607.0 | 97.0 | 49.2 | 3.0 | 1656.2 |
|  | 2019 | 1717.7 | 97.0 | 53.6 | 3.0 | 1771.3 |
| 人身保险 | 2018 | 33968.5 | 96.7 | 1147.1 | 3.3 | 35115.6 |
|  | 2019 | 33450.5 | 96.5 | 1216.4 | 3.5 | 34666.9 |

| 2019年台湾地区财产保险业保费收入概况 ||| 2019年台湾地区人寿保险业保费收入概况 ||||
| 类别 | 保费收入/亿元新台币 | 占比/% | 类别 | 个人保险 | 团体保险 | 合计 |
|  |  |  |  | 保费收入/亿元新台币 |||
| 汽车保险 | 946.5 | 53.4 |  |  |  |  |
| 火灾保险 | 258.8 | 14.6 | 人寿保险 | 26923.3 | 46.7 | 26970.0 |
| 海上保险（含货物运输险） | 71.2 | 4.0 | 健康保险 | 3758.2 | 102.8 | 3861.0 |
| 航空保险 | 7.1 | 0.4 | 伤害保险 | 601.0 | 75.9 | 676.8 |
| 其他保险（含工程保险） | 487.7 | 27.5 | 年金保险 | 3152.0 | 7.0 | 3159.0 |
|  | 1771.3 | 99.9 | 合计 | 34434.5 | 232.4 | 34666.8 |

## 第三节 美国保险产业发展研究

### 一、美国保险产业及保险市场特点

1721年5月,约翰·科普森在费城开办了美国第一家海上保险组织,开启了美国保险业的历史。经过300年的发展壮大,美国保险业现已成为全球规模最大、机制最成熟的保险产业,无论是保险公司的数量、业务种类还是业务量都首屈一指。美国保险市场可分为非寿险市场和寿险市场:非寿险市场主要包括财产保险、意外保险等保险市场;寿险公司由股份公司和相互公司组成,其中绝大多数寿险公司是股份公司,但相互公司一般历史较长、规模较大;美国的再保险市场也是世界上最大的保险市场之一。美国的保险产业价值链符合微笑曲线,即附加价值主要集中在险种的研发、销售以及品牌与服务上。这一点在美国保险市场中很明显。

(一)垄断竞争型的保险市场模式

美国的保险市场上存在着大量的保险公司,其中既有大型的公司,又有众多的中小型公司。少数的大型公司在保险市场中处于优势地位,但整个保险市场力量分散在保险公司、经纪人和代理人中,任何一家或几家公司都无法对市场进行操纵,且所有保险公司又在一个市场中展开激烈的竞争,因此美国保险市场存在高度竞争。美国保险业实行分业经营,但是不少大保险公司都是集体企业,集团公司旗下既有产险公司又有寿险公司。美国最大的产险公司有国家农业保险集团(State Farm)、伯克希尔—哈撒韦保险集团(Berkshire Hathaway)、美国利宝相互保险公司、好事达保险集团(Allstate)等公司;在寿险方面,最大的公司有大都会人寿保险、保德信保险、纽约人寿保险等公司。

(二)市场竞争激烈,并购速度加快

近年来,国际市场虽存在各种利空因素,但保险行业的并购大潮仍势不可当。2020年,全美共发生65起并购交易(Merger & Acquisition),美国保险市场竞争激烈,并购升温。[①] 自1988年11月起,加利福尼亚州通过103号提案,开拓了允许银行经营保险业务的先河,美国市场便逐渐形成了保险与银行混业经营的局面,促进了保险业务的创新和发展。1998年4月,美国花旗银行与旅行者集团合并,所涉

---

① 资料来源于德勤会计师事务所(Deloitte Touche Tohmatsu Limited)。

金额高达700亿美元,不仅创下了规模的历史纪录,更意味着美国保险业与银行战略联盟迈出了重要的一步。1999年,美国又出台了《金融服务法案》,允许保险和银行集团化经营,主要大型金融机构开始综合提供银行、保险、投资等多种金融服务。目前,美国保险业正在努力采取新的战略战术,寻求新的保险市场,努力满足特殊的市场要求,并采取各种积极措施解决所面临的问题,如责任险赔偿数额过高而带来的责任险危机,力图继续保持其世界头号保险市场的地位。

(三) 保险产品种类繁多、不断创新

作为历史悠久、发展成熟的保险市场,美国保险市场上存在着种类繁多、能够满足多样化需求的保险产品,人寿保险、汽车保险、健康保险、责任保险等应有尽有,创新型保险产品也不断涌现。保险已覆盖人们生活的方方面面,成为生活中不可或缺的要素。

1. 得天独厚的人寿保险

美国的人寿保险产品种类繁多,概括起来主要有临时人寿保险、终身储蓄寿险、普通人寿保险三种。

美国寿险业的繁荣发展主要得益于两个方面:一是美国经济高度发达、总体生活水平较高,居民普遍有较强的保险意识;二是社会法律大环境推动了保险业特别是寿险业的强劲发展。以美国法律中关于遗产转让税的相关规定为例,如果一个人将钱存入银行或用于购买地产、房产等,其去世后,律师首先会与会计师等相关人员依法清查其遗产情况,其次将清查结果通知税务部门,向遗产继承人征收包括遗产税、收入所得税、增值所得税在内的多项赋税。此外,遗产继承人还要支付遗嘱法庭费、财产评估费、行政费、执行费、律师费、联邦财产税等,税费合计将达到遗产价值的15%~60%。但与此相对应的是,美国法律却对人寿保险公司的赔款有税收豁免:当投保人死亡时,人寿保险公司的赔款或给付金不用付所得税。因此,美国人当然愿意购买人寿保险,以保全继承人财产。这种法律环境无疑为寿险业的发展提供了得天独厚的有利条件。

2. 强制执行的汽车保险

美国的汽车保险业也非常发达,其原因主要有以下四个方面。

首先,美国机动车拥有量居世界首位,汽车保险市场容量大、市场前景十分广阔。

其次,美国法律规定,不论何种原因,不参加汽车保险都是违法行为,并且对无保险车辆将会采取严厉的惩罚措施,如吊销驾驶执照;发生碰撞事故的损失由个人承担全部赔偿责任;受害者律师有权清查肇事者的全部财产额,并据此提出赔偿要求等。

再次，对于保险车辆出险赔偿优厚。除赔偿基本赔偿费外，有的保险公司还负责车祸受伤后的工资损失、法庭和车祸调查人员的费用、汽车内部遭到盗窃的损失以及汽车抛锚拖车费等。

最后，美国车险市场相对成熟，已形成有效的风险控制机制。例如，保险费因投保人的年龄、职业、领取驾照的时间以及居住地区的不同而不同；18岁或25岁以下的人、初领驾驶执照者、有违章记录者、住家地区安全状况恶劣者、有抽烟习惯者以及拥有价格昂贵的车辆者等，在投保时须缴纳较高的保险费；车辆一旦出险致损，无论驾驶者为何人，法院只追究车主的责任等。

这一系列措施的实施，使得美国的汽车保险市场规范有序，对社会和家庭生活的稳定起到了保障作用。总而言之，满足消费者需求的产品设计和完善的服务使得美国汽车保险业非常发达。

3. 特色鲜明的专门化保险

专门化保险这一点更加体现了美国保险产业价值链高附加值的特点。鉴于客户保险需求的多样性和复杂性，美国涌现出许多以专业化为特色的保险公司。例如，美国的医疗费用高昂，导致人们对健康保险的需求非常强烈，但由于健康保险具有技术复杂、风险控制难度大、涉及方面广等特点，美国出现了很多专门从事健康险业务的保险公司，以提高健康保险的管理和服务水平。例如，凯撒医疗保险是凯撒医院办的医药保险，投保人到该医院就医时，可享受免费治疗；西部人保险公司是专为工人、公司职员设置的医药公司；等等。这种专业化或专门化的营销管理办法进一步提高了产品质量和服务水准，使美国保险市场得到了深入、健康的发展。

4. 广泛普及的房屋保险

美国住房商品化程度较高，住房自有化水平也在日益提升。因此，美国个人住房面临诸多风险威胁，如难以预料的自然灾害、各种与自家房屋相关的因第三者受到伤害而引起的法律纠纷等，造成了房主对住房保险保障的迫切需求。为此，美国有很多保险公司开展了房屋保险业务。客户购买房屋保险后，各种天灾人祸引起的房屋损失，如房屋失火、积雪压坏屋顶、小偷破坏门窗家具、顽童踢球打破玻璃等，都可以及时得到保险公司的赔偿，减轻人们负担，使人们得以安居乐业。

5. 发展完备的责任保险

西方保险界称责任保险是继海上保险、火灾保险和人寿保险后整个保险业发展的第三个阶段,即保险业由承保物质利益损失扩展到承保人寿风险后,又扩展到了承保各种法律风险。由此可见,责任保险的地位非同一般。责任保险产生于19世纪的欧美国家,20世纪70年代已占整个非寿险业务的45%~50%。在美国,想要从事医生、设计师、工程师、会计、律师等责任风险较大的职业必须购买职业责任保险,否则无法开业;产品的生产商如果没有投保产品责任或其他形式的信用保证,也难以将自己的产品投入市场。从1975年起,美国责任险支出逐年上升,这也与广泛应用的无过错责任原则密不可分。该原则的应用,提高了侵权责任成本,进而使得人们对责任险的需求增加。美国的责任保险之所以发达,除了成熟的经济环境等要素外,也得益于其法律体系的完备以及民众较强的法律风险意识。

(四)保险科技发展促进行业变革与创新

"InsurTech""Fintech"等词语是当今时代大潮中不可忽视的关注点,全球各保险市场在"保险科技"领域的投入逐渐增多,2018年,全球保险科技领域投入总额已达到415亿美元。2019年春夏之交,美国联邦保险办公室与30余家保险行业巨头探讨美国发展保险科技的相关事宜并形成完整报告,报告显示美国联邦保险办公室对保险科技发展非常重视,并指出区块链技术、AI、可视化、大数据机器学习等新兴应用应当与保险领域相结合,促进产业发展。美国保险科技(InsurTech)战略布局如图2-8所示。

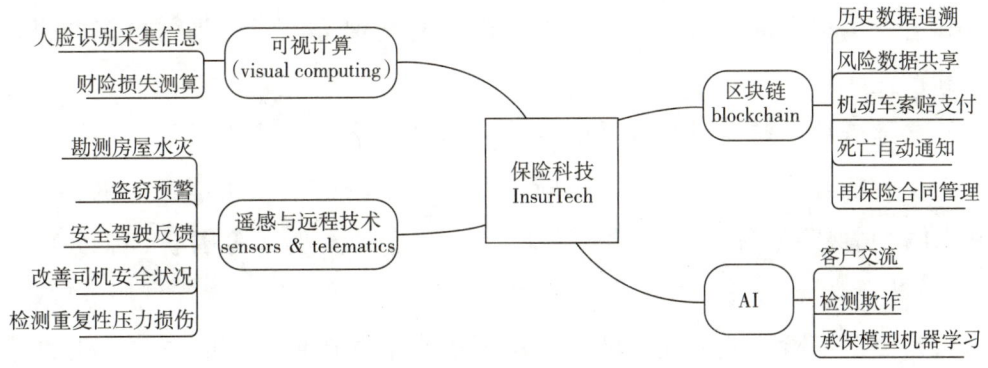

图2-8 美国保险科技(InsurTech)战略布局

## 二、美国保险产业链

美国发达的保险产业自然少不了成熟的保险产业链作为支撑。

首先,美国保险产业价值链相当发达,如前文所述,美国保险产业集中于拥有高附加价值的险种研发、销售和服务等方面。保险市场的竞争日益激烈,也进一步推动了保险产品的创新研发。例如,财产责任保险方面开发出核责任保险等针对特殊危险的保险产品，人寿保险方面也推出了创新型新产品。美国的保险创新已渗透到保险经营的各个环节和领域。例如，美国保险营销体系的核心是代理制，表现为总代理、分公司代理、独立代理人、专属代理人等多种形式，这本身是对传统的直销模式的突破，也表明了保险专业分工的发展趋势。又如，在美国出现了风险管理与保险业的融合，许多保险公司设有风险管理部或工程部，通过对保险标的的风险识别、风险评估，一方面向投保人提出防灾防损的建议和指导；另一方面向承保人提供相关信息，提出承保时应采取的措施，以避免盲目承保。此外，美国各大保险公司都通过附属的投资公司参与了信用活动，通过保险投资为公司带来丰厚的利润，增强了公司的竞争力。

其次，保险业的创新活动，推动了美国保险业组织结构的创新，从而促进了产业链的延伸。美国保险业组织结构创新的表现是银行和保险公司的结合倾向。美国的银行柜台上已能够出售保险单，而一些保险公司也提供了许多非保险的金融业务。这种银保联合的形式，是一种"双赢"的选择。它一方面使银行拓展了业务的新空间；另一方面也使保险公司利用银行的传统优势和资源，扩大了自己的业务领域，增强了自己的竞争能力。银保结合的组织形式和储蓄性新险种等的开发，使保险公司的职能由单纯的危险转移、组织经济补偿，开始向综合性的金融公司转化。

最后，美国保险产业、保险市场激烈的竞争有利于充分挖掘保险市场上消费者的需求和潜在消费者的需求，在市场需求扩大的基础上也能够吸引更多的供给方进入市场和产业。

另外，随着社会整体科技水平的提升，美国保险业也紧跟时代潮流，积极与互联网、人工智能等高新领域合作，不断探索保险市场的潜在可能性。例如，利用大数据和AI检测保险报案的形式快速发现保险欺诈的案例；美国联合服务汽车协会USAA将人寿保险索赔过程数字化，极大地简化了索赔过程，提高了服务效率。

这就是美国保险产业链在不断向利用更小成本创造更大价值方向演化的过程。

### 三、美国保险产业结构与发展

（一）保险产业总量指标

1. 保费收入

研究一个产业的发展首先要对其市场有一个清晰的了解和把握。对于保险产业来说，保费收入无疑是一个不可忽略的重要指标。图2-9为2000—2019年美国保险市场的净保费收入情况。20世纪80年代至21世纪初，美国非寿险保费（P/C）

始终高于寿险保费（L/A），且在1980—2000年差距逐渐缩小，而如图2-9所示，从2005年开始寿险保费呈平稳波动趋势，非寿险保费持续增长；2001—2017年寿险净保费收入始终高于非寿险净保费收入，仅在2019年有所变化。

除此之外，从图2-9中还可以看到，近20年来，非寿险净保费收入呈平稳上升趋势；而寿险业净保费收入增长则波动较大，呈现出波动上升趋势；非寿险业总体净保费收入增长波动趋势与寿险业基本保持一致。

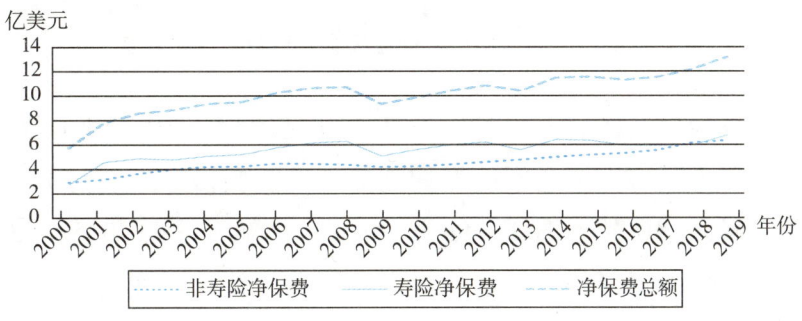

**图2-9　2000—2019年美国保险市场的净保费收入**①

（1）保险业机构数量。2019年美国保险市场上共有5947家保险公司，其中财产和意外险公司有2492家，人寿和年金公司有833家，健康险公司有950家，相互保险公司（fraternal）有82家，产权保险公司（title）有61家，风险自留组织（risk retention groups）有243家，其他保险公司有1286家。②

（2）保险业劳动人口。根据insurance information institute的报告，美国保险市场从业人员数量变化趋势如图2-10、图2-11所示。

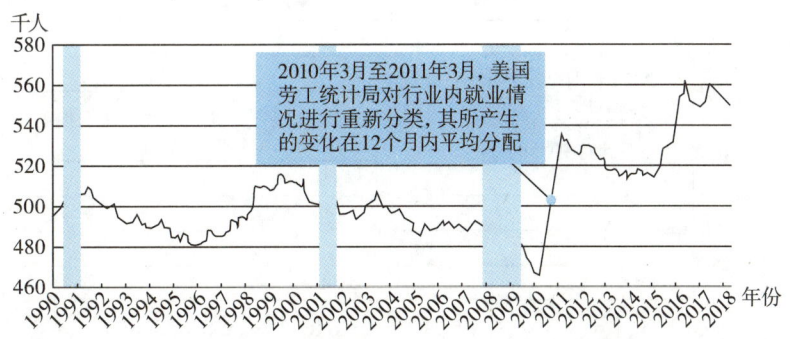

**图2-10　1990—2018年财产和意外险从业人员数量变化趋势**③

---

①② 资料来源：美国保险监督官协会（National Association of Insurance Commissioners，NAIC）。
③ 资料来源：美国劳工统计局。

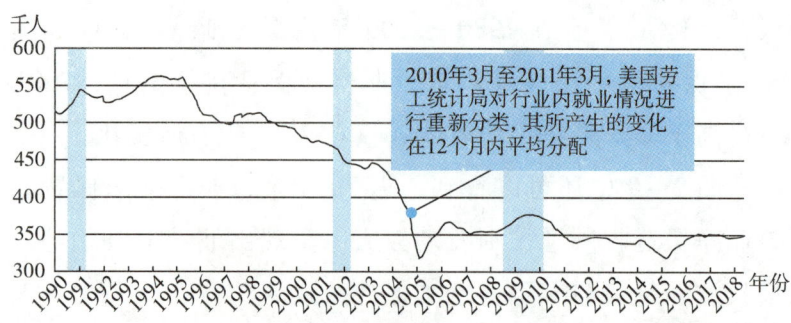

图 2-11　1990—2018 年寿险从业人员数量变化趋势①

图中灰色部分表示经济衰退时期。图 2-10 显示出 2010 年 3 月至 2011 年 3 月财产和意外险从业人员有一个急剧的增加趋势，这是美国劳工统计局将保险行业的从业者进行了重新划分所致。图 2-11 显示出 2004 年 3 月至 2005 年 3 月美国寿险从业人员有一个突然的下降趋势，这是因为美国劳工统计局在对保险从业者重新分类时，将一部分劳动者移到了健康医疗支出部门，从而也解释了图 2-12 中 2004 年 3 月至 2005 年 3 月健康医疗险从业人员数量的骤增。财产和意外险从业人员数量总体呈大幅度波动趋势，2015—2016 年有较大增长后趋于稳定；寿险从业人员数量波动较财产和意外险小，总体处于下降趋势，但自 2016 年以来几乎稳定在 35 万人；而健康医疗险从业者数量呈直线上升趋势，与此形成鲜明对比的是呈直线下降趋势的再保险从业者数量（见图 2-13）；保险代理人和保险经纪人数量的增长趋势受 2008 年经济危机的影响很明显，但自 2014 年以后仍然保持了危机前的增长态势（见图 2-14）。

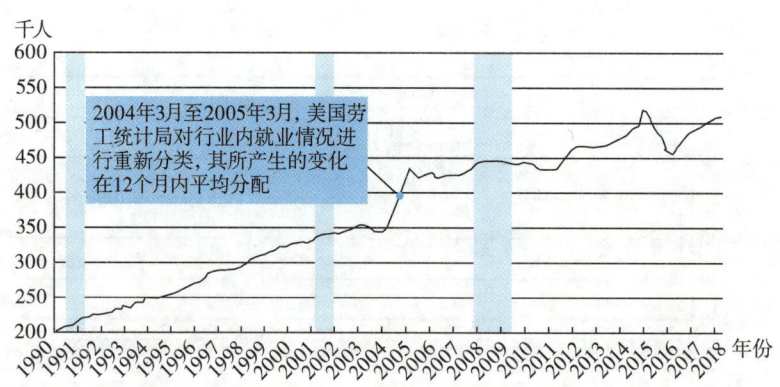

图 2-12　1990—2018 年健康医疗保险从业人员数量变化趋势②

①② 数据来源：美国劳工统计局。

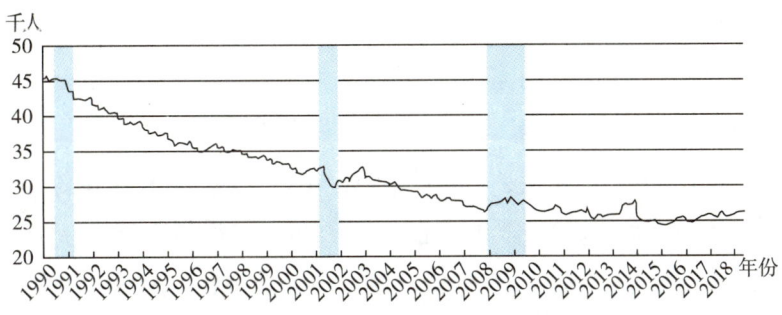

图 2-13  1990—2018 年再保险从业人员数量变化趋势①

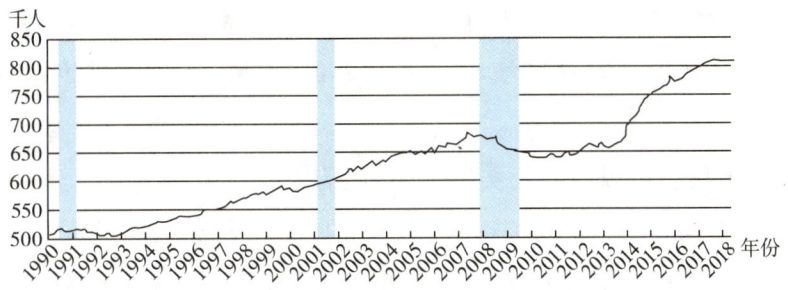

图 2-14  1990—2018 年保险代理人和经纪人数量变化趋势②

2. 保险产业结构衡量指标

研究一个产业就必定要研究它的结构变化和发展情况，而与该产业有关的结构指标可以直观地刻画出一个产业的发展过程和发展潜力。

（1）保费收入变化率。保费收入作为衡量保险产业规模的首要指标，其增长速度的变化可以向我们展示出保险产业的发展过程，其趋势可以显示出保险产业的发展潜力。

如图 2-15 所示，经济危机后美国财险与意外险市场保费连续两年呈负增长，近 10 年来，美国财险与意外险市场保费规模持续增长，多数年度保费增长率在 3%~4%，2018 年出现 10.8% 的超高增长。

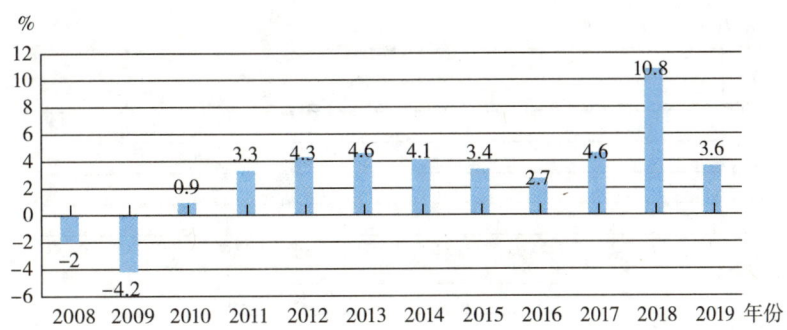

图 2-15  2008—2019 年美国财险与意外险市场保费增长率变化趋势③

---

①②  资料来源于美国劳工统计局。
③  资料来源于美国保险服务办公室（Insurance Services Office，ISO）。

（2）保险密度和保险深度。保险密度和保险深度也是衡量保险产业发展情况的重要指标。保险密度是指一个国家或地区的人均保费；保险深度是指一个国家或地区该年度保费收入占GDP的比重。

从图2-16中我们可以看到，1980—2018年，美国的非寿险深度大都高于寿险深度，但在2000年左右二者达到相当的水平。值得注意的是，大体上美国的非寿险深度与寿险深度的变化趋势是一致的，例如，在1980—1988年都是先小幅度下降后又极速上升，但是在1990—2000年，非寿险深度明显下降而寿险深度明显上升，2004—2018年两者整体上都是呈下降趋势。另外，从整体来看，非寿险深度一直在4.0~5.5区间波动，而寿险深度波动范围为2.0~4.5，远低于非寿险深度，并且波动频率也高于非寿险深度。

从图2-17中我们可以看到，美国非寿险密度从1980年至今大都高于寿险密度，只有在1999年左右持平过一次。整体上看，美国非寿险密度与寿险密度都随时间推移而增长，但非寿险密度增长趋势较为平坦，波动较小，寿险密度则相反。自2010年后，非寿险密度增长势头强劲，但寿险密度增长波动较小，处于平稳态势。

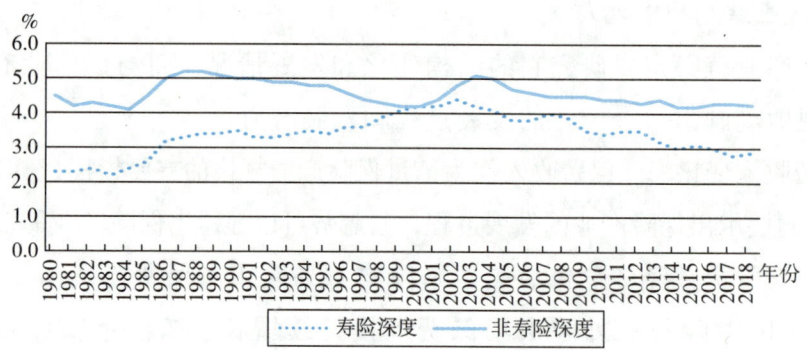

图2-16　1980—2018年美国保险深度变化趋势①

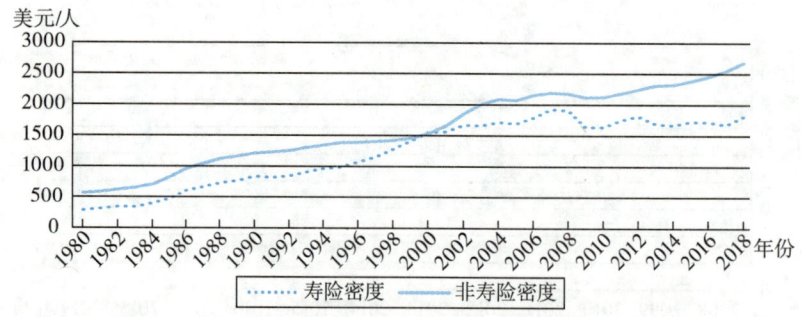

图2-17　1980—2018年美国保险密度变化趋势②

---

①② 资料来源：美国保险监督官协会（National Association of Insurance Commissioners, NAIC）。

3. 保险市场细分

美国作为世界第一大经济体，拥有最成熟和完善的保险市场。因此美国的保险市场不仅有丰富多样的保险产品、划分细致的保险经营范围，还有多种组织形式的保险公司。2018年，美国保险市场上共有5965家保险公司，其中财产和意外险公司有2507家，人寿和年金公司有841家，健康险公司有931家，相互保险公司（fraternal）有82家，产权保险公司（title）有60家，风险自留组织（risk retention groups）有239家，其他保险公司有1305家。在经营范围方面，美国的保险市场不仅覆盖一般意义上的承保风险，而且针对很多根据特殊风险而设计的保险单甚至成立了专门的公司。另外，由于美国各州的法律法规有所不同，会出现在本州不可承保而在其他州或许可以承保的风险，而且注册地在本州的保险公司不受其他州法律法规的约束和监管，这时就出现了surplus lines market，就是说，即使在本州没有营业执照但拥有surplus line 特殊执照的保险人也可以为投保人提供某些风险保障。

按照美国保险市场行业惯例，可以将保险分为商业线（commercial line）和个人线（personal line）。其中，财产和意外险市场的商业线又可分为13种甚至更多的保险产品，个人线可分为6种。

另外，美国的保险人从组织形式上分为6类，即股份保险公司、互助保险公司、互惠交易组织、劳合社、蓝十字蓝盾计划组织和健康维护组织。

其中，产险业以股份公司为主，寿险业以互助公司为主。互助公司的所有者就是保险持有人，而不是股东；互助公司一般每年向其保单持有者付一次利息；互助公司的经营管理者由全体保单持有人投票选举，但是近年来，一些互助公司纷纷改为股份公司，以此增强资金实力。

互惠交易组织是一种没有公司化的互助保险机构。其特征是参加该组织的成员互相提供保险，即各自支付保费，形成保险基金；这类组织的经营管理通常由某一代理机构承担；大多数的互惠交易组织只从事某种特殊险种的保险。

蓝十字蓝盾计划组织是一种非营利型的提供医疗健康保险的组织。健康维护组织也是一种成本低廉的健康保险机构。

4. 竞争状况衡量指标

行业盈利水平的变化可以反映不同行业间的竞争状况，与之相关的综合成本率指标还可以反映出行业竞争力，而产业中的竞争情况可以根据行业集中度、保险公司所占市场份额等指标来衡量。另外，企业间的收购和兼并情况也可反映出行业的竞争状况。

图2-18显示了是美国寿险和健康险市场（life and A&H）2007—2019年利润

率的变化趋势,是用净资产收益率(ROE)刻画的。从图中可以看出,2008年国际金融危机时期,寿险及健康险市场收益率跌至谷底,随后波动上升,在2013年达到峰值后,其后几年又呈现出波动下降的趋势,2019年市场ROE为9%,相比2018年有所上升。

图2-18  2007—2019年美国寿险与健康险市场利润率变化趋势①

图2-19描绘了美国财产和意外险(P/C)市场近16年来投资收入的变化,2012年、2013年、2014年投资收入的持续下降归因于持续的低利率,2015年投资收入增加了1.9%,2016年稍有下降后,2017年、2018年投资收入连续增加;2019年,投资收入有所下降,但仍保持544亿美元的高位。

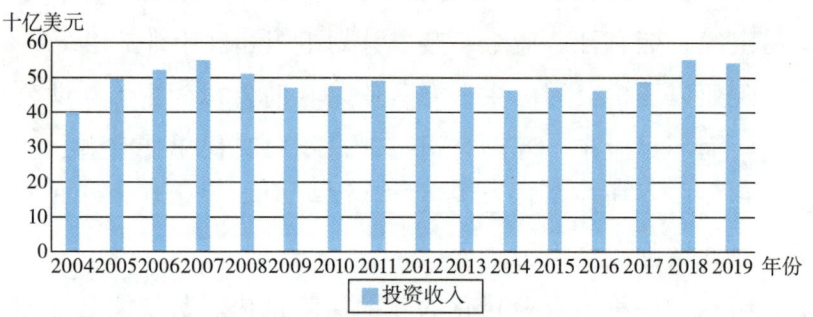

图2-19  2004—2019年美国P/C市场投资收入柱状图②

图2-20显示了2009年以来美国寿险和健康险(L/H)市场的投资资产净收益率,可以发现2008年经济危机后,L/H市场投资资产净收益率呈现出每况愈下的趋势,尤其是2010年之后,投资资产净收益率更是屡创新低,并在2018年达到了4.57%的历史最低点。美国联邦政府在2015年后半年试图提高利率以增加投资收入,但收效并不明显。

---

① 资料来源于美国保险监督官协会(National Association of Insurance Commissioners, NAIC)。
② 资料来源于美国保险信息研究所(Insurance Information Institute, III)。

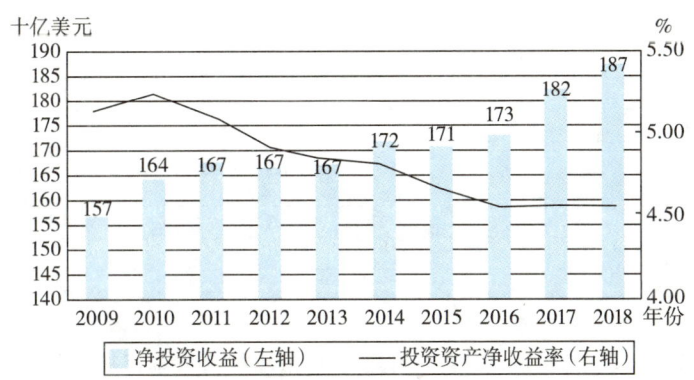

**图 2-20　2009—2018 年美国寿险和健康险市场投资资产收益与投资资产收益率组合**[①]

与此同时，图 2-21 显示了 2009 年以来美国 P/C 市场的投资资产净收益率，和 L/H 市场相比，P/C 市场的净投资收入、投资资产净收益率均低于同期寿险与健康险市场（L/H）；且投资资产净收益率总体呈现出下降趋势，2018 年虽有所上涨，但 3.35% 的收益率与经济危机前的收益水平相差甚多。

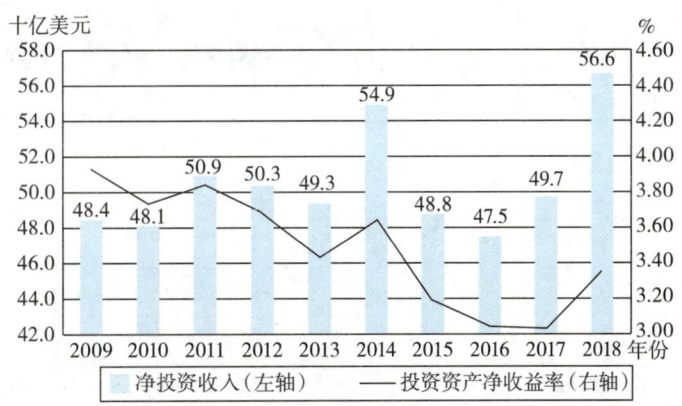

**图 2-21　2009—2018 年美国 P/C 市场投资资产收益与投资资产净收益率组合**[②]

图 2-22 显示了 2000—2019 年美国 P/C 市场的综合成本率，可以看出 2013—2015 年财产和意外险的综合成本率均低于 100%，说明美国 P/C 市场总体上是承保盈利的，但是 2016 年和 2017 年的综合成本率重新高于 100%，保险公司再次承受亏损；其后，2018 年、2019 年两年 P/C 市场综合成本率连续下降。

---

①② 资料来源：美国保险监督官协会（National Association of Insurance Commissioners，NAIC）。

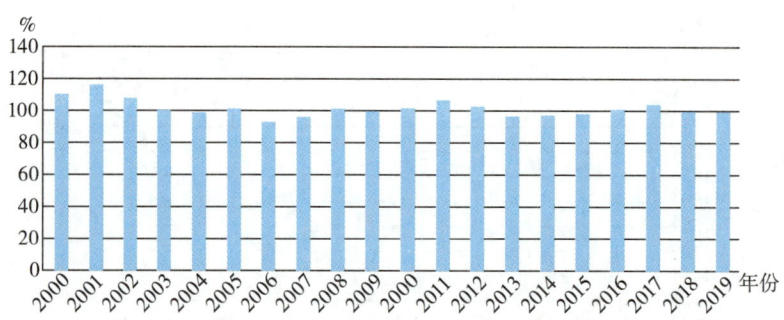

图 2-22　2000—2019 年美国 P/C 市场综合成本率柱状图[①]

**5. 竞争格局**

表示市场集中度的 HHI、CRn 等指标以及市场的退出进入机制可以很好地反映保险产业和市场竞争格局。

表 2-12　2018 年美国非寿险市场竞争状况报告[②]

|  | 市场份额/% | HHI（基于保费） | 卖方数量/家 | 5 年内进入市场保险公司数量/家 | 5 年内退出市场保险公司数量/家 |
| --- | --- | --- | --- | --- | --- |
| 商业保险条线 | | | | | |
| 商业汽车责任险 | 26.17 | 305 | 320 | 62 | 71 |
| 商业车损险 | 24.19 | 273 | 278 | 48 | 65 |
| 商业车险总和 | 25.56 | 293 | 333 | 65 | 73 |
| 商业综合保险 | 24.48 | 292 | 314 | 59 | 70 |
| 火险 | 22.88 | 252 | 443 | 56 | 80 |
| 相互保险部分 | 22.65 | 267 | 382 | 55 | 85 |
| 内河航运险 | 41.58 | 617 | 359 | 58 | 91 |
| 抵押担保保险 | 78.40 | 1765 | 10 | 0 | 1 |
| 财务担保保险 | 95.37 | 4598 | 9 | 3 | 8 |
| 医疗职业责任保险 | 34.76 | 495 | 206 | 42 | 83 |
| 其他责任险 | 24.89 | 305 | 610 | 115 | 133 |
| 职工补充保险 | 22.79 | 276 | 267 | 60 | 69 |
| 产品责任险 | 26.56 | 378 | 125 | 24 | 36 |

---

[①][②]　数据来源于美国保险监督官协会（National Association of Insurance Commissioners, NAIC）。

续表

| | 市场份额/% | HHI（基于保费） | 卖方数量/家 | 5年内进入市场保险公司数量/家 | 5年内退出市场保险公司数量/家各年间 |
|---|---|---|---|---|---|
| 个人条线 | | | | | |
| 私家车责任险 | 51.38 | 797 | 282 | 51 | 67 |
| 私家车损失险 | 49.40 | 762 | 280 | 50 | 68 |
| 私家车险总和 | 50.59 | 781 | 289 | 58 | 71 |
| 房综合险 | 39.74 | 596 | 383 | 64 | 70 |
| 农场主综合险 | 30.69 | 383 | 156 | 16 | 18 |
| 地震保险 | 31.48 | 409 | 155 | 34 | 39 |
| | 26.44 | 300 | 1047 | 167 | 239 |

表2-12中第一个指标"市场份额"（market shares：four largest groups）是指保费收入排前4位的保险公司所占市场份额之和，这个表示市场集中度的传统指标通常被认为是衡量市场竞争程度的粗略指标。一般来说，该指标大于50%就意味着该市场有集中的倾向。第二个指标HHI由各个公司所占市场份额的平方和计算得到。根据美国司法部关于公司合并的规定和指南，HHI高于1800，说明市场是高度集中的；HHI在1000至1800之间，市场被认为是适度集中的；HHI低于1000则说明市场是不集中的。但这些数字仅作为指南，具体含义还要根据特定的市场来诠释。第三个指标卖方数量[number of sellers（groups）]是指非寿险市场中保险集团的数量，之所以将这个指标纳入考虑，是因为一个市场的卖方数量在一定程度上可以反映该市场的整体竞争力。第四个和第五个指标是指在2012—2016年进入或退出保险市场的保险公司数量。市场中卖方的进入或退出可以为我们提供市场质量方面的信息：卖方进入的比退出的多意味着一个健康的市场；反之，则说明该市场可能已经处于非健康状态了。

从表2-12中的数据可以看出，整体来看，美国非寿险市场处于一个非集中的良性竞争状态。但是把非寿险细分成不同的产品线来看，会发现一些险种的竞争状态并不是很理想，例如，抵押担保保险和财务担保保险的集中度非常高，市场进入和退出也相对持平。

（二）企业并购

20世纪90年代以来，全球保险业经历了前所未有的并购浪潮，而且此起彼伏，一浪高过一浪。资料显示，1996年，全球有382家保险公司完成了兼并和收购工作,总金额达到410亿美元。1997—2001年,全球保险业的并购案达5114宗,涉及金额达1100亿美元。并购浪潮不但迅速改变了世界保险业的地区和业务格局,而且对今后保险业的发展方向有着重大而又深远的影响。

首先,值得关注的是北美发生的最为频繁的直接保险领域的并购重组。一般来说,北美公司注意的目标主要在其国内市场,收购公司来自国外市场的寿险保费收入仅占11%,这说明北美本土市场规模巨大。美国《国家保险商报》1997年7月的一则报道称:近年来,美国保险业前景大好。1997年,美国保险业总收入达3888亿美元,比1996年增长了8.4%,法定净收入增长了26.0%,为244亿美元。统计报告显示,排名居前的几家寿险公司业务量稳定,最新排名前10位的寿险公司中有7家分别在1987年和1977年都已居前10名。同时,据标准普尔最新公告,尽管仍面临一些风险与挑战,美国国内的寿险业目前在资本化管理经验、工作效率、信贷声誉及资产结构方面都达到了前所未有的优良程度。

美国寿险业还有一个重要特点是股份化改组,因此其并购重组的规模和范围比世界其他地区更大,这为全球各地的投资者带来了大量的投资机会。这股浪潮是自1986年缅因州的UNUM公司股份化之后开始的,接踵而至实行股份化的有西北国民和麦柯比公司(1989年)、纽约公平公司(1992年)、俄亥俄州米德兰公司(1994年)、保证公司和州立相互公司(1995年)。1998年年底,纽约相互公司也做了同样的选择。事实上,美国的前十大保险公司中有7家是相互保险公司,它们中的大部分都已宣布在今后两三年里要向某种形式的股份制转变。这些变化背后的理由如下。

(1)不仅同业间竞争激烈,来自其他金融机构的竞争也日益加剧,从相互机制转向股份所有制可以更好地利用资本市场。这是一条发展规模经济和开辟新市场的举措。

(2)参与业内合并、购置准备基金的需要。

(3)为公司资深管理人员提供非现金的鼓励手段(送股票)。

(4)将公司业务拓展到一些新的领域,开辟新的国内外市场和销售渠道。

其次,北美再保险市场的并购重组案也屡见不鲜。美国通用再保险公司收购德国科隆再保险公司后不久,其又被美国著名财团BERK-SHIREHATHWAY INC并购。这次并购涉及560亿美元资金以及市值1200亿美元的股票。同样,美国保险中介领域也多次发生并购重组事件。其中,著名的包括美国怡安(AON)对美国ALEANER&ALEXANDER以及美国MARSH&MCLENNAN对美国JOHNSON&HIGGINS的收购。

图2-23至图2-25描绘了2008年以来美国保险市场、L/H市场、P/C市场企

业的并购活动。2015 年美国保险市场的企业并购交易价值是 2000 年以来的最大值，此后直到 2018 年出现高达 427 亿美元的并购总价值。除此之外，美国市场中保险代理商的并购价值、并购交易笔数也呈现出上涨趋势。2020 年美国保险市场中，保险公司并购交易总价值为 176 亿美元，其中，L/H 市场并购总价值为 73 亿美元，P/C 市场并购总价值为 103 亿美元，代理商并购交易总价值为 216 亿美元。

图 2 – 23　2008—2019 年美国保险市场企业并购活动[①]

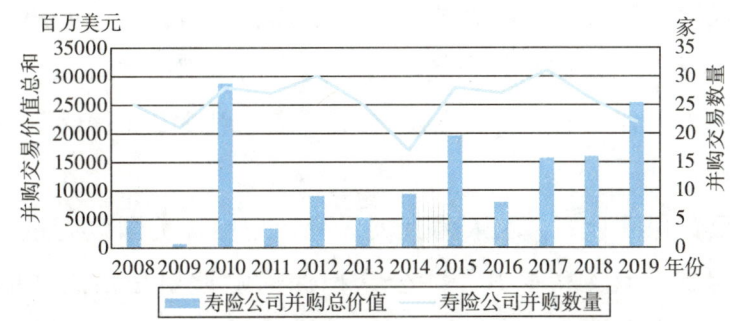

图 2 – 24　2008—2019 年美国 L/H 市场企业并购活动[②]

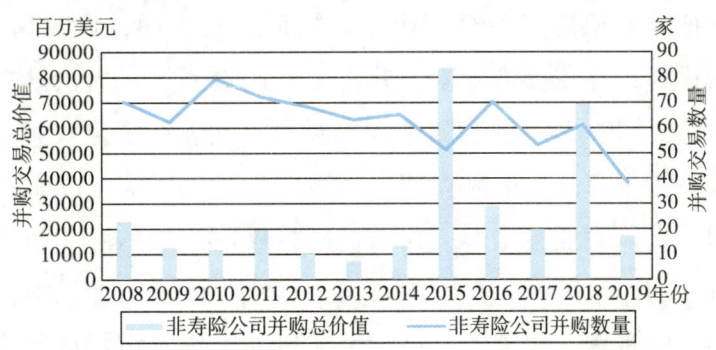

图 2 – 25　2008—2019 年美国 P/C 市场企业并购活动[③]

①②③　资料来源于瑞再研究院 Swiss Re；2020 Insurance M&A outlook。

### （三）巨灾保险市场

#### 1. 美国巨灾保险计划

巨灾通常是指由自然灾害或人为事故引起的大面积财产损失或人员伤亡事件。虽然目前各国和一些研究机构尚未对巨灾确立统一的认识、规范及衡量标准，但是巨灾一般都呈现出以下几个特点：具有一系列财产损失和人员生命伤亡的风险事件；发生频率低于一般的灾害事故；灾害的精准预测比较困难；引起的损失十分巨大。对于巨灾损失的分担，政府往往采取积极的态度，就主要自然灾害和人为巨灾推出各种保险计划。为应对巨灾风险，美国由政府主导共采用了推出巨灾保险计划和将巨灾风险与资本市场相结合两种方式。

首先，政府主导推出巨灾保险计划。

一是国家洪水保险计划（NFIP）。NFIP由于受到联邦财政政策的支持、享受联邦政府的免税待遇，具备较强的灾后偿付能力。商业保险公司能够参与NFIP且不承担风险，从而提高了NFIP对投保人的服务质量。

二是联邦农作物保险计划（MPCI）。美国农业也易遭受各种自然灾害的侵袭，为了减少巨灾风险，1938年美国建立了联邦农作物保险公司（FCIC）。FCIC以MPCI为依据对自然情况引发的超过农场主控制能力的全部损失提供保障，要求凡参加美国农业部各种支持计划的农场主都必须签订强制性MPCI保险，否则将丧失未来的援助。

三是人为巨灾保险计划。在人为巨灾保险计划中，美国政府主要推出了核责任保险和公众担保保险计划等。其中，公众担保保险计划是强制性的半社会保险计划，主要与持有大众资产的金融机构相关。

其次，巨灾风险与资本市场相结合。巨灾保险比普通保险的风险大得多，一般可以通过再保险把巨灾保险风险分散出去。然而，在美国，巨灾再保险供给不足，而市场需求不断提高，导致价格急剧上升，于是保险公司开始借助美国强大的资本市场分散巨灾风险。1992年，芝加哥期权交易所首次发行了巨灾期权。随后，市场上出现了许多保险衍生商品，如巨灾债券、巨灾期货、巨灾互换等。一种新的巨灾风险分散机制即巨灾风险证券化形成，该机制将保险市场的巨灾风险打包转化为能在资本市场上流通的金融工具，在资本市场上筹集保险资本，以解决巨灾发生时保险市场上资金不足的难题。在美国，这种巨灾风险与资本市场的结合，不仅将保险市场上的风险向资本市场转移，同时也融通了资金，推动了资本市场的发展。

#### 2. 美国巨灾保险体系优势

首先，拥有多层次的风险分摊机制。为了提高巨灾发生后的融资能力，加州地震保险制度、佛州飓风保险制度、全国洪水保险计划等都构建了多层次的风险分摊机制，不仅在保险市场上分散风险，必要时还能通过政府的财政支持进行融资，甚至可以利用风险证券化等形式谋求在资本市场分散风险。多层次的风险分摊机制为从时间上跨期分散巨灾风险创造了相对有利的条件，更维持了巨灾保险经营的持续性。

其次，政府介入并积极发挥作用。巨灾保险市场失灵的存在提供了政府介入其中的依据，美国政府对巨灾保险市场的介入体现在多个方面。其一，使巨灾保险带有一定的强制性，以解决逆选择和需求不足的问题。其二，利用政府在融资方面的优势，或者在系统建立的初期由政府提供资金，或者对可能发生的巨额损失提供融资渠道，以保证巨灾保险项目运营的稳定性。其三，各类巨灾保险项目基本享受政府税收减免的优待，个别甚至享受财政补贴，这有利于加快系统基金的积累。其四，政府利用其行政优势整合资源，在风险评估和管理、条款费率的制定等方面发挥积极作用。

最后，以单一险种为主的巨灾保险体系符合证券化的要求。美国在构建巨灾保险体系时，一般是根据本国所面临的最主要的巨灾风险，构建相应的巨灾风险保险体系，如美国构建的洪水保险体系、美国地震保险及佛罗里达州飓风保险体系。而且美国巨灾风险证券化，也是以单一险种为证券化发展的对象。将多种风险捆绑在一起，虽然具有扩大巨灾风险覆盖面、增加巨灾保险保费收入的优点，但是也有很多缺点。因为巨灾风险的覆盖面扩大，必然会提高巨灾风险的费率，从而增加被保险人的保险成本；而将多种风险捆绑在一起，迫使被保险人接受许多自己不乐意投保的巨灾风险，会降低被保险人投保巨灾风险的意愿。

美国巨灾保险在发展过程中积累了很多成功的经验，但由于巨灾发生的不可测性，不排除在个别年份其发展会遭遇波动和挫折，这反映出在风险评估、费率厘定、风险分摊等方面，这些制度尚有改进的余地。而且，虽然美国巨灾保险项目众多、内容丰富，但是各项目独立运作，缺乏完整的规划与整合，极易造成资源的重复及浪费，从而也成为美国巨灾保险制度的一个令人感到遗憾的缺陷。

保险市场可以利用大数法则将风险在不同个体、不同时间和不同空间进行分散和转移，但是巨灾风险作为一个具有系统性质的风险隐患，则需要保险市场更加谨慎和积极地去面对和处理。如图2-26所示，2013—2016年保险市场承受了相对来说比较小的损失，而2017年的保险损失则高达1110亿美元（经2019年美元通胀调节），是正常年份的4倍甚至5倍；经过2017年的损失高峰后，2018年与2019年的巨灾损失逐渐下降。在所有导致损失发生的风险中，与天气有关的海啸灾害占据绝对主体地位。

图 2-26 2010—2019 年美国巨灾保险损失柱状图①

图 2-27 描绘了 2009 年以来美国巨灾损失中已承保损失占比。近 10 年来，自然因素造成的巨灾损失中，多数年内巨灾保险所承保损失在全部巨灾损失中占比高于 50%，甚至超过 60%。

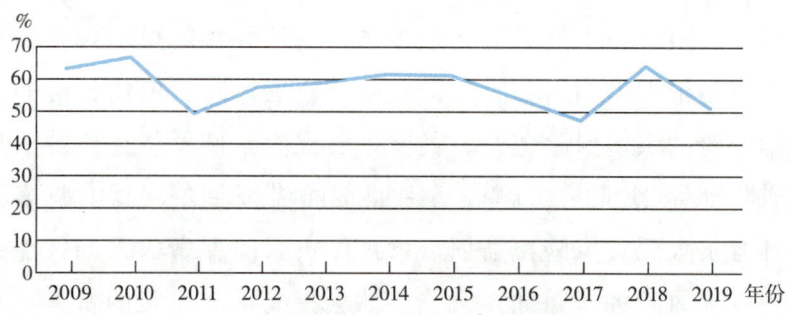

图 2-27 2009—2019 年美国巨灾损失承保占比折线图②

从表 2-13 中可以看出，美国历史上造成损失最大的灾害前 10 名中有 8 个都发生在 2000 年之后；4 个发生在 2016 年之后，且多数为飓风灾害。

表 2-13 美国前 10 名造成重大损失的灾害③　　　　单位：百万美元

| 排序 | 日期 | 危险事故 | 测算承保财产损失 | |
|---|---|---|---|---|
| | | | 发生时损失金额 | 2019 年货币价值金额 |
| 1 | 2005 年 8 月 | 卡特里娜飓风（Katrina） | 41100 | 52828 |
| 2 | 2017 年 9 月 | 飓风"玛丽亚"（Maria） | 25000~30000 | 26100~31300 |

---

①②③ 资料来源于美国保险信息研究所（Insurance Information Institute，Ⅲ）。

续表

| 测算承保财产损失 ||||||
|---|---|---|---|---|
| 排序 | 日期 | 危险事故 | 发生时损失金额 | 2019年货币价值金额 |
| 3 | 2017年9月 | 艾尔玛飓风（Irma） | 25000~30000 | 26100~31300 |
| 4 | 2017年8月 | 哈维飓风（Harvey） | 18000~20000 | 18800~20800 |
| 5 | 2001年9月 | 火灾，爆炸，五角大楼恐怖事件 | 18779 | 26431 |
| 6 | 2012年10月 | 飓风桑迪（Sandy） | 18750 | 21065 |
| 7 | 1992年8月 | 安德鲁飓风（Andrew） | 15500 | 25867 |
| 8 | 1994年1月 | 北岭、加州地震 | 12500 | 19952 |
| 9 | 2008年9月 | 飓风 | 12500 | 14898 |
| 10 | 2018年10月 | 飓风迈克尔（Michael） | 9000~2000 | 9200~12200 |

## 四、美国保险产业政策

**1. 长期推行的对外开放政策**

传统上美国属于内向型的保险市场，但二战后美国在经济和军事上称雄，希望将自己建成世界再保险中心，保险资本也希望随实业资本和金融资本对外扩张，而且自然灾害的频发对美国的产险业造成了一定威胁，因此美国采用了充分的对外开放政策，以促进其保险业的发展。

**2. 注重保险市场体系的建设、组织形式的完善和竞争机制的培育**

美国十分注重保险市场体系的建设，既建立了商业保险体系，又建立了政策性保险体系，如设立了政府洪水保险制度和加利福尼亚州的地震保险制度，并由联邦保险局负责联邦洪水保险、联邦农作物保险、联邦犯罪保险等特定险。美国的再保险市场也极为发达，为世界六大再保险中心之一；保险中介业也得到了巨大发展。美国的ISO（Insurance Service Office）等保单和费率设计的服务机构，A. M. Best、Duff & Phelps、摩迪、标准普尔和Weiss等保险评级机构，MOrning Star、T. RowePrice Investment Service等证券评级机构闻名全球，同时还建立了美国保险监督官协会（NAIC）、州保险监督机构、保险协会、中介协会和消费者协会，组成严密的保险监管网络。

在保险组织的类型上，美国允许股份保险公司、相互保险公司、保险交易所、劳合社型协会、健康费用协会及专业自保公司等6种保险组织形式存在，充分以低成本满足社会保障对保险业的需求，并缓解了社会保障给政府带来的沉重压力。同时，自保公司的发展解决了20世纪70年代中期以来，消费者意识的抬头导致的对侵权责任的判决（含赔偿金额）越来越偏向于受害者而产生的工商业是否付得起保费和传统保险市场是否愿意提供保障的问题。另外，美国允许保险组织形式的转化，如相互保险公司的股份化和股份公司的相互化，以适应社会经济环境的变化、提高保险组织的竞争力。目前，具有竞争力的保险组织主要为股份有限公司、相互保险公司和自保公司，其他保险组织形式在一定程度上出现了衰退趋势。

3. 有效的竞争机制加速了保险业内的并购，促进了资源的优化

美国的保险市场是一个开放的市场，竞争十分激烈。进入美国保险市场的方式除设立机构外，还可争取被列入NAIC许可经营的无证保险人名单。一方面，保险公司不断成立；另一方面，不断有保险公司由于被并购或破产等退出保险市场。激烈的竞争加速了保险业的兼并重组，提高了保险产业组织的竞争力，促进了保险业的发展。

4. 实施专业化分工基础上的混业经营

由于意外伤害和健康保险兼具损失补偿和人身险的特点，为促进竞争和符合国际保险业惯例，从20世纪40年代末起，美国对于意外伤害和健康保险业务（即第三保险领域），既允许产险公司兼营，也允许寿险公司兼营。从20世纪60年代开始，部分州允许产寿险公司通过附属的控股公司的形式去经营寿险或产险业务，即在专业化分工的基础上实行混业经营，这既是保险业内部激烈竞争之后的必然结果，又是保险业对银行业在60年代通过并购介入保险业的应对措施，使保险业能与银行业进行有效竞争。

《金融服务法》于1999年11月4日获美国参众两院通过，彻底结束了银行、证券、保险分业经营与分业监管的局面，允许银行、证券公司和保险公司以控股公司的方式进行业务渗透；该法还为控股公司提供了适应市场变化的灵活空间，它规定金融控股公司要进入银行、证券和保险领域，应达到一定的自有资本比率以及相应的资格，在此基础上，允许它们在没有事先向美联储申请的情况下，进入新的金融业务领域。这种建立在专业化分工基础上的混业经营增强了美国保险业的国际竞争力。

5. 政府实施优惠的保险税收政策

美国对保险业尤其是个人寿险的税收优惠是比较明显的，这有力地促进了寿险业的发展，另外，自保公司的发展也与税收政策的优惠有极大的关系。

## 第四节 英国保险产业发展研究

### 一、英国保险产业及保险市场特点

总体而言，英国的保险和长期储蓄产业（the UK insurance and long term savings industry）规模，在欧洲排名第一，世界排名第四。目前，该产业有1200余家公司机构，管理着近1.7万亿英镑的投资资产，每年向英国政府纳税接近120亿英镑，行业内部从业人员超过30万人。足以见得，这一产业是英国经济实力的重要组成部分，在英国的经济发展中占据重要地位，是国家经济增长的重要推动力。

历史上，伦敦是全球保险业的发源地。1688年，世界第一家保险公司——伦敦劳合社诞生。按照英国保险商联（Association of British Insurers，ABI）的说法，随着保险逐渐演变为一项国际业务，伦敦也慢慢成为国际保险和再保险交易的领先市场。其中，航空和海上保险险种在伦敦市场上表现强势，其业务总量约占全球同类保险业务的30%。近年来，在全球并购风潮的席卷下，英国保险业也"并购迭起"，其中引发最大关注的当属商联保险并购案：1998年6月，英国商联保险（Commercial Union，CU）和保众保险（General Accident，GA）合并成立了商联保险（CGUplc）；2000年5月30日，CGUplc又与Norwich Union保险公司合并成立了现在的商联保险集团（CGNU）。目前，CGNU已是英国最大的保险公司。另外，虽然大部分英国保险公司的控制权仍属于英国当地企业，但是事实上有相当一部分公司早已被外国企业掌控。

英国保险市场是一个历史悠久，而且高度竞争的市场，其特点表现在以下四个方面。

一是注重保险企业的经营效率，强化市场竞争意识。

二是完善的保险经纪人制度是保险营销的主要途径。投保人往往通过经纪人来选择和购买适合自己的保险产品，使得英国保险市场上近50%的业务都是通过经纪人的参与完成的；大约90%的人寿和养老保险以及几乎全部的海上、航空、外贸运输保险业务都是由经纪人安排的。

三是建立了全面的保险企业财务报告制度。通过各类内容详尽的财务报告文件，保险业监督管理机构可以及时了解保险公司的财务状况和偿付能力，将其作为监管的依据。

四是英国保险市场上发达、健全的保险行业自律组织对于维持市场经营秩序具有重要作用。

## 二、英国保险产业链

英国作为现代保险业的起源地,同样拥有较为发达和成熟的保险产业及产业链。激烈的市场竞争刺激了产品研发创新和企业发展模式及组织结构的创新,从而促进空间链、企业链、供需链的延伸,促进了价值创造。

目前,英国保险公司大致可分成三大类:公司(保险公司和再保险公司,以及经纪人公司)、劳合社和保赔协会。保险业主要有以下营销渠道:保险经纪人、直接经销、保险代理以及独立金融顾问等。长期以来,保险经纪人一直是推销保险产品的主力军。

在全英保险市场中,劳合社可谓独树一帜,它不仅是全世界最大的保险市场,而且是国际航空和海上保险业务的龙头。现代伦敦劳合社是1871年根据议会法案建立的。伦敦劳合社不是一家保险公司,它是个人会员和法人会员构成的保险市场,它不经营保险,只是给经营者提供场所、服务和帮助。

1. 伦敦劳合社保险市场的结构

伦敦劳合社市场由劳合社会员、承保辛迪加、管理代理人、劳合社经纪人构成。

劳合社会员提供市场需要的资本。会员提供的资本用于承保风险。

承保辛迪加是劳合社个人会员和法人会员组织。承保辛迪加在劳合社市场内作为独立的经营单位进行运作,它由管理代理人管理,主要承保海上保险、航空保险、巨灾保险、职业保险和汽车保险。

管理代理人管理承保辛迪加,通过聘用承保小组代表承保辛迪加来承保风险,这是2003年年初开始实行的一种新的管理方式。管理代理人被授予特权在劳合社市场内进行管理。一些管理代理人是股票交易所的上市公司;另一些是私营公司。对于承保辛迪加来说,管理代理人是资本提供者,它们作为市场的法人会员在多个方面起作用。

劳合社经纪人必须通过劳合社理事会注册,在专业知识、道德品质和财务状况方面必须满足理事会的要求。其作用与普通经纪人一样,如果客户想要在劳合社投保,通常必须找劳合社经纪人办理。只有劳合社经纪人能够进入劳合社大厅办理保险业务,同时也可以像其他保险经纪人一样与保险公司进行业务往来。

劳合社承保人以个人名义单独承担劳合社保险单的承保责任,其责任绝对无限,会员之间没有相互牵连的关系。劳合社从成员中选出委员会,劳合社委员会在接受新会员入会时,除了劳合社会员的推荐之外,还要对新会员的身份及财务偿付能力进行严格审查。如劳合社要求每一位会员具有一定的资产实力,并将其经营保费的一部分(一般为25%)提供给劳合社作为保证金,会员还须将其全部财产作为其履行承保责任的担保金。另外,每一位承保人还须将其每年的承保账册交呈劳合社特别审计机构，以证实其担保资金足以应付所承担的风险责任。根据劳合社委托书，承保人所收取的保险费由劳合社代为管理。

劳合社的承保代理人不与保险客户直接联系，而只接受保险经纪人提供的业务。保险经纪人一般是受过训练的专家，他们精通保险法和业务，有能力向当事人建议何种保险单最符合其需要。保险客户不能进入劳合社的业务大厅，只能通过保险经纪人安排投保。保险经纪人在接受客户的保险要求以后，准备好一些投保单，上面写明被保险人的姓名、保险标的、保险金额、保险险别和保险期限等内容，然后保险经纪人持投保单寻找到一个合适的辛迪加，并由该辛迪加的承保代理人确定费率，认定承保的份额，然后签字。之后保险经纪人再拿着投保单找同一辛迪加内的其他会员承保剩下的份额。如果投保单上的风险未"分"完，他还可以与其他辛迪加联系，直到全部保险金额被完全承保。最后，经纪人把投保单送到劳合社的保单签印处。经查验核对，投保单换成正式保险单，劳合社签字盖章，保险手续至此全部完成。

2. 伦敦劳合社保险市场的安全管理措施

劳合社有一套独特的安全管理系统，以保护保单持有人的利益。第一层是保费信托基金。保费信托基金是最初交纳的所有保费，由辛迪加的管理代理人管理。该基金只用来支付赔款、再保险保费或承保费用，3年以后才能进行利润分配。保费信托基金有着严格的投资规定。第二层是劳合社基金，它由劳合社会员的个人财产组成，也包括他们的私有住宅。该基金由劳合社信托部管理。第三层是劳合社中央基金，它是所有会员交纳的年度会费。只有在会员不能承担承保责任的情况下，才能动用该基金支付保单持有人的赔款。该中央基金也得到了世界著名保险及再保险集团承保，期限为5年，保额为5亿英镑。

3. 伦敦劳合社保险市场管理机构的变化

劳合社在现代化及改革的进程中出现了一个新的变化，那就是创建了一个特权机构。劳合社机构是授予者，劳合社的承保代理人是被授予者。这种结构在2003年年初开始实施，其目的就是要提高市场的盈利能力，得到被授权者的监督和帮助。作为授权者，劳合社将能够起到比以前更积极的作用。新的特权委员会由劳合社市场内外的11个成员组成，管理着市场的监管事务和商务。

进入20世纪90年代以来，由于世界保险市场竞争加剧，加上劳合社本身经营方式的影响，劳合社的经营陷入了困境。从1993年开始，劳合社大力进行改革，实施了"重建更新计划"。改革的一个令人瞩目的措施便是劳合社引入公司会员，允许公司资本进入劳合社，这就打破了劳合社会员只允许是自然人的传统惯例。劳合社的公司会员承担有限责任,自1994年1月1日被准入劳合社以来,公司会员的数目及其承保能力连年增长。劳合社目前还在酝酿更多的改革计划,包括打破只接受劳合社经纪人招揽业务的传统做法,尝试从世界上其他保险经纪人处直接获得业务。

除此之外,保险科技化也是英国保险产业近年来一个重要的发展趋势。随着技术的不断发展,英国许多产业也开始将交易转移到线上,保险业也不例外。这一趋势从英国近十年来E金融(E-commerce)与信息互联技术(Information and Communication Technology,ICT)活动的发展壮大且创造的经济价值不断增长的事实中可见一斑。另外,英国数据伦理与创新中心(Centre for Data Ethics and Innovation,CDEI)表示,它们已经在加深对AI Barometer技术、人脸识别技术等相关科技手段的针对性研发,并着手其在包括金融保险服务行业在内的5大行业中的不断推广。可以预见,随着科技与保险行业融合的程度越来越深,英国保险产业的运营效率会有极大的提升,运营方式也可能会发生改变。

### 三、英国保险产业结构与发展

(一)保险产业总量指标

1. 保费收入

图2-28描绘了2000—2019年英国的保费收入情况,英国寿险保费收入一路领先于非寿险保费收入,在一些年份,寿险保费收入甚至能达到非寿险保费收入的3倍左右。就各自的发展趋势来看,寿险保费收入在2007年达到巅峰,之后受经济危机影响骤降,随后发展趋于平缓,而从2017—2019年的数据中可以看出其又呈现出较猛的增长势头。非寿险保费收入自2003年起一直处于平稳发展状态,受经济危机影响也不大,同样地,其在2015—2019年这段时间内也呈现出了较为明显的增长趋势。可见,英国未来的保费收入可能会继续保持增长的势头。

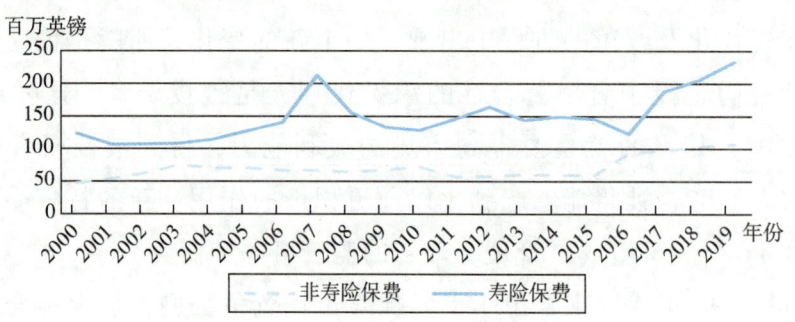

图2-28 2000—2019年英国年保费收入[①]

---

① 资料来源于OECD,Office for National Statistics(UK)。

## 2. 保险从业人员

据 2019 年的统计数据，英国保险产业吸纳的就业人数达 31 万人，其中 113700 人直接受雇于保险产品供应方，剩余 196300 名从业人员则主要负责提供保险辅助服务，如保险经纪人、第三方服务等。

## 3. 保险机构数量

截至 2019 年，英国共有 333 家寿险公司，其中英国本地的有 145 家，总部在欧洲其他国家的有 188 家；有 920 家非寿险公司，其中有 243 家英国本土公司，有 677 家总部在欧洲其他国家的保险公司。

### （二）保险产业结构衡量指标

#### 1. 保费增长率

图 2-29 刻画出了 2000—2019 年英国总保费增长率、寿险保费增长率、非寿险保费增长率以及 GDP 增长率的变化趋势。从中可以看出，总保费增长率与寿险保费增长率变化一致，而非寿险保费增长率与总保费增长率和寿险保费增长率呈相反的变化趋势。英国的实际 GDP 增长率变化幅度没有保费增长率那么大，始终较为平缓，但还是可以看出非寿险保费增长率变化趋势与 GDP 增长率相反，即英国非寿险市场保费增长率是逆周期的。

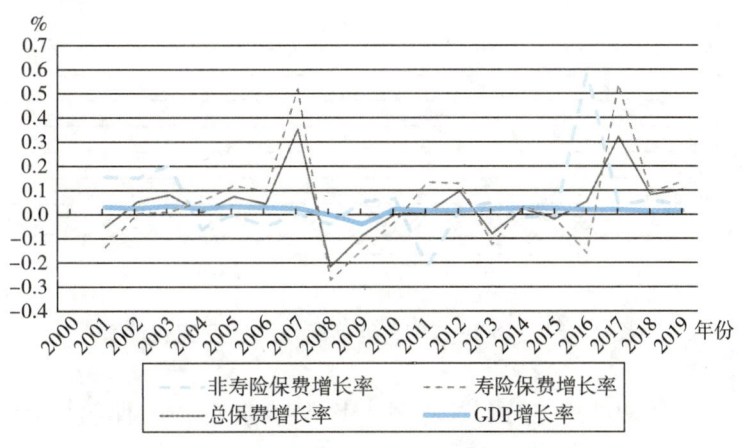

图 2-29　2000—2019 年英国保费增长率变化趋势①

#### 2. 保险深度和保险密度

图 2-30 刻画的是 2000—2019 年英国的保险深度，可以看出，寿险占 GDP 的比重比非寿险大得多，并且波动也较大，其中 2007 年达到最高峰，后来受经济危机影响迅速下降了近 4 个百分点，并且截至 2016 年，寿险保险深度持续处于较低水

---

① 资料来源于 OECD，Office for National Statistics（UK）。

平，而在2016年之后才逐渐转为上升趋势；非寿险保险深度则与之相反，2016年之前一直相对较为平缓，2015—2016年出现了较大的飞跃，之后就一直呈平缓上升趋势。另外，与美国保险市场相比，英国的寿险深度远高于美国，但非寿险深度却低于美国。举例来说，美国寿险深度自1988年以来的最大值是4.4%，而英国寿险深度自1988年以来就从来没有低于过4.4%。美国的非寿险深度最低也在4.1%的水平上，英国则很少超过4.0%。

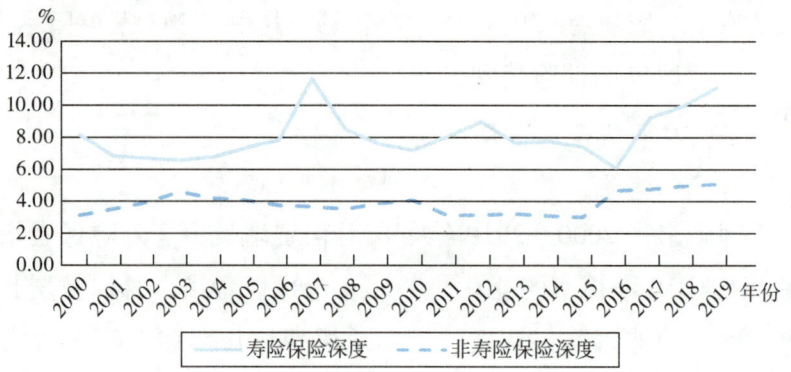

图 2-30　2000—2019 年英国保险深度变化趋势①

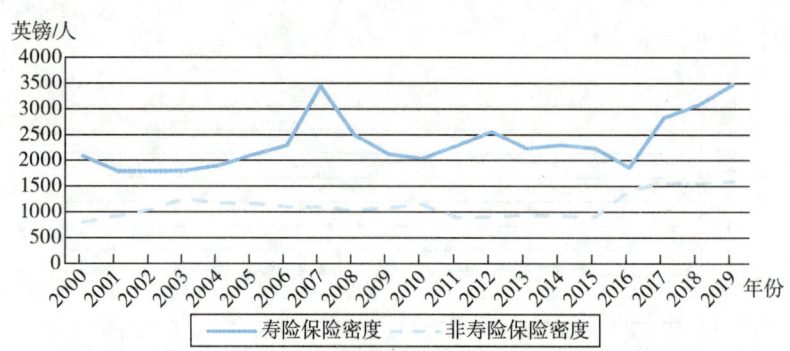

图 2-31　2000—2019 年英国保险密度变化趋势②

图 2-31 刻画了 2000—2019 年英国人均保费水平，即保险密度。英国保险密度的变化趋势与整体保费收入变化趋势相一致。寿险保险密度波动幅度相对较大，自 2007 年出现峰值之后，经历了一段时间的平稳期，而在 2016 年之后又有崛起之势；非寿险保险密度则始终较为平稳，但也在 2016 年时出现了较为明显的增长，并且截至 2019 年，也一直呈平缓增长的趋势。值得注意的是，近 20 年来，英国寿险密度与非寿险密度之间的差异远大于美国。

---

①② 资料来源于 OECD，Office for National Statistics（UK）。

3. 保险投资构成

在英国，提供长期储蓄和人寿保险产品的保险公司往往通过投资不同类型的资产来获得收益，以确保它们长期负债的偿还能力。英国保险商联（Association of British Insurers，ABI）统计数据显示，2019年年底，英国保险公司共持有1.6万亿英镑的资产，其中1.48万亿英镑来源于人寿保险公司。

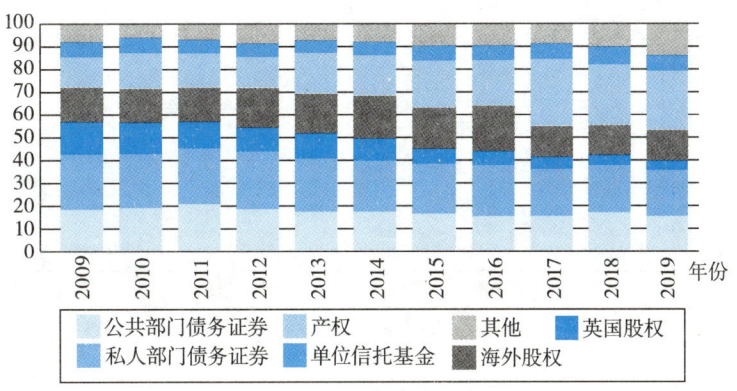

图2-32　2009—2019年英国保险投资分解[①]

图2-32表明了2009—2019年英国保险公司投资不同类型资产比例变化情况。可以看出，英国股权从2009年的15%下降到了2019年的仅5%，降幅最为明显。海外股权同样呈现出下降趋势，下降了2%。与之相反的是，单位信托业务在这一时期则呈现出明显的增长趋势，到2019年，其规模已达1170亿英镑。

4. 保险市场细分

与美国将保险市场划分为财产与意外险市场（P/C insurance market）、寿险与健康险市场（L/A insurance market）不同，英国的保险市场划分更为简单，仅有保险（insurance）和长期储蓄（long term savings）两大类。市场中的业务主要分为两大部分：寿险和非寿险。寿险业务一般包括：人寿险、养老金、长期健康保险（也称收入保险）；非寿险业务一般包括：航海、航空、车辆、地产、意外事故及健康、债务风险等。目前，英国保险市场中寿险业务的保费收入是非寿险业务保费收入的近3倍。同世界保险业发展的趋势一样，英国的保险业在寿险方面的创新要多于在非寿险方面的创新，寿险产品市场上也出现了分红寿险、万能寿险以及投资连结保险等投资型产品，这些产品在市场上的比重也越来越大。

具体而言，英国保险商联ABI（Association of British Insurers）统计数据显示，2018年英国共有2650万个家庭，在非寿险方面，有1930万个家庭购买了家庭财产

---

①　资料来源于Association of British Insurers。

保险，2000万个家庭拥有汽车保险，16502个家庭购买了房屋住宅保险，160万个家庭拥有私人医疗保险，280万个家庭拥有抵押保障；在寿险方面，有480万个家庭购买了终身寿险，230万个家庭拥有个人养老保险，60万个家庭购买了定期寿险，20万个家庭拥有收入保障保险。图2-33为2018年英国家庭保险产品持有情况。

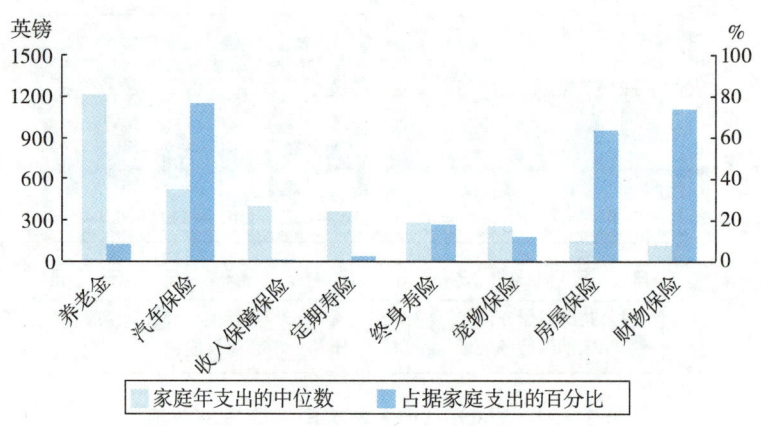

**图2-33　2018年英国家庭保险产品持有情况**[①]

### （三）保险市场不同产品线分析[②]

#### 1. 汽车保险

英国是汽车保险历史最悠久的国家，世界上第一张汽车保险单便诞生于此，同时，英国也是汽车保险非常发达的国家。根据险种使用对象的不同，英国汽车保险分为私用汽车保险和商用汽车保险；按保险标的种类的多少，又可分为汽车综合险和单一险种（如车身险等）。英国的汽车综合险因综合了第三者责任险与其他汽车保险险种，而受到投保人欢迎并且热销。英国自1930年实施汽车第三者责任强制保险以来，任何人要在公路上使用或让他人使用或准许他人使用汽车，必须依法投保责任险或提供一定数额的保证金，否则会被视为违法行为。因此，多数汽车使用者都投保了第三者责任保险。但实际上，法定第三者责任保险的保障并不充分，为了开拓市场、满足投保人的需求，保险人通常将强制第三者责任险与其他汽车保险险种，如车身险、驾驶员意外伤害险、随身携带物品损失险等险种结合起来。这类综合性险种得到了投保人的普遍欢迎。

英国的汽车保险自从1994年以来长期亏损，直到2015年才首次承保盈利3300万英镑，之后的2016年虽然再次亏损1.94亿英镑，但是上升的趋势基本稳固。事实

---

①② 资料来源于Association of British Insurers。

上,从有数据记载开始,英国平均每年的车险保费收入就经历了长期的下降阶段,从2012年第一季度至2014年第三季度,保费收入就下降了15%,直至2014年第四季度,车险保费才迎来首次大幅度上升。据统计数据,2019年,英国车险行业创造利润为0.31亿英镑,这相比于2018年的5.15亿英镑利润可以说是一个十分显著的下降。在保险赔付方面,2019年有98.7%的车险索赔得到了处理,与往年基本持平。日均车险赔付额高达3000万英镑,其中人身伤害索赔额达2200万英镑,财产相关索赔额仅为800万英镑,需要注意的是,车险中人身伤亡索赔的比例很高,平均车险人身伤亡索赔额达10676英镑①(见图2-34)。

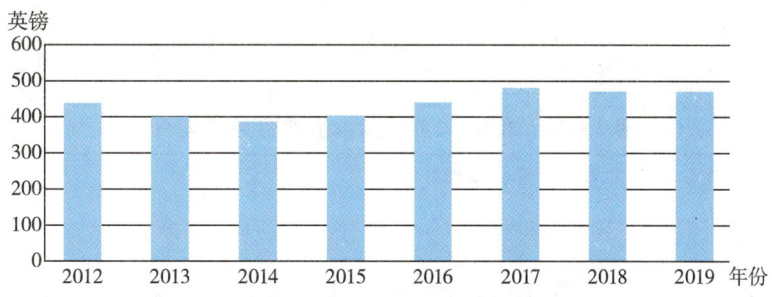

图2-34　2012—2019年英国车险平均保费收入

2. 财产保险

总体上看,2019年英国财产保险遭遇了其自2010年以来的第四次承销损失,损失额达1.14亿英镑。

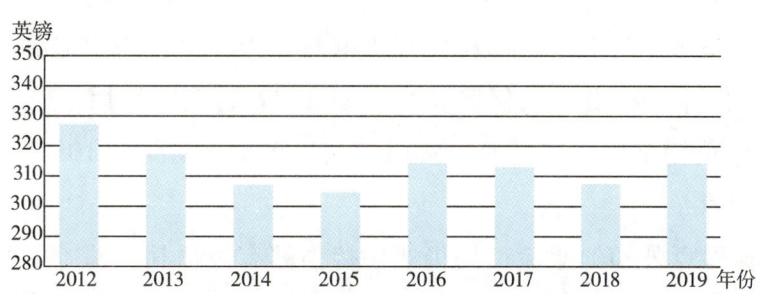

图2-35　2012—2019年英国国内财产险平均保费收入

图2-35显示了2012—2019年英国国内财产保险的平均保费收入。虽然2019年有所回升,但总体还是无法和前几年相比。具体而言,截至2019年,人均保费为313英镑,与上年同期的307英镑相比略有上升。

2019年,英国国内的财产保险索赔处理率为82%,比上年同期略有降低。保险公司平均每天支付1600万英镑的财产索赔,其中800万英镑为房屋损失索赔,800万

---

①　资料来源:《ABI-UK Insurance & Long-Term Savings》。

英镑与财产损失有关。图 2-36 为 2018 年英国国内财产保险索赔分类。

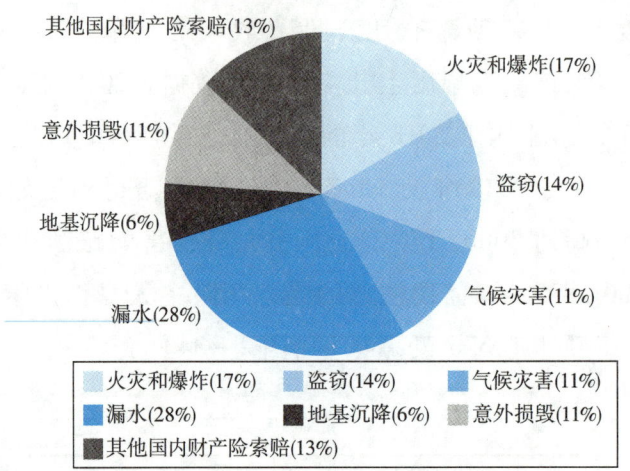

**图 2-36　2018 年英国国内财产保险索赔分类**

注：图中百分比基于总发生索赔额进行统计。

3. 责任保险

2019 年，从总量上看，英国责任保险市场实现了 2.97 亿英镑的利润，相比于 2018 年 4.15 亿英镑的利润，呈现出明显的下降趋势。从个体值来看，2019 年英国责任保险的日均赔付额为 590 万英镑，为国内各类商业信用活动提供了良好的保障。

4. 旅行保险

2019 年，英国旅游险共为 47.1 万起索赔事件支出了 3.77 亿英镑保险金，保险索赔处理率达 87.6%，与上年同期相比有所增长，为在出行途中遇到风险需要帮助的旅行者提供了保障。在支付的保险金中，有 1.97 亿英镑被用于支付急诊医疗费用，还有 1.41 亿英镑被用于支付退保费用，相当于每天支付约 103 万英镑。

5. 意外和健康险

2019 年，英国意外和健康险市场仍然保持强健有力增长。医疗费用保险的净保费收入超过 47 亿英镑，其中私人医疗保险的日均赔付额达 870 万英镑。保障保险日均赔付额达 1450 万英镑，其可以为意外经济损失、疾病、死亡等风险提供保障。

6. 商业信用保险

2019 年，英国商业信用保险共推出产品 13879 种，日均赔付额达 86.1 万英镑。其能够为在市场中从事商业活动的主体提供应对交易伙伴财务困境导致自身损失风险的良好方式。

7. 宠物保险

2019 年，在英国，有 340 万人为他们的宠物投保，其中近 96% 的投保宠物是猫和狗。宠物保险平均每天赔付支出 220 万英镑，平均每单宠物保险的赔付为 822

英镑。

8. 养老金

2019年英国有效个人养老金保单共有1840万份，其中39%的个人养老保险为职业养老金。在全部就业人口中，有77%的劳动人口拥有企业年金，占比较2018年的76%有所增长，而另外23%的劳动人口则选择了购买私人年金。

另外，2013年英国国家统计局估计，女性的预期寿命将在2062年达到100岁，但在2015年的估计中这一结果被提前至2057年，这表明英国将面临日趋严重的老龄化问题，老龄化社会给英国的资金和养老风险管理提出了不小的挑战。因此，英国计划在2012—2018年将那些没有归入企业年金计划中的劳动人口自动纳入某一企业年金计划。截至2019年7月底，已经有2250万员工参与了具有资质的企业年金计划，其中1030万人是被自动纳入的。2019年，英国新售出的养老金保单达420万份。

在2014年宣布的养老金改革中，有关部门赋予了个人购置养老保险更多的灵活性，允许人们以现金购买养老资金，而不是购买年金。在2019年4月到2020年5月，有69亿英镑以现金取出或拖欠款项的形式从养老金池中撤出。

9. 年金

2019年，共有610万英镑被投资于年金，一年内出售的有效年金份数达到6.5万份，比2018年的7万份有所下降。而售出年金的总价值依旧基本保持在43亿英镑，其中49%来自已有年金持有人。①

10. 收入保障产品

收入保障产品可以从养老金中为顾客提供一个可调节的收入，剩下的资金则用于投资。2019年，有92.5亿英镑的资金投资了收入保障产品，其中有111600份新产品售出，平均每份投资额约为78700英镑。相比于上年同期的94.6亿英镑投资、111600份产品出售，可以说有较为明显的下降。②

11. 长期护理保险

2019年，英国有237000份长期护理有效保单，相比于2017年、2018年呈现出上升趋势。③

12. 保障型产品

保障型产品包括定期寿险、终身寿险、团险、收入保障保险、重疾险等。2019年，包括定期寿险、终身寿险、收入保障保险和重疾险在内的有效保单共有2070万份。个人和团体保障型保险在2019年共有265万份新保单。2019年，保障型保险

---

①②③ 资料来源：《ABI - UK Insurance & Long - Term Savings》。

的索赔成功率为98%，其中定期寿险的索赔成功率为97%，重疾险为92%。总体来说，2019年保障型保险共向315000位投保人支付了57亿英镑的索赔额，日均赔付额达1580万英镑。

13. 投资与储蓄型产品

投资与储蓄型产品包括投资基金与捐赠基金。2019年，共有520万份相关保单，其中全年新签发保单共67000份，日均支付额达3300万英镑。

（四）英国保险业发展的三条主线

英国保险业的成功建立在发展承保、提供一系列产品、成功地实行多元化营销的管理模式等基础上。事实证明这是非常有效的。如果只局限于某个模式中，公司很难提供更广泛的、富有弹性的风险管理服务，这样也会限制公司的业务能力。在国际市场上，来自劳合社的压力使得英国公司比其他大多数政权地区的公司更富有竞争力和弹性。除了提供保障条款外，英国保险还提供了其他福利，海外业务给英国带来了无形的收益，通过盈余和投资收益增加了其国际储备。

在两次世界大战中，英国的海外资产提供了至关重要的战略支持。在国内，保险基金是政府支出的资金来源，私人资产的形成提高了市场的流动性、稳定性和有效性。专业技术可以有效降低风险，很多保险产品成为政府福利的有益补充。有三条主线贯穿英国保险业发展历史，很有可能会继续影响其以后的发展。

1. 竞争与合作之间的关系

合作为公司和消费者带来了大量好处，包括：稳定的市场，再保险、承保和费率信息的交换，海上救助服务和索赔处理，与风险相关的技术研发，通过诸如研究所和精算师为员工和技术发展提供支持等。

然而，同样的联系也会引起勾结行为，很有可能产生自满现象，缺少成本意识，对消费者的利益不敏感，这样对竞争非常不利。即使看起来是最复杂的合作，通过竞争也能够重振产品和服务。保险人不仅要懂得竞争，也要知道与成功的企业相互合作。

2. 通过商业最大化信息流整合保险程序

19世纪的公司通过总部和代理机构及分支机构联合承保降低市场的低效率，但在承保人寻求控制和分支经理人成长过程中，也存在一些困难。

20世纪的保险公司试图更有效地管理复合型公司，转向以消费者为主的管理思想，但是有些承保人仍然抵制该策略，也很少有激励政策予以整合。

另一个措施是1980年对个人和商业生产部门采取的，然而，根本性变化之一是1990年对直接市场采取的允许定制化服务以避开标准保单和费率的激励措施。

### 3. 整合与市场之间的关系

现代保险以大公司创新整合多种活动为主导，这往往意味着经济规模和机会，这一点在规模和分布广泛的比较大的保险公司中特别重要，但是规模效益也能为市场提供机会。全球的市场吸引全球的保险人，同样产生了这个阶段的效率和市场能力之间的紧张关系。

跨国公司虽然会获得国内参与者难以获得的效率，但是它们也会尝试建立全球垄断以替代原来的全国垄断。市场产生了新的规则，大型的承保人日益重视检查风险管理中的负债情况。

## 四、英国保险产业政策

在英国没有脱欧之前，英国保险产业政策很注重与欧盟区政策的关联一致性。主要体现在以下三个方面。

（1）注重单一保险市场和市场竞争。第一，不再限制银行和保险公司之间的相互渗透和交叉业务；第二，允许欧盟区内其他国家的保险经纪人和代理人自由进入，对保险机构实行母国控制的单一执照自由进出的制度。

（2）注重立法和对偿付能力监管的统一性。为了促进欧盟统一保险市场的形成，欧盟第三号法令还推动保险立法和偿付能力监管标准的一致性。

（3）对外实行有限度的开放政策，对内实行充分开放政策。在统一保险平台建立之前，包括英国在内的欧盟对外按WTO特定承诺表中的规定，强制保险只能由欧共体内的公司承保，对内统一开放，建立统一的保险市场。

英国脱欧后，英国保险市场致力于向非欧盟国家拓展业务。ABI表示，对于英国保险业而言，中国和印度这两个未与欧盟达成贸易协定的新兴保险市场将是其下一步重点发展的目标。同时也提出以下三点要求。

（1）放宽对外国企业的限制，允许其最低占股51%，以保证控制权。

（2）放宽对数据传输的监管，保证公司可以实现跨境数据传输，以便评估风险、承保风险。

（3）确保同时开拓养老金和储蓄产品，使得英国保险业能够进一步扩大长期储蓄型产品市场。

# 第二部分
# 保险经营主体分析

# 第三章
# 中国中小型保险公司的价值成长性分析

## 第一节 保险公司价值成长性的概念[①]

"成长"的定义最早来源于生物学的研究,表现在两个方面:一是体积或重量的由小到大;二是能力的由弱到强,是指生命由成熟到衰老的过程。经济学和管理学中的成长是指一种变化和趋势,在经济学中,成长表现在数量的增加上,往往用增长代替,如"国民经济增长""消费指数增长"等;管理学中的成长表现了一种趋势或者过程,如"企业成长""成长战略""素质成长"等。

公司成长是指公司的生存和发展,生存是发展的前提,发展是生存的目的。公司成长的外在表现是企业规模的由小到大,内在表现是企业素质的提高。公司成长性是质和量相互作用的过程,是两者的有机统一。

随着我国经济的快速发展和企业主体数量的大量增加,研究企业成长或成长力的文献越来越多。

王钦、贺俊(2008)将企业成长力定义为企业成长所依赖的资源和能力。他们将企业成长力分解为企业家抱负、企业家能力、企业制度与治理以及组织战略与能力四个要素,对我国的企业成长理论基础和指标体系构建进行了探讨。但是,该研究的理论分析与指标构建针对性不足,第二产业的企业与第三产业的企业成长力显然有明显的区别;另外,指标过于粗糙,过于依赖调查问卷的设计和分析,评价结果的客观性容易受到质疑。

---

[①] 在《保险蓝皮书——中国保险市场发展分析(2019)》中,我们主要基于中国保险公司2017年和2018年的经营数据,对中国中小型保险公司进行价值成长性分析,有兴趣的读者可以将其作为参考。

梁毕明（2012）认为企业的成长性包括两方面内容：一方面是指可以量化的财务指标朝好的方向发展，如企业规模的扩大、销售收入的增长；另一方面是指不可量化的非财务指标朝好的方向发展，如创新能力的增强。企业的成长性是可以量化的财务指标和不可量化的非财务量化指标共同作用的结果。

宋鹏（2012）认为企业的成长性是企业未来有效配置资源的能力，这种能力是企业的创新能力、市场能力、管理能力等各方面能力的综合体现。

梁博（2013）通过因子分析法对中小板上市公司成长性进行了评价，选取了2007年12月31日前上市的201家中小企业板上市公司为样本，实证检验了股权结构与公司成长性之间的关系，分别分析了第一大股东持股比例与公司成长性的关系、第二至第五大股东持股比例与公司成长性的关系、股权制衡度指数与公司成长性的关系。

龚福和、高娟（2013）以2011年前上市的30家中小制造型企业为例，运用因子分析法对企业成长进行了评价。文中设立了偿债能力、盈利能力、营运能力、成长能力、抗风险能力和科技创新能力6个一级指标，每个一级指标下，设立了数量不等的二级指标共14个。最后，对现阶段我国中小制造企业的成长提出了建议措施。

钱佩华（2013）从增长能力、盈利能力、资金运营效率、核心能力、市场预期能力、规模能力等方面构建了企业成长性评价指标体系。其中，在增长能力方面，主要选取的是主营业务增长率、股东权益平均增长率等财务指标；在资金运营效率方面，主要选取的是每股经营性现金流量、现金满足投资比等财务指标；在核心能力方面，主要选取的是应收账款周转率、总资产周转率等指标；在市场预期能力方面，主要选取的是净资产倍率、利润增长率与市盈率之比等指标。

夏宁、董艳（2014）认为，除了高管薪酬对于企业成长的速度至关重要之外，员工薪酬对企业成长同样具有激励作用。其通过对深交所上市公司2007—2011年的数据进行实证分析，研究了员工薪酬激励与企业成长性之间的关系。结果表明，员工薪酬与高管薪酬在国有中小上市公司中具有激励作用，可以提高其成长性；认为企业在设计员工薪酬时要考虑企业所处的具体情境和高管团队协作需要、财务风险、技术复杂性等多种因素。

郝臣、王旭、丁振松（2016）通过上市公司的薪酬和财务数据来检验高管薪酬与保险公司成长性之间的关系，以探讨保险公司高管薪酬激励的有效性。他们指出，成长性作为企业努力追求的目标之一，以主营业务收入增长率、净资产增长率、总资产增长率三个指标衡量保险公司成长性；利用固定效应模型检验了高管薪酬和保险公司成长性之间的关系。实证结果表明，我国保险公司高管薪酬和成长性呈显著正相关关系，高管薪酬激励机制有效发挥了作用。

魏文兰、黄佑军（2017）认为，企业成长性是企业各利益相关者共同追求的目标，也是企业生存和发展的前提。以深交所上市公司中的42家成长性最高的企业为样本并选取13个财务指标，对样本企业2014年的财务数据进行了因子分析。结果表明，企业成长性与流动比率、速动比率、总资产增长率、主营利润增长率、现金债务总额比、销售现金比率、代理成本率有显著的相关性。他们还对分析结果进行了检验，检验结果具有较高的一致性。但是，该研究以营业收入增长率代表企业成长性的依据并不充分，因子分析结果对企业成长力的说明作用值得商榷。

虽然研究企业成长性的文献较多，但是针对某个具体行业的经营特点和发展规律开展相关研究，并提出具有针对性的分析方法和指标体系的研究文献并不多见。

寇业富等在《保险蓝皮书——中国保险市场发展分析（2019）》一书中，对中国保险公司的价值成长性建立了比较系统、科学的评价体系，对中国保险公司的价值成长性进行了比较全面的分析。

2016年5月，中央财经大学中国精算研究院组建了"中国保险公司价值成长性分析"项目组，并与原中国保险报业股份有限公司成立专家组，对中国保险公司的价值成长性进行分析评价。该项目组根据保险公司和中国保险市场的经营特点，以及保险监管政策和保险业发展规律，从多方面、多角度探寻中小险企的内涵价值、成长规律和动力逻辑，发现可能创造行业未来的新生力量；专家组分别对项目组提出的评价指标、评价方法以及对评价指标的权重给出了建议。项目组根据每年的保险业发展状况，结合专家组的建议给予部分指标加权，代入运算公式。

我们认为，对保险公司的价值成长性进行评价不应以营业时间长短和经营规模作为判断标准。我们根据多年的相关研究，以及对保险行业发展规律的认识，对保险公司价值成长性进行了定义。

保险公司价值成长性的定义如下：由于自身的某些优势（如行业领先技术、管理高效和经营创新等）而可能在将来迸发出潜力，获得相对于竞争对手所表现出来的更强的生存能力、创新能力、抵御风险能力与持续发展能力的总和。

保险公司的价值成长性至少包含如下含义：公司的成长性、长期可持续性、符合国家监管政策和保险业发展规律、注重服务理念和新技术，并平衡对股东、客户、员工、政府和社区环境的社会责任等。

研究公司的价值成长性往往主要针对中小型经营主体，并根据各国保险业发展及其市场结构状况制定标准，我们也将遵循这一原则。

价值成长性研究将在解决市场信息不对称、提高市场运转效率和透明度、加强风险管理能力等方面发挥重要作用，并将有利于保险行业的长期可持续发展。

我们对保险公司价值成长性的评价基本遵循了2016年的评价指标、评价方法和评价思路，以使历年来的评价结果具有可比性。

## 第二节 保险公司价值成长性评价指标体系建设

### 一、保险公司价值成长性指标体系的构建原则

保险公司价值成长性是反映公司生存能力、成长能力和持续发展能力的一个综合性指标。因此，在构建指标时，必须根据保险公司的经营特点进行综合分析平衡，这样能够比较全面地反映保险公司的价值成长性。

（一）可得性原则

可得性原则既是指具体指标的可量化和可计算性，又是指具体数据的可得性。

在进行保险公司价值成长性分析时，各种指标的建立和定义不可避免。此时既要考虑各种指标的具体量化和计算方法，又要考虑各种数据的可获得性。近年来，我国的信息化建设取得了飞速发展，原中国保监会于2010年6月12日起颁布施行了《保险公司信息披露管理办法》；中国银保监会于2018年4月重新修订并颁布的《保险公司信息披露管理办法》，为我国保险公司制定了比较具体、具有可操作性的信息披露管理办法，就披露的内容、方式、时间等作了明确的规定。

中国银保监会、保险行业协会、各公司等的官网为相关研究提供了比较权威和系统的数据。

（二）客观性原则

所构建的指标，既要客观反映人身险公司和财产险公司在经营模式、发展思路、监管要求等方面的区别，又要体现出保险业的发展特点，并真实地反映保险公司竞争力的各个方面。

（三）均衡性

项目组将二级指标分为3类：规模性指标、结构性指标和比率性指标。

规模性指标是指保费收入、资产规模等反映公司经营规模的指标。

结构性指标是指反映公司当年的经营思路和发展水平的指标，它是由公司当年

的经营业绩指标计算得到的，与公司往年的表现以及其他公司无关，如综合费用率、综合赔付率、退保率等指标。

比率性指标是反映公司经营业绩的年度变化情况的指标，如保费收入增长率、净利润增长率等指标。

毋庸讳言，以上各类指标对有不同规模、经营策略和风险管理能力的保险公司的评价影响是不同的。规模性指标的设立对股本、资产规模较大的保险公司的价值成长性评价结果比较有利；比率性指标对成立时间较短、发展比较迅速的保险公司价值成长性的评价结果比较有利。因此，在设立指标时，需要考虑各类指标间的均衡性问题，均衡性原则尤其重要。

值得欣慰的是，中央财经大学"中国保险公司价值成长性分析研究"项目组注意到了相关问题。我们在设立指标时，综合考虑了各项因素，并加以综合均衡。

## 二、保险公司价值成长性的指标

基于保险公司价值成长性的定义，并根据保险公司的发展规律和负债经营的特征，我们构建了包括一级指标和二级指标的指标体系。其中，一级指标包括市场拓展能力、融资能力、盈利能力、风险管理能力和经营创新能力。

项目组根据人身险公司和财产险公司的经营特点和规律，在每一个一级指标下构建数量不等的二级指标。其中，2020年，人身险公司的价值成长性分析包括57个二级指标；财产险公司的价值成长性分析包括57个二级指标。二级指标可分为规模性指标、比率性指标和结构性指标3类，随着保险市场的发展变化、项目组对保险业经营规律认识的加强，以及研究的不断深化，指标体系和评价方法都或有改善。

（一）人身险公司的二级指标

市场拓展能力主要从市场份额及其变化、分支机构数目、资产管理效率等方面考察评价。

其二级指标包括：净资产周转率、总资产周转率、手续费及佣金占比、综合费用率的增长率、报告期营业收入、保险业务收入增长率、保费收入费用增长比、应收保费率、发展系数、退保率、分支机构数目、认可资产增长率，共12个二级指标。

融资能力主要从公司的所有者权益的规模及变化、资金融通能力、资金管理、资本负债比等角度进行分析评价。

其二级指标包括：所有者权益、所有者权益增长率、资金融通能力、资本管理系数、盈余缓解率、资本利用率、负债净资产比、资本回报率、融资风险率、现金流满足率、资本金增长率，共11个二级指标。

盈利能力主要从公司的净利润变化、投资收益、承保收益等方面进行分析评价。

其二级指标包括：总资产收益率、净资产收益率、净投资收益率、承保利润率、投资资产占总资产的比率、人均综合收益、净利润、人均利润、净利润增长率、综合收益率，共10个二级指标。

风险管理能力主要从公司的偿付能力、流动性管理、准备金提取以及自留保费等角度进行分析评价。

其二级指标包括：偿付能力充足率、流动性比率、肯尼系数、自留保费增长率、自留保费系数、准备金安全率、保险负债占总资产比、现金盈余保障倍数、付现比、资产杠杆率、收现比、净利润赔付支出覆盖率，共12个二级指标。

经营创新能力主要从公司的产品创新、技术创新和管理创新等方面进行分析评价。

其二级指标包括：险种集中度系数、综合费用率、综合费用率的增长率、两年期平均赔付率、应收分保率、业务及管理费占比、资金运用效率、人均产能、资本管理绩效增长率、总资产增长率、自留保费率、资产报酬率，共12个二级指标。

（二）财产险公司的二级指标

市场拓展能力主要从市场份额及其变化、分支机构数目、资产管理效率等方面考察评价。

其二级指标包括：净资产周转率、总资产周转率、手续费及佣金占比、人均产能、人均产能增长率、报告期营业收入、保险业务收入增长率、保费收入费用增长比、资产增量保费比、发展系数、综合费用率、分支机构数目，共12个二级指标。

融资能力主要从公司的所有者权益的规模及变化、资金融通能力、资金管理、资本负债比等角度进行分析评价。

其二级指标包括：所有者权益、所有者权益增长率、融资风险率、资本管理系数、资本利用率、可运用资金、负债权益比率、现金流满足率、准备金充分率、资本运用效率，共10个二级指标。

盈利能力主要从公司的净利润变化、投资收益、承保收益等方面进行分析评价。

其二级指标包括：总资产收益率、净资产收益率、净投资收益率、承保利润率、投资资产占总资产比率、净利润增长率、净利润、人均综合收益、财务收益率、综合收益率，共 10 个二级指标。

风险管理能力主要从公司的偿付能力、流动性管理、准备金提取以及自留保费等角度进行分析评价。

其二级指标包括：偿付能力充足率、流动性比率、肯尼系数、自留比率、未决赔款准备金充足率、保险负债占总资产比、现金盈余保障倍数、收现比、付现比、资产杠杆率、净利润赔付支出覆盖率、应收保费率，共 12 个二级指标。

经营创新能力主要从公司的产品创新、技术创新和管理创新等方面进行分析评价。

其二级指标包括：险种集中度系数、综合赔付率、分出率、应收分保率、业务及管理费占比、资金运用效率、认可资产增长率、资本管理绩效增长率、总资产增长率、再保险亏损率、资产报酬率、自留保费增长率、可运用资金收益率，共 13 个二级指标。

（三）指标的处理

为突出中小型保险公司的成长性和发展潜力，相对于《中国保险公司竞争力评价研究报告》的有关内容，在一级指标上，项目组更看重市场拓展能力、融资能力和经营创新能力对公司价值成长性的影响；在二级指标上，比率性指标的权重较大。

从公司角度看，有的指标是正向的，即取值越大越好，称为正向指标；有的指标是逆向的，即取值越小越好，称为逆向指标；有的指标取中间值为好，太大或太小都会带来不利影响，我们称之为均衡指标。

首先，根据指标的正向或逆向或均衡性，进行数据的预处理，使得处理后的全部指标数据为正向，即其数据越大越好；其次，指标中有些是比率指标，有些是数值指标，为避免"以大欺小"以及避免指标单位对评价结果的影响，我们假设每个指标下所有公司的数据服从正态分布，进而对全部指标进行标准化处理，使全部指标数据取值范围为 0~1。

特别说明如下：

（1）本书尽量采用可获得的披露数据进行分析，并根据实质重于形式的原则，对发现的个别公司披露数据存在错误或异样的年报信息进行调整，或者在涉及该指标时进行批注说明。

（2）本书分析采用的数据皆来源于已公开的资料或项目组成员的个人分析，但我们不保证上述信息的完整性和正确性，中央财经大学保险学院·中国精算研究院不对因使用本报告而产生的一切后果承担责任，本报告只可用于学术研究以及学界和业界的信息交流与参考；同时，本书分析为项目组成员的个人观点，并不代表中国精算研究院的观点。

## 第三节 中国人身保险公司价值成长性评价结果与分析

中小型保险公司占行业内经营主体的90%左右。因此，中小险企能否健康快速发展直接影响着中国保险行业的未来。项目组成员主要根据保险公司2020年度及其过去的相关数据，通过精算模型、大数据平台和现代统计分析方法对中国保险公司的价值成长性进行综合分析评价。

建立指标体系后，确定中小型保险公司的标准、评价方法等，得到中小型人身险公司的价值成长性评价结果。

### 一、研究对象的选择

目前，国内学术界、业界尚没有公认的关于"中小型保险公司"的划分标准；项目组基于人身险和财产险不同的市场经营特点以及中国保险业的发展规律，给出了自己的划分标准。

根据中国银行保险监督管理委员会网站资料，截至2020年12月31日，中国人身险公司共有91家，其中中资公司63家，外资保险公司28家。

为了划分大型保险公司与中小型保险公司，笔者根据各保险公司2020年度信息披露报告的数据以及中国银保监会披露的有关数据，对总资产排名前20的人身险公司进行了分析，得到表3-1。

表3-1 2020年总资产排名前20的中国人身险公司

| 序号 | 公司 | 2020年期末总资产/亿元 | 总资产占全部人身险公司资产的比例/% | 2020年原保费收入/亿元 | 市场份额/% |
|---|---|---|---|---|---|
| 1 | 中国人寿 | 41706.60000 | 20.88 | 6122.6 | 18.37 |
| 2 | 平安人寿 | 34441.66070 | 17.24 | 4760.9 | 14.28 |
| 3 | 太保寿险 | 14843.64220 | 7.43 | 2084.6 | 6.25 |
| 4 | 泰康人寿 | 9967.52000 | 4.99 | 1439.6 | 4.32 |
| 5 | 新华人寿 | 9829.13000 | 4.92 | 1595.1 | 4.79 |
| 6 | 太平人寿 | 7290.98727 | 3.65 | 1443.7 | 4.33 |

续表

| 序号 | 公司 | 2020年期末总资产/亿元 | 总资产占全部人身险公司资产的比例/% | 2020年原保费收入/亿元 | 市场份额/% |
|---|---|---|---|---|---|
| 7 | 人保寿险 | 4935.08947 | 2.47 | 961.8 | 2.89 |
| 8 | 富德生命 | 4876.32817 | 2.44 | 607.8 | 1.82 |
| 9 | 阳光人寿 | 3339.42200 | 1.67 | 551.0 | 1.65 |
| 10 | 前海人寿 | 3026.62735 | 1.51 | 783.5 | 2.35 |
| 11 | 中邮人寿 | 2838.14035 | 1.42 | 481.2 | 2.46 |
| 12 | 恒大人寿 | 2413.08207 | 1.21 | 603.3 | 1.81 |
| 13 | 国华人寿 | 2304.8917 | 1.15 | 327.7 | 0.98 |
| 14 | 建信人寿 | 2125.33386 | 1.06 | 428.1 | 1.28 |
| 15 | 工银安盛 | 2108.05779 | 1.06 | 459.6 | 1.38 |
| 16 | 友邦人寿 | 1986.96328 | 0.99 | 388.0 | 1.16 |
| 17 | 百年人寿 | 1892.90381 | 0.95 | 538.9 | 1.62 |
| 18 | 中信保诚人寿 | 1372.72210 | 0.69 | 233.6 | 0.70 |
| 19 | 合众人寿 | 1167.30519 | 0.58 | 189.3 | 0.57 |
| 20 | 民生人寿 | 1153.16296 | 0.58 | 125.3 | 0.38 |

从表3-1中可以看出，公司保费收入市场份额在5.00%以上的，只有中国人寿、平安人寿、太保寿险3家公司，其中中国人寿占比最高，为18.37%；公司总资产占全部人身险公司总资产的比例在5.00%以上的有中国人寿、平安人寿、太保寿险3家公司，其中，中国人寿占比最高，为20.88%。

整体来看，中国人身险公司基本处于一个完全充分竞争的市场，没有一家保险公司能够在市场上占有明显优势，处于绝对垄断或支配地位。

对保险公司进行大小分类，一般基于总资产或保费收入市场份额进行分析。在本书中，我们按照总资产规模对中国人身险公司的规模进行分类。

我们将总资产在4000亿元（含）以上的人身保险公司称为大型保险公司，将总资产不足4000亿元的称为中小型保险公司。依据表3-1中的数据，大型人身险保险公司是中国人寿、平安人寿、太保寿险、泰康人寿、新华人寿、太平人寿、人保寿险、富德生命共8家，其余的83家人身险公司都属于中小型保险公司，占全部人身险公司总量的91.21%。

我们将对这83家中小型保险公司进行价值成长性评价分析。

其中，国寿养老、长江养老、新华养老、人保养老仅经营养老保障管理业务，以及企业年金、职业年金等业务，暂不经营负债型的人寿保险业务，不适用于偿付能力的监管要求，因此不对这4家养老保险公司予以评价。

没有2020年度信息披露报告或者披露内容不完整的有9家公司：国寿存续、华夏人寿、君康人寿、和谐健康、大家人寿、华汇人寿、大家养老、天安人寿、北大方正人寿。数据不完整或者经营异常的有4家公司：中法人寿、信美人寿、弘康人寿、和泰人寿。

剔除上述17家公司后，我们共对66家人身保险公司进行了价值成长性分析。

## 二、人身保险公司价值成长性的评价方法

（一）数据处理

为了避免被评价分析的各公司指标数据因单位不同对结果造成影响，首先假设各指标的数据取值符合正态分布，其次对每个指标数据进行正态标准化，从而使每个二级指标的取值范围为0~1。

（二）评价方法

参评的共有66家保险公司，即对于每一个评价指标，我们可以得到66个样本的数据，因此，我们假设这些样本数据服从正态分布。

首先，对每项指标的数据进行正态化分布处理，每家公司对应的指标数据即该公司在该项指标上的得分。

其次，在计算各公司一级指标得分时，赋予各项二级指标相同的权重，通过加总得到该公司该项一级指标的评价得分。

最后，赋予各项一级指标相等的权重，通过加总得到公司的价值成长性评价。

（三）评价结果的处理

根据公司的评价得分，进行百分制化。根据最高分与最低分之间的差距大小，分别设定最高分为100分，最低分为40分，从而得到各公司的评价得分。

## 三、人身险保险公司价值成长性的评价结果

根据上述指标和评价方法，主要基于各保险公司2020年、2019年数据进行价值成长性评价。表3-2给出了中国人身保险公司价值成长性排名前20的排名与得分。

表 3-2 价值成长性排名前 20 的中国人身保险公司

| 公司 | 排名 | 得分 | 公司 | 排名 | 得分 |
|---|---|---|---|---|---|
| 百年人寿 | 1 | 100.0 | 中融人寿 | 11 | 88.8 |
| 平安健康 | 2 | 97.2 | 建信人寿 | 12 | 88.3 |
| 太保安联健康 | 3 | 96.6 | 平安养老 | 13 | 88.2 |
| 中银三星 | 4 | 95.1 | 中意人寿 | 14 | 87.6 |
| 昆仑健康 | 5 | 92.4 | 英大人寿 | 15 | 87.6 |
| 恒大人寿 | 6 | 91.5 | 友邦人寿 | 16 | 86.6 |
| 人保健康 | 7 | 91.1 | 财信吉祥 | 17 | 86.6 |
| 同方全球人寿 | 8 | 89.5 | 君龙人寿 | 18 | 86.4 |
| 中信保诚人寿 | 9 | 89.0 | 中英人寿 | 19 | 85.5 |
| 信泰人寿 | 10 | 88.9 | 招商信诺 | 20 | 85.1 |
| 前 10 名的均值 | | 93.1 | 第 11~20 名的均值 | | 87.1 |
| 前 10 名的标准差 | | 3.9 | 第 11~20 名的标准差 | | 1.2 |

（一）价值成长性排名前 10 的中国人身保险公司概况

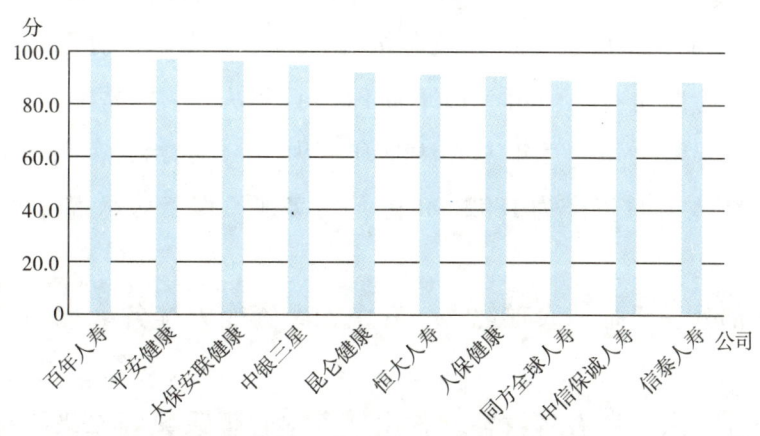

图 3-1 价值成长性排名前 10 的人身保险公司得分比较

从图 3-1 中可以看出，价值成长性排名前 10 的寿险公司的评价得分有一定的差距，占有明显比较优势的是百年人寿和平安健康。

为了对这些公司有进一步的了解，表 3-3 给出了价值成长性排名前 10 的人身保险公司的一级指标的排名与得分。

表3-3 价值成长性排名前10的人身险公司的一级指标排名与得分

| 公司 | 一级指标的定量评价结果 | | | | | | | | | |
|---|---|---|---|---|---|---|---|---|---|---|
| | 盈利能力 | | 市场拓展能力 | | 融资能力 | | 风险管理能力 | | 经营创新能力 | |
| | 得分 | 排名 | 得分 | 排名 | 得分 | 排名 | 得分 | 排名 | 得分 | 排名 |
| 百年人寿 | 83.5 | 21 | 79.5 | 14 | 90.3 | 6 | 85.7 | 16 | 88.3 | 20 |
| 平安健康 | 89.4 | 6 | 70.4 | 24 | 79.6 | 16 | 100.0 | 1 | 86.3 | 24 |
| 太保安联健康 | 85.0 | 17 | 73.7 | 21 | 90.4 | 5 | 88.7 | 13 | 83.5 | 34 |
| 中银三星 | 71.3 | 42 | 85.3 | 8 | 100.0 | 1 | 78.0 | 28 | 78.5 | 42 |
| 昆仑健康 | 93.8 | 4 | 100.0 | 1 | 92.4 | 3 | 83.9 | 19 | 65.8 | 59 |
| 恒大人寿 | 82.2 | 25 | 92.0 | 4 | 89.6 | 7 | 62.2 | 50 | 84.5 | 28 |
| 人保健康 | 69.2 | 47 | 78.3 | 15 | 80.8 | 14 | 99.7 | 2 | 81.5 | 37 |
| 同方全球人寿 | 87.7 | 10 | 64.1 | 38 | 73.8 | 25 | 92.4 | 6 | 86.4 | 22 |
| 中信保诚人寿 | 89.4 | 18 | 62.6 | 42 | 84.8 | 10 | 79.9 | 24 | 90.9 | 13 |
| 信泰人寿 | 67.3 | 49 | 100.0 | 1 | 71.1 | 34 | 88.4 | 14 | 76.1 | 48 |

（二）价值成长性排名前10的中国人身保险公司的发展分析

对排名前10的人身险公司的评议分析（排名不分先后）如下。

百年人寿保险股份有限公司（以下简称"百年人寿"）是经中国保监会批准成立的全国性人寿保险公司。百年人寿注册资本为16.6亿元人民币，由14家股东构成。2020年百年人寿总资产为1892.90亿元，实现原保费收入538.9亿元，市场占比约为1.62%。

百年人寿部分一级指标表现优秀，其中，融资能力排名第6，市场拓展能力排名第14，其他各项一级指标均表现优良。百年人寿在人均综合收益、净资产周转率、报告期营业收入、所有者权益增长率、资本管理系数等二级指标上表现突出，其融资风险率、综合费用率、应收分保率等二级指标在10家公司中排首位。

平安健康险有限公司是中国平安集团旗下的专业健康保险公司（以下简称"平安健康"），2005年6月13日经中国保监会批准设立，平安健康注册资本为人民币2016577790元，总部设在上海。2020年平安健康总资产为151.19亿元，实现原保费收入91.8亿元，市场占比约为0.28%。

平安健康的部分一级指标表现优秀，其中，风险管理能力排名第1，盈利能力排名第6，其他各项一级指标表现优良。平安健康在总资产收益率、净资产收益率、净投资收益率、承保利润率、总资产周转率、退保率、资本管理系数、负债净资产比、流动性比率、付现比等二级指标上表现突出，其总资产收益率、净投资收益率、流动性比率、净利润赔付支出覆盖率、自留保费率、资产报酬率等二级指标在10家公司中排首位。

太平洋健康保险股份有限公司（以下简称"太平洋健康险"）成立于2014年12月，是中国太平洋保险（集团）股份有限公司（以下简称"太平洋保险"）旗下专业的健康险公司（太保安联健康保险股份公司自2021年3月15日起正式更名为"太平洋健康保险股份有限公司"）。2020年太平洋健康险实现原保费收入3.9亿元，市场占比约为0.01%。

太平洋健康险的各项一级指标表现较为优秀均衡，其中，融资能力排名第5位，其他各项一级指标表现优良。太平洋健康险在承保利润率、总资产周转率、应收保费率、退保率、资本管理系数、资本利用率等二级指标上表现突出，其净利润增长率、退保率、资本利用率、现金盈余保障倍数、付现比等二级指标在10家公司中排首位。

中银三星人寿保险有限公司（以下简称"中银三星"）成立于2015年10月21日，主要经营人寿保险，公司性质为中韩合资，是中国首家中韩合资寿险公司。2020年中银三星实现原保费收入778928.8万元，市场占比约为0.23%。

中银三星的部分一级指标表现优秀，其中，融资能力排名第1，市场拓展能力排名第8，其他各项一级指标均表现优良。中银三星在净资产周转率、应收保费率、退保率、认可资产增长率、所有者权益增长率、资金融通能力、资本金增长率、自留保费系数、付现比、险种集中度系数、综合费用率的增长率等二级指标上表现突出，其自留保费系数、综合费用率的增长率在10家公司中排首位。

昆仑健康保险股份有限公司（以下简称"昆仑健康"）是经原中国保监会正式批准，于2006年1月12日成立的专业健康保险公司。2020年公司总资产为381.89亿元，实现原保费收入84.15亿元，市场占比约0.25%。

昆仑健康的部分一级指标表现优秀，其中，市场拓展能力排名第1，融资能力排名第3，盈利能力排名第4，其他各项一级指标均表现优良。昆仑健康保险在净资产收益率、净投资收益率、人均综合收益、净利润增长率、人均综合收益、综合收益率、净资产周转率、综合费用率的增长率、保险业务收入增长率、发展系数等二级指标上表现突出，其净资产收益率、综合收益率、净资产周转率、保险业务收入增长率、发展系数、分支机构数目、所有者权益增长率、资本利用率等二级指标在10家公司中排首位。

恒大人寿保险有限公司（以下简称"恒大人寿"）成立于2006年5月，是恒大集团旗下的保险公司，目前其总资产已超过1000亿元。2015年11月22日，恒大集团正式宣布进军保险产业，将其以39.39亿元竞得50%股权的中新大东方人寿保险公司更名为"恒大人寿"。2020年恒大人寿实现原保费收入6032911.6万元，市场占比约为1.81%。

恒大人寿的部分一级指标表现优秀，其中，市场拓展能力排名第4，融资能力排名第7，其他各项一级指标均表现优良。恒大人寿在人均综合收益、手续费及佣金占比、报告期营业收入、应收保费率、分支机构数目、综合费用率、流动性比率、自留保费系数、综合费用率、业务及管理费占比等二级指标上表现突出，其人均综合收益、手续费及佣金占比、报告期营业收入、应收保费率、分支机构数目、综合费用率、业务及管理费占比、人均产能等二级指标在10家公司中排首位。

中国人民健康保险股份有限公司（以下简称"人保健康"）是中国人民保险集团旗下的子公司，成立于2005年3月31日，系国务院同意、中国保监会批准设立的国内第一家专业健康保险公司，由中国人民保险集团公司联合德国健康保险公司发起设立，注册资本金为85.68亿元。2020年中国人保健康实现原保费收入3225738.3万元，市场占比约为0.97%。

人保健康的部分一级指标表现优秀，其中，风险管理能力排名第2，融资能力排名第14，其他各项一级指标均表现优良。中国人保健康在总资产周转率、手续费及佣金占比、退保率、资本利用率、负债净资产比、自留保费系数、综合费用率二级指标上表现突出，其手续费及佣金占比、负债净资产比、付现比、资产杠杆率、自留保费率等二级指标在10家公司中排首位。

同方全球人寿保险有限公司（原海康人寿保险有限公司，以下简称"同方全球人寿"）由荷兰全球人寿保险集团（Aegon）与同方股份有限公司（THTF）各出资50%组建而成，公司于2003年5月正式获得营业执照，在中国开展寿险业务。同方全球人寿总部位于上海，目前注册资本金为24亿元。2020年实现原保费收入618900.0万元，市场占比为0.19%。

同方全球人寿的部分一级指标表现优秀，其中，风险管理能力排名第6，盈利能力排名第10，其他各项一级指标均表现优良。同方全球人寿在总资产收益率、投资资产占总资产的比率、所有者权益增长率、资本管理系数、偿付能力充足率、流动性比率、付现比、净利润赔付支出覆盖率、险种集中度系数等二级指标上表现突出。

中信保诚人寿保险有限公司（原信诚人寿保险有限公司，以下简称"中信保诚人寿"）2000年成立于广州，由中国中信集团和英国保诚集团联合发起创建。2017年11月，公司正式更名为"中信保诚人寿保险有限公司"。中信保诚人寿总部设在北京，注册资本金为 23.6 亿元人民币。2020 年中信保诚人寿实现原保费收入 2236057.1 万元，市场占比 0.7%。

中信保诚人寿的部分一级指标表现优秀，其中，融资能力排名第 10，经营创新能力排名第 13，其他各项一级指标均表现优良。中信保诚人寿在总资产收益率、承保利润率、净利润、手续费及佣金占比、所有者权益、偿付能力充足率、保险负债占总资产比等二级指标上表现突出，其净利润、保险负债占总资产比、险种集中度系数等二级指标在 10 家公司中排首位。

信泰人寿保险股份有限公司（以下简称"信泰人寿"），是经中国保监会批准，于 2007 年 5 月 18 日注册登记的全国性寿险公司，注册资本金达 50 亿元。公司总部设于浙江杭州，可经营一切人身险险种（含各种法定保险）。2020 年信泰人寿实现原保费收入 4545053.7 万元，市场占比为 1.3%。

信泰人寿的部分一级指标表现较为优秀均衡，其中，市场拓展能力排名第 1，风险管理能力排名第 14，其他各项一级指标均表现优良。信泰人寿在承保利润率、净资产周转率、总资产周转率、综合费用率的增长率、保险业务收入增长率、发展系数、资本利用率、流动性比率、现金盈余保障倍数、业务及管理费占比等二级指标上表现突出，其中，现金盈余保障倍数在这 10 家公司中排首位。

## 第四节　中国财产保险公司价值成长性评价结果与分析

近 10 年来，在中国保险市场上，财产保险公司的保费收入占保险行业全部保费收入的 40% 左右，其中，中小型财产保险公司占财险市场经营主体的 90% 左右。因此，中小险企的健康快速发展直接影响着中国财产保险行业的未来。项目组成员主要根据保险公司 2019 年度及其以前的有关数据，通过精算模型、大数据平台和现代统计分析方法对中国保险公司的价值成长性进行综合分析评价。

指标体系建立后，确定中小型财产保险公司的标准、评价方法等，得到中小型财产保险公司的价值成长性评价结果。

### 一、研究对象的选择

目前，国内学术界、业界尚没有公认的关于"中小型保险公司"的划分标准；项目组基于人身险和财产险不同的市场经营特点，以及中国保险业的发展规律，给出了自己的划分标准。

根据原中国保监会网站的数据，截至 2020 年 12 月 31 日，中国共有 87 家财产险公司，其中，中资有 66 家，外资有 21 家。

为了划分大型保险公司与中小型保险公司，我们根据各保险公司 2020 年度信息披露报告的数据以及中国银保监会披露的有关数据，对总资产排名前 20 的人身险公司进行分析，得到表 3 - 4。

表 3 - 4　2020 年总资产排名前 20 的中国财产保险公司

| 序号 | 公司 | 总资产/亿元 | 总资产份额/% | 原保费收入/亿元 | 保费收入占市场份额/% |
| --- | --- | --- | --- | --- | --- |
| 1 | 人保财险 | 6435.282 | 27.47 | 4320.189 | 31.80 |
| 2 | 平安财险 | 4445.28 | 18.98 | 2858.539 | 21.04 |
| 3 | 太保财险 | 1840.663 | 7.86 | 1467.177 | 10.80 |
| 4 | 国寿财险 | 1068.524 | 4.56 | 863.4886 | 6.36 |
| 5 | 大地财险 | 838.4631 | 3.58 | 477.5131 | 3.52 |
| 6 | 中华联合财险 | 681.6483 | 2.91 | 527.1508 | 3.88 |
| 7 | 阳光财险 | 604.2044 | 2.58 | 372.6963 | 2.74 |
| 8 | 太平财险 | 374.8852 | 1.60 | 281.1911 | 2.07 |
| 9 | 众安财险 | 350.4474 | 1.50 | 167.0938 | 1.23 |
| 10 | 华安财险 | 208.981 | 0.89 | 147.9336 | 1.09 |
| 11 | 英大财险 | 200.7735 | 0.86 | 90.96149 | 0.67 |
| 12 | 永安财险 | 149.7086 | 0.64 | 105.4825 | 0.78 |
| 13 | 紫金财险 | 147.2117 | 0.63 | 76.58527 | 0.56 |
| 14 | 华泰财险 | 146.766 | 0.63 | 69.06632 | 0.51 |
| 15 | 中石油专属财险 | 142.1737 | 0.61 | 5.499666 | 0.04 |
| 16 | 中银财险 | 129.0284 | 0.55 | 50.79147 | 0.37 |
| 17 | 泰康在线 | 128.4993 | 0.55 | 93.78697 | 0.69 |
| 18 | 永诚财险 | 113.3124 | 0.48 | 70.72149 | 0.52 |
| 19 | 鼎和财险 | 106.1416 | 0.45 | 47.63192 | 0.35 |
| 20 | 国任财险 | 104.3937 | 0.45 | 61.65933 | 0.45 |

从表 3 - 4 中可以看出，无论是从公司总资产还是从保费收入规模来看，人保财险、平安财险、太保财险都占有明显优势，并且所占份额均超过 5%，属于大型保险公司的范围。为了促进中小型保险公司的发展、提升中小型保险公司的社会影响力和知名度，我们结合中外文献并根据中国财产保险业的发展实际，决定以 2019

年总资产规模500亿元作为划分大型与中小型财险公司的标准：总资产超过500亿元（含）的为大型财产保险公司，总资产小于500亿元的为中小型财产保险公司。

将人保财险、平安财险、太保财险、国寿财险、大地财险、中华联合财险、阳光财险这7家归为大型财产保险公司。

剩余的80家公司归为中小型财产保险公司，占全部财产保险公司的91.95%。

在这80家中小型财产保险公司中，未披露2020年度信息报告或者年度信息披露报告不完整的有8家公司：出口信用财险、大家财险、长江财险、易安财险、海峡金桥财险、建信财险、劳合社、天安财险。公司经营异常或部分指标数据异常（或特殊）的有6家公司：久隆财险、凯本财险、日本兴亚财险、汇友互助财险、安心财险、阳光信用财险。

这样，我们最终对剩余的66家财产保险公司进行价值成长性分析。

## 二、财产保险公司价值成长性评价方法

（一）数据处理

为了避免被评价分析的各公司指标数据因单位不同对结果造成影响，首先假设各指标的数据取值符合正态分布，其次对每个指标数据进行正态标准化，从而使每个二级指标的取值范围为0~1。

（二）评价方法

参评的共有66家保险公司，即对于每一个评价指标，我们可以得到66个样本的数据，因此，我们假设这些样本数据服从正态分布。

首先，对每项指标的数据进行正态化分布处理，每家公司对应的指标数据即该公司在该项指标上的得分。

其次，在计算各公司一级指标得分时，赋予各项二级指标相同的权重，通过加总得到该公司该项一级指标的评价得分。

最后，赋予各项一级指标相等的权重，通过加总得到公司的价值成长性评价。

（三）评价结果的处理

根据公司的评价得分，进行百分制化。根据最高分与最低分之间的差距大小，分别设定最高分为100分，最低分为40分，从而得到各公司的评价得分。

## 三、财产保险公司价值成长性的评价结果

根据上述指标和评价方法，得到主要基于2020年数据的中国财产保险公司价值成长性的评价结果。表3-5给出了价值成长性排名前20的中国财产保险公司的

排名与得分。

表 3-5 价值成长性排名前 20 的中国财产保险公司

| 公司 | 排名 | 得分 | 公司 | 排名 | 得分 |
| --- | --- | --- | --- | --- | --- |
| 国任财险 | 1 | 100.0 | 永诚财险 | 11 | 88.9 |
| 众安财险 | 2 | 99.3 | 安信农险 | 12 | 87.6 |
| 英大财险 | 3 | 96.0 | 阳光农险 | 13 | 86.6 |
| 中石油专属保险 | 4 | 95.9 | 国泰财险 | 14 | 86.5 |
| 紫金财险 | 5 | 94.6 | 铁路自保 | 15 | 84.0 |
| 鼎和财险 | 6 | 94.4 | 华安财险 | 16 | 83.8 |
| 北部湾财险 | 7 | 93.6 | 华泰财险 | 17 | 83.3 |
| 美亚保险 | 8 | 90.0 | 现代财险 | 18 | 83.3 |
| 中远海自保 | 9 | 89.7 | 亚太财险 | 19 | 83.2 |
| 鑫安车险 | 10 | 89.5 | 日本财险 | 20 | 82.7 |
| 前 10 名的均值 | | 94.3 | 第 11~20 名的均值 | | 85.0 |
| 前 10 名的标准差 | | 3.7 | 第 11~20 名的标准差 | | 2.2 |

（一）价值成长性排名前 10 的中国财产保险公司概况

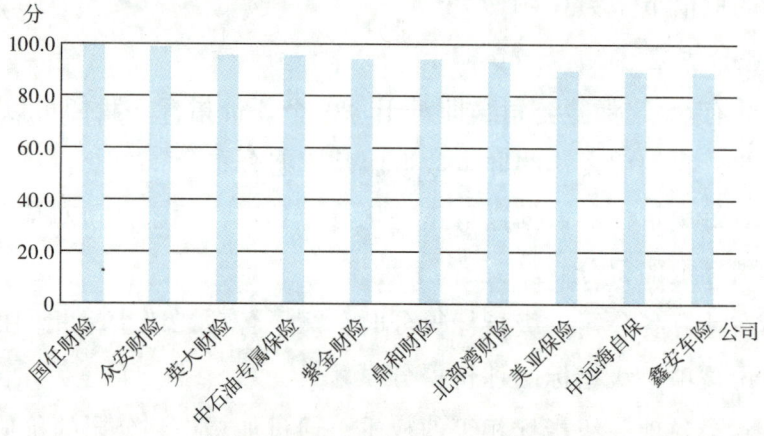

图 3-2 价值成长性排名前 10 的财产保险公司

从图 3-2 中可以看出，价值成长性排名前 10 的财产险公司的评价得分有一定差距但并不十分明显，占有明显比较优势的是国任财险、众安财险。

为了对这些公司有进一步的了解，表 3-6 给出了价值成长性排名前 10 的财产险公司的一级指标的排名与得分。

表 3-6 价值成长性排名前 10 的财产险公司的一级指标排名与得分

| 公司 | 一级指标的定量评价结果 | | | | | | | | | |
|---|---|---|---|---|---|---|---|---|---|---|
| | 市场拓展能力 | | 融资能力 | | 盈利能力 | | 风险管理能力 | | 经营创新能力 | |
| | 排名 | 得分 | 排名 | 得分 | 排名 | 得分 | 排名 | 得分 | 排名 | 得分 |
| 国任财险 | 6 | 83.5 | 1 | 100.0 | 18 | 81.3 | 34 | 67.0 | 12 | 87.3 |
| 众安财险 | 3 | 85.6 | 29 | 76.2 | 19 | 81.1 | 21 | 74.3 | 1 | 100.0 |
| 英大财险 | 11 | 78.3 | 3 | 91.5 | 2 | 92.2 | 24 | 71.0 | 40 | 75.9 |
| 中石油专属保险 | 40 | 62.7 | 5 | 90.7 | 8 | 85.5 | 8 | 85.9 | 23 | 83.8 |
| 紫金财险 | 1 | 100.0 | 15 | 81.7 | 22 | 79.7 | 54 | 57.4 | 14 | 86.4 |
| 鼎和财险 | 35 | 63.7 | 26 | 77.5 | 1 | 100.0 | 38 | 65.1 | 3 | 98.6 |
| 北部湾财险 | 19 | 73.0 | 30 | 76.0 | 4 | 90.4 | 41 | 63.5 | 2 | 99.8 |
| 美亚保险 | 36 | 63.0 | 40 | 69.5 | 23 | 79.0 | 7 | 87.0 | 4 | 95.0 |
| 中远海自保 | 16 | 74.0 | 42 | 69.2 | 9 | 85.3 | 4 | 96.0 | 50 | 68.1 |
| 鑫安车险 | 58 | 51.9 | 39 | 69.7 | 3 | 92.2 | 11 | 84.9 | 6 | 93.7 |

(二) 价值成长性排名前 10 的中国财产保险公司的发展分析

对排名前 10 的财产险公司的评议分析 (排名不分先后) 如下。

国任财产保险股份有限公司 (以下简称"国任财险") 于 2009 年 8 月 31 日成立,是一家全国性财产保险公司,总部位于深圳市罗湖区。注册资本金为 40.07 亿元人民币,总资产为 104.39 亿元。2020 年国任财险实现原保费收入 616593.3 万元,市场占比为 0.45%。

国任财险的部分一级指标表现优秀,其中,融资能力排名第 1,市场拓展能力排名第 6,经营创新能力排名第 12,其他各项一级指标均表现优良。国任财险在投资资产占总资产的比率、保险业务收入增长率、保费收入费用增长比、发展系数、分支机构数目、所有者权益增长率、所有者权益、流动性比率、认可资产增长率、资本管理绩效增长率等二级指标上表现突出,其投资资产占总资产的比率、保险业务收入增长率、保费收入费用增长比、发展系数、所有者权益增长率、现金流满足率等二级指标在 10 家公司中排首位。

众安在线财产保险股份有限公司 (以下简称"众安财险""众安") 于 2013 年 11 月 6 日揭牌。作为全球首家互联网保险公司,众安也是一家以技术创新带动金融发展的金融科技公司,基于保障和促进整个互联网生态发展的初衷发起设立,并于 2013 年 9 月 29 日获中国保监会同意开业批复。2020 年众安实现原保费收入 3504474.3 万元,市场占比为 1.50%。

众安财险的部分一级指标表现优秀，其中，经营创新能力排名第1，市场拓展能力排名第3，其他各项一级指标均表现优良。众安财险在综合费用率（逆向）、分支机构数目、所有者权益、业务及管理费占比（逆向）、人均综合收益等二级指标上表现突出。

英大泰和财产保险股份有限公司（以下简称"英大财险"）是经中国保监会批准设立的一家全国性股份制财产保险公司。英大财险由国家电网公司资产管理有限公司等31家国有大型骨干企业发起成立，注册资本金为人民币31亿元，总部设在北京，于2008年10月28日获准开业。2020年英大财险实现原保费收入2007735.1万元，市场占比为0.86%。

英大财险的部分一级指标表现较为优秀均衡，其中，盈利能力排名第2，融资能力排名第3，其他各项一级指标均表现优良。英大财险在总资产收益率、净资产收益率、净利润、分支机构数目、所有者权益、付现比（逆向）、综合赔付率（逆向）、应收分保率（逆向）、自留保费增长率（逆向）等二级指标上表现突出，其净资产收益率、净利润、分支机构数目、综合赔付率（逆向）等二级指标在10家公司中排首位。

中石油专属财产保险股份有限公司（以下简称"中石油专属保险"）注册资本金为50亿元，注册地在新疆克拉玛依市。根据中石油股份2012年1月4日公告，中国石油集团与中石油股份分别出资人民币25.5亿元、24.5亿元，两者根据各自出资比例，分别拥有中石油专属财产保险股份有限公司股权的51%及49%。2020年中石油专属保险实现原保费收入1421737.3万元，市场占比为0.61%。

中石油专属保险的部分一级指标表现优秀，其中，融资能力排名第5，风险管理能力排名第8，盈利能力排名第8，其他各项一级指标均表现优良。中石油专属保险在净投资收益率、净资产周转率、总资产周转率、人均产能增长率、报告期营业收入、分支机构数目、可运用资金/净资产、资本运用效率、保险负债占总资产比、现金盈余保障倍数等二级指标上表现突出，其净投资收益率、净资产周转率、资本管理系数、可运用资金/净资产、资本运用效率、收现比等二级指标在10家公司中排首位。

紫金财产保险股份有限公司（以下简称"紫金财险"），是在江苏省委、省政府的直接领导下，由江苏省国信资产管理集团有限公司等13家公司共同发起成立，首家总部设在江苏省的全国性财产保险公司。注册资本金为60亿元，总资产为147.21亿元。2020年紫金财险实现原保费收入765852.7万元，市场占比为0.56%。

紫金财险的部分一级指标表现优秀，其中，市场拓展能力排名第1，经营创新能力排名第14，其他各项一级指标表现优良。紫金财险在净资产收益率、净利润、综合收益率、总资产周转率、报告期营业收入、保费收入费用增长比、分支机构数目、付现比（逆向）、自留保费增长率（逆向）等二级指标上表现突出，其综合收益率、付现比（逆向）、再保险亏损率等二级指标在10家公司中排首位。

鼎和财产保险股份有限公司（以下简称"鼎和财险"）成立于2008年5月22日，经营范围涵盖非寿险的各个领域，包括机动车辆保险、财产损失保险、责任保险、信用保险和保证保险、短期健康和意外伤害保险、再保险、保险资金运用业务等，总部位于深圳。注册资本金为30.18亿元，总资产为106.14亿元。2020年实现原保费收入476319.2万元，市场占比为0.35%。

鼎和财险的部分一级指标表现优秀，其中，盈利能力排名第1，经营创新能力排名第3，其他各项一级指标均表现优良。鼎和财险在净资产周转率、总资产周转率、报告期营业收入、保费收入费用增长比、分支机构数目、现金盈余保障倍数、应收分保率（逆向）等二级指标上表现突出，其净资产周转率、报告期营业收入、所有者权益、资本利用率、现金盈余保障倍数、应收分保率（逆向）等二级指标在10家公司中排首位。

北部湾财产保险股份有限公司（以下简称"北部湾财险"）于2013年1月18日在广西壮族自治区工商行政管理局登记成立。经营范围包括财产损失保险、责任保险、信用保险和保证保险等，注册资本金为15亿元，总资产为53.59亿元。2020年北部湾财险实现原保费收入360806.91万元，市场占比为0.27%。

北部湾财险的部分一级指标表现优秀，其中，经营创新能力排名第2，盈利能力排名第4，其他各项一级指标均表现优良。北部湾财险在净投资收益率、财务收益率、总资产周转率、现金流满足率、现金盈余保障倍数、付现比（逆向）、综合赔付率（逆向）、应收分保率（逆向）、保险负债占总资产比、现金盈余保障倍数等二级指标上表现突出，其总资产周转率在10家公司中排首位。

美亚财产保险有限公司（以下简称"美亚保险"）是Chartis保险集团旗下在中国经营财产责任险保险的独资子公司。美亚保险是中国最大的外资财产保险公司，也是最早在中国获得保险经营牌照的外资财产保险机构，总资产为36.99亿元。2020年美亚保险实现原保费收入151937.5万元，市场占比为0.11%。

美亚保险的部分一级指标表现优秀，其中，经营创新能力排名第4，风险管理能力排名第7，其他各项一级指标均表现优良。美亚保险在总资产收益率、承保利润率、保费收入费用增长比、所有者权益、自留保费占净资产的比率（逆向，肯尼系数)、险种集中度系数（逆向）、资产报酬率、自留保费增长率（逆向）等二级指标上表现突出，其自留保费增长率（逆向）在10家公司中排首位。

中远海运财产保险自保有限公司（以下简称"中远海自保"）成立于2017年2月8日，是由中国远洋海运集团有限公司独立出资发起设立的集团二级子公司，注册地位于上海。注册资本金为20亿元，总资产为37.80亿元。2020年中远海自保实现原保费收入60190万元，市场占比为0.04%。

中远海自保的部分一级指标表现优秀，其中，风险管理能力排名第4，盈利能力排名第9，其他各项一级指标均表现优良。中远海自保在总资产收益率、净资产收益率、净投资收益率、净利润增长率、综合收益率、手续费及佣金占比（逆向）、人均产能、综合费用率（逆向）、所有者权益增长率等二级指标上表现突出，其手续费及佣金占比（逆向）、人均产能、综合费用率（逆向）、肯尼系数（逆向）、险种集中度系数（逆向）、业务及管理费占比（逆向）、资产报酬率等二级指标在10家公司中排首位。

鑫安汽车保险股份有限公司（以下简称"鑫安车险"）成立于2012年6月15日，是一家创新型汽车保险公司，总部位于长春。注册资本金为10亿元，总资产为31.62亿元。2020年鑫安车险实现原保费收入70384.5万元，市场占比为0.05%。

鑫安车险的部分一级指标表现优秀，其中，盈利能力排名第3，经营创新能力排名第6，其他各项一级指标均表现优良。鑫安车险在财务收益率、净投资收益率、净资产周转率、人均产能增长率、报告期营业收入、发展系数、分支机构数目、资本利用率、保险负债占总资产比、付现比（逆向）、应收保费率、业务及管理费占比（逆向）等二级指标上表现突出，其人均产能增长率、分支机构数目、资本利用率、保险负债占总资产比、应收保费率等二级指标在10家公司中排首位。

# 第四章
# 中国保险中介机构的发展[①]

保险中介是保险市场不可或缺的重要组成部分,是保险业市场化改革的必然结果,也是保险业走向成熟的标志。2019年,保险中介渠道实现保费收入3.74万亿元,占全国总保费收入的87.07%。近5年,保险中介渠道保费占比几乎均超过80%,可见,这些活跃的保险中介机构已经成为保险销售的重要渠道[②]。

保险中介的价值在于,使保险产品更有竞争力,使保险更能发挥风险保障作用。保险中介市场的发展有利于提高保险市场的运行效率、完善保险市场结构、提高保险业服务能力。例如,大童保险服务作为国内首家全国性保险服务机构,提出了"需求导向型、解决方案式"的专业化保险咨询服务模式,并始终坚持以科技创新提高服务效率、改善服务体验。伴随着国民经济特别是保险业的发展,保险中介的地位将越来越突出,其作用也将越来越重要。

目前,保险中介通常分为三大主体,分别是保险专业中介、保险兼业代理和保险专属代理。其中,保险专业中介包含保险专业代理机构、保险经纪机构和保险公估机构。保险中介机构是联系保险公司与广大投保人的桥梁和纽带,在保险产品创新、销售渠道创新和服务方式创新等方面有着自己的独特优势,保险中介机构的发展能够进一步完善保险产业结构,实现产业分工的科学化、合理化。

自2002年实行市场化准入以来,我国保险专业中介机构迅速增加。截至2020年12月31日,我国共有2640家保险专业中介机构,其中保险中介集团有5家,保险专业代理公司有1753家,保险经纪公司有496家,保险公估公司有386家。

本章主要分析我国保险专业中介的发展状况[③]。

---

[①] 本章数据资料主要来自历年中国保险年鉴、Wind数据库、各公司年度信息披露报告及其他公开资料等。
[②] 数据来源于Wind数据库。
[③] 数据依据中国银保监会所发布的《保险专业中介机构法人名单》统计得出。

# 第一节 保险专业代理机构的发展

## 一、保险代理人

（一）保险代理人的定义

《中华人民共和国保险法》（2015年修正）第一百一十七条规定："保险代理人是根据保险人的委托，向保险人收取佣金，并在保险人授权的范围内代为办理保险业务的机构或者个人。"保险代理人与保险人之间是委托—代理的关系，代理人在授权范围内以保险人名义进行保险相关的代理活动，并由保险人承担法律后果。

（二）保险代理人的分类

根据我国保险代理人的相关规定，保险代理人包括专业代理人、兼业代理人和个人代理人（保险营销员）。专业代理人是指专门从事保险代理业务的保险代理公司，其组织形式主要为有限责任公司。兼业代理人是指受保险公司委托，在从事自身业务的同时，指定专人为保险公司代办保险业务的单位，只能代理与本行业直接相关且能为投保人提供便利的保险业务。个人代理人则是指接受保险公司委托，由保险公司支付代理手续费，并在其授权的范围内代为办理保险业务的个人。本节介绍的专业代理机构就是指专业代理人。

（三）保险代理人的业务范围

保险代理人因类型不同，业务范围也有所不同。保险代理公司的业务范围包括：代理推销保险产品、代理收取保费、协助保险公司进行损失的勘察和理赔等。兼业代理人的业务范围包括：根据保险兼业代理许可证批准的代理险种，代理销售保险产品，代理收取保费。个人代理人的业务范围包括：财产保险公司的个人代理人可以代理家庭财产保险、运输工具保险、责任保险和被代理保险公司授权的其他险种。人寿保险公司的个人代理可以代理个人人身保险、个人人寿保险、个人人身意外伤害保险和个人健康保险等业务。

（四）保险代理人的作用

第一，促进保险企业经营模式的转变。保险代理人的产生与发展冲击了我国保险企业采用的"大而全、小而全"的传统经营模式，使各公司能够专注于产品研发、风险控制等核心业务，促进保险公司向知识密集型的专业公司转型。

第二，有利于保险行业的创新发展。产品、渠道和保险服务方面的创新始终是行业关注的创新重点,保险代理人等保险中介的发展极大地促进了保险业的创新发展。

第三,有效拓宽保险业的服务领域。随着保险市场的不断发展与完善,我国保险代理人等中介数量快速扩张,可以更加便利地为消费者提供保险咨询与服务,扩大保险深度和密度,有效拓宽我国保险服务领域。

第四,促进保险资源优化配置。作为连接保险交易双方的纽带,保险代理人等中介方既可为消费者提供完善的保险服务,又可提高保险人的承保能力和市场份额,不断刺激保险需求,促使保险业务向更高层次发展。

## 二、保险专业代理机构的发展现状

我国的保险代理虽然起步较晚,但是发展迅猛,以下主要对保险专业代理机构进行分析。

(一)保险专业代理机构数量

我国的保险专业代理机构总量与其他两类专业机构(保险经纪公司和保险公估公司)相比具有绝对优势。2001年年底,保险专业代理机构仅有121家,但是到了2007年年底便增长到了1755家。2009—2020年保险专业代理机构发展状况如表4-1和图4-1所示。

表4-1 2009—2020年保险专业代理机构数目变化 单位:家

| 年份 | 2009 | 2010 | 2011 | 2012 | 2013 | 2014 | 2015 | 2016 | 2017 | 2018 | 2019 | 2020 |
|---|---|---|---|---|---|---|---|---|---|---|---|---|
| 数量 | 1903 | 1853 | 1823 | 1770 | 1767 | 1764 | 1719 | 1549 | 1784 | 1790 | 1779 | 1753 |

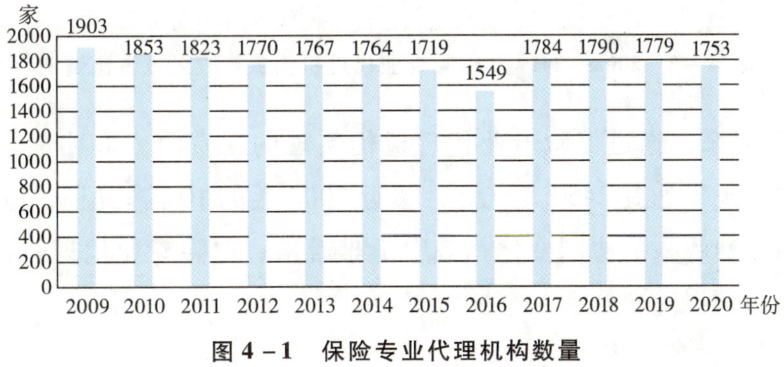

图4-1 保险专业代理机构数量

保险专业代理机构数量持续增长,到2009年达到顶峰。截至2009年年底,全国保险代理机构总数突破1900家。随后,市场出现明显的整合迹象,多年来持续上升的保险专业代理机构数量开始出现下滑,2010—2016年,保险专业代理机构数目持续平稳下降，截至2016年，保险专业代理机构数量降至最低，此后又开始增加，并在近几年维持在1700多家的水平。

（二）保险专业代理机构保费收入

从保费收入来看，随着中国保险业的发展，通过保险专业代理机构实现的保费收入也有了大幅度增长，并且其占全国总保费收入的比值也逐步提高。2018年，保险专业代理机构实现保费收入3492.5亿元，同比增长42.5%，占2018年全国总保费收入的9.2%。随后的2019年保费收入继续平稳增长，在全国保费收入中所占比例比2018年略有下降，但较之前几年仍处于高水平。2008—2019年的保险专业代理机构保费收入情况如表4-2和图4-2所示。

表4-2 2008—2019年保险专业代理机构保费收入及占比情况

| 年份 | 2008 | 2009 | 2010 | 2011 | 2012 | 2013 | 2014 | 2015 | 2016 | 2017 | 2018 | 2019 |
|---|---|---|---|---|---|---|---|---|---|---|---|---|
| 保费收入/亿元 | 269.7 | 328.9 | 481.7 | 529.7 | 586.6 | 718.1 | 967.9 | 1151.7 | 1540.4 | 2450.5 | 3492.5 | 3673.15 |
| 同比增长/% | 41.5 | 21.9 | 46.5 | 10.0 | 10.8 | 22.4 | 34.8 | 19.0 | 33.8 | 59.1 | 42.5 | 5.2 |
| 全国保费收入占比/% | 2.8 | 3.0 | 3.3 | 3.7 | 3.8 | 4.2 | 4.8 | 4.7 | 4.9 | 6.7 | 9.2 | 8.6 |

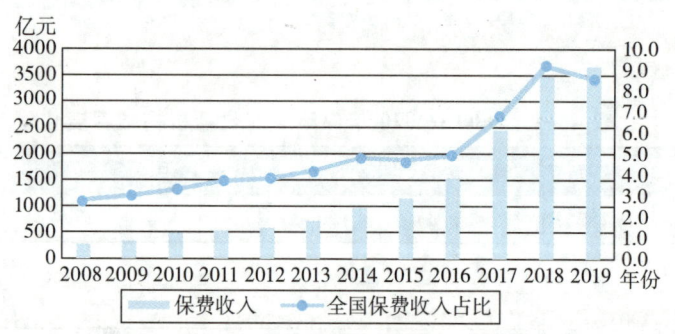

图4-2 2008—2019年保险专业代理机构保费收入及占比情况

自2008年以来，通过保险专业代理机构实现的保费收入有明显增加。2017年实现的保费收入规模达到2450.5亿元，接近2008年的10倍。但从专业代理机构保费收入与全国保费收入的协同变化趋势中不难看出，保险专业代理机构的迅速发展可能也受益于我国保险全行业的高速发展。

（三）保险专业代理机构业务收入

2017年，我国保险专业代理机构实现主营业务收入达638.2亿元，同比增长65.3%；实现净利润11.4亿元，同比增长32.6%。2008—2017年，我国保险专业代理机构的业务收入情况如表4-3和图4-3所示。

表4-3  2008—2017年保险专业代理机构业务收入情况

| 年份 | 2008 | 2009 | 2010 | 2011 | 2012 | 2013 | 2014 | 2015 | 2016 | 2017 |
|---|---|---|---|---|---|---|---|---|---|---|
| 业务收入/亿元 | 33.5 | 44.8 | 63.1 | 81.5 | 102.1 | 131.0 | 283.6 | 249.9 | 386.0 | 638.2 |
| 同比增长/% | 55.8 | 33.7 | 40.8 | 29.2 | 25.3 | 28.3 | 116.5 | -11.9 | 54.5 | 65.3 |

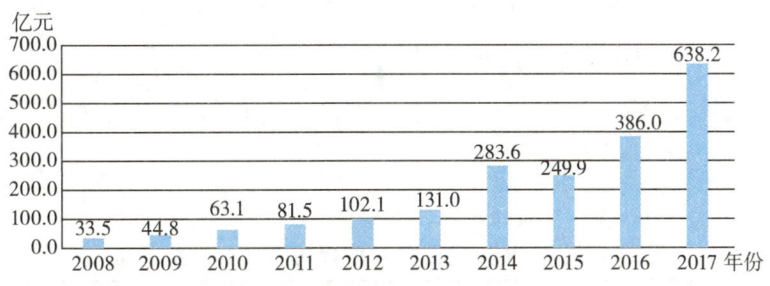

图4-3  保险专业代理机构业务收入情况

如图4-3所示，自2008年以来保险专业代理机构的业务收入总体呈上升趋势。2013年以前经历了一个比较缓慢的上升阶段，2014年全国保险专业代理机构业务收入实现了突破性的增长，这主要是因为2013年年初，原中国保监会大幅度提高保险专业中介法人机构准入门槛，同时在暂停一年后，恢复对区域性保险专业代理分支机构的审批，政策的总体从严和局部释放导致分支机构数量在短时间内激增，进而导致2014年保险专业代理机构业务收入激增。虽然2015年的业务收入有所下滑，但是2016年和2017年实现了大幅度回升，2017年，保险专业代理机构业务收入超过了638亿元。

（四）保险代理市场集中度

从市场集中度来看，我们考虑保险代理市场中业务排名前4家（CR4）和前8家（CR8）机构的业务收入在整个市场中的占比，分析结果如表4-4所示。

表4-4  2008—2017年保险代理市场中业务排名前4家和前8家机构的业务收入占比

(%)

| 年份 | 2008 | 2009 | 2010 | 2011 | 2012 | 2013 | 2014 | 2016 | 2017 |
|---|---|---|---|---|---|---|---|---|---|
| CR4 | 10.8 | 9.5 | 14.1 | 13.9 | 13.2 | 74.1 | 28.6 | 6.8 | 22.5 |
| CR8 | 16.3 | 15.8 | 19.2 | 18.0 | 18.2 | 81.6 | 35.8 | 11.9 | 32.5 |

注：除2013年数据异常外，2014年的保险年鉴中将平安保险代理有限公司2013年的业务收入作为整体统计，不区分各地分公司，2015年数据缺失。

分析近十年来的发展状况，CR4和CR8这两项数据不存在明显的趋势变化，尤其是2013—2017年的市场集中度变化剧烈，一方面与数据统计口径不一致有关；另一方面也表明我国保险代理机构的发展水平不高，尚未形成合理的竞争格局。

## （五）保险代理机构区域发展状况

保险中介的发展与当地的经济状况、保险市场的发展程度以及社会环境密切相关。我国幅员辽阔，东部与西部、城市与农村的经济发展水平差距极大，社会习惯、观念等方面也有较大差异。区域性差异的客观存在，带来了保险中介发展的不均衡。

截至2019年12月31日，我国保险专业代理机构数量最多的省份是广东，达到224家；其次是北京和山东，分别达到168家和155家；保险专业代理机构数量最少的是西藏和青海，都只有2家；贵州、甘肃和宁夏等省份也都不超过10家。各省份的具体数据如表4-5所示。

表4-5 2019年我国各省份保险专业代理机构数量  单位：家

| 省份 | 安徽 | 北京 | 福建 | 甘肃 | 广东 | 广西 | 贵州 | 海南 | 河北 | 河南 | 云南 |
|---|---|---|---|---|---|---|---|---|---|---|---|
| 数量 | 39 | 168 | 50 | 7 | 224 | 27 | 5 | 15 | 83 | 81 | 26 |
| 省份 | 黑龙江 | 湖北 | 湖南 | 吉林 | 江苏 | 江西 | 辽宁 | 内蒙古 | 宁夏 | 青海 | |
| 数量 | 41 | 39 | 19 | 27 | 131 | 16 | 94 | 36 | 7 | 2 | |
| 省份 | 山东 | 山西 | 陕西 | 上海 | 四川 | 天津 | 西藏 | 新疆 | 浙江 | 重庆 | |
| 数量 | 155 | 66 | 59 | 110 | 71 | 47 | 2 | 15 | 84 | 25 | |

如图4-4所示，目前，我国将近半数的保险专业代理机构位于京津冀、长三角和珠三角地区。这三个区域的保险代理业务较发达，制度的运转效率较高，而其他地区的保险中介业务则相对落后，制度运转效率也较低。

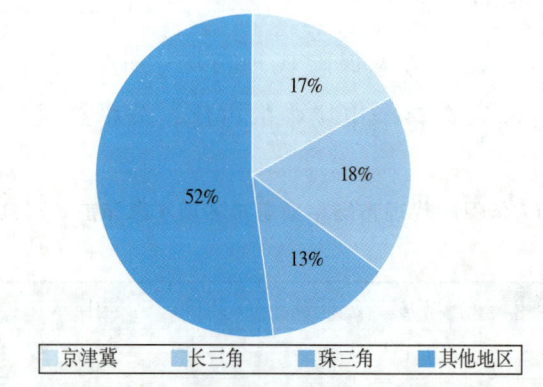

图4-4 2019年我国保险专业代理机构区域分布情况

### 三、保险专业代理机构的发展趋势分析

目前，我国保险专业代理机构正在逐渐发展壮大。2019年，中国银保监会出台了《关于加强保险公司中介渠道业务管理的通知》《2019年保险中介市场乱象整治

工作方案》等一系列监管文件，对保险中介的审查和管理日益严格。2020年5月，银保监会出台了《关于切实加强保险专业中介机构从业人员管理的通知》，进一步压实了保险专业机构从业人员的主体责任。

与此同时，进一步开放是市场发展的必然，也是行业国际化的需要。可以预期保险中介领域竞争在未来势必加剧，但同时机遇也会显现，竞争会体现在产品优化升级、科技辅助的服务效率提高、客户整体消费体验提升等方面，保险专业代理机构将迎来发展的新契机。

未来，专业代理人将不断调整升级，个人代理人将加快向更专业化转型，传统的销售模式和服务模式将加速变革，以积极应对保险市场的变化和实际需求。从保险代理市场来看，保险公司越来越重视中介渠道的作用，越来越多的保险公司将优势产品和各种资源投入中介渠道，这将使保险代理行业与保险公司的合作更紧密，也将推动保险代理市场的进一步发展。

## 第二节　保险经纪机构的发展

### 一、保险经纪人

（一）保险经纪人的定义

《中华人民共和国保险法》（2015年修正）第一百一十八条规定："保险经纪人是基于投保人的利益，为投保人与保险人订立保险合同提供中介服务，并依法收取佣金的机构。"保险经纪人是指代表被保险人在保险市场上选择保险人或保险人组合，同保险方洽谈保险合同条款并代办保险手续以及提供相关服务的中间人。

（二）保险经纪人的分类

根据委托方的不同，保险经纪人可以分为狭义的保险经纪人（专指原保险市场的经纪人）和再保险经纪人。

狭义的保险经纪人是指直接介于投保人和原保险人之间的中间人，直接接受投保客户的委托。按业务性质的不同，狭义的保险经纪人可分为寿险经纪人和非寿险经纪人。寿险经纪人是指在人身保险市场上代表投保人选择保险人、代办保险手续，并为此从保险人处收取佣金的中间人。非寿险经纪人是指安排各种财产、利益、责任保险业务，在保险合同订约双方之间斡旋，促使保险合同成立并为此从保险人处收取佣金的中间人。

再保险经纪人是指促成再保险分出公司与接受公司建立再保险关系的中介人。他们把分出公司视为自己的客户，在为分出公司争取优惠条件的前提下，选择接受公司并收取由后者支付的佣金。再保险经纪人不仅介绍再保险业务、提供保险信息，而且会在再保险合同有效期间对再保险合同进行管理，继续为分保公司服务，如处理合同的续转、修改、终止等问题，向再保险接受人及时提供账单并进行估算。

（三）保险经纪人的业务和作用

保险经纪人通过向投保人提供保险方案，办理投保手续，代投保人索赔并提供防灾、防损或风险评估、风险管理等咨询服务，使投保人充分认识到经营中自身存在的风险，并参考保险经纪人提供的全面的专业化保险建议，使投保人所存在的风险得到有效控制和转移，达到以最合理的保险支出获得最大的风险保障的目的，降低和稳固了经营中的风险管理成本，保证了企业的健康发展。

另外，因为保险经纪人的业务最终还是要到保险公司进行投保，保险经纪公司业务量的增加会引起保险公司整体业务量的增加，从而降低了保险公司的展业费用；在保险市场上，保险经纪人把保险公司的再保险份额顺利地推销出去，消除了保险公司分保难的忧虑，大大降低了保险公司的经营风险；而且保险经纪人代为办理保险事务，减少了被保险人因不了解保险知识而在索赔时与保险人产生的不必要的索赔纠纷，提高了保险公司的经营效率。因此，保险经纪人的出现不管是对投保人还是对保险公司都是有利的，是保险市场不断完善的结果。

## 二、保险经纪机构的发展现状

（一）保险经纪机构数量

20世纪80年代，国外保险经纪公司开始进入中国市场，并逐步与国内保险公司建立业务合作关系，但初期多限于三资企业和再保险经纪业务，并未对中国保险市场产生深远影响。2000年，北京江泰、上海东大和广州长城3家保险经纪机构的成立，标志着中国保险经纪业务正式起步。经过10余年的发展，保险经纪机构的渠道作用越来越受到保险公司尤其是新成立的保险公司的重视。

从保险经纪机构数量来看，如表4-6和图4-5所示，我国的保险经纪机构自2009年以来一直处于稳步增加的状态，但2019年有轻微回落。截至2020年年底，保险经纪机构数量达到496家。就当前的情况来看，保险经纪领域有序的市场格局已逐渐形成，保险经纪机构进入相对稳定的发展时期，后续监管将更注重市场运行的规范与稳定。

表 4-6　2009—2020 年保险经纪机构数目变化　　　　　　　　　　单位：家

| 年份 | 2009 | 2010 | 2011 | 2012 | 2013 | 2014 | 2015 | 2016 | 2017 | 2018 | 2019 | 2020 |
|---|---|---|---|---|---|---|---|---|---|---|---|---|
| 数量 | 378 | 392 | 416 | 434 | 438 | 445 | 445 | 483 | 487 | 499 | 496 | 496 |

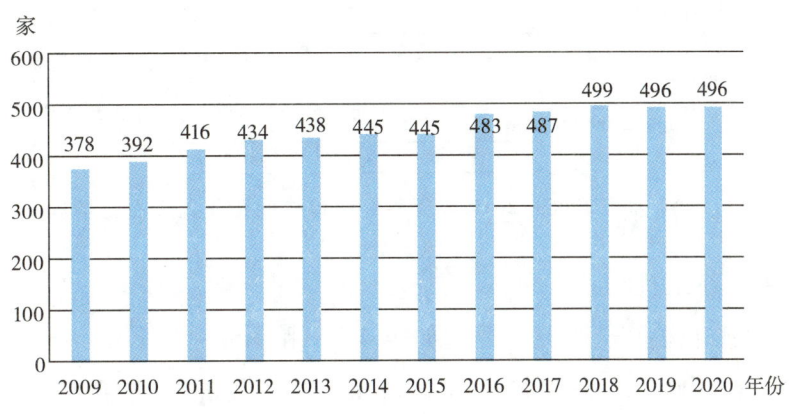

图 4-5　2009—2020 年保险经纪机构数量

（二）保险经纪机构保费收入

如表 4-7 和图 4-6 所示，2008 年，通过保险经纪机构实现保费收入 245.3 亿元，此后各年保费收入总体呈增长趋势，但增幅不够稳定。2019 年，通过保险经纪机构实现保费收入 1728.5 亿元，约为 2008 年的 7 倍。同时，2017 年及以前，通过保险经纪机构实现的保费收入在全国保费收入中的占比始终维持在 2.5% 左右，尽管该渠道的保费收入实现了较大幅度的增加，但全国保费收入占比相对稳定，可见这种保费收入的增长主要依靠全国保险行业的发展，而保险经纪机构在保险市场中的地位并没有得到很大提升。而 2018 年和 2019 年这两年通过保险经纪机构实现的保费收入在全国保费收入中的占比有所增高，这或许在一定程度上预示着我国保险经纪机构在市场上有了进一步的发展。

表 4-7　2008—2019 年保险经纪机构保费收入及占比情况

| 年份 | 2008 | 2009 | 2010 | 2011 | 2012 | 2013 | 2014 | 2015 | 2016 | 2017 | 2018 | 2019 |
|---|---|---|---|---|---|---|---|---|---|---|---|---|
| 保费收入/亿元 | 245.3 | 244.7 | 313.1 | 380.1 | 421.1 | 430.3 | 504.5 | 559.0 | 692.1 | 918.1 | 1413.5 | 1728.5 |
| 同比增长/% | 47.0 | -0.2 | 28.0 | 21.4 | 10.8 | 2.2 | 17.2 | 10.8 | 23.8 | 32.7 | 54 | 22.3 |
| 全国保费收入占比/% | 2.5 | 2.2 | 2.2 | 2.7 | 2.7 | 2.5 | 2.5 | 2.3 | 2.3 | 2.5 | 3.7 | 4.1 |

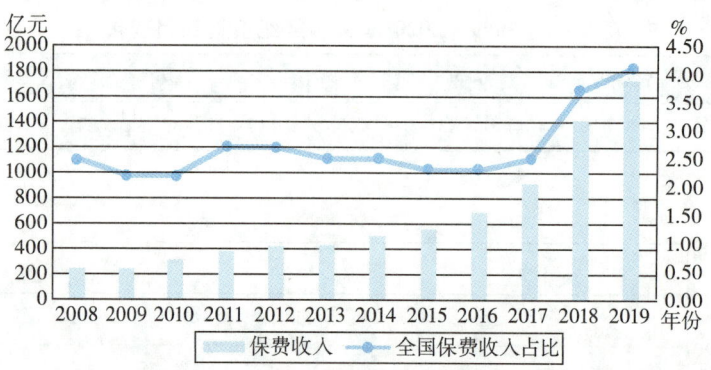

**图 4-6　2008—2019 年保险经纪机构保费收入及占比情况**

### （三）保险经纪机构业务收入

从保险经纪机构业务收入来看，如表 4-8 和图 4-7 所示，自 2008 年以来，保险经纪机构的业务收入一直保持着较高增速，其增长原因与保费收入相类似，2017 年及以前均依靠全国保险行业的发展带动，近两年保险经纪机构自身也开始助力发展。目前来看，保险经纪领域内有效的竞争体系尚未形成，主要表现在：一是关联方业务占有较大比重；二是存在着大量小规模、低效益的保险经纪机构。

**表 4-8　2008—2019 年保险经纪机构业务收入情况**

| 年份 | 2008 | 2009 | 2010 | 2011 | 2012 | 2013 | 2014 | 2015 | 2016 | 2017 | 2018 | 2019 |
|---|---|---|---|---|---|---|---|---|---|---|---|---|
| 业务收入/亿元 | 26.5 | 33.1 | 44.0 | 55.5 | 63.7 | 78.1 | 94.2 | 106.3 | 135.1 | 194.1 | 288.9 | 316.3 |
| 同比增长/% | 31.3 | 24.9 | 32.9 | 26.1 | 14.8 | 22.6 | 20.6 | 12.8 | 27.1 | 43.7 | 48.8 | 9.48 |

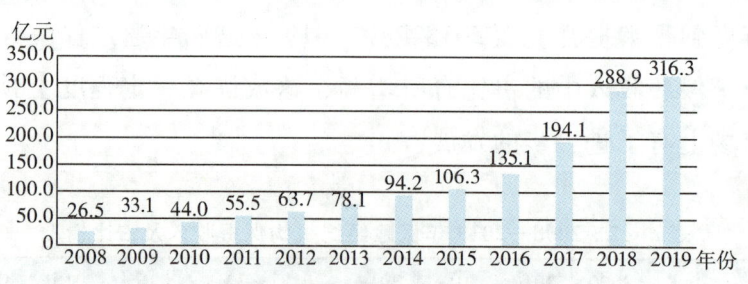

**图 4-7　保险经纪机构业务收入情况**

### （四）保险经纪市场集中度

在市场集中度方面，如表 4-9 所示，2017 年保险经纪市场中业务排名前 4 家（CR4）和前 8 家（CR8）机构的业务收入在整个市场的占比分别为 23.6% 和 36.3%。分析过去 10 年的发展情况可以发现，经纪市场的市场集中度在整体上呈下降趋势。随着市场集中度的下降，多极化竞争格局日益明显，但是目前的市场集中度仍处于较高水平，我国保险经纪市场的结构特征是较低垄断性和较高竞争性，并且随着时间的推移,竞争性特征越来越明显。

表4-9　2008—2017年保险经纪市场中业务排名前4家和前8家机构的业务收入占比

(%)

| 年份 | 2008 | 2009 | 2010 | 2011 | 2012 | 2013 | 2014 | 2015 | 2016 | 2017 |
|---|---|---|---|---|---|---|---|---|---|---|
| CR4 | 30.8 | 30.7 | 28.2 | 28.3 | 27.3 | 31.1 | 21.0 | 32.5 | 25.0 | 23.6 |
| CR8 | 45.8 | 45.5 | 42.3 | 40.1 | 41.6 | 45.0 | 38.4 | 43.9 | 41.5 | 36.3 |

(五) 保险经纪机构区域发展状况

从2019年的数据来看,北京的保险经纪机构数量达到174家,远远高于其他省份,地区发展不平衡的情况仍然十分严重。北京、上海和广东的保险经纪机构的数量排名位于前三。广西、吉林、宁夏和西藏甚至没有保险经纪机构。具体数据如表4-10所示。

表4-10　2019年我国各省份保险经纪机构数量　　单位:家

| 省份 | 安徽 | 北京 | 福建 | 甘肃 | 广东 | 广西 | 贵州 | 海南 | 河北 | 河南 | 内蒙古 |
|---|---|---|---|---|---|---|---|---|---|---|---|
| 数量 | 6 | 174 | 7 | 2 | 68 | 0 | 6 | 3 | 8 | 3 | 1 |
| 省份 | 黑龙江 | 湖北 | 湖南 | 吉林 | 江苏 | 江西 | 辽宁 | 宁夏 | 青海 | 山东 | |
| 数量 | 3 | 10 | 10 | 0 | 8 | 5 | 8 | 0 | 1 | 11 | |
| 省份 | 山西 | 陕西 | 上海 | 四川 | 天津 | 西藏 | 新疆 | 云南 | 浙江 | 重庆 | |
| 数量 | 1 | 11 | 79 | 9 | 20 | 0 | 1 | 3 | 26 | 5 | |

与保险专业代理机构相比,保险经纪机构的区域发展显得更不平衡。如图4-8所示,2019年,京津冀、长三角和珠三角地区的保险经纪机构数量总和占比高达78%,这更加有力地说明了保险中介区域发展的不均衡。

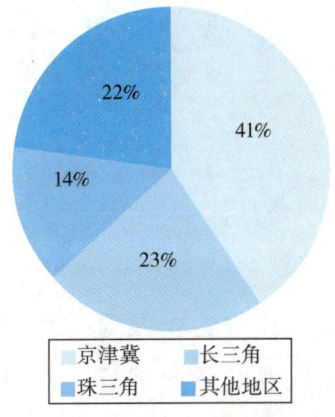

图4-8　2019年我国保险经纪机构区域分布情况

### 三、保险经纪机构的发展趋势分析

2018年6月底,银保监会发布通知,放开外资保险经纪公司的经营范围,同时允许外资经营保险代理和公估业务,保险中介三大领域(经纪、代理、公估)的开放力度及速度超出市场预期。2018年7月10日公布的"上海扩大开放100条"亦称,放开外资保险经纪公司经营范围,支持外资来沪经营保险代理和公估业务,不设股比限制。

实际上,保险经纪在国内的市场规模和认知度都还较低。目前,国内保险经纪机构保费收入仅占全国保费收入不超过5%的市场份额,而在较为发达的市场保险经纪保费收入占比较高,如在美国占比超过50%。我国保险经纪市场的发展空间巨大。从目前我国保险发展水平以及相关政策导向综合来看,未来十年将是专业保险经纪大发展的关键期。在产销分离趋势明朗化的当下,消费者更多关注的将是保险服务而非保险产品推销。

在当前的保险业转型发展和进一步对外开放阶段,保险经纪市场的结构、规模、功能将继续发生变化,消费者对保险产品的多元化需求及全面保障需求是任何一家保险公司都难以满足的,这愈加凸显了保险经纪行业在这方面的价值。保险经纪行业将积极应对这一形势,在已具备一定的发展基础上,加快适应保险业转型发展和改革开放的需要,提高专业素质,更好地帮助客户选择最适合的保险公司、最适宜的保险产品、最合理的价格、最优越的承保条件及提供全面的风险管理服务和各项增值服务,提升服务品质和服务质量,注重发挥在一些单一业务量较小、业务面较广的分散性险种上的独特优势;更要在基本业务基础、产品、渠道、服务等方面进行创新,实现科学发展。

## 第三节 保险公估机构的发展

### 一、保险公估人

(一)保险公估人的定义

保险公估人是指依照法律规定设立,受保险公司、投保人或被保险人委托,办理保险标的的查勘、鉴定、估损以及赔款的理算,并向委托人收取酬金的公司。公估人按照委托人要求,对保险标的进行检验、鉴定和理算,并出具保险公估报告,不代表任何一方的利益，使保险赔付趋于公平、合理，有利于调停保险当事人之间在保险理赔方面的矛盾。

（二）保险公估人的分类

按照不同的分类标准，可以将保险公估人进行不同的分类。

根据义务性质的不同，保险公估人可分为保险型公估人、技术型公估人和综合型公估人，保险型公估人和技术型公估人分别侧重于解决保险、技术方面的问题，而综合型公估人可解决两方面结合的问题。

根据保险公估人从事活动范围的不同，可分为海上保险公估人、汽车保险公估人和火灾及特种保险公估人。海上保险公估人主要处理海上、航空运输保险等方面的业务，此类业务一般为国际保险且较为复杂，通常由处于独立地位的保险公估人进行处理。汽车保险公估人主要处理与汽车保险有关的业务，有利于减少保险公司与被保险人之间的冲突，有效制止汽车保险理赔中的不正当行为，促进保险公司平等竞争。火灾及特种保险公估人主要处理火灾及物质特种保险等方面的业务，近年来，财产保险承保范围的扩大和理赔技术含量的提高，使得拥有专业技术的保险公估人越发重要。

根据委托方的不同，保险公估人可分为接受保险公司委托的保险公估人和只接受被保险人委托的保险公估人。

根据公估方与委托方的关系不同，可分为雇佣保险公估人和独立的保险公估人。前者长期受聘于某一家保险公司，受该公司的委托按指令处理各项理赔业务，这类公估人一般不能接受其他保险公司的委托业务；后者可以同时接受数家保险公司的委托处理理赔事务，其间的委托与被委托关系是暂时的，一旦公估人完成了保险公司的委托业务，他们之间的委托关系也就相应结束了。

（三）保险公估人的业务和作用

保险公估人的主要职能就是按照委托人的委托要求，对保险标的进行检验、鉴定和理算，并出具保险公估报告，其使保险赔付趋于公平、合理，有利于调停保险当事人之间在保险理赔方面的矛盾。

保险公估人的业务职能主要体现在以下三个方面。

第一，评估职能。保险公估人所具有的是一种广义的（保险）评估职能，包括评估职能、勘验职能、鉴定职能、估损职能和理算职能。保险公估人对保险标的进行公估，得出公估结论，并说明得出结论的依据和推理过程。评估职能是保险公估人的关键职能。

第二，公证职能。保险公估人是除保险合同当事人之外的第三方，完全站在中间、公正的立场上。公证职能对结案具有督促作用。另外，公证职能虽然不具备法律效力，但是可以接受法律的考验。这是因为保险公估人的公估结论确定后，必须经保险关系当事人双方接受才能结案。

第三，中介职能。保险公估人作为保险中介人，为保险双方提供服务，具有鲜明的中介职能。保险公估人以保险关系当事人之外的第三方身份独立地开展保险公估，得出公估结论，促成保险关系当事人接受该结论，为保险关系当事人提供中介服务。

保险公估机构的重要作用体现在：保险公司从经营成本方面考虑，不可能配备众多的、门类齐全的专业技术人员，而保险公估人的存在，实现了保险理赔工作的专业化分工，降低了保险理赔成本，提高了整个社会的福利。

## 二、保险公估机构的发展现状

### （一）保险公估机构数量

截至2020年年底，我国共有保险公估机构386家。近10年来，保险公估机构数量呈缓慢增加的趋势。其中，2013年，由于原保监会大幅度提高保险专业中介法人机构准入门槛，保险公估机构数有所下降。2014年是整个保险市场包括保险中介市场在内充满活力、快速发展的一年，保险业市场化改革加上监管思路的转变，使得包括保险公估机构在内的保险中介市场规模有了较大程度的扩大。2015年，原保监会修订了《保险公估机构监管规定》，保险公估市场扩张的势头有所减弱。2018年2月，中国银保监会发布了《保险公估人监管规定》，在机构设立方面，"新规"将保险公估机构划分为全国性保险公估机构和区域性保险公估机构。

2009—2020年，我国保险公估机构数量及增长率如表4-11和图4-9所示。

表4-11 2009—2020年保险公估机构数量　　　　　　　　　单位：家

| 年份 | 2009 | 2010 | 2011 | 2012 | 2013 | 2014 | 2015 | 2016 | 2017 | 2018 | 2019 | 2020 |
|------|------|------|------|------|------|------|------|------|------|------|------|------|
| 数量 | 289 | 305 | 315 | 325 | 320 | 337 | 333 | 300 | 325 | 353 | 397 | 386 |

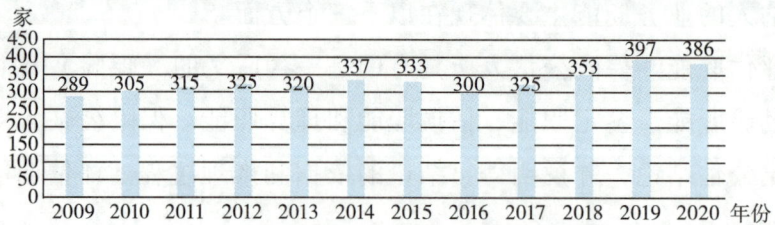

图4-9 2009—2020年保险公估机构数量

(二) 保险公估机构业务收入

2019年,保险公估机构实现业务收入30.3亿元,同比增长9.8%。保险公估市场的业务收入几乎一直处在不断增长的过程中,只有2009年和2015年的同比增长率出现小幅度下降。总体来看,保险公估机构数量的波动情况与保险公估市场尚不成熟有着很大关系。对于专业保险中介,市场已经逐步从最初的争夺牌照资源转变为较理性的市场进入与退出,保险公估市场的新陈代谢和优胜劣汰也实属正常。随着保险市场的转型和社会认知度的提高,保险公估市场在近几年也实现了较快发展,但由于保险受监管制约较大,监管力度和开放程度也影响着保险公估市场的发展规模,具体如表4-12和图4-10所示。

表4-12 2008—2019年保险公估机构业务收入情况

| 年份 | 2008 | 2009 | 2010 | 2011 | 2012 | 2013 | 2014 | 2015 | 2016 | 2017 | 2018 | 2019 |
| --- | --- | --- | --- | --- | --- | --- | --- | --- | --- | --- | --- | --- |
| 业务收入/亿元 | 11.4 | 11.3 | 12.2 | 13.6 | 15.7 | 19.4 | 22.6 | 22.4 | 22.9 | 26.0 | 27.6 | 30.3 |
| 同比增长/% | 58.6 | -1.0 | 7.5 | 12.2 | 15.0 | 23.6 | 16.5 | -0.9 | 2.2 | 13.5 | 6.2 | 9.8 |

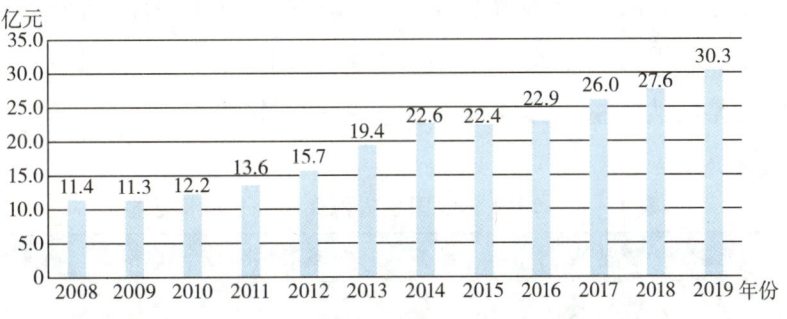

图4-10 2008—2019年保险公估机构业务收入情况

(三) 保险公估净利润与估损金额

2017年,保险公估行业整体经营略亏;2016年,保险公估机构亏损0.48亿元。从可获取的数据来看,2007—2013年保险公估机构净利润处于稳步上升状态,但2014年、2016年和2017年均亏损,这是多种原因造成的结果。其一,大多数保险公司拥有自己的理赔团队,可自行完成大部分评估业务,仅有少数业务委托公估机构处理,导致绝大多数区域性或小型公估机构经营困难;其二,保险公估行业的"马太效应"明显,大型保险中介机构开始打造中介闭环,延展公估业务,进一步挤压中小公估公司的生存空间;其三,公估行业自身的利润率较低,资本实力较弱,监管力度不足,这些先天条件与外部因素也是导致其利润下滑的原因。

2008—2017年,保险公估机构的估损金额持续上涨,但并不能说明公估行业的发展水平和公估机构的职业能力相应提高,这更多地依赖于我国保险行业的整体发展。

## （四）保险公估市场集中度

根据可获取的数据，与保险代理和保险经纪市场相比，保险公估市场的市场垄断程度较高（见表4-13）。一方面，专业程度和业务能力是制约中小公估机构发展的重要因素，车险公估专业门槛较低，但激烈竞争引发的价格战导致了恶性循环，而其他财产险的专业领域涉足面广，人才缺乏和开拓市场的高昂费用进一步限制了中小公估机构的发展；另一方面，多数保险公司不借助于公估机构，而是自行完成查勘、定损，占据了市场的主体地位，这也是保险公估行业发展受限的重要原因。

表4-13 保险公估市场中业务排名前4家和前8家机构的业务收入占比 （%）

| 年份 | 2008 | 2009 | 2010 | 2011 | 2012 | 2016 |
|---|---|---|---|---|---|---|
| CR4 | 32.7 | 31.9 | 37.6 | 34.1 | 44.0 | 40.7 |
| CR8 | 43.9 | 44.2 | 49.5 | 46.2 | 53.5 | 57.6 |

## （五）保险公估机构区域发展状况

2019年，广东、北京和上海在保险公估机构数量方面仍占据绝对优势，其次是山东和河北。甘肃、青海、宁夏、新疆、西藏等地区保险公估机构数量为0，地区发展不均衡的情况仍然严重，具体情况如表4-14和图4-11所示。

表4-14 2019年我国各省份保险公估机构数量 单位：家

| 省份 | 安徽 | 北京 | 福建 | 甘肃 | 广东 | 广西 | 贵州 | 海南 | 河北 | 河南 | 宁夏 |
|---|---|---|---|---|---|---|---|---|---|---|---|
| 数量 | 14 | 47 | 13 | 0 | 66 | 1 | 1 | 2 | 35 | 9 | 0 |
| 省份 | 黑龙江 | 湖北 | 湖南 | 吉林 | 江苏 | 江西 | 辽宁 | 内蒙古 | 青海 | 山东 | |
| 数量 | 3 | 6 | 7 | 11 | 17 | 3 | 16 | 4 | 0 | 27 | |
| 省份 | 山西 | 陕西 | 上海 | 四川 | 天津 | 西藏 | 新疆 | 云南 | 浙江 | 重庆 | |
| 数量 | 3 | 11 | 46 | 8 | 10 | 0 | 0 | 4 | 14 | 5 | |

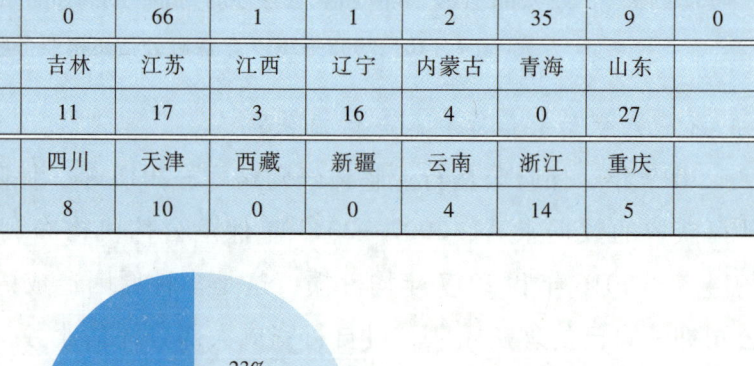

图4-11 2019年我国保险公估机构区域分布情况

### 三、保险公估机构的发展趋势分析

2017年6月30日，原中国保监会印发《关于做好保险公估机构业务备案及监管工作的通知》，从四个方面明确了保险公估机构业务备案的要求和程序，进一步细化了保险公估机构业务备案工作。我国保险公估行业增长速度迅猛，但仍处于发展初期。目前，中国保险公估企业受机构规模小、技术水平低、法律地位不明确等因素限制，实力相对弱小，公信力相对缺乏，因此，受保险公司的控制较多，很难实现独立性，且机构数量、业务规模、营销产能与规模收益都不稳定。国内保险专业公估机构和专业人才均滞后于市场的要求，机构和专业人员的技术水平、管理水平等都还跟不上市场发展的需要。

目前，我国对外资保险的进入限制正在逐渐放宽。外资保险的进入将加快国内保险公估行业与国际规则、国际惯例接轨，促进国内保险公估行业科学技术手段的运用和专业知识的增长，使得其对保险标的的评估、勘验、鉴定、估损、理算等业务能力有更大的提升，起到使保险理赔更加透明化、减少理赔过程中当事人之间的摩擦、降低保险市场营运成本、净化保险市场等作用。保险公估机构以公正和专业的形象、高效率的办案能力和协调能力以及较高的服务水平树立起信誉和权威，保证了保险业的健康发展。

我国的保险公估市场有巨大的提升空间，如何开辟新的服务领域，是保险公估机构接下来的要务。在车险查勘、理赔方面，保险公估可以尽最大可能发挥自己的职能替保险公司处理定损、理赔方面的矛盾和不便；在反保险欺诈领域，保险公估作为第三方，可以通过关联共享风险信息、数据，有效地调查取证，推动保险行业反欺诈的发展进程。

## 第四节 总结与展望

过去40年，我国保险业在改革中蜕变，在开放中进取，走过了辉煌历程，取得了辉煌成就。作为我国保险业改革开放的重要标志，我国保险中介伴随着保险业市场化进程应运而生、顺势成长，发展成效有目共睹，有力地促进了保险业的发展，有效推动着保险业保障人民生活、服务实体经济、服务我国经济社会建设等功能作用的发挥。

但是，由于我国保险中介领域起步较晚、发展时间较短，与保险业发展和经济社会需要还有不小的差距。目前,我国保险中介行业仍存在一些问题。

第一,竞争格局失衡,结构不够合理。保险代理市场和保险经纪市场竞争相对充分,保险公估市场呈现出两极分化局面(因保险公估市场的收购、兼并、重组等活动,市场资源向少数大公司集中)。从地区分布情况来看,保险专业中介机构多集中于北京、上海、广东等经济发达地区,越是经济不够发达的地区,保险中介市场相对越落后。

第二,业务水平较低,专业能力存在差异。保险中介市场各类主体实现的保费收入(或估损金额)和业务收入的增速虽然也有起伏,但是总体向上的趋势十分强劲。然而,我国保险中介市场的自主创新能力和专业水平还十分欠缺。以公估业为例,行业资源快速聚集于车险公估低端市场,一方面,同质竞争引发价格搏杀;另一方面,由于没能预见保险公司结构调整及改变与公估合作模式的重大影响,行业市场萎缩并使经营资源深度套牢。

第三,去中介化趋势显现。互联网保险的崛起,使去中介化趋势越来越明显,保险中介的转型升级越来越紧迫。专业保险代理机构增速不断减缓,而保险经纪机构和保险公估机构增速在放缓过程中又略有加快。专业保险中介市场中,各机构已经从最初的争夺牌照资源转变为较为理性的市场进入与退出。保险中介市场的新陈代谢和优胜劣汰,既是保险中介市场主体的活力所在,又说明保险中介市场尚不成熟。

2018年,监管机构发布了《保险经纪人监管规定》和《保险公估人监管规定》,并于2018年5月1日起实施;2018年7月,银保监会就《保险代理人监管规定(征求意见稿)》向全社会公开征求意见,并于2020年5月再次向社会公众征集意见。可以预见,随着下一步《保险代理人监管规定》的出台,保险中介监管将形成以《中华人民共和国保险法》和《保险代理人监管规定》《保险经纪人监管规定》《保险公估人监管规定》为主体的监管体系,这标志着全面深化保险中介市场改革迈出重要一步,保险中介监管将进入新时代。

纵观我国保险中介的发展历程,我们可以将其发展归为三个阶段:第一阶段是2000年前的以产品为中心的传统营销员时代;第二个阶段是2000—2015年的以客户为中心的专业保险中介机构时代;第三个阶段是自区块链、大数据等信息技术兴起至今,我国的保险中介已迈入以互联网为核心的数字化平台建设阶段。如今,越来越多的保险专业中介机构通过自身孵化或与第三方大流量平台合作,谋求线上化、数字化和智能化转型,利用流量和场景来获客和运营。可以说,我国保险中介市场正在步入一个创新型的发展轨道,未来可期。基于现状进行分析,我们认为未来保险中介市场将呈现出以下发展趋势。

1. 保险价值链重构下的产销分离将驱动保险专业中介机构加速发展

在严监管背景下，产销分离是大势所趋，传统营销员可能会倾向于转型为专业保险中介，保险公司也将会把重心更多地放在产品定制与开发方面，而不是如之前那般侧重于销售环节。保险公司可以与保险中介合作，打通产品产销渠道，各司其职，明确分工，把需求调研、产品设计、市场推广、产品销售、保单保全、理赔服务等环节紧密串联起来，延展整个保险行业的价值链条。保险中介机构也应在保单销售之余，强化自身服务，拓展自身业务。

2. 保险中介逐步从粗放式向精细化发展模式转变

曾经我国的保险营销员团队整体素质不高、资历不足，在保险销售过程中普遍采用人海战术推广相关保单，既容易因销售误导侵害保险消费者权益，也由于既往保单的追溯比较困难而难以对相应人员进行追责。随着时代的发展，我国保险专业中介机构已经开始进行线上化、数据化、精细化转型，更注重打造保险销售的精英队伍形象，并借助互联网进行低成本、高效率的运营，力求为客户提供更多优质的服务。

3. 科技创新是未来保险中介机构发展的核心驱动因素

2020年的新冠肺炎疫情给各行各业都带来了不小的冲击，保险业也不例外。无数业内公司不得不暂时放弃线下销售渠道，转向线上运营。虽然这种转变一开始会给公司带来诸多不便，但是这一年下来，随着疫情得到控制，保险公司在已然可以恢复线下业务的同时，也不放弃线上化转型。越来越多的公司意识到，在这个大数据时代，谁能最先跟上时代步伐，利用科技和创新来拓宽业务渠道，谁就能获得更多的流量与客户。疫情也带动了一波第三方流量平台的迅猛发展，很多第三方平台也开始与保险公司合作，希望取得保险中介牌照，拓宽自己的服务领域。

而对于前文提到的保险中介固有的一些问题以及时代带来的新问题，保险中介应在专业和高效的方向上探求出路。保险业新一轮对外开放，将极大地促进保险中介行业升级提效，使行业的体制更顺。业内外合作更广泛和深化，创新机制和环境更优化，全国性服务网络建设更快，提供的保障水平更高，相关人员素质更高、业务更专业化，服务效率和服务品质有更大提升。保险中介市场更趋活跃，也更具发展张力，开拓性更强，新型保险产品更多，服务化将更有力地驱动市场业务增长和持续发展。

# 第五章
# 中国保险资产管理机构的发展分析

## 第一节 中国保险资产管理业制度建设

随着经济和保险业的快速发展,我国的保险资金运用经历了一段探索、认识和不断总结经验的过程,相关制度建设也逐渐走出一条符合自身规律的改革发展之路(本报告附录二梳理了我国保险资产管理行业制度建设的历程)。

1985年3月,国务院颁布《保险企业管理暂行条例》,从法规角度明确了保险企业可以自主运用保险资金,从此保险公司开始进入了投资阶段,保险资金运用有了除银行存款以外的更多选择。但是,由于国内恢复保险业时间不长,业界、学界和政府有关部门对保险投资的认识不到位;同时,伴随着经济增长的波动,1987—1995年,保险资金开始进入房地产、有价证券、信托甚至借贷市场,形成大量不良资产,保险资金经历了一个无序投资阶段,出现了很多盲目投资。

1995—2002年,《中华人民共和国保险法》等一系列法律法规的颁布实施,以及1998年11月中国保监会的成立,使保险资金运用的混乱局面从根本上得以扭转,保险资金运用逐步进入规范发展阶段;2003—2011年,中国保监会逐渐放宽了保险资金的投资范围,增加了企业债券、基金、股票、境外投资、基础设施项目、不动产等多项保险资产投资渠道,并出台与各项业务有关的新规范政策,如2004年中国保监会与中国人民银行联合颁布《保险外汇资金境外运用管理暂行办法》、2005年与中国银监会下发《保险公司股票资产托管指引(试行)》、2006年颁布《保险资金间接投资基础设施项目试点管理办法》等。与此同时,保险资金运用的安全性也逐渐引起保监会的重视,有关保险资金风险管理、信用评级等政策相继出台。

2012年是中国资产管理业风起云涌的一年,保监会等监管机构密集地出台各项创新政策。随着监管限制的逐步放开和金融创新的步伐加快，越来越多的机构有能力参与到资产管理的队列中，中国资产管理业进入一个群雄逐鹿的时代。自保险投资新政"13条"出台以后，保险资金资产配置策略组合越来越丰富，过去投资集中于高信用等级的各类债券、债券型基金、货币市场工具等，如今逐渐拓展到各种久期的投资组合，期限和信用的运用更加灵活，风险对冲工具和参与利率市场化的工具成为其中的最大亮点（见表5–1）。同时，《保险资金委托投资管理暂行办法》等资金委托政策的出台，明晰了保险资金与其他资管机构的合作路径，推动保险公司利用保险资产管理公司平台向全面资产管理进军。随着《保险资金委托投资管理暂行办法》允许基金公司和券商资管成为险资的管理人，外部竞争机制对保险资管形成压力，倒逼其管理机制不断改善。

表5–1 保险资金投资运用历史沿袭

| 时间 | 投资范围 |
| --- | --- |
| 1995—1998年 | 银行存款、政府债券、金融债券 |
| 1999—2003年 | 银行存款、政府债券、金融债券、企业债券、基金 |
| 2004—2005年 | 银行存款、政府债券、金融债券、企业债券、基金、股票、境外投资 |
| 2006—2008年 | 银行存款、政府债券、金融债券、企业债券、基金、股票、境外投资、基础设施项目、不动产、商业银行股权 |
| 2009—2011年 | 银行存款、政府债券、金融债券、企业债券、基金、股票、境外投资、基础设施项目、不动产、企业股权 |
| 2012—2018年 | 银行存款、政府债券、金融债券、企业债券、基金、股票、境外投资、基础设施项目、不动产、企业股权、股指期货、金融衍生产品、商业银行理财产品、信贷资产支持证券、集合资金信托计划、专项资产管理计划、基础设施投资计划、不动产投资计划和项目资产支持计划等金融产品 |
| 2019—2020年 | 国债、地方政府债券、中央银行票据、政府机构债券、金融债券、银行存款、大额存单、同业存单、公司信用类债券、在银行间债券市场或者证券交易所市场等经国务院同意设立的交易市场发行的证券化产品、公募证券投资基金、其他债权类资产、权益类资产和银保监会认可的其他资产 |

注：截至2020年12月31日。
资料来源：中国银保监会官网。

2013年，投资新政进入完善和观察期，政策的积极作用不断显现出来。中国保监会不断丰富和细化投资新政内容，进一步提高保险资金运用的市场化程度，如扩大债权投资计划的行业范围，简化申请流程，引导保险资金进入地方市政基础设施建设项目及战略性新兴产业中；整合比例监管政策，重新整合定义大类资产，取消一些不适应市场发展要求的比例限制，按照投资品种风险属性不同，纳入大类资产配置比例中，不再单独设置具体比例，大幅度增加保险公司的投资灵活性；积极鼓励创新投资方式，探索股债结合形式，满足保险资金对接实体经济的实际需求等。

2014年1月23日，原中国保监会颁布《关于加强和改进保险资金运用比例监管的通知》，重新将投资资产划分为流动性资产、固定收益类资产、权益类资产、不动产类资产和其他金融资产五大类资产，针对这五类资产制定了保险资金运用上限比例和集中度监管比例，不再对各大类资产包含的具体品种设限（见表5-2）。2014年8月13日，国务院下发《国务院关于加快发展现代保险服务业的若干意见》（以下简称新"国十条"），明确了现代保险服务业在我国经济社会发展全局中的定位，提出了我国由保险大国向保险强国转变的目标。新"国十条"的出台将推动保险业快速发展，提升保险业的行业定位，拓宽保险业的服务领域；同时，其将充分发挥保险资金长期投资的独特优势，进一步发挥保险公司的机构投资者作用，为股票市场和债券市场的长期稳定发展提供有力支持。

表5-2 保险资金各投资标的允许投资的最高比例要求

| 类别 | 可投资品种 | 最新监管规定 |
| --- | --- | --- |
| 流动性资产 | 境内品种主要包括现金、货币市场基金、银行活期存款、银行通知存款、货币市场类保险资产管理产品和剩余期限不超过1年的政府债券、准政府债券、逆回购协议；境外品种主要包括银行活期存款、货币市场基金、隔夜拆出和剩余期限不超过1年的商业票据、银行票据、大额可转让存单、逆回购协议、短期政府债券、政府支持性债券、国际金融组织债券、公司债券、可转换债券，以及其他经中国保监会认定属于此类的工具或产品 | 投资比例不低于本公司上季度末总资产的5% |
| 固定收益类资产 | 境内品种主要包括银行定期存款、银行协议存款、债券型基金、固定收益类保险资产管理产品、金融企业（公司）债券、非金融企业（公司）债券和剩余期限在1年以上的政府债券、准政府债券；境外品种主要包括银行定期存款、具有银行保本承诺的结构性存款、固定收益类证券投资基金和剩余期限在1年以上的政府债券、政府支持性债券、国际金融组织债券、公司债券、可转换债券，以及其他经中国保监会认定属于此类的工具或产品 | 投资比例无明确限制 |

续表

| 类别 | 可投资品种 | 最新监管规定 |
|---|---|---|
| 权益类资产 | 境内上市权益类资产品种主要包括股票、股票型基金、混合型基金、权益类保险资产管理产品；境外上市权益类资产品种主要包括普通股、优先股、全球存托凭证、美国存托凭证和权益类证券投资基金，以及其他经中国保监会认定属于此类的工具或产品；境内、境外未上市权益类资产品种主要包括未上市企业股权、股权投资基金等相关金融产品，以及其他经中国保监会认定属于此类的工具或产品 | 1. 设置差异化的权益类资产投资监管比例。根据保险公司偿付能力充足率、资产负债管理能力及风险状况等指标，明确八档权益类资产监管比例，最高可占上季度末总资产的45%。明确规定偿付能力充足率不足100%的保险公司，不得新增权益类资产投资；责任准备金覆盖率不足100%的人身公司、资金运用出现重大风险事件、资产负债管理能力较弱且匹配状况较差、受到处罚的保险公司，权益类资产监管比例不得超过15%。<br>2. 投资单一蓝筹股票的余额占上季度末总资产的监管比例上限由5%调整为10%；投资权益类资产的余额占上季度末总资产比例30%的，可进一步增持蓝筹股票，增持后权益类资产余额不高于上季度末总资产的40%。<br>3. 投资创业投资基金的余额纳入权益类资产比例管理，合计不超过保险公司上季度末总资产的2%，投资单只创业投资基金的余额不超过基金募集规模的20% |
| 不动产类资产 | 境内品种主要包括不动产、基础设施投资计划、不动产投资计划、不动产类保险资产管理产品及其他不动产相关金融产品等；境外品种主要包括商业不动产、办公不动产和房地产信托投资基金（REITs），以及其他经中国保监会认定属于此类的工具或产品 | 投资不动产类资产的账面余额，合计不高于本公司上季度末总资产的30%；账面余额不包括保险公司购置的自用性不动产；保险公司购置自用性不动产的账面余额，不高于本公司上季度末净资产的50% |
| 其他金融资产 | 境内品种主要包括商业银行理财产品、银行业金融机构信贷资产支持证券、信托公司集合资金信托计划、证券公司专项资产管理计划、保险资产管理公司项目资产支持计划、其他保险资产管理产品；境外品种主要包括不具有银行保本承诺的结构性存款，以及其他经中国保监会认定属于此类的工具或产品 | 投资其他金融资产的账面余额，合计不高于本公司上季度末总资产的25% |

注：截至2020年12月31日。
资料来源：中国银保监会官网。

2015年，中国保监会继续推行各种保险新政，不断释放政策红利。政策红利主要体现在两个方面：保险资金运用和保险行业监管。2015年2月，中国保监会发布《关于印发〈保险公司偿付能力监管规则（1—17号）〉的通知》，自此，保险业进入了"偿二代"的实施准备期。"偿二代"体系监管规则的出台有助于提高保险业的资本使用效率，防范风险。2015年7月，中国保监会颁布《关于提高保险资金投资蓝筹股股票监管比例有关事项的通知》，规定保险公司投资单一蓝筹股票的余额占上季度末总资产的监管比例上限由5%调整为10%；投资权益类资产的余额占上季度末总资产比例达到30%的，可进一步增持蓝筹股票，增持后权益类资产余额不高于上季度末总资产的40%。

2016年，保监会加强对保险资金运用的监管，主要涉及保险资金对大额未上市股权和大额不动产投资的规范、组合类保险资产管理产品业务监管以及保险资金股票投资监管规范。1984—2015年，我国保险资金运用的业务范围不断拓宽。保险资产管理经历了从传统的银行存款、债券向股票、基金及另类投资品种的逐步转变。特别是在2012年，伴随新政"13条"的出台，保险资金投资范围迅速扩大，资产配置的空间和弹性不断增加，打破了行业壁垒，实现了与银行、信托、证券等金融平台的同台竞技，保险投资覆盖了从公募领域到私募领域。从传统产品到另类工具、从境内市场到境外市场、从实体经济到虚拟经济的广阔领域。全面政策红利的不断释放促进了保险行业的飞速发展，但是也伴随着问题的出现，因此2016年原保监会加强了对保险资金运用的监管，这也给了市场一个信号："红利释放 + 规范发展"的监管思路将会成为今后保险行业以及保险资金运用的常态。

2017年，原保监会针对经济发展趋势，拓展投资渠道，创新投资方式，完善监管标准，同时加强风险管控，防范投资风险。面对2015—2016年保险业频频举牌的热潮，2017年1月，原保监会发布《关于进一步加强保险资金股票投资监管有关事项的通知》，落实"财务投资为主，战略投资为辅"的保险资金运用监管导向。纵观2017年，原保监会对保险标的资金运用一直着眼于政府与保险资金的结合并对PPP项目公司给予充分的政策创新支持。2017年5月，原保监会在《关于保险业服务"一带一路"建设的指导意见》《关于保险业支持实体经济发展的指导意见》中提出，要创新保险资金运用方式，大力引导保险资金服务国家发展战略。支持保险资金通过债券、股权、股债结合、股权投资计划、资产支持计划和私募资金等方式，直接或间接投资实体经济及投资项目。《关于保险资金投资政府和社会资本合作项目有关事项的通知》《保险资金参与深港通业务试点监管口径》等一系列监管文件的出台，从委托投资、资管计划、参与PPP项目、股票投资、沪深港通业务等方面进行政策规范，同时对风险资本、业务规模及投资品种等作严格把控，引导稳健的价值投资，行业监管日渐规范，推动保险资管走向大资管平台。

2018年，银保监会针对险资投资环境主要出台了两项政策。其一，2018年1月26日，原保监会发布新版险资监管"基本法"——《保险资金运用管理办法》，该政策首发于 2010 年 7 月，并于 2014 年修改为《保险资金运用管理暂行办法》，近 8 年之后，在汇总了历年险资运用和监管的经验后，摘掉了"暂行"的帽子。其中的亮点包括对股票和股权投资实施差别监管，赋予险企资金运用工作的独立性，明确保监会对违规险企的监管处罚权限。从整体来看，该办法对 2014 年版和 2016 年版征求意见稿版既有保留，亦有新的增减部分。其主要内容有纳入新品种，对股票、股权投资实施差别监管；对接"大资管"新政，严管另类投资；赋权资管独立性，增加高管职责；明确监管之责，增加处罚权限。其二，2018 年 10 月 25 日，银保监会发布《关于保险资产管理公司设立专项产品有关事项的通知》，允许保险资产管理公司设立专项产品，发挥保险资金长期稳健投资优势，参与化解上市公司股票质押流动性风险。银保监会鼓励保险公司使用长久期账户资金，增持优质上市公司股票和债券，扩大专项产品投资范围，加大专项产品落地力度；更好地发挥保险公司机构投资者作用，维护上市公司和资本市场稳定健康发展。

2019 年，银保监会主要加强对保险公司资产负债管理的监督。银保监会依托保险资金的负债属性、保险资金运用过程中必须满足资产负债相匹配的特点，于 2019 年 7 月 24 日发布《保险资产负债监管暂行办法》。《保险资产负债监管暂行办法》的发布，除对保险公司建立健全资产负债管理体系提出了相应要求，规范了资产负债管理监管评估的方式之外，还明确了依据资产负债管理能力和匹配状况对保险公司实施差别化监督的监管措施。中国银保监会将分别对保险公司的资产负债管理做出能力评估和量化评估，并根据评估结果实施差别化监管，对于评估结果好的公司，给予资金运用范围、模式、比例以及保险产品等方面的政策支持；对于评估结果差的公司，将会采取严格的监管措施。从政策上来看，《保险资产负债监管暂行办法》反映出银保监会准备着手改变过去监管规则"一刀切""差公司生病，好公司跟着吃药"的情况，有利于进一步深化保险资金运用市场化改革，赋予保险公司更多的投资自主权。2019 年 11 月 22 日，银保监会发布《保险资产管理产品管理暂行办法（征求意见稿）》，以此作为资管新规在保险资管行业下的配套细则。《保险资产管理产品管理暂行办法（征求意见稿）》明确了保险资管产品的投资范围，鼓励发挥保险资金长期、稳定的优势，支持实体经济的发展；明确了保险资管产品非标投资比例限制，对保险资金投资做出规范；明确了保险资管产品与外部投资管理机构的合作要求等诸多方面，推动了保险资管产品的市场化发展。

2020 年，银保监会进一步扩大了保险资金的投资范围，在完善监管的同时也关注险企的风险管控能力。2020 年 5 月 20 日，银保监会发布《关于保险资金投资银行资本补充债券有关事项的通知》，放宽了保险资金投资的资本补充债券发行人条件；取消了可投债券的外部信用等级要求；明确了保险机构信用风险管理能力应当达到银保监会规定的标准，并且上季度末偿付能力充足率不得低于120%；要求保险机构按照发行人对资本补充债券权益工具或者债务工具的分类，相应确认为保险机构的权益类资产或者固定收益类资产，并纳入相应监管比例管理。《关于保险资金投资银行资本补充债券有关事项的通知》有利于丰富保险资产配置品种，拓宽保险资金配置空间；有利于扩大保险机构投资自主权，将投资价值和风险判断的权利更多地交给保险机构；同时也要求保险机构切实加强风险管理，审慎判断投资的效益与风险。为支持保险资金参与国债期货交易、有效防范风险，根据《关于商业银行、保险机构参与中国金融期货交易所国债期货交易的公告》的精神，2020年6月23日，银保监会发布了《保险资金参与国债期货交易规定》，并同步修订了《保险资金参与金融衍生产品交易办法》和《保险资金参与股指期货交易规定》。《保险资金参与国债期货交易规定》的发布，进一步丰富了保险资金运用风险对冲工具，有利于保险公司加强资产负债管理、增强其风险抵御能力。同时，《保险资金参与金融衍生产品交易办法》《保险资金参与股指期货交易规定》的修订，统一了监管口径，完善了保险资金参与金融衍生品交易的监管规制体系，既有利于扩大保险机构的选择权，也有利于夯实保险机构履行全面风险管理的主体责任，强化风险意识，持续加强风险管理能力建设。2020年9月11日，为了贯彻落实资管新规，进一步规范保险资产管理产品业务发展，细化《保险资产管理产品管理暂行办法》的相关规定，银保监会发布了《组合类保险资产管理产品实施细则》《债权投资计划实施细则》《股权投资计划实施细则》三个细则。这三个细则遵循以下原则：一是坚持严控风险的底线思维；二是坚持服务实体经济的导向；三是坚持深化"放管服"改革，优化营商环境；四是坚持与大资管市场同类私募产品规则拉平。三个细则在《保险资产管理产品管理暂行办法》的基础上，结合各类产品在交易结构、资金投向等方面的特点，对监管标准作了进一步细化，为保险资产管理产品稳步发展提供了制度保障。2020年11月13日，银保监会发布了《关于保险资金财务性股权投资有关事项的通知》，其核心内容是取消保险资金财务性股权投资的行业限制，通过"负面清单＋正面引导"机制，提升保险资金服务实体经济的能力。《关于保险资金财务性股权投资有关事项的通知》的发布有利于加大保险资金对实体经济股权融资的支持力度，提升社会直接融资比重，进一步从制度和规则层面引导保险资金服务实体经济，充分体现了当前监管积极引导险资为国家战略和实体经济提供长期稳定优质资金的政策导向；在分散投资风险的同时，也有助于增强保险资金投资收益率的稳定性。

## 第二节 中国保险资产管理业经营状况

### 一、市场主体多样化

当前，我国保险资产管理行业发展日趋多元化、专业化。保险资产管理机构在立足保险主业的基础上，积极参与大资管竞争，逐渐拓展第三方业务并向综合性资产管理公司转变。2003年7月16日，国内第一家保险资产管理公司中国人保资产管理股份有限公司成立。2006年9月1日，太平资产管理有限公司批准筹建。此后，安邦资产管理有限责任公司、生命保险资产管理有限公司等公司相继成立。截至2020年年底，成立的保险资产管理公司共28家，总资产达到1184亿元，同比增长约84.74%。除大家资产外，27家保险资产管理公司和8家其他具有存量保险资金业务的机构2020年全年实现机构管理费及其他收入合计321亿元，同比增长27%，连续两年实现较快增长；27家资管公司合计实现净利润172.95亿元，同比增速超过70%（详见附录二）。

除了综合性保险资产管理公司外，我国保险资产管理行业市场主体还包括9家专业性保险资产管理机构、10家保险资产管理公司香港子公司、6家养老基金管理（或养老保险）公司、2家私募股权投资管理（GP）公司、1家财富管理公司。此外，还有202家保险公司的保险资产管理中心或保险资产管理部门。2018年获中国银保监会批准筹备的工银安盛资产管理有限公司、交银康联资产管理有限公司和中信保诚资产管理有限公司3家合资保险资管公司已于2019年获批开业。同时，招商信诺资产管理有限公司于2019年获批筹备，于2020年开业。国华兴益保险资产管理有限公司于2020年获批筹建。

整体来看，保险资产管理业投资模式包括委托投资和自主投资两种。其中，委托投资占比75.03%，自主投资占比24.97%。委托投资包括委托关联方保险资管、委托非关联方保险资管和委托外部管理人三种模式。其中，委托关联方保险资管占比达到71.72%，委托非关联方保险资管占比0.65%，委托外部管理人占比2.64%。在自主投资中，保险资金的投资模式包括直投购买保险资管产品，投资公募基金、信托、私募股权基金或者其他资产。

从保险资产管理机构上看，2020年年底35家保险资产管理机构所披露的总资产管理规模达到21万亿元，同比增长19%，为近5年最高。根据中国保险行业协会官网的数据，截至2020年年底，行业管理系统内保险资金占比69%，管理第三方保险资金占比8%，管理银行资金占比4%，管理养老金、企业年金及职业年金占比11%，管理其他资金占比8%。增速上，保险行业管理的保险资金同比增长14%，管理的养老金及年金同比增长45%，已连续三年实现超过30%的增长；行业资金来源中，养老金与年金正占据日益重要的地位。

## 二、行业规模不断扩大

近年来，我国保险业总资产逐年增长，年增长率均高于10%，而且大多数年份增长率高于20%。到2020年年底，我国保险业总资产已达23.3万亿元，同比增长13.33%（见图5-1）。可见，我国保险行业总规模不断扩大，且整体保持良好平稳的增长态势，这为保险资产管理业的快速发展提供了有力支撑。

近10年来，我国保险资金运用余额逐年递增，2020年年底保险资金运用余额比2012年翻一番有余，达到21.7万亿元，较2019年增长17.13%；保险业可用于投资的资金与保险总资产发展规模息息相关，保险资金可运用余额的不断快速增长将为保险资金投资提供动力和支持。但在扩大的同时，我们也应该意识到，相对于2014—2016年保险业资金运用余额和保险业总资产高达20%左右的年增长率，2017—2020年保险业资金运用余额和保险业总资产增速放缓，保险业资产将进入稳定增长时期（见图5-2）。

图5-1 2006—2020年中国保险业总资产及年增长率

资料来源：中国保险业协会官网、《中国保险年鉴（2007—2021）》。

**图 5-2　2006—2020 年中国保险业资金运用余额及年增长率**

资料来源：中国保险业协会官网、《中国保险年鉴（2007—2021）》。

## 三、收益率下行

近年来，我国保险资金运用收益出现了明显的下行趋势。如图 5-3 所示，2007年，资本市场的高速发展促使保险资金运用平均收益率达到了高点（12.17%）。2008年，受国际金融危机冲击和国内资本市场转弱的影响，投资收益出现历史新低（3.38%）。2010年后，随着保险资产管理政策的逐渐出台、投资渠道的不断放开，我国保险资金的运用模式更加灵活多元，保险业的投资收益率也逐年上升。2016年，保险行业受宏观经济探底、年初股灾、年末债灾的多重不利影响，保险资金运用收益较 2015 年明显下降；而 2017 年保险资金因为债券市场的遇冷，资金投资收益率为 5.77%；到了 2018 年，上证指数累计下跌 24.59%，深证成指累计下跌34.42%，创业板指累计跌幅为 28.65%，股票型基金全线亏损。2018年，全年保险业资金运用平均收益率仅为 4.30%。2019年，保险资金运用收益达到 8824.13 亿元，同比增加 29.08%，投资收益率也达到 4.94%。其中，投资仅占 8.06% 的股票收益率达到 9.16%，对保险资金整体投资收益率起到了提振作用；但随着债券收益率和货币市场利率下行，在未来一段时期内，我国保险资金运用收益率将很难达到高值。2020 年，受益于 A 股牛市，保险资金运用收益共计 1.1 万亿元，资金运用平均收益率达到 5.09%，较 2019 年上升 0.15 个百分点。从收益贡献比来看，基金和股票是 2020 年投资收益率最高的两类资产。其中，证券投资基金规模占保险资金运用余额的 5.09%，投资收益率达 12.19%；股票规模占保险资金运用余额的8.66%，投资收益率达 10.87%。从长期来看，在利率面临下行压力的背景下，提高权益类资产配置仍是大势所趋，对于稳定回报水平至关重要。

图 5-3 2006—2020 年中国保险业资金运用收益及平均收益率

资料来源：中国保险业协会和中国保险资产管理业协会官网、《中国保险年鉴（2007—2021）》。

## 四、资产配置结构趋于稳定

我国保险资金的投资资产可分为三个部分，即固定收益类资产、权益类资产、其他资产，资产配置的结构逐渐趋于稳定（见图 5-4）。2020 年，银行存款为 25973 亿元，占比 11.98%；债券 79329 亿元，占比为 36.59%；股票和证券投资基金共计 29822 亿元，占比为 13.76%；包含另类资产在内的其他类资产达 81677 亿元，占比为 37.67%。固定权益类资产所占比重明显高于其他两类资产，但比例逐年降低，从 2011 年年底的 78.69% 降至 2020 年年底的 48.57%。保险公司为了保证资金运用的收益性，将投资重心逐渐转移到权益类投资和以另类投资为主的其他投资。从图 5-4 中可以看到，相较于 2019 年权益类投资占比的 13.15%，2020 年由于股票市场走势强劲，其投资比例进一步上升至 13.76%，对整个保险资金运用收益的提升起了重要作用；以房地产、对冲基金、股权债券投资计划等另类投资为主的其他投资的占比从 2011 年的 8.93% 提升到 2020 年的 37.67%。总体来看，目前保险资金配置的另类资产质量较为优良，其中基础设施和不动产项目多为国家或省市重点项目，绝大部分有国家级专项基金、国开行、符合条件的大型商业银行或大型国有企业（集团）提供本息全额不可撤销连带担保责任，少部分辅以资产抵押作为增信措施，兑付风险较低。其长期股权投资较多涉及金融、消费、医药等行业，分红水平较高，潜在投资价值较大。

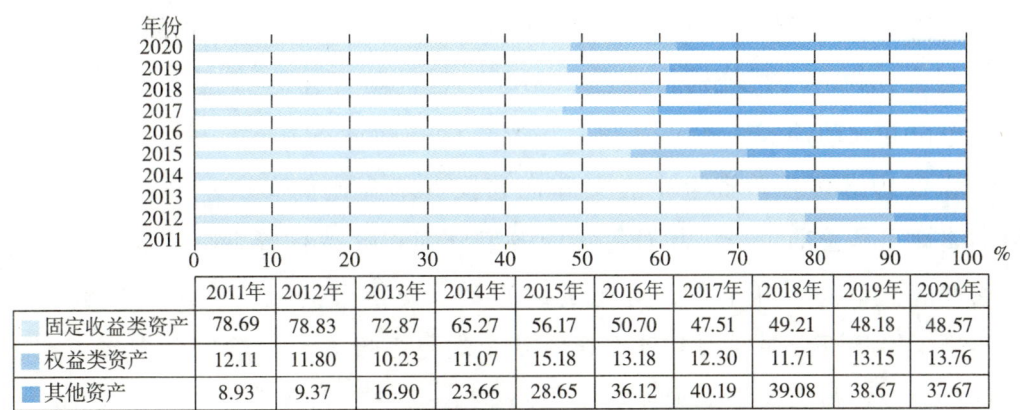

图 5-4 2011—2020 年中国保险资金投向

资料来源：中国保险业协会和中国保险资产管理业协会官网、《中国保险年鉴（2012—2021）》。

## 第三节 中国保险资产管理业热点

### 一、权益类市场变动明显

1. 险资入市

2019 年，在金融供给侧结构性改革稳步推进、各项基础性制度建设推陈出新的时代背景下，中国资本市场特别是股票市场取得了非常不错的成绩。自 2019 年 1 月 4 日央行发布公告下调金融机构存款准备金率 1 个百分点起，整个 2019 年，上证指数上涨 22.3%，深证成指全年上涨 44.1%。在资本市场稳步发展的同时，监管对险资入市资金的监管重点也已发生改变，由原来的"警惕"变为当前鼓励险资入市。

2019 年 1 月，银保监会新闻发言人肖远企表示，鼓励保险公司使用长久期账户资金，增持优质上市公司股票；在 7 月的国新办发布会上，银保监会副主席梁涛透露，银保监会正在积极研究提高保险公司权益类资产的监管比例事宜；9 月，证监会在京召开的全面深化资本市场改革工作座谈会再度呼吁"推动更多中长期资金入市"。12 月 20 日，银保监会保险资金运用监管部主任袁序成明确表示，一是支持保险资金投资科创板上市公司股票；二是鼓励保险公司增持优质上市公司股票；三是支持保险资产管理公司设立专项产品，参与化解上市公司股票质押流动性风险，并在产品投资范围和权益类资产比例上给予一定的政策支持。

在政策、市场和监管的支持下，2019 年年末，险资股票和证券投资基金余额为 24365.23 亿元，占整个保险资金运用余额的 13.15%，较 2018 年同期增长 5145.36

亿元,同比增长约26.77%。截至2019年11月末,保险资金投资股票规模达到1.81万亿元,约占A股流通市值的3.31%。目前险资作为A股市场第二大机构投资者的地位并未动摇。

尽管2019年度保险资金中股票和证券投资基金比例有所上升,但是保险资金的根本属性虽是长期资金,却对每年的稳定分红和收益有着更高的要求。符合险资投资条件的上市公司并不多,对稳定性的要求使得市场上符合险资投资的标的有限,影响了保险资金对股票和证券投资基金的更多投入,尽管监管多次表态,但目前险资权益投资距离监管上限还有很大的空间。

2. 险资举牌或将卷土重来

2015年下半年保险公司掀起举牌上市公司的热潮,以前海人寿、国华人寿、安邦保险为代表的险资连续举牌多家上市公司,引起市场强烈关注,其激进的交易策略和"赚快钱"的套利方式一度让市场动荡。对于大出风头的保险资金,监管风向已经明确,保监会强调,在险资运营中,保险资金一定要做长期资金提供者,而不是短期资金炒作者,并提出要从严从重加强保险资金运用监管。受股市杀跌和保监会监管加强的影响,2016年上半年未出现险资集中举牌。2016年险资举牌共有12例,而2017年险资举牌现象进一步减少,仅有7例。同时,在2017年的险资举牌中,通过二级市场集中竞价交易而达到举牌线的仅有1例,其余6例均为险资参与定增、认购新股而构成举牌的情况。

2018年,资本市场上频频出现的险资举牌在沉寂两年后有所回温,受股市低迷的影响,银保监会于2018年10月发布《关于保险资产管理公司设立专项产品有关事项的通知》,鼓励保险公司参与和支持资本市场发展,鼓励保险公司增持优质上市公司股票。受监管松绑的影响,在2018年共有10例险资举牌案例。

2019年,险资举牌再也不是一个让人联想到"野蛮人"的词汇。"价值发现""长期投资""财务投资"成为险资举牌的新标签。变化源于保险行业监管环境与险企保费结构变化、市场利率下行、新的会计准则等一系列因素的推动与催化,险资举牌被正名。2020年度举牌上市公司的险资中呈现出以平安、国寿、太保等大型险企为主的特点。其中,中国人寿举牌了申万宏源、中广核电力、中国太保、万达信息(被3次举牌);平安人寿举牌了华夏幸福、中国金茂;太保寿险举牌了上海临港。

与此同时,由于"资产驱动负债"模式的没落,此前资产驱动负债型险企纷纷开始转型,大幅度削减万能险保费,并降低万能险结算利率,增加中长期的万能型年金保险产品,以拉长负债久期,负债端资金特性的改变传导至投资端,中小险企的投资也更趋稳健，不再举牌。

往年的险资举牌上市公司更倾向于财务投资，其主要通过在二级市场买卖股票，在半年甚至一个季度内完成操作以获取差价。2019年的险资举牌则集中在自身产业的上下游，通过参与定增、认购新股，进行中长期的投资和战略布局。这种方式往往涉及大量资金动向，对标的公司本身已具有深入的了解和长期且明确的投资意向。

自2020年以来，险资在二级市场上不断"扫货"加仓，掀起"举牌"潮。截至2020年年底，险资全年举牌次数已达20次，涉及13只股票，创2016年以来险资举牌次数新高。在利率下行、非标资产收益率下降及信用风险增加的情况下，险企增加权益性资产配置比重成为有效对冲方式，这也是应对新金融工具会计准则调整的需要。总体而言，这一轮举牌潮由IFRS9准则变更、政策引导、险资资产配置需求共同推动。保险公司倾向于在新准则实行前逐步降低股价对利润表的影响，同时选择高分红股票来增厚利润，将持有股票的收益由交易转为股息收入。

## 二、另类投资

所谓另类投资，是指公开交易平台外的投资，在我国主要是指除银行存款、债券、股票等传统投资以外的投资品种，主要包括基础设施债权投资计划、不动产投资计划、股权投资计划以及信托金融产品等。事实上，近年来，国家出于支持实体经济发展的目的，一直在政策层面鼓励保险资金另类投资，如基础设施项目、不动产项目、长期股权等。可以预见的是，国家还会陆续出台相关优惠政策，比如关于保险资金投资实体经济项目的税收问题、不动产抵押登记手续问题等，对保险资金给予更大的支持。本报告将按照监管现状—发展现状—政策建议的逻辑进行分析。

1. 另类投资监管现状

2012年的《关于保险资金投资有关金融产品的通知》中首次提出了"项目资产支持计划"，以满足保险资金配置需求，但该项规定仅允许保险资金投资信托公司集合资金信托计划、证券公司专项资产管理计划，并没有放开对于基金子公司设立的资产管理计划的投资限制。2014年的《项目资产支持计划试点业务监管口径》将保险项目资产支持计划引入试点阶段。该项规定限定基础资产范围为信贷资产、金融租赁应收款、股权资产，禁止简易结构两层或多层嵌套，确立了逐单审批制度。2015年的《资产管理计划业务管理暂行办法》标志着保险资产管理公司的资产支持计划正式步入常态发展阶段。2016年中国保监会印发《保险资金间接投资基础设施项目管理办法》，更是在监管层面对另类投资给予了大力度的支持。

2. 另类投资成为保险资金配置占比最大的资产类别

随着2012年下半年保险投资领域的逐渐放开，另类资产因具有风格稳健、规模大、期限长的特点，投资占比从2012年起不断攀升。从投向数据分析可以看出，起初债券所占比重明显高于其他三类资产，但比例逐年降低，从2012年年底的44.90%下降到2018年年底的34.36%；而另类资产投资占比则从2012年的9.50%持续上升至2016年的36.02%，年均增速超过6%。2016年其首次成为保险资金投向占比最大的资产类别（见图5-5）。

**图5-5 2012—2020年中国保险资金投向**

资料来源：中国保险业协会和中国保险资产管理业协会官网、《中国保险年鉴（2013—2021）》。

从趋势上明显可以看出，保险结构中加大了对另类资产的配置力度，继2017年其他投资占比达到峰值后，近两年另类资产投资比例呈略微下降的趋势，其重要原因就是另类资产中非标产品难以满足保险资管日益增长的非标投资需求。2020年年末，保险资金运用余额达21.70万亿元，同比增速为17.00%，其中除存款、债券、股票和基金外的另类资产达8.17万亿元，同比增速为14.43%。目前，监管对于此类非标产品在融资主体、增信措施、信用评级、风险管理等多个方面设定了严格要求，除了交易场所和信息披露公开性差别上与标准化产品有所差异外，债权计划本身也体现了很高的标准化程度，产品发行与定价缺乏市场化的空间，已注册的产品交易结构千篇一律，这也影响了另类投资的发展前景。

3. 国内外保险资金另类投资的比较分析及相关建议

（1）另类投资配比已趋于国际水平

我国保险资金另类投资尚处于初期，2006年保监会才正式发文开展间接投资基础设施项目试点，2007—2010年陆续出台境外投资、股权投资等试行办法。2010年，保监会颁布《保险资金运行管理暂行办法》，扩大了保险资金的投资范围及非标资产的投资比例，另类投资自此才开始成为保险（资管）机构投资的关注对象。2010年我国保险资金另类投资占比不足10%，而2018年此比例已高达39%，成为保险资金投向占比最大的资产类别。虽然 OECD 国家保险另类投资业务开展的时间相对较早，但是 2008 年的美国次贷危机使得另类投资的端口收紧，2010 年仅占总投资比重的 10.50%，是近十年来最低。2010 年后国际资本市场开始复苏，2013 年该比例达到了 22.53%。如此看来，我国保险资金在另类投资配比方面已趋于国际水平。但由于我国保险资金另类投资的发展历程较短且发展速度过快，若无相应多元化产品支撑巨大的资金配比，则投资风险与收益将难以合理匹配，所以建议保险资管机构在现有的另类投资配比下优化投资产品结构，增加其多样性，在另类投资比例的稳健增长中寻求更高的投资收益。

(2) 监管逐渐放开但不应极宽松

2014 年 2 月保监会发布的《关于加强和改进保险资金运用比例监管的通知》进一步拓宽了保险资金投资非标资产的比例。不动产类资产、权益类资产、境外投资、其他金融资产的账面余额分别不得高于上季度末保险公司总资产的 30%、30%、15%、25%。与 2010 年的规定相比，权益类资产方面，由之前的"股票及股票型基金不得超过 20%、未上市公司股权资产不得超过 10%"，变为"权益类资产不得超过 30%"，这使得私募股权的投资比例更加灵活；固定资产方面，由之前的"投资基础设施及不动产债权投资计划不得超过 20%"上调至 30%，

比例进一步放开。2013 年保监会批准成立了保险资产管理业协会，将资管产品的审核制改为注册制。保险资管协会作为行业自律组织不仅可以起到规范保险投资行业的作用，还使企业与监管层的沟通更加方便灵活。除此之外，协会大大提升了产品的发行速度，由原来的 30 天审核变为 7 天注册。

与发达国家及地区对比可以发现，我国保险资金另类投资的宏观策略较美、日等发达国家更为开放，趋于英国及中国台湾地区。但分析各国的资本市场不难发现，美国之所以更倾向于投资债券，是因为其债券市场品种多样、收益灵活、监管得当，保险资金投资债券市场可以使资产负债得到更有效的匹配。此外，较为谨慎的监管可抵御市场的系统性风险。而日本则由于长期处在低利率和严密的市场监管环境下，其整体的风险偏好较低。与日、美监管风格不同的是，英国的监管极为宽松，政府只针对保险公司制定偿债能力指标并定期考核，而保险资金的运用更多依赖于行业自律组织及保险公司自身的风险防范。英国保险投资的低监管、高收益得益于其成熟的资本市场及从业人士较高的专业素养，其未必适用于我国保险资金投资现阶段的发展，但有一定的借鉴意义（见表 5-3）。

表 5-3 中外保险资金监管比例对比

| 国家或地区 | 规定的主要投资方式 | 比例 |
|---|---|---|
| 美国 | 股票、债券、抵押贷款、其他投资 | 股票和公司债不得超过 20%，海外投资 10%，不动产 10% |
| 英国 | 无具体规定 | 无具体规定 |
| 日本 | 银行存款、信贷、信托、有价证券、黄金债券、不动产、金融衍生品等 | 国内股票不得超过 5%，债券贷款不得超过 10%，不动产不得超过 20%，其他投资不得超过 15% |
| 中国台湾 | 银行存款、股票、贷款、有价证券、不动产、境外投资、与保险相关事业、专项资金运用和公共投资、金融衍生品等 | 贷款 35%，有价证券不得超过 35%，海外投资 45%，不动产 39%，专项资金不得超过 10% |
| 中国（不含台湾地区） | 流动性资产、权益类资产、固定收益类资产、不动产、其他金融投资 | 不动产类资产、权益类资产、境外投资、其他金融资产的账面余额分别不得高于上季度末保险公司总资产的 30%、30%、15%、25% |

资料来源：保险资产管理行业协会。

（3）加快另类投资产品研发

投资组合多元化可使配置的资产在原有的风险范围内扩大投资收益，国内外的保险业资产配置都遵循了这一基本的投资规律。但如何进行非标资产的配置、怎样进行风险防范，则是实际应用中每个保险资产管理机构运营的核心问题。

通过国内外保险资金运用的现状对比可以发现，我国保险资金的配置上，特别是在另类投资方面，由于政策的开放引导正处于活跃的整合期，整个保险投资市场对金融创新产品的需求强烈，对能够提供较高的稳定收益及可匹配长期负债的产品的需求更加强烈。但这种需求需要各种资本市场（证券、基金、信托等）新渠道的有效对接，方可实现保险业资金的合理配置。而当前，我国保险资产管理机构自行开发的资管产品仅局限于债权计划、股权计划、项目资产支持计划，相对于英国、中国台湾等国家及地区，投资渠道较窄，投资类型较为单一。保险资管机构应积极研发创新型资管产品，以丰富另类投资的品种。

## 三、大资管时代下的统一监管

2017 年 11 月，中国人民银行颁布了《中国人民银行、银监会、证监会、保监会、外汇局关于规范金融机构资产管理业务的指导意见（征求意见稿）》。2018 年 4 月 27 日，央行、银保监会、证监会、外汇局正式颁布了资管新规，自此包括保险资管在内的百万亿元的资管业务的"监管靴子"终于落地,该资管新规将从打破刚性兑付、规范资金池、净值化转型等角度产生直接影响。2019年11月22日,中国银保监会发布《保险资产管理产品管理暂行办法(征求意见稿)》(以下简称《保险资管暂行办法(征)》),作为资管新规在保险资管行业的配套细则,《保险资管暂行办法(征)》包括总则、产品当事人、产品发行设立、产品投资与管理、信息披露与报告、风险管理、监督管理及附则共八章。银保监会在制定《保险资管暂行办法(征)》时,遵循坚持保险资管产品的私募定位、坚持严控风险的底线思维、坚持保险资管产品的中长期特色以及坚持原则导向和规则细化相结合的原则。

1. 资管新规政策原则梳理

(1) 打破刚性兑付

新规明确了刚性兑付行为:违反真实公允确定净值原则的保本保收益产品,滚动发行使本金、收益、风险在不同投资者间转移,自筹资金偿付或委托其他机构代偿。监管在处置资管风险问题时也从传统观念中的"求稳"改为加强责任认定,首次提出对刚性兑付行为进行处罚,自行筹集资金偿付或者委托其他金融机构代为偿付均被认定为刚性兑付行为。而且对刚性兑付行为采取投诉举报奖励制度,这本质上是引导市场转变对资管产品的认知,使其回归代客理财本源。

(2) 消除多层嵌套

金融机构不得为其他金融机构的资产管理产品提供规避投资范围、杠杆约束等监管要求的通道服务。当前资管行业存在通过多层嵌套、通道、分级产品加杠杆的方式投向底层资产的运作模式,新规对底层资产分散度提出了更高要求,使现行模式的可行性大打折扣。新规规范资金池运作,禁止资金池业务,要求资管产品资金和底层项目期限匹配,避免了过去资管产品通过借短贷长的操作实现在表外滚动融入短期资金的现象。

(3) 关于资金池业务的规定

新规要求金融机构应当做到每只资产管理产品的资金单独管理、单独建账、单独核算,不得开展资金池运作。

(4) 降低期限错配风险

新规要求投资非标资产其终止日不能晚于封闭产品到期日和开放产品最近一次开放日,继续要求强化久期管理。

2. 资管新规对保险业的影响

(1) 统一监管标准,抓住大资管发展新机遇

目前,我国金融机构资管规模已达百万亿元,相较于银行、信托、基金等金融

机构，保险资管产品整体规模较小，保险资产管理业协会数据披露，截至 2018 年年底，我国保险资管计划余额为 2.08 万亿元。新规将保险资管正式纳入大资管监管范畴，确立其主体地位。保险资管计划属私募类产品，发行范围限于合格投资者，主要包括债权投资计划、股权投资计划和组合类产品等，目前整体规模有限，我们认为新规对其影响不大。此外，新规中特意提到养老金产品不适用，投资范围相较普通资管产品将更为灵活。

（2）打破刚性兑付，凸显保险产品优势

资管新规要求产品实行净值化转型，在去通道、去杠杆背景下，结合打破刚性兑付的监管要求，我们预计理财产品收益率下行，保险产品提供稳定的预定利率兼顾保障功能，竞争力提升。我们认为随着保险产品竞争力的增强，保险需求有望进一步释放，部分理财资金流向具有稳定收益与风险的保险产品，优势凸显，将为保险资管提供更多可能。

（3）保险资管行业发展迎来上位法

《保险资管暂行办法（征）》放开了保险资管产品对个人的销售，这意味着保险资管产品正式开始参与个人财富管理，在财富管理行业转型中为居民提供了更全面丰富的投资标的选择，奠定了保险资管机构的市场化发展路径；明确了保险资管产品的投资范围，鼓励发挥保险资金长期、稳定的优势，支持实体经济的发展；明确了保险资管产品非标投资比例限制，对保险资金投资做出规范；明确了保险资管产品与外部投资管理机构的合作要求等。保险业资管新规的发布，弥补了保险资管产品统一监管规则的空白，对保险资产管理产品的业务发展进行了规范，引导保险机构服务实体经济，有效防范金融风险；推进保险资管产品更加市场化地发展，提高和扩大了保险资管机构参与财富管理行业的机遇和空间。

## 第四节 中国保险资产管理的机遇与挑战

### 一、中国保险资产管理的机遇

1. 政策"松绑"，投资渠道实现多元化

随着市场化改革进程的不断深化，我国保险资金运用渠道逐渐多元化。2012 年至今，监管机构高密度地出台各项创新政策，确立了"简政放权、放管结合""放开前端、管住后端"的监管思路，保险资产管理市场化改革稳步推进。"保险投资

13条"、《保险资金运用管理办法》出台以后,保险资金投资渠道不断拓宽,资产配置策略组合越来越丰富,固定收益类资产仍是保险资金投资取向的主流,但股票、基金、信托等更多权益型资产的政策放开开辟了保险资产管理发展的新局面。

2. 保险资金运用余额不断增加

截至2020年年底,我国的保险总资产已经达到23.3万亿元,资金运用余额达21.68万亿元,2020年全国保费收入达到4.5万亿元。虽然2018年保险业发展一度陷入停滞状态,但是保险资金运用余额规模不断扩大,需求端的资金极度充裕,投资管理的空间充足,随着投资渠道的不断放开,合适的投资机会涌现,保险资产管理将迎来更加快速的发展。

3. 保险资金优势更加凸显

保险的资金来源是保费收入,这种负债收入具有长期稳定性,与其他一些金融机构的短期性收入相比,保险资金在长期投资和实体投资上具有独特优势。此外,"新国十条"明确提出了要充分发挥保险资金长期投资的独特优势,以及利用债券投资计划和股权投资计划等方式来支持重大基础设施建设、棚户区改造、城镇化建设等民生工程和国家重大工程。

## 二、中国保险资产管理的挑战

1. 面临更高的风险管理要求

随着保监会等相关部门陆续出台新政放宽投资限制,保险资金将有更多的资产配置组合,各家险企将面临更多的选择。过去集中投资于低风险高信用等级的各类债券、基金、银行存款等标的将逐渐转向期限较短但收益、风险均相对较高的权益类资产,投资的系统性风险、流动性风险、利率风险等各类风险将随之增加。因此,保险公司应及时调整风险管理策略,建立更加适时的风险管理体系。

2. 自身资产管理水平有待提升

2012年,《保险资金委托投资管理暂行办法》的出台标志着保险资金可以委托证券公司和基金公司进行投资管理。这有利于减轻保险资金运用的压力,并且券商等同业机构的参与将对保险资产管理公司的管理水平提出更高的要求,逼迫其加快提升自身能力。

3. 保险资产投资收益率有待稳步提升

近几年来,由于经济下行压力加大,优质资产收益率不断降低,对于部分负债成本较高的保险机构来说,固定收益类资产收益已经难以覆盖保单的获取价格,从而严重影响保险机构的持续经营。部分中小型保险公司走出的"资产驱动负债"的道路，在高额的资产负债匹配风险监管层强化金融监管的政策下，也被认为已经失灵，风光不再。保险资产投资仍有很长的路要走。

**4. 监管面临新挑战**

近几年来，保险公司纷纷尝试新的投资模式，举牌上市公司、海外投资等行为逐渐常态化，营销模式也从单一的线下模式转为线上线下混合销售。中国保监会相继出台有关保险公司资金运用信息披露准则的文件，尽量让险资的运用透明化、公开化。2015年12月出台的《关于加强保险公司资产配置审慎性监管有关事项的通知》，通过压力测试的方式加强对短债长投带来的流动性风险的监管。2018年1月出台的《保险资金运用管理办法》，对现有制度进行了系统性的梳理，明确了监管机构的责任。我国资产管理行业在创新改革的同时会面临众多挑战，相关监管部门应及时调整监管政策，完善监管体系，跟上新时代产业发展的步伐。

# 第三部分
# 中国保险产品、服务与科技发展

# 第六章
# 中国人身保险产品和服务分析

## 第一节 人身险保险公司市场份额分析

我们将基于原保费收入口径分析寿险公司的市场份额占比。原保险保费收入执行企业准则解释公告 2 号下的保费收入确定准则。

### 一、原保费收入口径下的市场份额占比

在我国人身险市场上,中资保险公司市场占有率为 89.97%,外资保险公司市场占有率为 10.03%。与 2019 年相比,外资公司占比有所提升,但现阶段中资公司仍拥有绝对优势。

国寿股份、平安人寿、太保人寿在寿险公司市场份额中位居前三。在保险市场份额中,2020 年市场占有率排前 10 名的保险公司分别是国寿股份、平安人寿、太保人寿、新华人寿、华夏人寿、太平人寿、泰康人寿、人保寿险、中邮人寿、前海

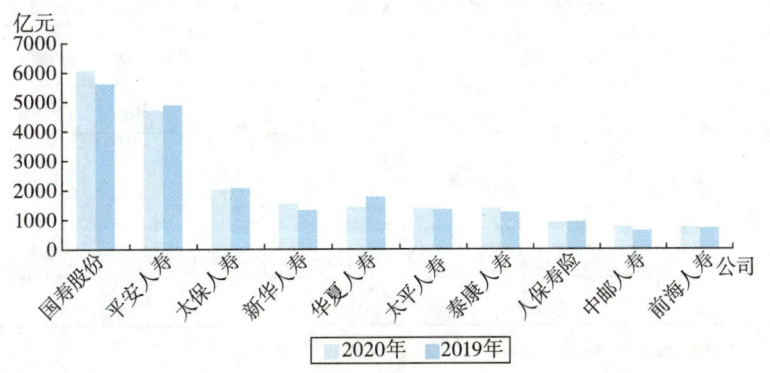

图 6-1 2019 年和 2020 年原保费收入前 10 名的中资保险公司

资料来源:Wind 数据库。

人寿,均为中资公司。具体如图6-1所示。

2020年,中国人寿和平安人寿在中资人身险公司部分的市场占有率分别为21.51%和16.71%,保持在第一梯队,远高于排名第3的太保人寿(7.32%),而排名第4~第10位保险公司的市场占有率为2.5%~6.0%。与2019年人身险原保费收入排名相比,虽然位居前10的公司不变,但是新华人寿由第6位跃升至第4位,华夏人寿、太平人寿顺次下降一位至第5、第6位,中邮人寿超过前海人寿,占据第9位。保费收入前10名的保险公司的原保费收入占市场总额的75.41%,与2019年相比,经历新冠肺炎疫情冲击后,人身险公司的市场集中程度进一步提高。

在外资人身险公司中,市场占有率排前3名的外资保险公司分别是恒大人寿、工银安盛和友邦人寿,它们分别占外资人身险公司部分市场的18.99%、14.47%和12.21%,但在我国人身险市场整体的市场占有率分别仅为1.90%、1.45%和1.22%。

## 二、分地区人身险保费占比

银保监会对我国各省份的保费进行了统计和排名。各省份保费收入排名显示,我国人身险保费收入排名前10的省份分别为广东、江苏、山东、河南、北京、四川、浙江、河北、湖北、上海。表6-1和图6-2为2019年和2020年各省份人身保险市场份额前10名地区保费收入及其占比。

表6-1 2019年和2020年各省份人身保险市场份额前10名地区保费收入及其占比

| 省份 | 2020年保费收入/亿元 | 占比/% | 2019年保费收入/亿元 | 占比/% |
|---|---|---|---|---|
| 广东 | 3189 | 9.57 | 3041 | 9.81 |
| 江苏 | 3022 | 9.07 | 2809 | 9.06 |
| 山东 | 2285 | 6.86 | 2087 | 6.73 |
| 河南 | 1935 | 5.81 | 1899 | 6.13 |
| 北京 | 1862 | 5.59 | 1622 | 5.23 |
| 四川 | 1725 | 5.18 | 1635 | 5.28 |
| 浙江 | 1711 | 5.13 | 1517 | 4.90 |
| 河北 | 1497 | 4.49 | 1417 | 4.57 |
| 湖北 | 1484 | 4.45 | 1331 | 4.30 |
| 上海 | 1356 | 4.07 | 1195 | 3.86 |

资料来源:银保监会统计数据。

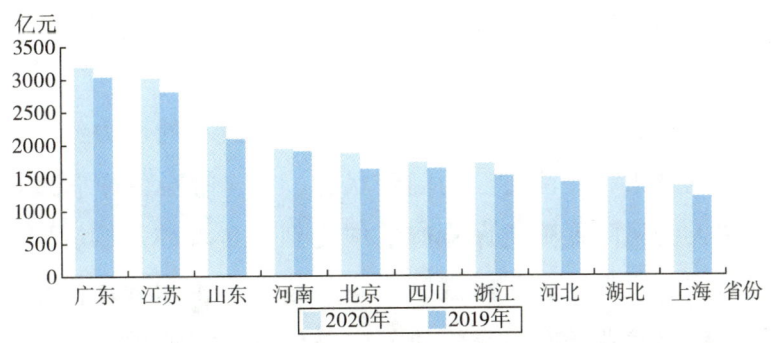

**图 6-2　2019 年和 2020 年各省份人身保险市场份额前 10 名地区保费收入**

如表 6-1 和图 6-2 所示，2020 年人身险保费收入排名前 10 的省份与 2019 年相一致，且在排名上变化不大，仅北京超过四川位列第 5，这些省份主要包括北上广、江浙等经济较发达的地区，以及河南、四川等人口基数较大的省份。与 2019 年相比，这 10 个省份 2020 年人身险原保费收入均有所上升，但涨幅大多不及 2019 年。其中，涨幅排名后两位的是河南和广东，分别为 1.92% 和 4.88%，也只有这两个省份涨幅低于 5%。原保费收入最高的广东涨幅仅为 4.88%，居涨幅排名第 9 位。涨幅最高的是北京，达到了 14.77%。2019 年和 2020 年前 10 名的省份保费收入之和占比均为 60%，并未发生变化。

## 第二节　人身险公司产品结构分析

### 一、人身险保费收入增速放缓，健康险市场发展迅速

2019 年人身险公司原保险保费收入为 29628 亿元，同比增长 12.82%，2020 年人身险公司原保险保费收入为 31674 亿元，同比增长 6.91%，人身险保费增速相比 2019 年有一定程度的下降。按照寿险产品的保障范围分，寿险原保费结构（或产品结构）可以划分为寿险、人身意外险和健康险。2020 年寿险、人身意外险和健康险原保费收入的增速分别为 5.40%、-2.43%、13.37%，增速整体较 2019 年有所放缓。从产品结构来看，人身意外险、健康险和寿险占人身险保费的比例分别为 2.00%、22.29% 和 75.72%。这一结构变化在整体上延续了往年的趋势。人身意外险占人身险保费的比重较小，且相对 2019 年保费收入出现下滑。寿险保费的占比仍然较高，但保费增长率显著低于健康险。2010 年之后，寿险保费与健康险保费占比出现反向变动，表现为保险公司积极创新保险产品供给，对产品结构持续进行调

整。经过数年的迅速发展，健康险保费占比在2020年达到了22.29%，已十分接近成熟市场水平。

急促的生活节奏和来自工作、人际交往与生活成本的压力给当代人的健康带来许多威胁。人们也越来越关注自己的健康状况，在全社会健康管理意识增强的背景下，健康保险在人身风险保障类保险产品中受到消费者的追捧。同时，大数据与医疗科技的发展也推动了保险公司对健康风险的精准定价和管理优化。在多方面因素的共同推动下，健康险业务在人身险业务中的份额逐步增大。随着税优保险政策的推广，更多的寿险公司拿到了税优健康险的牌照，健康险成为各大寿险公司发展的重要方向。具体如图6-3和图6-4所示。

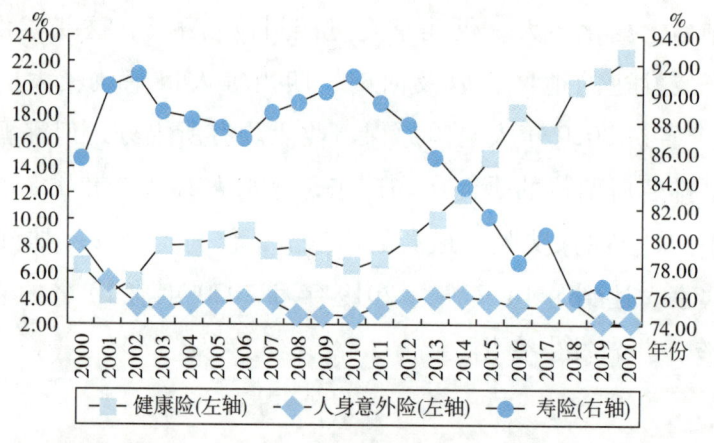

图6-3 2000—2020年寿险各险种占比

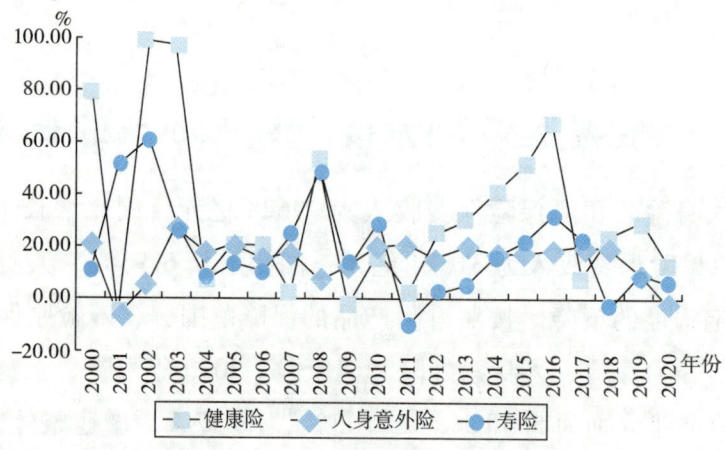

图6-4 2000—2020年各险种保费同比增速

按照党中央、国务院决策部署，由银保监会牵头商相关部门研究制定的《关于促进社会服务领域商业保险发展的意见》（以下简称《意见》），已于2019年12月30日经国务院常务会议审议通过。《意见》中提出要完善健康保险产品和服务，研究扩大税优健康保险产品范围，鼓励保险机构提供医疗、疾病、照护、生育等综合保障服务，积极发展多样化的商业养老年金保险。力争到2025年，健康险市场规模超过2万亿元。支持商业保险机构参与医保服务和医保控费，完善大病保险运行监管机制，探索健康险与国家医保信息平台对接。加快发展商业长期护理保险，建立寿险赔付责任与护理支付责任转换机制，推动健康保险与健康管理融合发展等。

2020年3月发布的《关于深化医疗保障制度改革的意见》要求，到2030年，全面建成以基本医疗保险为主体，医疗救助为托底，补充医疗保险、商业健康保险共同发展的多层次医疗保障制度体系。12月，国常会部署促进人身保险扩面提质稳健发展的措施，要求加快发展商业健康保险，将商业养老保险纳入养老保障第三支柱加快建设。中央经济工作会议提出要规范发展第三支柱养老保险。在政策支持下，商业健康险、商业养老险被提升到新的高度，迎来大发展机遇。

"以客户为中心"的经营理念已成为各险企的共识，但不同类型险企的经营策略逐步分化。大型金融保险集团将向产业链突破，积极打造大健康生态圈。在大健康领域，中国人寿成立大健康基金和产业投资有限公司，在大健康板块多个领域进行全产业链布局。平安、泰康等险企已开始打造线上线下相结合的"保险＋健康医疗"生态圈。中小险企也将不断探索"特色化经营、差异化竞争"的发展路径，专注细分客户群和场景，推出简单化、碎片化、高性价比产品，打造自身差异化特色。

## 二、保险产品结构改善，中小险企转型艰难

近年来，各大寿险公司都着手持续调整产品结构，积极响应"保险姓保"，采取"回归保障"的市场策略，加大保障型产品的比重。究其原因：第一，老龄化、城镇化和居民可支配收入上升等因素导致居民对保障型保险产品的需求增加；第二，为了促进万能险的健康发展、防范保险期限错配风险和流动风险，原保监会下发《关于规范中短存续期人身保险有关事项的通知》，提高寿险企业销售中短存续期的偿付能力要求以及销售规模；第三，政策层推进供给侧结构性改革，去"杠杆"、去"产能"、去"资产泡沫"、"严监管"等一系列政策加剧了"资产荒"的局面，使得保险公司资产端收益率下滑，而负债端成本难以下降，其中中短存续期产品成本负债很高，进一步压缩利润甚至会使公司面临亏损。

一方面，以平安人寿为代表的大型寿险公司，已经有长期保障型产品及个险渠道，可以凭借其稳定成熟的客户和市场份额，采取稳健的"回归保障"的市场策略，在新政策环境下未来发展将更为顺利；另一方面，寿险行业集中程度较高，在

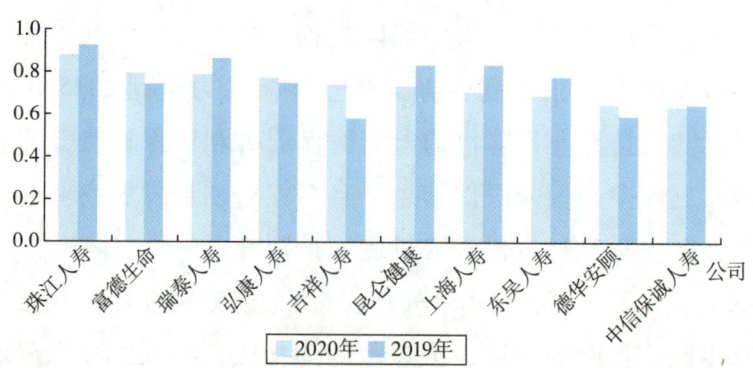

图 6-5　2019 年和 2020 年非保障型产品占比前 10 名的人身险公司

注：中法人寿非保障型产品占比经计算为 98.03%，但公司当前没有产品对外销售，故统计时未计入。

与传统大型寿险公司竞争时，中小型寿险公司在短时间内难以逾越大型公司在长期保障型产品上的优势，因而只能先通过销售银保渠道，发展理财型业务，迅速扩张规模，实现"弯道超车"。

定义非保障型业务占比 =（保户储金及投资款 + 独立账户负债）/（原保费收入 + 保户储金及投资款 + 独立账户负债）。如图 6-5 所示，前 10 名均为中小型人身险公司，说明它们对非保障型产品的依赖性依然很强。然而，如今行业回归长期保障，中小险企转型艰难。

### 三、对于大多数险企而言，分红险仍是吸金利器

汇总 2020 年人身险公司原保险保费收入前 5 位的保险产品信息可以发现，对于大多数险企而言，分红险扮演了吸金利器的角色。表 6-2 至表 6-4 展示了处于原保费收入上位圈的太保寿险、泰康人寿，中位圈的弘康人寿、中德安联，下位圈的汇丰人寿、鼎诚人寿这些险企原保费收入前 5 位的保险产品信息，可以看出分红险的地位至关重要。

表 6-2　2020 年太保寿险、泰康人寿原保费收入前 5 位的保险产品信息

| 太保寿险 | 泰康人寿 |
| --- | --- |
| 金佑人生终身寿险（分红型）A 款（2014 版） | 泰康鑫福年金保险（分红型） |
| 金诺人生重大疾病保险（2018 版） | 泰康幸福享佑年金保险（分红型） |
| 金佑人生终身寿险（分红型）A 款（2017 版） | 泰康鑫享人生年金保险（分红型） |
| 城乡居民大病团体医疗保险（A 型） | 泰康惠健康重大疾病保险 |
| 聚宝盆年金保险（分红型） | 泰康智赢人生年金保险（分红型） |

表6-3 2020年弘康人寿、中德安联原保费收入前5位的保险产品信息

| 弘康人寿 | 中德安联 |
|---|---|
| 弘康安弘赢两全保险（分红型） | 安联逸升丰赢终身年金保险（分红型） |
| 弘康安康赢两全保险（分红型） | 安联超级随心（D款）两全保险（分红型） |
| 弘康多倍保重大疾病保险 | 安联逸升优享年金保险（分红型） |
| 弘康安立赢两全保险（分红型） | 安联逸升尊享（Ⅲ）年金保险（分红型） |
| 弘康弘福今生年金保险 | 安联安裕如意（Ⅲ）年金保险（分红型） |

表6-4 2020年汇丰人寿、鼎诚人寿原保费收入前5位的保险产品信息

| 汇丰人寿 | 鼎诚人寿 |
|---|---|
| 汇丰鸿利月月盈C款年金保险（分红型） | 鼎诚鼎康保终身重大疾病保险 |
| 汇丰鸿利月月盈B款年金保险（分红型） | 新光海航福享今生两全保险（分红型） |
| 汇丰鸿禧年年年金保险（分红型） | 鼎诚鼎鼎红两全保险（分红型） |
| 汇丰汇享世代终身寿险（分红型） | 新光海航康乐相伴两全保险（分红型） |
| 汇丰鸿利年年盈C款年金保险（分红型） | 新光海航福寿连年年金保险（分红型） |

## 第三节 人身险公司服务及消费者投诉分析

截至2021年5月，银保监会披露了2020年第二、第三、第四季度的保险消费投诉情况，第一季度的消费者投诉情况目前尚无公开资料。考虑到在新冠肺炎疫情导致全国停工封城的背景下，新增保单以及有效投诉数量相对有限，本部分以及后面的第七章第三节将使用已知的后三个季度数据作为2020年的全年数据，对2020年人身险和财险公司的服务及消费者投诉情况加以总结。

2020年后三个季度，中国银保监会及其派出机构共接收涉及保险公司的保险消费投诉97174件，与2019年相比增长3.69%。在2020年第二、第四季度，投诉件数的同比增长率分别为26.86%和22.82%，可以看到在"后疫情"时代，保险投诉的数量实际上出现了较大程度的上涨。投诉中涉及财产保险公司的有45088件，较上年减少9.39%，占比为46.40%；涉及人身保险公司的有52086件，较上年增长18.50%，占比为53.60%。

### 一、人身险公司被投诉情况

2020年度，在仅计入后三个季度数据的情况下，人身险公司被投诉的数量仍然

相比往年出现较大幅度的增加。被投诉量位居前10的人身保险公司包括：平安人寿12103件，同比增长13.58%；中国人寿5180件，同比增长3.50%；太平洋人寿4770件，同比增长4.44%；泰康人寿3575件，同比增长15.17%；新华人寿3235件，同比增长3.12%；等等。具体如图6-6所示。

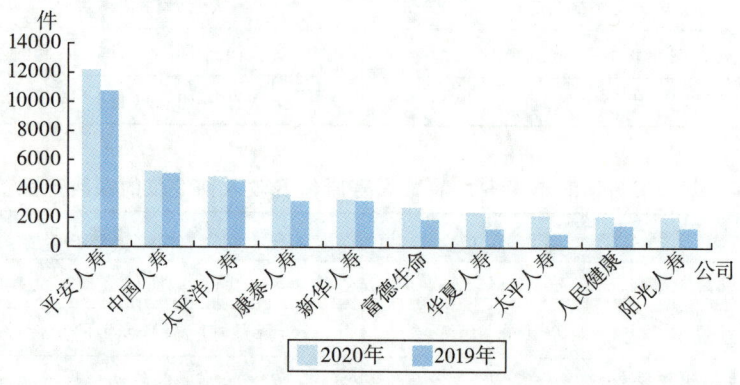

图6-6 被投诉量居前10位的人身保险公司

## 二、投诉与业务量对比情况

2020年，人身保险公司亿元保费投诉量中位数为7.22件/亿元（由后三个季度数据加总得到）。其中，亿元保费投诉量居前的为：和谐健康（119.84件/亿元）、人民健康（37.07件/亿元）、瑞泰人寿（33.60件/亿元）、中美联泰（30.70件/亿元）、富德生命（24.11件/亿元）。具体如图6-8所示。

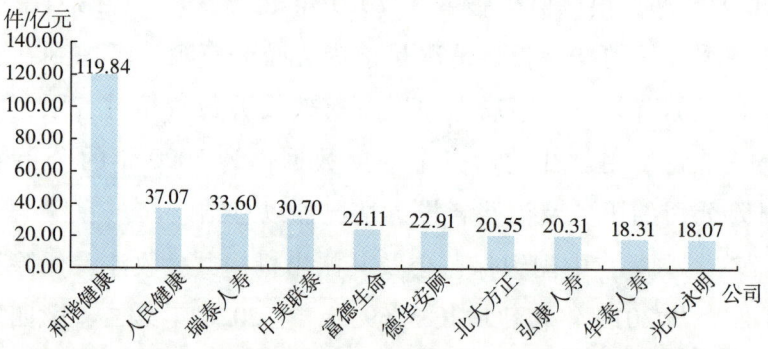

图6-7 2020年亿元保费投诉量居前10位的人身保险公司

从图6-6和图6-7中可以看出，投诉量排名前10的保险公司与亿元保费投诉量排名前10的保险公司出入较大，显然，由于投诉总量与总体保费体量直接相关，以投诉总量来判定保险公司的服务质量是有失偏颇的。

当然，即便投诉量与亿元保费投诉量平均值处于低水平，也并不意味着这家保险公司的服务水平很高，可能只代表着其保单规模太小。显然，这两个数据只能作为方向性的参考,如果能够将投诉量与保单数量相对应,也许能够在一定程度上增添说服力。数据显示,2020年,人身保险公司万张保单投诉量中位数为0.73件/万张。其中,万张保单投诉量居前的为:信美相互人寿(5.14件/万张)、三峡人寿(2.72件/万张)、君龙人寿(2.56件/万张)、中美联泰(2.38件/万张)、恒安标准(2.15件/万张)。具体如图6-8所示。在人身险原保费收入排名前10的公司中,平安人寿、华夏人寿的万张保单投诉量超过平均值,分别为0.94件/万张、0.99件/万张。

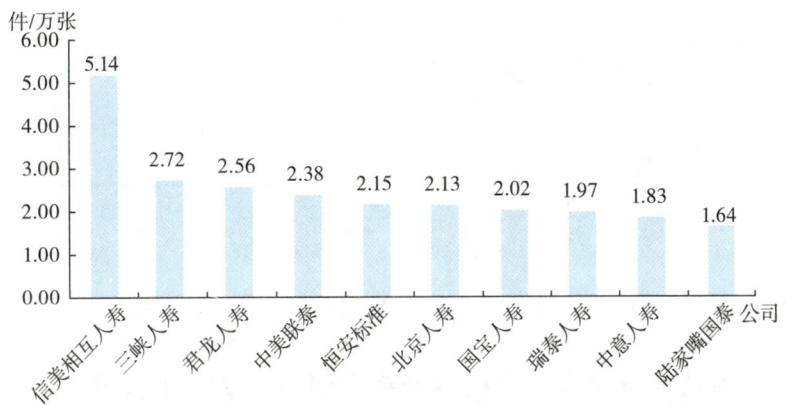

**图6-8　2020年万张保单投诉量排名前10的保险公司**

2020年,人身保险公司万人次投诉量中位数为0.27件/万人次。其中,万人次投诉量居前的为:弘康人寿(1.22件/万人次)、君龙人寿(1.12件/万人次)、中美联泰(1.10件/万人次)、招商信诺(0.93件/万人次)、富德生命(0.92件/万人次)。具体如图6-9所示。

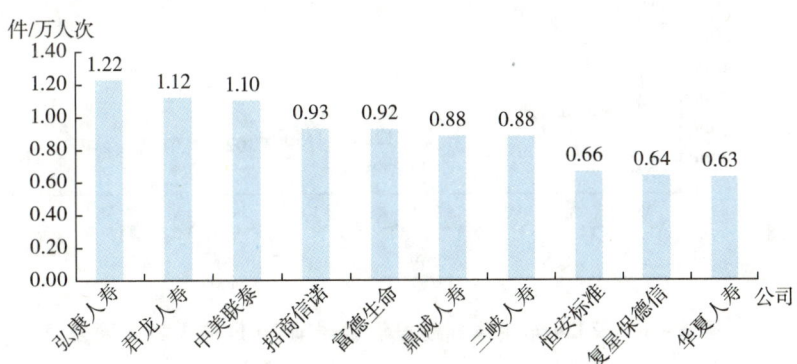

**图6-9　2020年万人次投诉量排名前10的保险公司**

### 三、投诉涉及的主要事由

2020年,在涉及人身保险公司投诉中,理赔纠纷由2019年的9054件降至7767

件,占人身保险公司投诉总量的14.91%。人身保险公司理赔纠纷投诉量居前的为:人民健康1603件,同比增长56.24%;中国人寿851件,同比下降33.46%;太平洋人寿774件,同比下降33.79%;平安人寿726件,同比下降32.02%;新华人寿498件,同比下降31.87%。具体如图6-10所示。

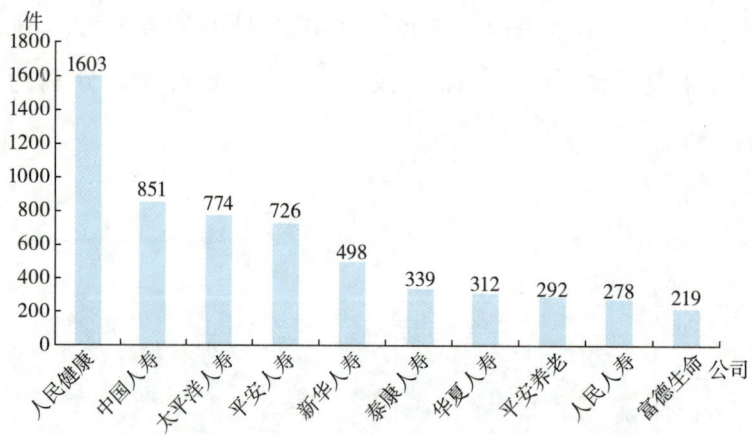

图6-10　2020年理赔纠纷投诉量居前10位的人身保险公司

2020年,涉及人身保险公司投诉的销售纠纷由21121件升至22133件,占人身保险公司投诉总量的42.49%。人身保险公司销售纠纷投诉量居前的为:平安人寿6587件,同比下降3.94%;中国人寿2075件,同比下降0.83%;太平洋人寿1847件,同比下降6.24%;泰康人寿1598件,同比增长13.49%;新华人寿1226件,同比下降10.71%。具体如图6-11所示。

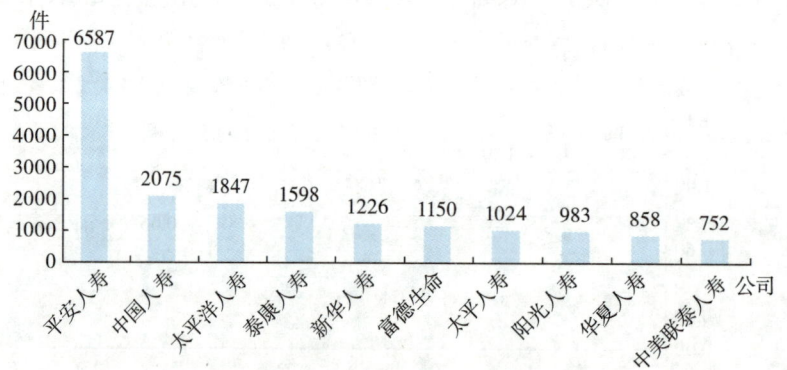

图6-11　2020年销售纠纷投诉量居前10位的人身保险公司

## 四、投诉涉及的主要险种

2020年在涉及人身保险公司的投诉中,普通人寿保险纠纷为20174件,占人身保险公司投诉总量的38.73%;疾病保险纠纷为11143件,占比为21.39%。

人身保险公司普通人寿保险纠纷投诉量居前列的包括平安人寿(6387件)、中国人寿（2097件）、太平洋人寿（1670件）、泰康人寿（1242件）以及华夏人寿（952件）。具体如图6-12所示。

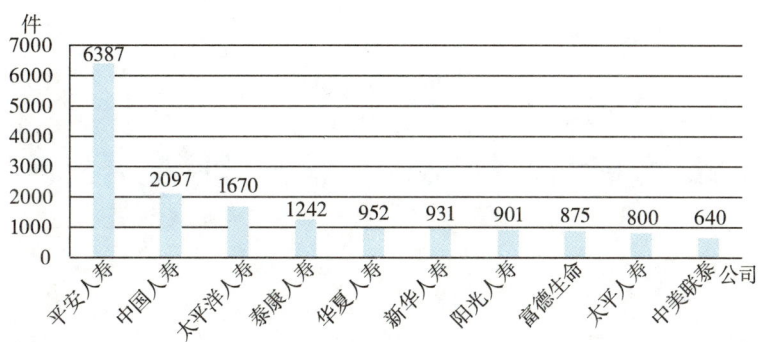

**图6-12　2020年普通人寿保险纠纷投诉量居前10位的人身保险公司**

人身保险公司疾病保险纠纷投诉量居前五位的为：平安人寿（2072件）、新华人寿（1027件）、太平洋人寿（879件）、中国人寿（763件）、华夏人寿（700件）。

# 第七章
# 中国财产保险产品和服务分析

## 第一节 中国财险市场份额分析

### 一、原保费收入下的市场份额

我国财险市场经过多年竞争、融合和调整,已经形成一定的格局,如车险业务主要被市场上的"老三家"占据市场份额。相比10年前,市场主体已经相对增加,但是市场的集中度仍然很高,市场竞争方式多为低费率竞争。同时,险种结构失衡,财险业务主要集中在车险、农险和企财险,根本原因还是在于财险产品更新较慢,且新产品"搭便车"现象泛滥,难以区分市场主体的差异性以及人们的风险管理意识不够等。财险保险人的勘察、专业评估程度参差不齐,免费责任未能阐明,拒赔事件多。还有就是相关的法律法规与监管标准都不够完善,业务流程混乱,导致问责机制不够清晰,限制了责任保险和信用保证保险等的发展。

2020年财产险公司原保费收入总额为13584亿元,较2019年增加了4.36%。近3年,财险公司保费增速呈现出放缓趋势,2020年保险行业受新冠肺炎疫情冲击的影响,增速下降幅度较大,但仍保持增长态势,如表7-1、图7-1所示。

表7-1 2015—2020年财险公司原保费收入总额及同比增长率

| 年份 | 原保费收入总额/亿元 | 同比增长率/% |
| --- | --- | --- |
| 2015 | 8423 | 11.65 |
| 2016 | 9266 | 10.01 |
| 2017 | 10541 | 13.76 |

续表

| 年份 | 原保费收入总额/亿元 | 同比增长率/% |
|---|---|---|
| 2018 | 11756 | 11.53 |
| 2019 | 13016 | 10.72 |
| 2020 | 13584 | 4.36 |

资料来源：银保监会统计数据。

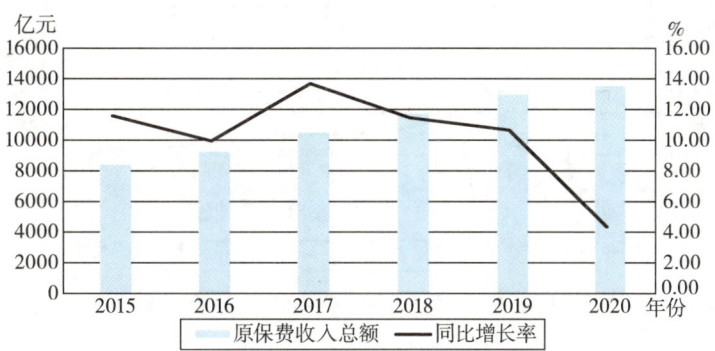

图 7-1　财产险公司 2015—2020 年原保费收入及同比增长率

2020 年，财产险业务原保险保费收入为 11928.58 亿元，同比增长 2.4%，增长趋势与财产险公司整体原保费收入相似。从各财险公司原保费收入上看，机动车辆保险、健康险以及农业保险保费收入表现依然稳定，保证保险以 19.65% 的增速进入财险公司保费来源险种前 3 名，相应责任保险保费收入下滑，被挤出前 4 名之列。2020 年，财险公司保费收入来源前 4 名险种的原保险保费收入合计为 11075 亿元，占财产公司原保险保费收入的 81.53%。表 7-2 为 2020 年原保费收入排名前 5 的财险公司在 2018—2020 年的市场份额。

表 7-2　2020 年原保费收入排名前 5 的财险公司在 2018—2020 年的市场份额

| 排名 | 公司名称 | 2018 年 | | 2019 年 | | 2020 年 | |
|---|---|---|---|---|---|---|---|
| | | 金额/亿元 | 占比/% | 金额/亿元 | 占比/% | 金额/亿元 | 占比/% |
| 1 | 人保财险 | 3880.03 | 33.01 | 4316.44 | 33.16 | 4320.19 | 31.80 |
| 2 | 平安财险 | 2474.44 | 21.05 | 2709.3 | 20.81 | 2858.54 | 21.04 |
| 3 | 太平洋财险 | 1173.80 | 9.98 | 1322.32 | 10.16 | 1467.18 | 10.80 |
| 4 | 国寿财险 | 691.06 | 5.88 | 770.24 | 5.92 | 863.96 | 6.36 |
| 5 | 中华联合 | 422.32 | 3.59 | 485.52 | 3.73 | 527.15 | 3.38 |

资料来源：Wind 数据库。

按原保险保费收入划分市场占有率，2020 年市场占有率居前 10 名的保险公司有：人保财险、平安财险、太平洋财险、国寿财险、中华联合、大地财险、阳光财险、太平财险、众安财险以及出口信用。2020年，人保财险、平安财险和太平洋财险依旧分列前3，市场占有率分别达到31.80%、21.04%和10.80%。而余下的7家位列前10的财险公司的市场占有率则在1%到7%之间（见图7-2）。

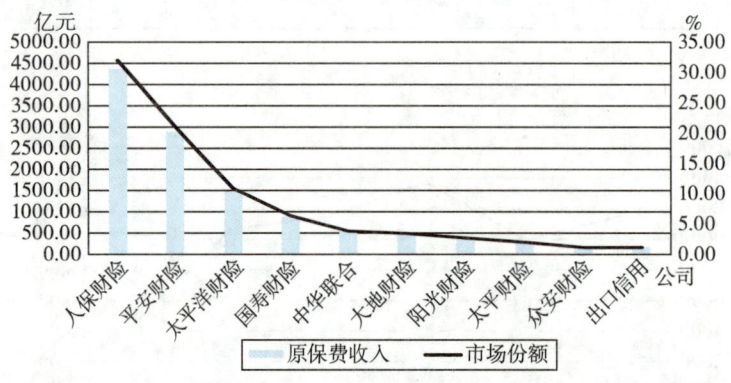

图7-2 2020年居前10位财产险公司原保费收入及所占市场份额

与往年情况相类似，2020年，从行业集中度来看，财产险市场依旧呈寡头主导格局：保费规模排名前10的保险公司，原保费收入总计达11500.16亿元，占到了全行业的84.66%，而其中排名前3的人保财险、平安财险和太平洋财险遥遥领先，三家公司占全行业之比高达63.64%；与此同时，排10名之后的财产险公司的市场份额则无一高过1.2%。

图7-3显示了排名前5的财险公司2018—2020年的原保费收入市场份额，可以直观地看出，市场排名前列的财险公司市场份额都很稳定：其中人保财险的市场份额一骑绝尘，虽稍有下降但基本稳定在33.00%；同时，平安财险在2019年也较2018年有小幅度的下降，但也都稳定在20.00%左右。太保财险自2017年以来保持着上升趋势，2020年其市场份额较前年增长10.80%。总体来看，各大财险公司的市场份额都很稳定，这主要是由补偿性保险和短期保险的性质决定的，很难通过类似于"投连险"的投资功能来大规模地吸引顾客，集中抢占市场。

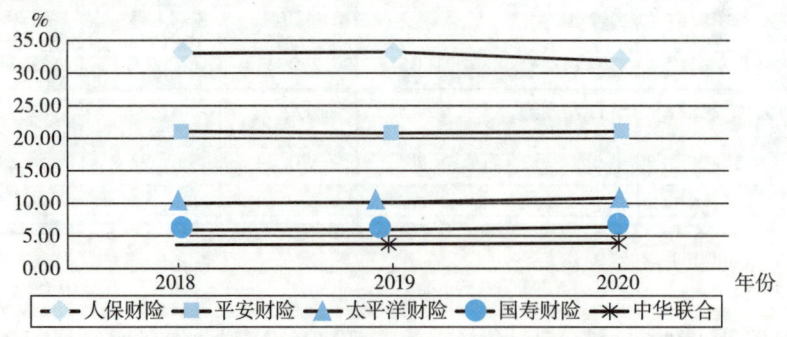

图7-3 排名前5的财险公司2018—2020年的原保费收入市场份额

## 二、分地区财产险保费占比

我国银保监会对各省份的保费进行了统计和排名。各省份保费收入排名显示，2020年我国财产保险保费收入排名前10位的省份分别是：广东、江苏、浙江、山东、河北、河南、四川、上海、安徽和北京。表7-3显示了2020年和2019年我国财产险市场份额排名前10地区的情况。

表 7-3  2020 年和 2019 年财产险市场份额排名前 10 的地区

| 地区 | 2020年保费收入/亿元 | 占比/% | 2019年保费收入/亿元 | 占比/% |
|---|---|---|---|---|
| 广东 | 1010 | 8.47 | 1071 | 9.19 |
| 江苏 | 993 | 8.33 | 941 | 8.08 |
| 浙江 | 766 | 6.42 | 734 | 6.30 |
| 山东 | 686 | 5.75 | 663 | 5.69 |
| 河北 | 592 | 4.96 | 573 | 4.92 |
| 河南 | 571 | 4.78 | 532 | 4.57 |
| 四川 | 548 | 4.60 | 513 | 4.40 |
| 上海 | 509 | 4.27 | 525 | 4.51 |
| 安徽 | 471 | 3.95 | 453 | 3.89 |
| 北京 | 441 | 3.70 | 455 | 3.91 |
| 合计 | 6587 | 55.23 | 6460 | 55.46 |

资料来源：银保监会统计数据。

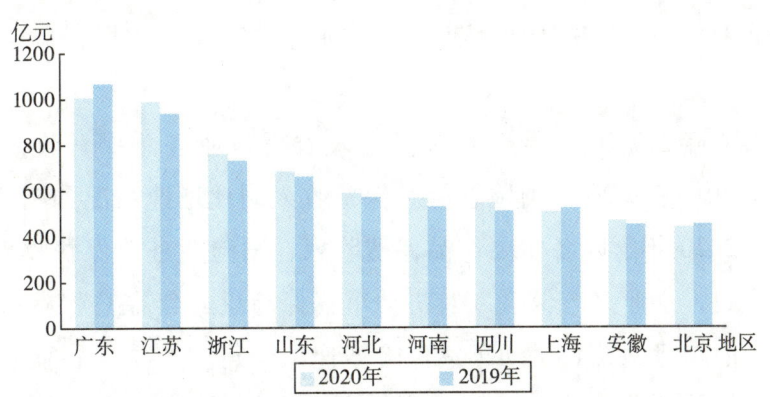

图 7-4  2019 年和 2020 年财产险市场份额排名前 10 名地区保费收入

如图7-4所示，2020年财产险保费收入前10名的省份与2019年相同，有变化的地方包括：四川重新超过上海位列第7，以及安徽超过北京位列第9。另外，可以发现，财产险保费收入体量较大的地区在特征上与人身保险相类似，其主要集中在北上广等经济发达地区以及山东、河南等人口基数大的地区，排名前10位的省份就集中了全国一半以上的财产险保费收入，占比达55.23%。

## 第二节　财产保险公司产品结构分析

### 一、财产险保费增速稳定

2020年，财产险业务原保险保费收入为11929亿元（不含健康险、意外险），同比增长2.40%，依然保持增长态势，但增速相对放缓。从财险公司的全部原保费收入来看，机动车辆保险、健康险、责任保险以及农业保险的保费收入表现亮眼，这四个主要险种的原保险保费收入合计达11075亿元，占财产公司原保险保费收入的81.53%。

2020年，机动车辆保险原保险保费收入为8245亿元，同比增长0.7%，占财产险业务的比例为69.12%，占财产险公司业务的比例为60.70%。企业财产保险原保险保费收入为490亿元，同比增长5.66%，占财产险业务的比例为4.11%，占财产险公司业务的比例为3.61%。责任保险原保险保费收入为901亿元，同比增长19.67%，占财产险业务的比例为7.55%，占财产险公司业务的比例为6.63%。农业保险原保险保费收入为815亿元，同比增长21.27%，占财产险公司业务的比例为6.83%，占财产险公司业务的比例为6.00%。保证保险原保险保费收入为689亿元，同比降低18.42%，占财产险业务的比例为5.78%，占财产险公司业务的比例为5.07%。

2005—2020年财险各主要产品保费收入占财险业务总保费收入的比重情况如图7-5所示。2010—2020年财险各险种保费收入同比增速情况如图7-6所示。

从2005—2020年财险各主要产品保费收入在财险业务总保费收入的占比情况可以很清楚地看到，企业财产保险以及机动车辆保险近几年在总保费收入中的占比都是呈逐年下降的趋势，尤其机动车辆保险增速下降得非常厉害；而责任保险与农业保险一直保持持续增长的态势。保证保险前几年一直保持着较高的增速，但2020年比2019年保费收入降低了18.42%。一方面，新冠肺炎疫情冲击导致保证保险赔付压力骤升；另一方面，近年P2P暴雷连带相关险企的信保业务巨赔也暴露出保证保险在此前增长阶段中产生的一些问题。

从2010—2020年财险各险种保费收入同比增速情况来看，机动车辆保险总体的同比增速处在不断下降的状态，近几年一直处于相对较低的水平；农业保险的同比增速波动较大，但近两年趋于稳定，开始稳步扩张；责任保险总体上较为平稳，虽然2019年比2018年略微下降，但是在2020年再次迎来大幅增长；而企业财产保险近几年的同比增速变化不大，整体呈现出稳步增长的趋势。

从占比水平和同比增速水平一起来看各险种的情况可以发现，两者并不是正向的关系，占比高的增速不一定高，增速不断上升的占比也可能下降，这种情况的出现与每年的财产保险的总规模和结构有关。

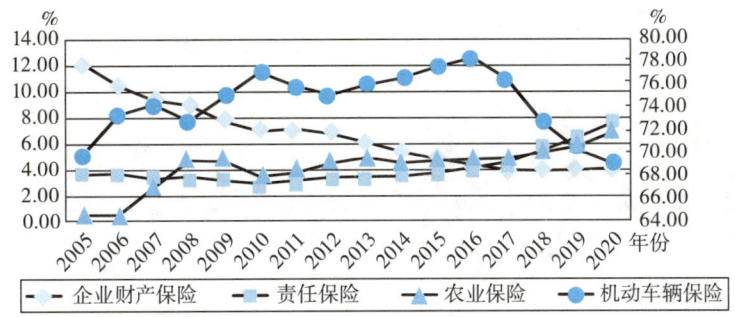

**图7－5　2005—2020年财险各主要产品保费收入占财险业务总保费收入的比重**

注：左轴为企业财产保险、责任保险、农业保险的保费收入占财险总保费中的比重；右轴为机动车辆保险的保费收入占财险总保费收入的比重。

资料来源：Wind数据库。

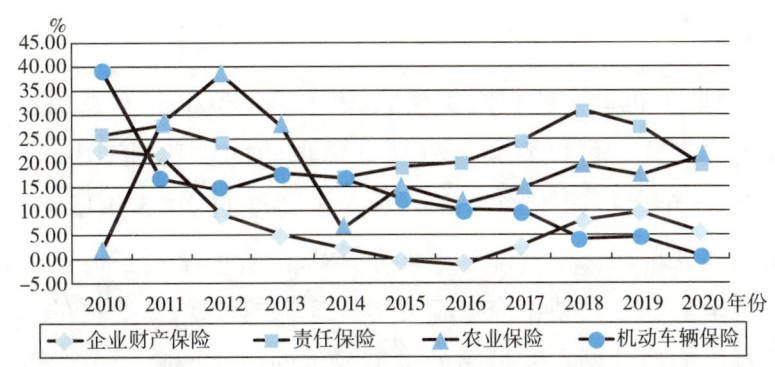

**图7－6　2010—2020年财险各险种保费收入同比增速**

## 二、车险综改给机动车辆保险业务带来短期压力，中小险企亟待转型

从各家财险公司产品结构来看，虽然机动车辆保险的产品种类在各公司有所不同，但是综观历史数据，车险在财险公司的地位始终保持稳定。表7－4为2020年保费收入排名前3的财产险公司主要业务保费收入占各公司总保费收入的情况。

表7-4  2020年保费收入排名前3的财产险公司主要业务保费收入及其占比

| 保险公司 | 机动车辆保险/亿元 | 占比/% | 责任险/亿元 | 占比/% | 农险/亿元 | 占比/% | 保证险/亿元 | 占比/% |
|---|---|---|---|---|---|---|---|---|
| 人保财险 | 2656.51 | 61.49 | 284.67 | 6.59 | 357.54 | 8.28 | 52.83 | 1.22 |
| 平安产险 | 1961.51 | 68.62 | 153.11 | 5.36 | 23.61 | 0.83 | 374.29 | 13.09 |
| 太保产险 | 956.70 | 65.21 | 87.84 | 5.99 | 86.49 | 5.89 | 66.82 | 4.55 |

排名前3的财险公司中，机动车辆保险保费收入占原保费收入总额的比例均在61%以上，所以机动车辆保险的保费收入变化对总保费收入变化的影响很大。

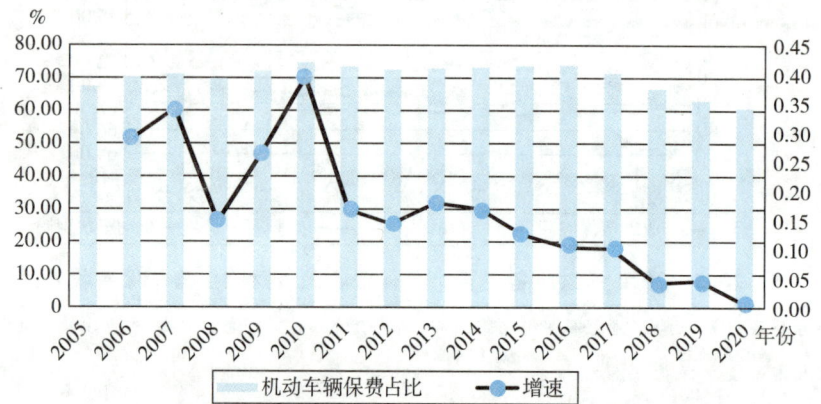

图7-7  2005—2020年车险业务占比及车险保费增速情况

注：左轴为车险保费占原保费收入的比例；右轴为车险保费增速。

图7-7截取了机动车辆保险保费收入2005—2020年在总保费收入中的占比变化和增长速度的变化。可以看到，机动车辆保险的占比自2016年起有所下降，保费增速则在2010年后持续下降。这一下降主要受自2015年以来商车费改的影响：商车费改试点地区单均保费下降，然而车险综合费用率明显升高。商车费改引起的行业手续费竞争实际上是使中介渠道受益、车险客户总体受损的恶性价格竞争，这导致受制于有限的经营网点和过高的渠道成本的中小产险公司严重亏损。2020年车险行业实现79.57亿元的承保保费，而"老三家"车险业务合计利润约为139亿元，是行业水平的1.76倍，中小险企盈利者寥寥无几。2020年年初，银保监会副主席黄洪曾表示，车险目前深层次矛盾和问题仍没有得到根本解决，深水区的改革还没有开始。车险改革亟待进一步深入推进。

2020年，银保监会先后正式颁布并正式实施《关于实施车险综合改革的指导意见》和《示范型商车险精算规定》，实行"降价、增保、提质"。"车险综改"落地，短期来看，其直接带来的影响一方面是签单保费下滑，另一方面是综合赔付率的增加逐渐超过综合费用率的减少，导致车险利润空间被进一步压缩。2020年，车险行业的综合成本率出现小幅度回升（见图 7-8），数据显示，综改之后半年，到 2021 年 2 月，6 个地区车险综合成本率突破 100%，多家险企持续亏损。在接下来的一段时间，随着赔付率更高的新保单占比增加，车险业务将进一步面临亏损压力。改革也进一步促进了中小险企挖掘自身优势，努力实现专业化经营，借助优势险种的推出进行差异化竞争。从长期来看，市场多元化、费率市场化的改革目标对车险市场的健康运行和险企的可持续发展都具有显著的积极作用。

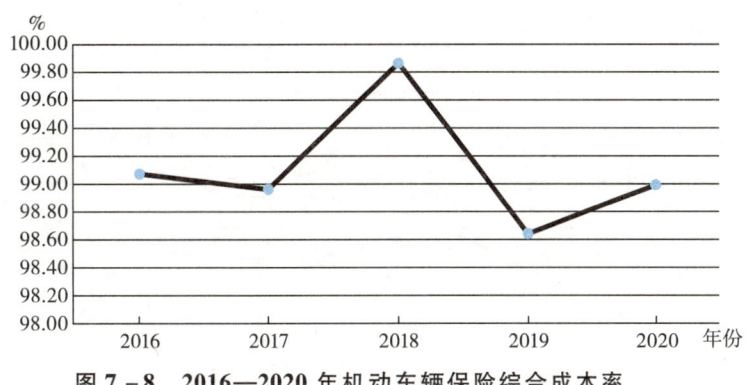

图 7-8 2016—2020 年机动车辆保险综合成本率

## 三、农业保险保障水平进一步提升，政策支持效果明显

农业保险在我国是一个特殊的险种。由于难以估计其标的物发生灾害的概率，且农业保险的出险一般来自自然灾害，造成的损失较广、难以止损，容易对农村居民的生活乃至社会经济整体造成严重的影响，因此财政一般会对农业保险进行一定的补贴。

我国农业保险从 2007 年起逐步取得成绩，而 2004 年之前的十年我国农业保险一直处在萎缩状态。2004 年中央一号文件《中共中央 国务院关于促进农民增加收入若干政策的意见》出台，农业保险被纳入了国家战略考虑，随后 3 家专业性农业保险公司成立，地方政府支持开展多形式农业保险试点工作。2006 年，国务院提出政策性农业保险"三个补贴"，从表 7-5 中能看出这三年的探索取得了一定的效果。2007 年，中央财政将"农业保险保费补贴"列入预算科目，列出 10 亿元财政预算，此后补贴逐年增多。从 2004 年起，农业保险保费占财产保险费比重呈上升趋势，各级财政对农业保险保费补贴近 80%。2007—2019 年，我国农业保险为投保农户提供的损失赔偿从 32.8 亿元增加到 527.87 亿元。2007—2017 年，投保农户从 0.498 亿户次增加到 2017 年的 2.13 亿户次。2006—2017 年，提供农业保险服务的保险机构从 5 家增长到 31 家，农业保险品种从 2007 年的 6 个增加到 2016 年的 211 个。所有这些成就都源于中央和地方各级财政的支持与投入。

为了更加直观地体现农业保费的增长与政府对农业保险的补贴，我们绘制了图7-9，从图中我们可以粗略地看到政府对农险的补贴趋势与农险保费收入变化趋势很相似。最初财政对保费的补贴占据了农业保险收入的大部分份额，然而在随后的年份，它们之间的差距越来越大。同时，在农险保费收入增速变缓前，政府对其补贴的增速有所滞缓，直至2010年农险保费收入增速再次提高，政府的补贴立刻尾随增加。从中可以总结出，我国财政对农业保险的补贴并不过于盲目。

**图7-9 2006—2012年农业保费收入与中央财政对保费的补贴**

表7-5显示，我国农业保险原保费收入额度逐年增长，尤其是2007年，保费收入是上年的6倍。到了2011年，农业保险的原保费收入已经达到173.8亿元，然而一年后的原保费收入则达到了240.13亿元。而且从2013年开始我国农业保险原保费收入高速增长，到2019年达到672.50亿元，赔款支出达527.87亿元。2020年的中央一号文件在"强化农村补短板保障措施"部分，也首次提出了要"抓好农业保险保费补贴政策落实"，财政支持力度进一步加大。

**表7-5 2004—2020年我国农业保险发展情况统计**

| 年份 | 财产保险原保费收入/亿元 | 农业保险原保费收入/亿元 | 农业保险原保费收入同比增长率/% | 各级政府提供的农业保险保费补贴/亿元 | 农业保险保费收入占财产保险保费收入的比例/% | 农业保险赔款总额/亿元 | 农业保险简单赔付率/% |
|---|---|---|---|---|---|---|---|
| 2004 | 1089.89 | 3.77 | -18.3 | — | 0.4 | 2.81 | 74.6 |
| 2005 | 1229.86 | 7.29 | 93.4 | — | 0.6 | 5.67 | 77.8 |
| 2006 | 1509.43 | 8.46 | 16.0 | — | 0.6 | 5.91 | 69.9 |
| 2007 | 1997.74 | 51.80 | 512.3 | 20.50 | 2.6 | 32.80 | 63.3 |
| 2008 | 2336.71 | 110.70 | 113.7 | 78.44 | 4.7 | 70.00 | 63.2 |

续表

| 年份 | 财产保险原保费收入/亿元 | 农业保险原保费收入/亿元 | 农业保险原保费收入同比增长率/% | 各级政府提供的农业保险保费补贴/亿元 | 农业保险保费收入占财产保险保费收入的比例/% | 农业保险赔款总额/亿元 | 农业保险简单赔付率/% |
|---|---|---|---|---|---|---|---|
| 2009 | 2875.83 | 133.90 | 21.0 | 99.70 | 4.7 | 101.9 | 76.1 |
| 2010 | 3895.64 | 135.70 | 1.3 | 101.50 | 3.5 | 100.60 | 74.1 |
| 2011 | 4617.82 | 173.80 | 28.1 | 131.30 | 3.8 | 89.00 | 51.2 |
| 2012 | 5330.96 | 240.13 | 38.2 | 182.72 | 4.5 | 142.20 | 59.2 |
| 2013 | 6481.16 | 306.70 | 27.7 | 234.95 | 4.7 | 208.60 | 68.0 |
| 2014 | 7203.38 | 325.70 | 6.2 | 250.70 | 4.5 | 114.60 | 35.2 |
| 2015 | 7994.97 | 374.90 | 15.1 | 147.30 | 4.7 | 237.10 | 63.2 |
| 2016 | 8724.50 | 417.70 | 11.4 | 158.30 | 4.8 | 299.20 | 71.6 |
| 2017 | 9834.70 | 479.10 | 14.7 | 362.69 | 4.9 | 366.10 | 76.4 |
| 2018 | 10770.70 | 572.70 | 19.6 | 199.34 | 5.3 | 394.31 | 68.9 |
| 2019 | 11649.00 | 672.50 | 17.4 | 538.00 | 5.8 | 527.87 | 78.5 |
| 2020 | 11928.58 | 814.93 | 21.2 | 310.20 | 6.8 | 616.59 | 75.7 |

农业保险的经营不仅涉及保险公司的经营效益，还关系到财政支出的效率，因此，高效的补贴机制和充分的再保险安排有利于农业保险的持续健康经营。

为鼓励农民积极投保，政府实施差异化保费补贴机制，我们可以参考美国基于保险险种、保障水平和保险单位三个指标确定保费补贴比例。不同保险产品面临的风险损益不同，需要给予差异化的保费补贴。例如，产量保险产品的保费补贴水平高于收入保险产品，团体保险产品的保费补贴水平高于个体保险产品。对于不同保障水平的农业保险，美国政府对保障水平越高的险种保费的补贴比例越低，如对于最低保障水平的巨灾保险。关于按照保险单位的差异化进行保费补贴，2008年美国农业法案将保险单位作为决定保费补贴比例的新标准，从而进一步细化了保费的差异化补贴。

2003年，中共中央提出"积极发展财险、人身保险和再保险市场"，那时我国的再保险市场刚刚起步，我国农业再保险市场仍然一片空白。表7-6列出了我国农业再保险市场的发展历程。

我国农业再保险虽是一个由政府主导、市场逐步参与、多方协助的农业再保险体系，但仍然存在许多亟须完善的方面，如法律的缺失、技术的滞后、再保险主体的不足等。在这些方面我们应加强与国际再保险市场的交流,增加与国外机构的合作,提高农业巨灾风险的分散能力。

表7-6 农业再保险市场的发展历程

| 年份 | 事件 |
| --- | --- |
| 2004 | 初步形成,建立全国农业再保险体系 |
| 2005 | 先建立农业再保险保障体系,通过集合相关保险及再保险公司的力量共担风险,最大限度地转移、分散农业风险 |
| 2007 | 中再集团与多个农业保险承保主体签订农业再保险合作框架协议,浙江、海南等省政府与当地农业保险承保主体达成了封顶赔付和超额分担协议 |
| 2008 | 着眼点在"建立",农业再保险比例分保合同的安排从理论探讨走向实际操作,以超赔保障为普遍需求,比例分保由市场、政府分担超赔的再保险体系已经初显雏形 |
| 2009 | 北京市农村工作委员会和中再集团、瑞在北京分公司签署了再保险协议,转移北京市政府承担的政策性农业保险超赔风险,创我国政府出资直接购买商业保险之先河 |
| 2010 | 着眼点在"健全",农业再保险进入总结、提高阶段 |
| 2011 | 《中国保险业发展"十二五"规划纲要》提出加快推动建立国家政策支持的农业再保险体系和地震、洪水等巨灾风险再保险体系 |
| 2012 | 中央一号文件指出,健全农业再保险体系,逐步建立中央财政支持下的农业大灾风险转移分散机制。农业保险正沐浴和煦的政策春风 |
| 2013 | 《农业保险条例》在确立全国农业保险制度的同时,把确定各地农业保险经营模式的权利交给了省、自治区、直辖市 |
| 2014 | 中国农业保险再保险共同体正式成立。农共体由人保财险等23家具有农业保险经营资质的保险公司和中国财产再保险公司共同发起组建 |
| 2015 | 中国农业保险再保险共同体承保能力扩大到2400亿元,可满足国内96%以上的分保需求 |
| 2018 | 《关于将三大粮食作物制种纳入中央财政农业保险保险费补贴目录的有关通知》提出将对水稻、小麦、玉米的制种和种子生产环节中的各类风险进行保费补贴,补贴比例依照地区而异 |
| 2019 | 《关于加快农业保险高质量发展的指导意见》提出2022年以及2030年发展目标,且在再保险方面要完善大灾风险分散机制,增加农业再保险供给,扩大农业再保险承保能力,完善再保险体系和分保机制 |
| 2020 | 中国银保监会发布《关于进一步加大"三区三州"深度贫困地区银行业保险业扶贫工作力度的通知》《关于做好2020年银行业保险业服务"三农"领域重点工作的通知》,提出深入推进保险扶贫,扶贫专属农业保险产品持续增加、贫困户农业风险保障金额持续增长的要求 |

## 四、保证保险规模收缩

2018年10月17日，银保监会发布《关于开展信用保证保险业务专项自查工作的通知》，组织开展信保业务专项自查工作，此举旨在贯彻落实党中央、国务院关于加强金融风险防控工作的重要决策部署，防范化解信用保险和保证保险业务风险，强化保险公司主体责任，评估《信用保证保险业务监管暂行办法》执行效果。目前，我国大部分财险公司均开展了信用保证保险业务，但其规模只占财险公司整体业务中的很小一部分。2015年以来，信用保证保险市场需求增加，专业参与者不断加入，专业信用保证保险公司阳光信保成立至今已有两年，专注于信用保证保险领域的第一家相互保险社——众惠财产相互保险社于2017年2月成立。同时，由于互联网的介入，信用保证保险开始与各种形态结合，通过互联网渠道嵌入场景进行销售，如个人贷款保证保险、企业贷款保证保险等，客观上有效降低了个人及企业融资成本。2011—2020年我国保证保险发展情况如表7-7所示。

表7-7　2011—2020年我国保证保险发展情况统计

| 年份 | 总原保费收入/亿元 | 保证保险保费收入/万元 | 总赔款及给付/亿元 | 保证保险赔款及给付/亿元 | 保证保险赔款占总赔款的比例/% | 保证保险保费收入占总保费收入的比例/% |
| --- | --- | --- | --- | --- | --- | --- |
| 2011 | 4779.0 | 565000 | 2249.0 | 3.8 | 0.169 | 1.182 |
| 2012 | 5530.0 | 935000 | 2897.0 | 9.3 | 0.321 | 1.691 |
| 2013 | 6481.0 | 1203700 | 3556.0 | 16.5 | 0.464 | 1.857 |
| 2014 | 7544.0 | 1999000 | 3968.0 | 29.1 | 0.733 | 2.650 |
| 2015 | 8423.0 | 2081000 | 4448.0 | 63.7 | 1.432 | 2.471 |
| 2016 | 9265.7 | 1841000 | 5045.6 | 65.1 | 1.290 | 0.199 |
| 2017 | 10541.4 | 3792000 | 5495.8 | 77.8 | 1.416 | 3.597 |
| 2018 | 11756.5 | 6451000 | 6455 | 234.6 | 3.634 | 5.487 |
| 2019 | 13016.0 | 8440000 | 7279.0 | — | — | 6.484 |
| 2020 | 13584.0 | 6885700 | 7880.0 | | | 5.069 |

资料来源：中国经济社会大数据研究平台。

在之前的几年，保证保险以其保费的高增速，一度成为财险公司非车险业务中保费收入最大的险种，被视为未来的行业增长点。但随之而来的是不断的"暴雷潮"。前有长安责任等险企因承保P2P履约保证险遭遇平台暴雷而陷入困境，后有新冠肺炎疫情期间行业违约率上升导致多家险企赔付压力大增。据银保监会的信息,2020年保证保险成为除车险外收到投诉最多的险种。

从保费收入和保险赔付角度来看,2010—2019年保证保险的保费收入从229亿元左右上升到844亿元。但2020年保证保险的保费收入大幅下降至688.57亿元,较2019年下降18.42%。从承保利润来看,2019年,保证保险的承保利润率已低至-54.20%,亏损17.99亿元;2020年度,在业务风险集中暴露的背景下,保证保险实现承保亏损95.36亿元。从具体公司来说,2020年"老三家"的保证保险业务发展情况如表7-8所示,可以看到,即使是风险控制和管理能力更优的大型险企如人保财险,其保证保险业务同样出现大幅度萎缩,而平安财险和太保财险保证保险业务同样遭遇亏损,保费增速也大为放缓。可见,当前的业务模式难以为继。

表7-8 2019—2020年"老三家"保证保险保费收入情况

| 公司 | 2019年收入/亿元 | 2020年收入/亿元 | 增速/% |
| --- | --- | --- | --- |
| 人保财险 | 227.6 | 52.83 | -76.79 |
| 平安财险 | 347.1 | 374.29 | 7.83 |
| 太保财险 | 56.2 | 66.82 | 18.90 |

"暴雷潮"的发生,也引起了监管部门的注意。2020年5月,银保监会发布《信用保险和保证保险业务监管办法》,确定将对融资性保证保险业务进行重点监管,在承保条件上,压缩融资性信保业务余额,而给予普惠性小微企业贷款承保更多倾斜;在公司经营上,加强企业相关业务的内控管理要求。以规范市场导向,避免之前高速增长时期盲目扩张、强制搭售、追偿不当等问题再次出现。

从保证保险的市场结构来看,截至2020年5月,在银保监会备案的开展保证保险业务的财产保险公司共有70余家,其中险种数量较多的公司是老牌的资金规模较大的财产保险公司,包括人保、人寿、太平洋、长安、中华联合、大地以及紫金,保证保险产品数量都在30个以上,其中人保财险经营的保证保险产品有80余种,人寿财险经营的保证保险产品有50余种。从保证保险的类型上来说,大部分涉及了履约保证保险和贷款保证保险,履约保证保险在保证保险总数里的市场占有率达37%,贷款保证保险占19%,两者占据保证保险险种数目的一半以上(见图7-10)。我国有超过1800万家的中小企业、民营以及中小企业涉及实体经济各领域,是我国近几年乃至之后一段时期扶持发展的对象。很多企业无法满足银行的贷款要求,要解决这些企业的融资难问题,可以借助保证保险的增信融资功能进行担保,这也为保证保险的发展提供了巨大的潜在需求。

如今,健康险已然取代保证险,成为财险公司的第二大收入来源,离开了盲目

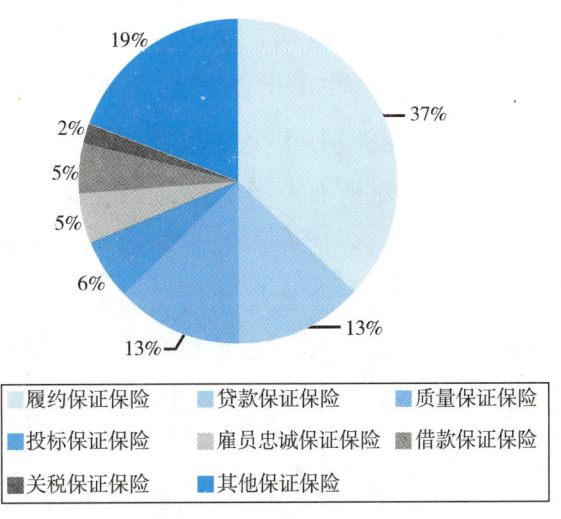

图 7-10　2019 年市场上保证保险产品比例

追捧、无序扩张的环境，对于保证保险自身的发展同样利大于弊。可以说，以更加规范健康的方式发展，保证保险依然未来可期。

## 第三节　财产保险公司服务及消费者投诉分析

截至 2021 年 5 月，银保监会披露了 2020 年第二、第三、第四季度的保险消费投诉情况，第一季度的消费者投诉情况目前尚无公开资料。考虑到在新冠肺炎疫情导致全国停工封城的背景下，新增保单以及有效投诉数量相对有限，本部分以及之前的第六章第三节将使用已知的后三个季度数据作为 2020 年的全年数据，对 2020 年人身险和财险公司的服务及消费者投诉情况加以总结。

### 一、财产险公司服务当前存在的问题

第一，我国财产险市场主体为了增强竞争力，采用降低费率、扩大责任范围等方式，导致保费充足率下降；同时，价格竞争导致财产险公司的风险管理能力降低，对承保标的的防灾防损等服务措施跟进不到位。

第二，自然灾害、大型公共灾害事故频繁发生。其原因一是人为的操作风险管理不成熟，二是保险公司未根据现有风险敞口进行有效的经验分析、更新对灾害发生概率的预测。

当然，由于财险标的的多样性，风险因素也各异，每个行业甚至可能每一种标的的风险状况都不尽相同。大型保险公司对标的的风险管理服务形式一般是由总公

司统一组织内外的风险管理专家集中研究，制定出相应的防灾防损实施模板，并在整个系统内推广，但该方法的局限性在于或多或少会有遗漏的风险种类或服务内容，且实际操作中也容易产生偏差。对于小型的财产险承包人而言，资金规模和风险规模都有限，很难对全公司面对所有业务风险进行全面掌握，这时就需要专业的评估机构，如再保险人、经纪人、公估人、专业咨询公司等风险管理专家根据保险人的实际需求，辅助其进行风险的专业量化和预防。但是其缺陷是各个主体机构与委托方之间可能为维护自身利益而导致逆选择问题，小型保险人没有把握风险管理的核心技术将限制其提高市场份额和实现进一步的战略目标的能力。

## 二、财产险公司投诉情况及事由

### （一）财产险公司投诉情况

2020年后三个季度，中国银保监会及其派出机构共接收涉及保险公司的保险消费投诉97174件，与2019年相比增长3.69%。在2020年第二、第四季度，投诉件数的同比增长率分别为26.86%和22.82%，可以看到在"后疫情"时代，保险投诉的数量实际上出现了较大程度的上涨。投诉中，涉及财产保险公司的共45088件，较2019年减少9.39%，占比为46.40%。可以看到财险公司的被投诉数量与人身险公司相比，没有出现过大幅度的上涨。

2020年后三个季度，财产保险公司亿元保费投诉量中位数为15.56件/亿元（由后三季度数据加总得到）。其中，亿元保费投诉量居前的为：易安财险（5326.87件/亿元）；阳光信保（798.61件/亿元）；安心财险（177.03件/亿元）；众惠相互（121.47件/亿元）；泰康在线（69.28件/亿元）；众安在线（67.47件/亿元）；建信财险（58.34件/亿元）；融盛保险（52.75件/亿元）；太平科技（40.03件/亿元）；前海财险（38.81件/亿元）。

从图7-11和图7-12中可以看出，投诉总量排名前10的保险公司与亿元保费投诉量平均值排名前10的保险公司出入较大。显然，由于投诉总量与总体保单数量即总体保费体量直接相关，以投诉总数来判定保险公司的服务质量是有失偏颇的。

对比图7-12和图7-13可以看到，除众安在线外，2020年财产险保费规模排名前10的财产险公司的亿元保费投诉量并不算太高，这说明大型财险公司的服务质量都在行业中相对较有保障；但也有包括众安在线在内的几家公司投诉量处于平均值以上的水平，这也说明公司经营情况的好坏与投诉量之间没有必然的联系，即使投诉量与亿元保费投诉量都处于低水平，也不能反映出这家公司的服务水平很

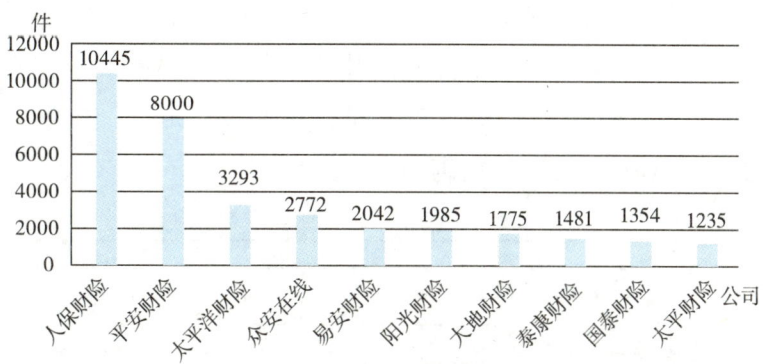

图 7-11　2020 年投诉总量前 10 位的财产险公司

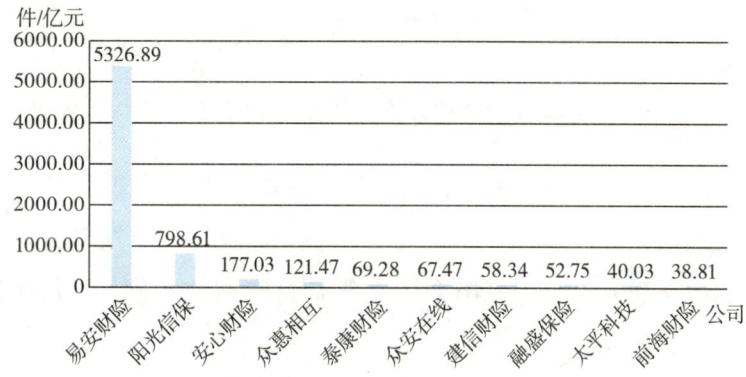

图 7-12　2020 年亿元保费投诉量居前 10 位的财险公司

高，因为这可能只代表着该公司的保单规模太小。显然，这两个统计值只能作为方向性的参考，如果能够将投诉量与保单数量相对应，也许能在一定程度上增添说服力。

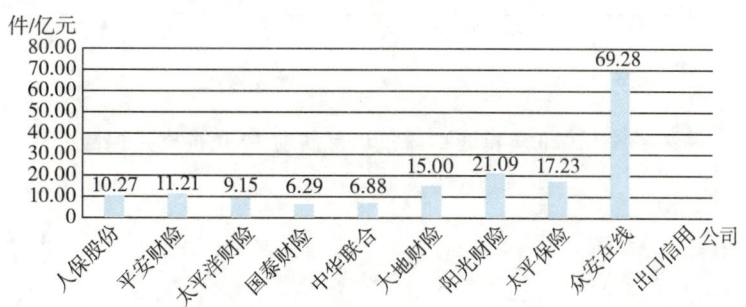

图 7-13　2020 年财产险保费规模居前 10 名的公司亿元保费投诉量
（出口信用保险公司数据缺失）

（二）投诉涉及的主要事由

银保监会公开数据显示，理赔纠纷和销售纠纷是财产险投诉的两大主要问题。2020 年，在涉及财产保险公司投诉中，理赔纠纷共 27884 件，占财产保险公司投诉总量的61.84%。财产保险公司理赔纠纷投诉量居前的为：人保财险共5894件，同比下降17.91%；平安财险共3155件，同比下降30.20%；太平洋财险共2472件，同比增长7.90%；易安财险共1830件，同比增长94.06%；众安在线共1138件，同比下降35.56%。具体如图7-14所示。

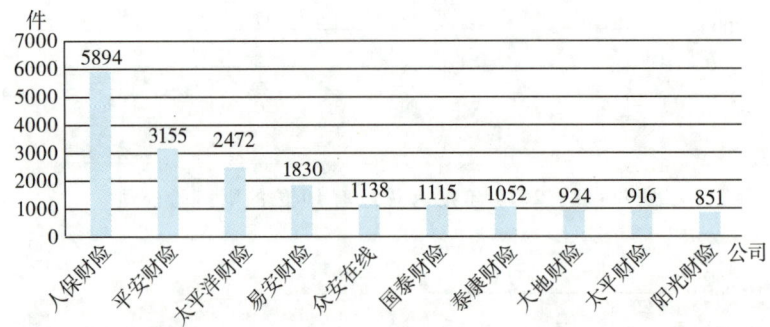

图7-14　2020年理赔纠纷投诉量居前10位的财产保险公司

在涉及财产保险公司投诉中，销售纠纷共9022件，占财产保险公司投诉总量的20.01%。财产保险公司理赔纠纷投诉量居前的包括：平安财险（3191件）、人保财险（2526件）、众安在线（940件）、阳光财险（553件）、大地财险（425件）等。具体如图7-15所示。

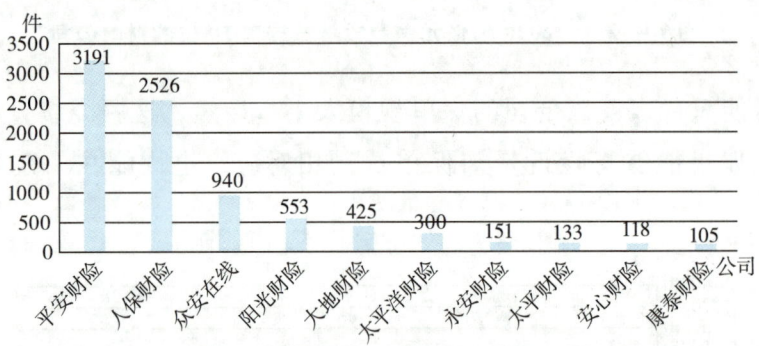

图7-15　2020年销售纠纷投诉量居前10位的财产保险公司

# 第八章
# 互联网保险与保险科技

## 第一节 互联网保险的认知迭代

### 一、互联网保险的认知周期

互联网自诞生以来，日益成为不断影响和改变社会、经济、文化等领域一种重要的活跃力量，保险业对互联网技术的应用也处在不断的体验和探索之中。与各种体验和探索相对应，我们关于互联网保险的认知也在不断地深化。

随着互联网技术的进步，保险业对于互联网在保险中的应用和尝试也在不断地深化，互联网对于保险来说，从最初的作为信息推送的营销手段，不断地深化，逐步形成了由点成线、由线成面、由面成体的体系化认知。这个认知过程大体可以分为初体验、再认知、持续深化、形成共识四个阶段，这四个阶段构成了互联网保险的第一个认知周期。目前，互联网保险的认知开始步入第二个周期的第一个阶段，即形成共识之后的再认识阶段。

(一) Web 1.0：萌芽阶段

互联网在保险行业中最初的应用是作为一种营销手段、一种信息推送的媒介，此阶段信息推送的模式还是以单向推送为主。在 Web1.0 阶段，互联网应用主要是保险公司、保险中介机构以及保险服务网站将产品信息单向、简单地通过互联网展示给消费者。保险业界认为保险营销属于顾问式营销，互联网保险不可能成为主流的销售方式。监管者对互联网保险的管理也局限于销售领域，原中国保监会发布的《保险代理、经纪公司互联网保险业务监管办法（试行）》将监管重点局限在保险销售领域。

（二）Web 2.0：发展阶段

随着互联网技术的发展，互联网互动性特点的增强为互联网保险的发展注入了新的动力。2014年，各种社交网络服务（SNS）的互动性应用不断丰富，"开放、平等、协作和共享"的互联网精神影响力不断增强。有了互联网技术的升级与支持，保险业界得以将宣传之外的售前咨询、产品报价、合同订立以及后续实务处理等环节逐步实现网络化，通过互联网与客户在更广泛的互动沟通中实现更多的保险服务。与实践相对应，互联网保险的概念从最初的新型销售渠道认识，扩大到保险信息咨询、保险计划书设计、投保、缴费、核保、承保、保单信息查询、保权变更、续期缴费、理赔和给付等保险全流程的网络化。在这个阶段，互联网保险电商开始出现，原中国保监会在《保险公司开业验收指引》的基础上发布了《关于专业网络保险公司开业验收有关问题的通知》，针对专业网络保险公司开业验收提出新的标准要求，随后又发布了《互联网保险业务监管暂行办法》。

（三）Web 3.0：移动互联阶段

随着移动互联、大数据、云计算等新兴信息技术融合发展，传统的经济形态乃至信息产业本身的运作模式正在被打破，竞争热点逐步从传统市场向移动互联市场转换，与互联网相关的商业模式创新风起云涌。发扬互联网精神，实践互联网思维，应用互联网技术，构建广阔、持续、快捷、简约、低廉、精准的网络服务平台，支持社会大众实现商务、社交等各种需求，成为移动互联时代成就大事业的基本特征。在移动互联时代，新型互联网电商迅速崛起，互联网金融成为创新热点，传统金融业受到互联网势力的冲击与影响，纷纷成立电商公司，主动应对复杂多变的挑战，加深对互联网的认识与理解，积累互联网业务的经验，努力抢抓发展机遇。作为金融业的重要组成部分，保险公司和监管机构高度重视互联网保险的发展，对互联网保险概念的认识不断深化。

（四）Web 4.0：多媒体移动互联阶段

在移动互联网的基础上，随着4G的普及，多媒体技术得到了广泛应用。4G带宽大幅度扩充，为语音、视频等多媒体以及虚拟现实技术等纵深应用发展提供了基本条件；人与人网络沟通的即时性、便捷性、连续性、有效性得到实质跨越，更多复杂的金融服务得以通过移动互联网实现，互联网保险开始成为保险领域的主流趋势；互联网保险发展的技术条件更为坚实，保险价值链的实现方式通过多媒体移动互联技术得到了全方位的创新升级。互联网保险与传统保险相互渗透、相互融合，逐步朝一体化、趋同化方向发展。

（五）Web 5.0：多媒体立体融合阶段

从接入技术上看，随着 5G 网络日渐普及，互联网进入高带宽、低时延的时代。4G 时代无法支持的物联网，到了 5G 时代成为重要的发展领域。互联网不再只是以流量为核心的电商生态，随着全球经济的数字化转型，它还在向着以信用为核心的保险互联网（InsurNet）新生态转变。虽然《互联网保险业务监管办法》所定义的互联网保险，还是指保险领域的各要素与互联网技术实现充分结合的一种新型发展方式，但我们也开始看到互联网保险正在向保险互联网转变。

展望未来，从互联网保险发展的五个阶段可以看出，互联网保险的发展与互联网技术的进步和发展是密不可分的，互联网技术的发展状况在很大程度上决定了互联网保险的发展方向和发展趋势。近几年来，金融科技的迅猛发展，特别是以大数据、云计算、物联网、区块链、人工智能、神经元网络等技术为代表的新一轮信息技术革命，为互联网保险赋予了新能力、新发展、新未来。可以预期，互联网保险即将步入基于 5G 技术的"万物节点、万物感知、互联智能、万物互联"阶段，互联网保险也将开始向保险互联网变迁。

## 二、互联网保险业务与互联网保险

（一）互联网保险业务概述

根据《互联网保险业务监管办法》（中国银行保险监督管理委员会令 2020 年第 13 号），互联网保险业务，是指保险机构依托互联网订立保险合同、提供保险服务的保险经营活动。

互联网保险业务定义中所称的保险机构包括：保险公司（含互联网保险机构和互联网保险公司）和保险中介机构。保险中介机构包括保险代理人（不含个人保险代理人）、保险经纪人、保险公估人。保险代理人（不含个人保险代理人）包括保险专业代理机构、银行类保险兼业代理机构和依法获得保险代理业务许可的互联网企业；保险专业中介机构包括保险专业代理机构、保险经纪人和保险公估人。

除了互联网保险业务之外，《互联网保险业务监管办法》规定"互联网保险产品，是指保险机构通过互联网销售的保险产品"；规定"非保险机构不得开展互联网保险业务，包括但不限于以下商业行为：一是提供保险产品咨询服务；二是比较保险产品、保费试算、报价比价；三是为投保人设计投保方案；四是代办投保手续；五是代收保费"。

上述概念局限在对现有保险业务的改良上，所以称为"互联网保险业务"（Online Insurance），而真正的"互联网保险"（Internet Insurance）不仅仅是保险业务的互联网化，而且是服务互联网生态的保险创新，是互联网与保险的深度融合。相比于互联网保险业务，互联网保险的内涵更丰富。

### （二）互联网保险的定义

从互联网保险发展的五个阶段可以看出，互联网保险有别于传统保险，是在互联网技术快速发展的基础上诞生的新的业务模式，互联网保险的发展取决于互联网技术的发展，更依赖于互联网精神及互联网思维。

互联网精神有别于金融精神，互联网精神就是"开放、平等、协作和共享"。金融业是精英化、神秘化的，通过制造信息不对称去攫取利润。互联网技术发展了20多年，目前以大数据、云计算、物联网、区块链、人工智能等为主要技术，并日益影响每个人生活的方方面面。互联网思维是在互联网技术对生活和工作影响力不断增强的大背景下，企业对用户、产品、营销和创新，乃至整个价值链和生态系统重新审视的思维方式。互联网思维不是技术思维，不是营销思维，也不是电商思维，而是以互联网精神作为灵魂的系统性的商业思维，不只适用于互联网企业，而适用于所有企业以及个人。

因此，互联网保险可以定义为：在大数据、云计算、物联网、区块链、人工智能、神经元网络等技术不断发展的背景下，根据互联网思维，通过对保险价值链的重新审视和创新升级，所形成的以数字化、数据化、智能化为主要特征的新型保险模式。

### （三）互联网保险的特征

互联网保险和传统保险相比，除了拥有保险的自然属性和社会属性之外，还有自身所独有的、体现互联网属性的特征，主要体现在以下四点。

（1）虚拟性。互联网保险的商务活动主要在网络上进行。互联网保险机构的代表不是办公所在的建筑物，不是地址，而是网址，营业厅不是物理柜面而是主页画面。互联网保险的咨询、投保、承保等若干环节在互联网实现，保险活动的往来体现为数字化的虚拟性特征，降低了保险机构的运作成本。同时，互联网突破了地域限制，使得地理位置的重要性也大大降低，为提高保险服务的速度和质量创新了技术条件。

（2）直接性。互联网使客户与保险公司间的互动更加直接，解除了传统条件下双方活动时间、空间的障碍，体现出更为明显的直接性特征。客户可以登录保险公司网站或者在相关商务活动中直接提出保险需求，办理保险事宜。互联网经济的普及与发展拉直了保险价值链，保险中介所处的中间环节进一步减少，以复杂、迂回为特点的传统保险实务流程升级为以标准、简约、直接为特点的新一代互联网保险实务流程。

（3）便捷性。互联网的信息检索功能使客户获取保险资讯更加方便，保险公司网站的在线客服也可以实时解答客户关于保险的业务问题，并可以指导客户通过网络直接投保，网络支付功能的应用支持客户随时缴纳保险费而不用去柜面排队。互联网在保险业的广泛普及，使各种保险服务更加贴近客户、融入市场，便捷性成为互联网保险的显著特征之一。此外，这种便捷性还呈现出不断强化的发展趋势。

（4）风险性。互联网本身具有的风险性，使得互联网保险体现出不同于传统保险的风险性特征。互联网发展进步的前提是安全性必须得到保障。客户信息安全、账户安全、交易安全以及系统运行安全等是互联网保险发展中必须慎重解决的重大问题。

（四）互联网保险的监管

从2011年起，我国互联网保险走过了快速发展的10年，同时，我国互联网保险的监管体系也逐步完善，大致历程如下：

2011年9月，原中国保监会颁布《保险代理、经纪公司互联网保险业务监管办法（试行）》（保监发〔2011〕53号）；

2015年10月，原中国保监会颁布《互联网保险业务监管暂行办法》（保监发〔2015〕），规定有效期为3年，至2018年9月30日，《保险代理、经纪公司互联网保险业务监管办法（试行）》同时废止；

2018年9月30日，中国银保监会下发通知，指出在新规定出台前，《互联网保险业务监管暂行办法》继续有效；

2018年10月，中国银保监会就《互联网保险业务监管办法（草稿）》征求行业意见；

2019年12月，中国银保监会再次就《互联网保险业务监管办法（草稿）》征求意见；

2020年6月，中国银保监会颁布《关于规范互联网保险销售行为可回溯管理的通知》（银保监发〔2020〕26号）；

2020年12月，中国银保监会颁布《互联网保险业务监管办法》（中国银行保险监督管理委员会令2020年第13号），已于2021年2月1日起施行；

2021年1月，中国银保监会下发《关于进一步规范互联网人身保险业务有关事项的通知（征求意见稿）》，就《互联网保险业务监管办法》未明确事项进行了规定。

回顾我国互联网保险监管历程，每一个文件的出台都进一步厘清了互联网保险的业务和监管边界，完善了互联网保险监管措施。总体来看，互联网保险监管在细化保险线上销售规范的同时，也明确了未来金融科技的应用将成为互联网保险良性有序发展的重要支撑。因此，如何通过金融科技对互联网保险进行赋能、如何助力互联网保险业务创新与合规并行驱动，成为当下的焦点，更成为互联网保险发展的新方向。

### 三、互联网保险与保险互联网

（一）保险互联网的定义

保险互联网（Internet of Insurance，InsurNet），是指在新一代数字科技和智能科技支撑和引领下，以数据为关键要素，以价值释放为核心，以数据赋能为主线，对保险产业链上下游的全要素进行数字化升级、数据化转型和智能化再造的过程，如图8-1所示。

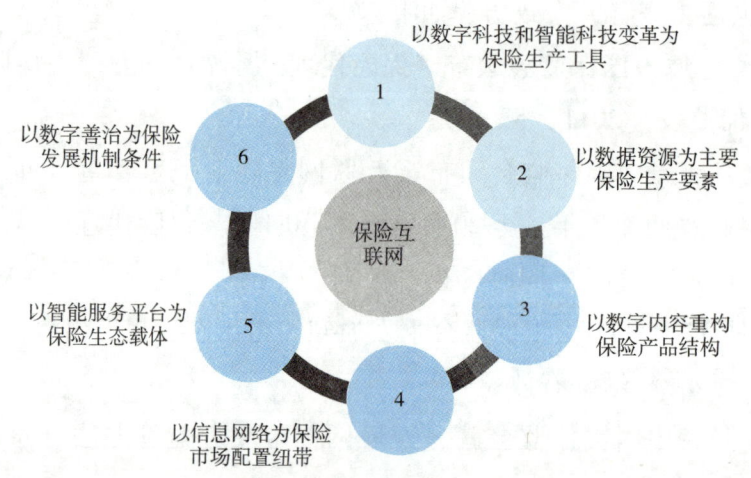

图8-1 保险互联网的定义要素

互联网与保险相结合的"保险互联网"（InsurNet）是未来金融网（Internet of Finance，FinNet）的一部分，又可称为新保险或未来保险，它不仅是传统保险的一次技术升级，更是一种新的参与形式。在这种参与中，我们更需要关注交易结构、交易协议和内容的变化，以及保险权力契约结构的改变，而不应只局限于交易技术的升级。

InsurNet不是简单的"互联网技术的保险"，而应是"基于互联网思想的保险"。更远一点说，从行为主体和参与形式的角度来理解，甚至以保险权力去中心化的角度来思考和前瞻,保险互联网将具有更丰富的内涵,展现出更多的普惠保险、民主保险和可持续保险意义,远远超过技术的层面。

(二)保险互联网的内涵

互联网具有交互、关联、网络、渠道、选择等多重含义,其中的主体是人(互联网用户),而不是技术。技术直接服务于人的需求只是问题的一个方面,一项意义深远的技术(尤其是技术革命)对社会带来的更大影响往往会上升到思想和契约层面,就像我们现在获取信息的方式正从统一的官方媒体和门户网站转向自媒体和新媒体。

每个人都在生产和分享内容,媒体平台主要作为透明的分享通道存在。在信息生产、分享和选择层面,每个人都是接近于平等的,相互之间可通过互动产生信任和尊重。这就是一个借助互联网平等渠道形成新型信任基础和契约重构的例子,亦是互联网思想的一个典型体现。

对于保险互联网的内涵,我们也可以做出类似解读,其重点在于,每个人作为社会经济的一分子,都有充分的权利和手段参与到保险活动中,在信息相对对称情况下平等自由地获取保险服务,借助于低成本的智能化决策技术和更加高效便捷的交易技术,逐步实现保险活动的充分有效性和民主化。也就是说,保险互联网很有可能表现出自下而上、去中心化、契约重构的特点。保险互联网活动将是点对点、网格化的共享互联,形成信息交互、资源共享、优劣互补和新型契约。每个人的保险需求和保险价值都会在这种点对点、网格化的共享互联中得到充分挖掘和满足。

保险互联网的这一内涵无疑更加贴合保险创新的时代要求,可为保险互联网带来更加广阔的视野。而互联网精神在保险互联网中也具有切实的指向,那就是理解保险的点、线、面、体:点,研发有技术的产品;线,提供有价值的保险;面,搭建有内容的平台;体,打造有连接的生态。

(三)保险互联网的背景

为了理解互联网保险与保险互联网的变革以及保险互联网的特征,我们还需要把握消费互联网和产业互联网的概念,正是因为消费互联网向产业互联网变迁,才推动了互联网保险向保险互联网的变革。

消费互联网,是过去20年中国互联网行业的发展成果,它是为满足消费者在互联网端的消费需求而产生的互联网类型。其主要有以下三个特点:一是以消费者为主体;二是具有媒体属性,即主要由提供资讯的门户网站和社交媒体组成;三是具有产业属性,即主要由为消费者提供生活服务类的电子商务组成。可以说它是产业互联网发展的早期。

产业互联网,是服务于生产的互联网,主要以生产者为主体,实现所有行业、企业、生态链关系和企业迭代周期的互联网化。也就是说,产业互联网就如同人类的生产力从蒸汽时代迈入电气时代的发展,是生产力脱胎换骨的改变。在不久的将来,我们所能罗列的制造业、教育行业、农业、医疗行业、交通、运输以及市政管理甚至公务员行业都会被互联网化,随之而来的将是企业的生产方式、组织运营方式、产业边界和商业模式的剧变。

消费互联网与产业互联网的区别主要有两个:一个是用户主体不同,消费互联网针对的是个人用户,而产业互联网针对的是各行各业的生产者;另一个是兴起动因不同,消费互联网的目的在于满足人们的某些生活体验和消费需求,而产业互联网的目的在于通过生产、资源整合实现快速发展。

可以说,产业互联网是消费互联网的进一步发展和深化,而它也将再一次改变人类社会的生活方式和发展历程,同时也会推动金融互联网和保险互联网的发展。

### (四) 保险互联网的特征

保险互联网,是指基于互联网技术和生态,对保险产业链和内部价值链进行重塑和改造,从而形成的保险互联网生态和形态。

保险互联网是一种新的经济形态,利用信息技术与互联网平台,充分发挥互联网在保险要素配置中的优化和集成作用,实现互联网与传统保险深度融合,将互联网的创新应用成果深化于保险的各个环节,最终提升保险的韧性。

相比于互联网保险,保险互联网的特征更体现在其所具备的保险洞察、资源整合、生态赋能、技术实现和运营管理等核心能力上。

(1) 保险洞察能力。保险互联网的关键作用是对保险和互联网的深层理解,包括对保险产业链上下游的痛点、价值诉求、利益诉求、运作规则的理解,从而可以有效地选择切入点。

(2) 资源整合能力。资源整合能力是保险互联网与互联网保险的关键差异,互联网产业中的龙头企业发展保险互联网更容易成功,因为其在互联网产业中的地位会使其拥有更好的资源掌控和整合能力。

(3) 生态赋能能力。保险互联网要对所有参与主体赋能,其核心就是让参与主体在这个生态中提升能力;而赋能的基础是保险大数据的沉淀、保险相关知识库的积累、保险价值链流程的优化再造、保险人才培养等。

(4) 技术实现能力。保险互联网的落地有赖于互联网技术的真正落地实现,如何把互联网与保险进行深度的融合，是保险互联网的核心。

（5）运营管理能力。保险互联网实现了互联网与保险的深度融合，将会以更低的成本、更高的效率和更优的保障，落实到保险产业链上的产品品质保证、产品销售便捷、客户服务体验等各个环节。

综上所述，我们介绍了互联网保险业务、互联网保险和保险互联网，当前互联网保险业务已经完成了向互联网保险的升级，但是向保险互联网的变迁还处于概念阶段。因此，本书除特别说明之外，将其统称为"互联网保险"，将经营互联网保险的保险机构统称为"互联网保险机构"。

## 第二节　互联网保险的发展回顾

### 一、互联网保险机构

从互联网保险认知周期迭代可以看出，互联网保险的发展与互联网技术的进步和发展是密不可分的，互联网技术的发展状况在很大程度上决定了互联网保险的发展方向和发展趋势。近几年来，金融科技的迅猛发展，特别是以大数据、云计算、人工智能、区块链等技术为代表的新一轮信息技术革命，为互联网保险赋予了新能力、新发展、新未来。

由表8-1、图8-2可知，2011—2020年经营互联网保险业务的保险公司数量从2011年的28家增长到2020年的134家，其中产险有73家，寿险有61家。

表8-1　2011—2020年互联网保险市场参与情况　　　　单位：家

| 年份 | 保险公司数量 | | | 互联网保险参与数量 | | |
| --- | --- | --- | --- | --- | --- | --- |
| | 产险 | 寿险 | 合计 | 产险 | 寿险 | 合计 |
| 2011 | 60 | 62 | 122 | 12 | 16 | 28 |
| 2012 | 63 | 69 | 132 | 12 | 22 | 34 |
| 2013 | 65 | 70 | 135 | 16 | 44 | 60 |
| 2014 | 65 | 71 | 136 | 33 | 52 | 85 |
| 2015 | 73 | 75 | 148 | 49 | 61 | 110 |
| 2016 | 81 | 77 | 158 | 60 | 61 | 121 |
| 2017 | 85 | 86 | 171 | 70 | 61 | 131 |
| 2018 | 88 | 91 | 178 | 69 | 62 | 131 |

续表

| 年份 | 保险公司数量 | | | 互联网保险参与数量 | | |
|---|---|---|---|---|---|---|
| | 产险 | 寿险 | 合计 | 产险 | 寿险 | 合计 |
| 2019 | 88 | 91 | 179 | 71 | 62 | 133 |
| 2020 | 87 | 91 | 178 | 73 | 61 | 134 |

资料来源：中国保险行业协会会员单位报送数据。如果保险公司没有加入中国保险行业协会或没有报送数据，则不包括在本书统计范围之内；下文中的数据采用了同样的统计口径，不再逐一说明。

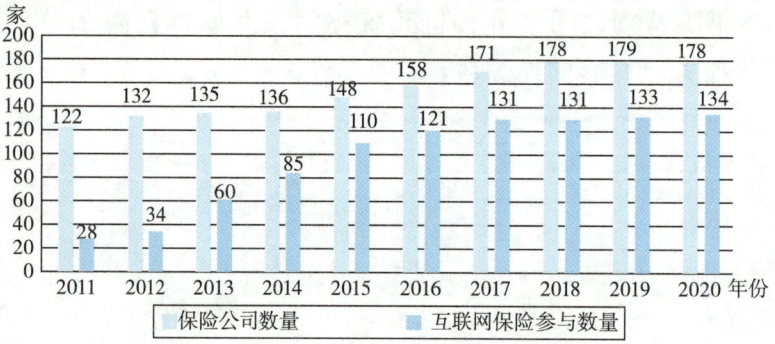

图 8-2　2011—2020 年互联网保险市场参与情况

## 二、互联网保险规模

表 8-2 给出了 2011—2020 年互联网保险保费及增长情况，表 8-3 给出了同期保险市场保费及增长情况。过去几年，互联网保险市场实现高速增长，规模从 2011 年的 32 亿元增至 2020 年的 2909 亿元，年化增长率为 65.1%；同期保险业保费年化增长率仅为 13.6%。

表 8-2　2011—2020 年互联网保险保费及增长情况

| 年份 | 互联网保险保费收入/亿元 | | | 互联网保险保费增长率/% | | |
|---|---|---|---|---|---|---|
| | 产险 | 寿险 | 合计 | 产险 | 寿险 | 合计 |
| 2011 | 22 | 10 | 32 | 1004.0 | 892.0 | 966.7 |
| 2012 | 101 | 10 | 111 | 359.1 | 0.0 | 246.9 |
| 2013 | 237 | 54 | 291 | 134.7 | 440.0 | 162.2 |
| 2014 | 506 | 353 | 859 | 113.5 | 553.7 | 195.2 |
| 2015 | 768 | 1466 | 2234 | 51.8 | 315.3 | 160.1 |
| 2016 | 502 | 1797 | 2299 | -34.6 | 22.6 | 2.9 |
| 2017 | 493 | 1383 | 1876 | -1.8 | -23.0 | -18.4 |
| 2018 | 695 | 1193 | 1888 | 41.0 | -13.7 | 0.6 |
| 2019 | 839 | 1857 | 2697 | 20.7 | 55.7 | 42.8 |

续表

| 年份 | 互联网保险保费收入/亿元 | | | 互联网保险保费增长率/% | | |
|---|---|---|---|---|---|---|
| | 产险 | 寿险 | 合计 | 产险 | 寿险 | 合计 |
| 2020 | 798 | 2111 | 2909 | -4.9 | 13.6 | 7.9 |

表8-3 2011—2020年保险市场保费及增长情况

| 年份 | 保费收入/亿元 | | | 保费增长率/% | | |
|---|---|---|---|---|---|---|
| | 产险 | 寿险 | 合计 | 产险 | 寿险 | 合计 |
| 2011 | 4618 | 9721 | 14339 | -4.8 | 0.4 | -1.3 |
| 2012 | 5331 | 10157 | 15488 | 15.4 | 4.5 | 8.0 |
| 2013 | 6212 | 11010 | 17222 | 16.5 | 8.4 | 11.2 |
| 2014 | 7544 | 12690 | 20234 | 21.4 | 15.3 | 17.5 |
| 2015 | 8423 | 15859 | 24282 | 11.7 | 25.0 | 20.0 |
| 2016 | 9266 | 21693 | 30959 | 10.0 | 36.8 | 27.5 |
| 2017 | 10541 | 26040 | 36581 | 13.8 | 20.0 | 18.2 |
| 2018 | 11756 | 26261 | 38017 | 11.5 | 0.8 | 3.9 |
| 2019 | 13016 | 29628 | 42644 | 10.7 | 12.8 | 12.2 |
| 2020 | 13584 | 31674 | 45258 | 4.4 | 6.9 | 6.1 |

图8-3给出了2011—2020年保险市场及互联网保险市场保费增长情况,从中可以看出互联网保险保费增长波动较大。

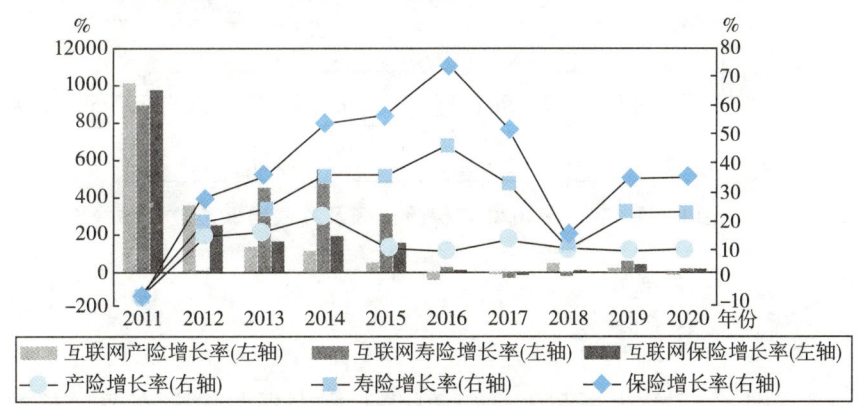

图8-3 2011—2020年保险市场及互联网保险市场保费增长情况

## 三、互联网保险结构

表8-4、图8-4给出了2011—2020年互联网保险保费收入结构,从中可以看出,产险互联网化程度(互联网化程度=互联网保险市场占比/保险市场占比)呈

下降趋势，寿险互联网化程度呈上升趋势，最近两年产险和寿险互联网化程度已基本持平。

表8-4　2011—2020年互联网保险保费收入结构　　　　　　　　　　　　（%）

| 年份 | 保险行业保费收入结构 | | 互联网保险保费收入结构 | | 互联网化程度 | |
|---|---|---|---|---|---|---|
| | 产险 | 寿险 | 产险 | 寿险 | 产险 | 寿险 |
| 2011 | 32.2 | 67.8 | 69.0 | 31.0 | 2.14 | 0.46 |
| 2012 | 34.4 | 65.6 | 91.0 | 9.0 | 2.65 | 0.14 |
| 2013 | 36.1 | 63.9 | 81.3 | 18.7 | 2.25 | 0.29 |
| 2014 | 37.3 | 62.7 | 58.9 | 41.1 | 1.58 | 0.66 |
| 2015 | 34.7 | 65.3 | 34.4 | 65.6 | 0.99 | 1.00 |
| 2016 | 29.9 | 70.1 | 21.8 | 78.2 | 0.73 | 1.12 |
| 2017 | 28.8 | 71.2 | 26.3 | 73.7 | 0.91 | 1.04 |
| 2018 | 30.9 | 69.1 | 36.8 | 63.2 | 1.19 | 0.91 |
| 2019 | 30.5 | 69.5 | 31.1 | 68.9 | 1.02 | 0.99 |
| 2020 | 30.0 | 70.0 | 27.4 | 72.6 | 0.91 | 1.04 |

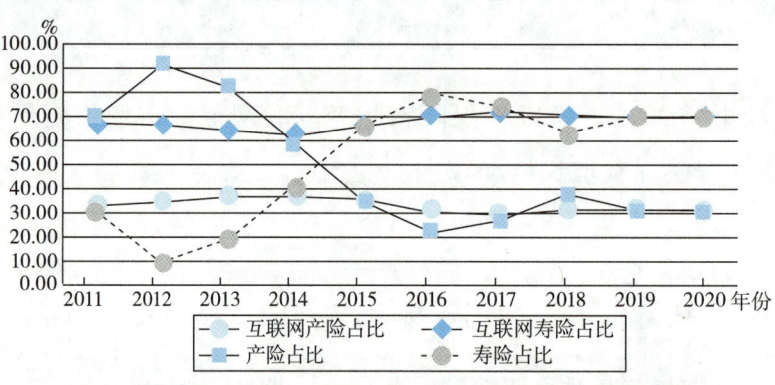

图8-4　2011—2020年保险市场及互联网保险收入结构

### 四、互联网保险渗透

表8-5、图8-5给出了2011—2020年互联网保险渗透率及增长情况（互联网保险渗透率=互联网保险保费/总保费），可看出互联网保险渗透率也一路走高，从2011年的0.2%上升至2015年的9.2%，达到峰值；2016—2018年连续三年下降，2019年恢复增长，达到6.3%。互联网保险蓬勃发展的驱动因素之一在于部分中小保险公司主要通过理财型保险的收益率优势抢占保险市场，随着监管引导保险回归保障本源，整体规模自2016年收缩回落。

表 8–5  2011—2020 年互联网保险渗透率及增长情况　　　　　　　　　　（%）

| 年份 | 互联网保险渗透率 | | | 互联网保险渗透率增长率 | | |
|---|---|---|---|---|---|---|
| | 产险 | 寿险 | 合计 | 产险 | 寿险 | 合计 |
| 2011 | 0.5 | 0.1 | 0.2 | 52.3 | -2.2 | 18.6 |
| 2012 | 1.9 | 0.1 | 0.7 | 296.3 | -3.6 | 221.1 |
| 2013 | 3.8 | 0.5 | 1.7 | 101.1 | 403.3 | 135.9 |
| 2014 | 6.7 | 2.8 | 4.2 | 76.0 | 462.3 | 151.1 |
| 2015 | 9.1 | 9.2 | 9.2 | 36.1 | 232.0 | 116.7 |
| 2016 | 5.4 | 8.3 | 7.4 | -40.6 | -10.4 | -19.3 |
| 2017 | 4.7 | 5.3 | 5.1 | -13.6 | -35.9 | -30.9 |
| 2018 | 5.9 | 4.5 | 5.0 | 26.4 | -14.5 | -3.2 |
| 2019 | 6.4 | 6.3 | 6.3 | 8.9 | 38.0 | 27.3 |
| 2020 | 5.9 | 6.7 | 6.4 | -8.8 | 6.3 | 1.7 |

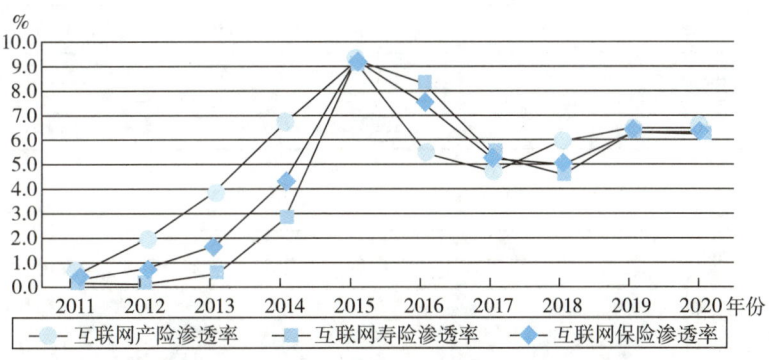

图 8–5  2011—2020 年互联网保险渗透率

### 五、互联网保险渠道

表 8–6、图 8–6 给出了 2014—2020 年互联网保险渠道分布情况。对于产险，因为车险综合改革，自营占比在 2020 年大幅度下降；对于寿险，自营占比呈上升趋势。

表 8–6  2014—2020 年互联网保险渠道分布

| 年份 | 互联网产险 | | 互联网寿险 | | 互联网保险 | |
|---|---|---|---|---|---|---|
| | 自营 | 渠道 | 自营 | 渠道 | 自营 | 渠道 |
| 保费收入/亿元 | | | | | | |
| 2014 | 96 | 410 | 7 | 346 | 104 | 755 |

续表

| 年份 | 互联网产险 | | 互联网寿险 | | 互联网保险 | |
|---|---|---|---|---|---|---|
| | 自营 | 渠道 | 自营 | 渠道 | 自营 | 渠道 |
| 2015 | 75 | 694 | 42 | 1424 | 117 | 2117 |
| 2016 | 340 | 162 | 87 | 1710 | 427 | 1872 |
| 2017 | 256 | 237 | 153 | 1230 | 410 | 1467 |
| 2018 | 310 | 386 | 201 | 992 | 511 | 1377 |
| 2019 | 363 | 476 | 238 | 1620 | 600 | 2096 |
| 2020 | 188 | 610 | 324 | 1787 | 512 | 2397 |
| 保费占比/% | | | | | | |
| 2014 | 19.0 | 81.0 | 2.0 | 98.0 | 12.1 | 87.9 |
| 2015 | 9.8 | 90.2 | 2.9 | 97.1 | 5.2 | 94.8 |
| 2016 | 67.7 | 32.3 | 4.8 | 95.2 | 18.6 | 81.4 |
| 2017 | 51.9 | 48.1 | 11.1 | 88.9 | 21.8 | 78.2 |
| 2018 | 44.5 | 55.4 | 16.8 | 83.2 | 27.1 | 72.9 |
| 2019 | 43.3 | 56.7 | 12.8 | 87.2 | 22.3 | 77.7 |
| 2020 | 23.6 | 76.4 | 15.3 | 84.7 | 17.6 | 82.4 |

图8-6　2014—2020年互联网保险渠道分布

互联网保险的快速发展是保险行业转型升级的核心动能之一，也是中国从保险大国向保险强国跨越的重要契机。纵观全球互联网保险发展进程，我国已走在世界前列。通过利用互联网和新技术，保险业不断丰富产品供给、提升服务能力、优化客户体验、提高运营效率，保险业服务经济社会发展的能力不断增强。

可以预见，保险业将会深入推进大数据、云计算、人工智能、物联网、区块链等新兴技术的行业应用，持续拓展行业的创新能力。例如，依托大数据和云计算技术，保险业实现对互联网海量高并发交易的支持；基于人工智能为代表的创新技术,保险业发展出包括智能保顾在内的一系列产品应用,在优化客户产品体验的同时,释放了更多的保险需求。数字经济时代的到来,不仅带来了新的发展要求,也为互联网保险的发展提供了"新基建"。

## 第三节 保险科技赋能保险业高质量发展

### 一、保险科技的认知

(一)保险科技的定义

随着金融信息技术的不断发展,保险科技应运而生。"金融科技"(FinTech)一词是指科技在金融领域的应用,旨在创新金融产品和服务模式、改善客户体验、降低交易成本、提高服务效率,更好地满足人们的需求。保险科技(Insurance Technology,InsurTech)的概念是在金融科技概念的基础上,由国际保险监督官协会(IAIS)在《保险科技创新报告》中提出,其定义为"金融科技在保险领域的分支,即有潜力改变保险业务的各类新兴科技和创新性商业模式的总和"。保险科技可以说是金融科技的衍生品。

大数据、云计算、人工智能、区块链这些人们耳熟能详的前沿信息技术正逐渐深入人类世界的各个场景,从紧贴人们生活的共享单车、外卖订餐,到涉及全球企业的无人港、无形的有形资产比特币,新技术的触手无处不在。在科技改变一切的大浪潮下,传统保险行业也必将受到影响与冲击。是停滞不前,等待被新技术所掀起的巨变彻底从市场上抹除,还是选择拥抱变革,借新技术的东风乘风破浪,是所有传统保险巨头、处于转型期的商业保险公司以及新兴科技型保险公司需要始终考虑的问题。

保险科技的概念即诞生于这股全新的浪潮中,它是金融科技在保险领域的分支,具有彻底改变保险业务的潜力与能力,是赋能保险行业的各类新兴科技和创新性商业模式的总和。保险科技也能帮助保险公司和保险市场逃离无序竞争、同质竞争的环境,在碎片化、场景化、生活化的镜头切换中凭借技术"自发"地产生保险需求,实现保险生态的整体跃迁。

不管承认与否,未来已来。相信在不久后,保险科技将会从四面八方渗透到人们的日常生活当中,也将通过多种方式参与到高精尖的医疗产业、前沿的科学创新研究、复杂的基础设施建造工程、大型体育赛事及演出活动甚至永恒的哲学思考领域中去。到那时,"普惠"的保险服务也将自然而然地成为人们生活的一部分,进而使保险真正成为社会与经济发展的助力引擎。

(二)保险科技的内涵

保险科技,从概念上讲可以理解为科学技术在保险行业中的具体运用。保险科技以保险产品与服务为外在表现形式,以诸如大数据、云计算、物联网、人工智能、区块链等新兴科技为内在核心基础,在保险公司产品创新、产品营销、公司运营与管理方面得到广泛应用,为消费者提供个性、全面、高效的风险管理与保障服务。从这个维度上讲,保险产品或保险服务是科技的载体。

然而,与制造业不同的是,"金融服务"为消费者带来的"满足感"才是实现经济利益的本质所在。从这个维度上看,在"保险科技"概念所涵盖的内容中,保险作为一种风险管理技术,其优先级要高于"科技"。保险作为一种特殊的风险补偿机制,对其依赖的内在要素与外部环境有特殊的要求,一旦偏离保险的本质,保险科技本身也就失去了价值。因此,在理解保险内涵的基础上,研发或寻找适合保险业发展的科技技术,似乎更加合理。

当然,科技同样不是一个死板而固化的概念。当今时代,科技的发展使得保险能够更细微地渗透到普通人的行为中;有时只是一闪而过的念头,如果被技术捕捉到了,也能转为各类服务。

## 二、保险业高质量发展的科技路径

(一)高质量发展的要求

2020年10月29日,党的十九届五中全会通过了《中共中央关于制定国民经济和社会发展第十四个五年规划和二〇三五年远景目标的建议》,其中16次提及"高质量",如"我国已转向高质量发展阶段""创新能力不适应高质量发展要求""以推动高质量发展为主题"……

随着中国经济从高速增长进入高质量发展的新阶段,为了更好地服务实体经济,中国保险业也急需向高质量发展转变。"十三五"期间对于中国保险业而言,是全面市场化发展的五年,也是快速发展的五年。在这一发展时期,一方面,我国保险业实现了快速和跨越式发展,我国成为全球第二大保险市场;另一方面,传统的粗放式发展的问题和矛盾也越发凸显。随着党的十九大明确继续全面对外开放和深化改革的目标,实现高质量发展成为重要战略,保险业的发展也将进入全面深化改革时期,这意味着过去的发展和经营管理模式将难以为继,不改革、不创新就可能被时代淘汰。创新,更多地表现为本质和根本创新,修修补补的创新往往无济于事；改革，迫在眉睫，直接关系到公司的生死存亡，刻不容缓，时不我待。

同时，知识经济、数字经济和科技发展赋予了这个时代以全新的内涵，使得发展模式出现全新的内涵和形态，挑战了传统的经营、管理和发展能力，出现迭代发展的特征，更重要的是，这种挑战不仅来自行业内部，更来自行业外部，市场格局和竞争更加复杂。

面对社会、经济、思想和科技的变化，保险业要审时度势，重新思考保险的内涵和外延，思考保险的功能和定位，特别是要立足于"科技+制度+管理+服务"模式下的新保险，同时，保险公司要思考在新发展时代下的新起点、新使命、新战略、新动力和新愿景。

(二) 高质量发展的内涵

在微观上，高质量发展要建立在生产要素、生产力、全要素效率的提高之上，而非靠要素投入量的扩大；在中观上，要重视国民经济结构包括产业结构、市场结构、区域结构等的升级，将宝贵资源配置到最需要的地方；在宏观上，则要求经济均衡发展。

对于保险业来说，高质量发展的根本在于保险的活力、创新力和竞争力，显然科技创新应用是根本途径，要利用科技推动供给侧结构性改革。2019年年末，中国银保监会发布了《中国银保监会关于推动银行业和保险业高质量发展的指导意见》（银保监发〔2019〕52号）（以下简称《指导意见》），其基本原则中提出"坚持科技赋能。转变发展方式，为银行保险机构创新发展提供有力支撑"。

"十四五"时期，我国发展仍然处于重要战略机遇期，保险业也处于发展的黄金时期。社会治理和社会保障体系的完善，为保险业的发展营造了良好的外部环境，科技和制度创新也成为保险业创新发展的新动能。随着大数据、人工智能、区块链、云计算等技术的运用，科技正在赋能保险业，正在帮助保险公司和保险市场逃离无序竞争、同质竞争的环境，保险增长将由外延式增长进一步向内涵式增长转变，逐步向高质量发展阶段转变。

(三) 高质量发展的科技路径

保险在科技的加持之下，从基于技术驱动的产品创新，到用科技赋能整个服务生态系统，将会发生一场普惠大众的衍变。保险业要实现高质量发展，需要借鉴中国互联网技术联盟发布的"互联网+"特征，据此梳理出自己的"科技+制度+管理+服务"战略，或者说保险业高质量发展的科技路径。

(1) 路径一：调整保险科技战略。随着保险科技的"智能化、数据化"，保险公司之间已经产生了"技术壁垒"，主要包括数据壁垒、智力壁垒、资本壁垒，因此，对于大多数中小保险公司的科技战略而言，创新的能动体是自己，但创新的升级体不再是自己，而是保险价值链条上的各行各业。因此保险公司的科技战略是"科技+制度+管理+服务"战略，而不是"保险+科技"战略，其可以与保险科技企业合作共建平台，也可以利用大型保险公司输出的平台。

（2）路径二：搭建可控的基础数据库。如果说平台可以共建，可以利用第三方，那么数据一定要自主可控。为了应对未来的"技术壁垒"，保险公司要联合各方搭建可控的基础数据库，这涉及建设数据收集能力（物联识别、爬虫、聚合）、数据加工能力（自动分类、去重、防伪鉴别）和数据存储能力（云计算、大数据平台）。

（3）路径三：推动识别技术的保险应用。目前，一些识别技术已经比较成熟，包括物联识别技术、传感器技术、生物识别技术、地理位置识别技术、AR技术等。通过高效率、高质量、低成本的识别技术，可以实现数据收集、远程检验、现场监测，继而产生实时监控报警、远程控制现场、自动化触发处理等各种创新应用。

（4）路径四：实现保险产品的智能化。未来不仅科技产品需要智能化，保险产品也需要智能化。智能化需要有智能操作系统、联网互动、大数据收集训练与人工智能算法技术驱动。智能化和数据、识别技术等紧密联系。智能化可以通过随时升级、远程升级来增强功能，可以实现远程监控、远程诊断、远程控制，可以远程收集数据，也可以联网互动。这会给消费者带来便利，给管理者带来便利，也会给保险公司带来新的服务业务、新的服务流程和模式、新的商业模式。

（5）路径五：助推保险产业链互联互通。智能化和识别技术只是方便了终端数据收集，只有保险产业链实现了互联互通，才能真正做到联动研发、联动营销，才能极大地提高社会协同效率，节约行业总体成本。例如，保险行业已经出现了一批SaaS服务平台，为保险产业链互联互通提供了很好的基础。

（6）路径六：实现保险能力单元网络协同。保险产业链互联互通，有利于保险产业供需信息快速到达每个能力单元节点，各个环节的能力单元就可以按照自己的能力来按需接单、按需生产。

（7）路径七：通过科技向社会开放能力与服务。过去，各行各业的能力与资源基本固化封锁在企业内部。现在，因为"技术壁垒"和平台化战略的实施，所有的企业开始向消费者开放服务，也开始向竞争对手开放能力。我们已经看到，大型保险公司开始为保险业开放自己的技术平台，中小保险公司也要开始接受这种开放的平台，使自己成为保险产业互联互通能力输出的一个节点，可以预见未来保险公司将如同互联网一样连接在一起。

（8）路径八：逐步实现数据开放共享。除了通过科技开放自己的技术与服务之外，保险公司还可以向保险产业链或社会开放自己的数据。通过设计机制，大家一起丰富数据、校正数据。利用数据的开放，各行各业就可以结合自己的业务优势，通过"1+1>2"的跨界创新，创造出新的产品、新的服务、新的盈利模式。

（9）路径九：通过数据优化保险业务。未来保险公司一定是开放的保险产业服务平台，类似于阿米巴组织单元（Amoeba）。没有数据这种互联交叉的叠加因素影响，任何一个人都无法想透看清；没有数据，阿米巴组织单元无法有能力做正确的自主决策；没有数据，整个互联协作网络就会变化共振导致混乱噪声。保险公司通过识别技术、智能设备、产业互联互通，建立真正的大数据。

（10）路径十：利用科技将产品向服务型产品转型、做服务产品创新。保险公司作为金融服务行业，未来的业务也一定是服务，所以保险公司要利用科技将产品向服务型产品转型，通过科技输出自己的服务，包括风险管理、生活习惯分析、健康管理等。

互联网、云计算、大数据、人工智能、区块链等新技术是保险业重新焕发生机的重要助推器。保险业未来发展应顺应"保险+科技+制度+管理+服务"战略趋势，避免陷入"保险+科技"战略陷阱，充分利用新兴科技，优化产品设计，改进业务流程，创新运营模式，促进"保险+科技+制度+管理+服务"深度融合，积极推进保险业由高速增长阶段转向高质量发展阶段。

## 三、保险业高质量发展的三个阶段

"十四五"时期是我国由全面建成小康社会向基本实现社会主义现代化迈进的关键时期，"十四五"规划是站在这一历史起点下，开启全面建设社会主义现代化新征程的第一个五年规划，是适应社会主要矛盾历史性变化新要求的第一个五年规划。党的十九届五中全会站在党和国家事业发展全局的高度，描绘了面向未来的"十四五"以及2035年远景发展蓝图，审议通过了《中共中央关于制定国民经济和社会发展第十四个五年规划和二〇三五年远景目标的建议》（以下简称《规划建议》），提出了"十四五"时期经济社会发展指导思想和必须遵循的原则。对照《规划建议》，对于中国保险业而言，"十四五"期间关键是要回答如何实现高质量发展的问题。

从经济学基础理论角度来看，所谓质量，是指产品能够满足实际需要的使用价值特性。进入高质量发展新时代，体现经济发展的本真性质，即对满足人民日益增长的美好生活需要的使用价值面即供给侧的关注，将变得尤为重要，受到更大关切。

因此，与高速增长阶段主要以工具理性为动力的机制不同，高质量发展阶段必须有更具本真价值理性的新动力机制,即更自觉地主攻能够更直接体现人民向往目标和经济发展本真目的的发展战略目标。这种新动力机制的供给侧是创新引领,需求侧则是人民向往。

2020年12月9日,国常会研究了如何促进保险扩面提质稳健发展,如何满足人民群众多样化需求。面对国家经济社会发展的新要求,保险业要审时度势,重新思考保险的内涵和外延,思考保险的功能和定位,特别是要立足于"科技+服务+连接"模式下的"新保险"。新保险,是指高质量发展的保险,其不是简单模块的叠加,而是再造质变。因此,保险业实现高质量发展至少需要经历以下三个阶段:

第一个阶段,改造形态(产品与技术)。实现保险产品的制度化、技术化、数据化,运营的互联网化、数据化、智能化,将保险改造成金融工具、载体。

第二个阶段,改造模式(账户与服务)。调整保险经营模式,利用互联网理念(如以客户为中心)改造自身体制来适应保险未来账户化、服务化经营的需要。

第三个阶段,改造价值(配置与连接)。保险成为整个万物互联世界的一部分,在这个链条里进行资源的配置,逐步实现保险产业链协同。在这个阶段,保险机构可以围绕保险的配置和连接功能构建自己的生态,或者加入别人的生态中。

(一)"科技+"下的新保险

保险科技推动了行业的发展,但是同时可能也会在一定程度上使可保风险相应地减少。这是什么概念?可保风险减少之后,带来的可能是保费规模的缩小,比如UBI车险、自动驾驶后的车险等。所以技术进步会带来行业的发展,但是同时也会带来其他的不确定性。又如基因工程发展到一定程度,知道你有病了,是不是不允许你购买保险?知道你病好了,是不是还会向你推荐保险?……这些都会给保险带来很大的挑战。

最近几年,中国保险科技发展突飞猛进,大数据、人工智能、区块链、云计算、物联网、互联网与移动技术、虚拟现实(VR)以及基因诊疗等核心技术已经开始进入保险行业,其中一些已经开始走向成熟,正在改变保险业。

(1)大数据能够帮助保险公司从大量的用户数据中挖掘用户洞见,大幅度提高对客户需求及风险的把握能力,推进产品开发、营销、核保、理赔等各环节流程优化。

(2)人工智能是指计算系统通过对人类的意识、思维过程和行为的模拟,能够执行视觉感知、语音识别等任务。

(3)区块链是能够实现点对点数据交互的数据管理基础架构,其应用具有去中心化、不可篡改、可编程控制等特点,能够有效提高金融交易的效率、便捷性以及安全性。

（4）云计算平台的使用提升了保险业务支持系统的可延展性及优化升级能力，能够以较低成本承载大量的产品及用户数据，并在此基础上提供相关的分析服务，实现有效的营销策略和用户管理。

（5）物联网的应用有助于增加企业与用户互动途径，获取更多用户信息，推进新保险产品设计，同时有利于持续追踪监测用户及财产状态，将保险业务范围从承保延展到增值服务。

（6）移动技术能提高保险产品和服务的可得性及便捷性，打破时空限制，实现远程或24小时客户服务，同时能够增加用户触点，获取更多信息，结合大数据推进产品开发与营销。

（7）虚拟现实近年来也被应用到保险领域中，成为开展用户安全教育、激励安全规范行为的创新手段，使客户在虚拟环境中加深对风险的认知。

（8）基因诊疗技术在保险领域的应用有助于辨别用户的发病风险，推进更加精准高效的产品定价和核保。

随着科技的发展，保险的承保、理赔、精算技术都会改变，可以帮助客户实现总投入与总支出的平衡，在保险科技的支持下，保险关于客户管理的技术也将革新，实现客户间的权益均衡。

（二）"服务+"下的新保险

保险服务是指保险公司为社会公众提供的一切有价值的活动。这是一种现代化服务观念，它与传统性服务的最大区别在于它呈现出明显的外延扩张。传统观念认为，保险公司的服务集中体现为经济赔偿与给付，只要对客户履行了赔付的保险责任，也就意味着为其提供了良好的服务。而现代化服务观念则认为，保险服务远非局限于此，围绕经济赔偿与给付这一核心所进行的各种扩散性服务均在保险公司的服务范畴之内。

保险服务的内容包括提供保险保障、咨询与申诉、防灾防损、契约保全、附加价值服务等，其中的第一项可称为核心性服务，其他各项可称为扩散性服务。核心性服务与扩散性服务的关系是：核心性服务是根本，扩散性服务围绕核心性服务展开。

保险机构在服务上既要体现出保险服务客户的特性，又要避免出现扩散性服务超过核心业务的尴尬局面，因此，保险机构要努力构建五大服务体系，在合理服务范围内为客户提供强有力的风险管理保障：一是构建有利于客户的保险服务体系；二是构建帮助客户了解自身风险的咨询服务体系；三是构建适用于客户全生命周期的保险保障体系；四是构建专用于客户资产配置的服务体系；五是构建区别于非保险机构的风险管理体系。

### （三）"连接+"下的新保险

保险是一个入口，可以起到连接的作用，连接供给和需求。例如，支付宝连接人和支付，微信连接人和社交，保险的很多场景其实连接的就是人和风险。而连接人和风险时，怎样找到细分场景，打造自己垂直领域小的生态？这是未来保险必须思考的一个持续性主题。对于保险而言，其主要的连接价值如下。

（1）连接客户。连接的是客户的需求和保险机构的供给。首先，通过保险的产品定制，去匹配千人千面；其次，结合不同客户的风险和需求，基于保险定制一套综合的增值服务，增加客户黏性和留存度。

（2）连接第三方。连接的是保险机构的供给能力和承保能力，以更好地匹配客户的需求。连接价值主要体现在三方面：一是产品研发，包括产品的灵活设计、快速迭代，以及对风险的把控，核心在于快速对市场和用户需求做出反应；二是运营，通过连接第三方，帮助保险机构进行活动创意、策划和执行，帮助提高保险机构客户的活跃度，提高客户体验；三是技术能力，其决定了产品迭代效率和整体业务运营的能力。

（3）连接账户。保险可以作为一个支付方跟其他行业账户联通，这也是第三个维度的连接。连接将是保险永恒的主题，通过连接实现跨界。跨界也将是未来保险发展的趋势所在。

正如宋代禅宗修行的三个境界那样，保险高质量发展的三个阶段也将是一个逐步提升的过程。第一个境界是"落叶满空山，何处寻行迹"（韦应物《寄全椒山中道士》）；第二个境界是"空山无人，水流花开"（苏轼《十八大阿罗汉颂》）；第三个境界是"万古长空，一朝风月"（崇慧禅师《五灯会元》）。我们只有参透了保险的大是大非，才能领会其与天地精神往来的"悟"。

# 第四部分
# 社会保险

# 第九章
# 社会保险制度

## 第一节　社会保险制度概述

国家建立基本养老保险、基本医疗保险、工伤保险、失业保险、生育保险等社会保险制度，旨在保障公民在年老、疾病、工伤、失业、生育等情况下依法从国家和社会获得物质帮助的权利。社会保险制度坚持广覆盖、保基本、多层次、可持续的方针，社会保险水平应当与经济社会发展水平相适应。

### 一、社会保险制度的内容

社会保险由基本养老保险、基本医疗保险、工伤保险、失业保险、生育保险等构成，是社会保障制度的核心组成部分。社会保险与商业保险、政策保险相联系，共同构成大保险体系。

（一）基本养老保险

基本养老保险是国家通过立法对劳动者因达到规定年龄，按国家规定解除劳动义务后，给他们提供一定的物质帮助以维持其基本生活水平的一种社会保险制度。

（二）基本医疗保险

基本医疗保险是指社会劳动者因为疾病、受伤等，需要诊断、检查和治疗时，由国家和社会为其提供必要的医疗服务和物资帮助的一种社会保险制度。

（三）失业保险

失业保险是指根据政府法令举办的，以失业为给付条件，由国家按劳动法规定在一定期限内向失业者发放失业救济金的社会保险制度。

### （四）工伤保险

工伤保险是指劳动者出于工作原因受伤、患病、致残乃至死亡，暂时或永久丧失劳动能力时，从国家和社会获得医疗、生活保障及必要的经济补偿的社会保险制度。

### （五）生育保险

生育保险是妇女劳动者因妊娠、分娩等不能工作，收入暂时中断，由国家和社会给予医疗保健服务和物质帮助的一种社会保险制度。

## 二、社会保险的原则

在现代社会保险发展历程中，形成了一些基本原则，这些原则在指导建立和发展社会保险事业时发挥着重要作用。

### （一）强制性原则

强制性原则是指凡属于法律规定范围内的劳动者都必须无条件地参加社会保险，并按规定履行缴纳保险费的义务，这是社会保险的首要原则。

强制性对于社会保险自身发展具有重要意义。首先，由于在广泛范围内实施强制保险，被保险人基数庞大，可以使大数定律充分发挥作用，风险得以分散。其次，限制了逆向选择的发生。这里所谓的逆向选择，是指低风险的劳动者不愿意参加保险，在无法区分的情况下，参加保险者都是高风险者。而强制保险在一定范围内要求所有劳动者都必须参加，这就有效地防止了逆向选择。

社会保险的强制性特点，一般是通过国家立法和国家强制征收社会保险费来具体体现的。社会保险的缴费标准和待遇项目、保险金的给付标准等均按国家和地方政府的法律、法令统一确定，劳动者对于是否参加社会保险和投保的项目以及待遇标准等均无权任意选择和更改。

### （二）基本保障性原则

将社会保险放在社会保障体系中考察时，一般认为应采取三种不同的保障方法来满足三个不同层次的需求，即用社会救济来满足公民最低生活水平的要求，用社会保险来满足劳动者基本生活水平的要求，而用社会福利的形式来提高公民的生活质量。将社会保险定位在满足基本生活需求的层面上，是同社会保险的性质相适应的。在劳动者部分或全部丧失劳动能力或者失业时，由国家通过法律保证其获得物质生活权利，为其提供切实可靠的基本生活保障。

### （三）公平性原则

公平与效率问题一直是实行市场经济国家面临的选择难题。社会保险通过国民收入的再分配而实现，社会保险费的筹集通常是由国家、企业和个人共同按比例负担，并非完全由个人负担。国家对亏损部分给予财政补贴，保障的水平以劳动者丧失劳动能力时的基本生活需要为标准，采取的是有利于低收入劳动者的原则。商业保险的保险费全部由投保人按合同负担，保障水平完全取决于被保险人缴纳保险费的多少和实际受损的性质与程度，严格按对等原则来确立。商业保险也讲公平，但这种公平是针对保险合同的公平，是投保人与保险人之间的对等公平；而社会保险是一种社会公平，这与社会保险的基本目标——维持社会生产正常进行、保障社会生活稳定是相适应的。

### 三、社会保险的功能

社会保险的功能体现在维系社会稳定、促进劳动力再生产、促进社会公平、促进经济发展、增强凝聚力等方面。

（一）维持社会稳定

在现代社会大生产和分工协作的条件下，社会保险的功能是维持社会稳定，使老有所养、病有所医，保障劳动者及其家庭的基本生活，消除社会不安定因素，减少社会震荡，所以社会保险有时被称为社会的"减震器"和"防护网"。此外，社会保险在最终实现社会主义的生产目的，促进经济的发展、政治的安定，实现公民的宪法权利等方面也有重大贡献。

（二）保证劳动力再生产的顺利进行

劳动者因疾病、伤残、失业而失去正常的劳动收入，会使劳动力再生产过程处于不正常的状况，通过社会保险的经济补偿，可以使劳动力的再生产过程得以延续，从而使社会化大生产得以顺利进行。人作为劳动者，对生产起着决定性作用，物质资料的再生产要求劳动力再生产与之相适应。劳动收入是家庭的主要收入来源，当劳动者遭遇各种风险而丧失劳动能力时，家庭的保障功能就大大削弱了，这样势必影响劳动力的供应。因此，只有国家出面干预，以失业保险、生育保险等强制保险的方式，集聚众多的经济力量，才能使劳动力再生产得以顺利进行。

（三）促进社会财富的公平分配

社会保险是国民收入再分配的渠道之一，可以起到缩小社会成员收入差距的作用，有利于实现社会财富的公平分配。因此，社会保险的分配原则以公平为主，兼顾效率，对高收入者的社会保险待遇要有一定的限制，对低收入者的生活要给予保证。凡是领取的社会保险金达不到基本保障线的，要提高到基本保障线以上，以缩小不同层次社会保险金水平的差距。

### (四)有利于发展社会经济

通过社会保险而聚集起来的雄厚的社会保险基金可以对经济发展起到一定的支撑作用。社会保险具有储蓄性的特点,通过劳动者、企业和国家三方出资的形式,形成了规模巨大的社会保险基金收入。随着社会保险基金的膨胀,其投资规模也不断扩大,这使社会保险基金成为影响一国经济运行的不可忽视的力量。社会保险制度的运行对储蓄、投资、财政金融状况乃至国际经济活动均会产生重要的影响。强化社会保险基金的管理,提高其投资经营效果,注重投资方向与结构的调整,将有利于促进经济发展,促进国家基础产业的成长,促进金融市场的发展与完善。注重社会保险基金对经济的促进作用,已成为许多国家社会保险制度改革发展的新特点。

### (五)增强社会凝聚力

社会保险是互助共济的经济形式,有助于经济和谐及社会文明的进步。社会保险是国家和社会为劳动者提供的基本生活保障,实行"多人为众,众为一人"的互济原则,依靠社会群体的力量,把分散、弱小的经济力量组织起来,以发挥社会经济的互助互济作用,分散劳动者个人的风险事故压力,而这种互助互济的经济行为又促进了在公共道德标准上集体主义的演进。同时,社会保险起到了团结劳动者、增强社会凝聚力的作用,相互依赖的经济社会现实无疑又将提高人类自身的社会化程度和促进群体内个体的和谐相处。

## 四、社会保险与商业保险的区别

### (一)目的不同

社会保险作为政府的一项社会政策,其基本目的在于使劳动者的生活获得基本保障。这种"政策性"特征决定了它不以营利为目的,而以社会效益为主,运作过程中有明显的行政强制性特点。政府是社会保险的实施者,对其财务营亏负有最后责任,发生亏损时则由国家财政拨款弥补,使被保险人有永久获得保障的权利。而商业保险首先是一种商业活动,人们自愿投保,没有任何强制性,是以营利为主要目的的企业经营活动。保险公司是自负盈亏的经济实体,作为企业,其经营的首要目的就是获得经济效益。因此,保险人要精确地计算风险发生的概率,确定合理的保险费率,积极运用保险基金。当然,商业保险业务客观上也有很好的社会效益,对社会稳定具有积极的意义。

### (二)权利与义务的关系不同

社会保险的权利与义务关系建立在劳动关系的基础上,只要劳动者履行了为社会劳动的义务，就能获得自身及其供养的直系亲属享有相关社会保险待遇的权利；劳动者缴纳一定的保险费，但给付金额与其所缴纳的保费无绝对联系，而以被保险人基本生活需要为标准。社会保险的权利与义务关系并不对等，各人应缴纳保费的多少并不取决于将来给付的多少或风险程度的高低，而是取决于投保人当时的收入水平。而商业保险的权利义务建立在合同关系上，是一种自由契约关系，保险人严格遵循商业营利性原则。被保险人享有保险金额的多少取决于根据风险率计算出来的保险费数额的多少和投保期限的长短，即保险公司与投保人之间的权利与义务关系是一种等价交换的对等关系，表现为多投多保、少投少保、不投不保，两者呈正相关。

（三）经办主体和管理特征不同

社会保险的经办主体是政府或由政府指定的专门的职能部门，它除了管理社会保险基金的征集和给付之外，还要管理与之相关的其他活动，如负责某些服务工作等。社会保险的政策性和"人、财、物"的统一管理，决定了国家财政对其负有最后保证责任。而商业保险经营主体主要是以盈利为目的的商业保险公司，商业保险业务的开展，在法律规定的范围内，可以由保险双方自行订立条款，保险公司自主经营、自负盈亏，国家财政不以任何形式负担其保险金给付的开支需求。

（四）实施方式不同

社会保险主要采取强制方式实施，属于强制保险。凡属于社会保险范围的保险对象，无论其是否愿意，都必须参加，并缴纳保费。当被保险人在遇到生育、年老、疾病、伤残、失业等情况而没有收入时，政府必须按法定标准给付，这种强制性保证了社会保险的大规模，有效地减少了逆向选择。而商业保险一般采取自愿原则，属于自愿保险，投保人是否投保、投保什么险种、投保多少等，由投保人自行决定。

（五）保险关系建立的依据不同

社会保险中的保险人与被保险人之间的保险关系主要以有关的社会保险法律法规和社保政策为依据，如保险对象、保险资金来源、保费负担、受益人资格、给付标准等均由法律法规和政策规定，双方当事人不能另有约定。而商业保险人和投保人之间的保险关系，在有关商业保险法规允许的范围内完全依据保险合同的签订建立，通过保险合同确定双方的权利义务关系，如保险人可因投保人不履行缴纳保险费的义务而有权停止被保险人或受益人在保险合同中享有的权利。

（六）保险的资金来源不同

社会保险的资金来源主要有政府财政拨款、企业缴纳保险费、劳动者个人缴纳保险费三个渠道，是集国家、企业、个人等社会各方面力量来保障社会成员的基本生活要求。而商业保险的资金只能来源于保险客户所缴保险费，虽然通过对保险资金的运用可以获得一定的投资收益，但是保险公司管理费用却需要保险客户来承担。

（七）保险给付标准依据和保障水平不同

社会保险的给付标准主要取决于能否提供满足基本生活需要的保障水平，其保障水平一般在贫困线以上，即达到基本保障水准，过高则会使被保障者产生依赖和懒惰心理。社会保险统一的基本保障水平，有利于低收入阶层、遗属及退休者。商业保险给付标准与所缴保费之间有密切联系，奉行多投多保、少投少保的原则，保险水平悬殊，明显有利于高收入阶层提高自己的生活保障水平。

（八）保险对象不同

社会保险的保险对象是社保法规规定的劳动者，有的国家扩展到了全体公民，社会化程度较高。因为社会保险是为了实施社会政策、解决社会问题，而少数人的问题不能成为社会问题，也无所谓社会政策。商业保险的保险对象灵活，不论是劳动者还是非劳动者，都可由个人根据需要投保，但在事实上，劳动者，尤其是低收入的劳动者往往无力参加。

（九）与财税的关系不同

国家对社会保险承担最后的保证责任。国家财政对社会保险有拨款义务，这是国家财政收入分配职能的重要表现，而国家对商业保险的经营并不承担任何责任。而且商业保险公司同一般的工商企业一样要向国家缴纳税收，一般情况下，国家不会给商业保险公司财政拨款和财政补贴。

## 第二节 基本养老保险

基本养老保险是社会保险的重要组成部分，也是防范和化解年老风险的制度安排。基本养老保险制度是基本养老保险覆盖范围、基金来源、资格条件、待遇计发等一系列规定的总称。

中国基本养老保险制度，由企业职工基本养老保险、机关事业单位工作人员养老保险和城乡居民基本养老保险构成。按规定参加基本养老保险的职工和居民，符合相应的年龄与缴费条件的，可以享有相应的基本养老保险待遇。

## 一、制度类型

中国基本养老保险的制度类型为社会保险与社会救助相结合。

职工基本养老保险制度（包括企业职工基本养老保险制度和机关事业单位工作人员养老保险制度）实行"社会统筹（保险）与个人账户"相结合。单位缴费形成社会统筹基金，体现互助共济；个人缴费计入个人账户，实现部分积累。

城乡居民基本养老保险实行"个人缴费、集体补助和政府补贴"相结合。政府补贴体现普惠与公平，个人缴费体现权利与义务相关联。

政府对参加城乡居民基本养老保险的低收入、无收入者给予全额或差额资助，对生活困难的老年人给予直接救助。

## 二、覆盖范围

企业职工参加职工基本养老保险，机关事业单位工作人员参加机关事业单位工作人员养老保险，由用人单位和职工共同缴纳基本养老保险费。

各类灵活就业人员可以参加职工基本养老保险，也可以参加城乡居民基本养老保险，由个人缴纳基本养老保险费。

年满16周岁（不含在校学生），非国家机关和事业单位工作人员及不属于职工基本养老保险制度覆盖范围的城乡居民，可以在户籍地（或居住地）参加城乡居民养老保险。

在中国境内就业的外国人按规定参加职工基本养老保险，在内地（大陆）就业的港澳台居民按规定参加职工基本养老保险。

在内地（大陆）居住且办理港澳台居民居住证的未就业港澳台居民，按规定参加城乡居民基本养老保险。

## 三、参保地点

企业职工和机关事业单位工作人员应当在就业地参保。城乡居民可以在户籍地参保，取得居住证的居民也可以在居住地参保。

## 四、统筹层次

统筹层次是指基本养老保险基金统一收支的行政区域。如果在全国一级实现了基本养老保险基金统一收支，就认为统筹层次为全国统筹；如果在省一级实现了基本养老保险基金统一收支，就认为统筹层次为省级统筹；如果在地市一级实现了基本养老保险基金的统一收支,就认为统筹层次为地市级统筹。

职工基本养老保险基金与机关事业单位养老保险基金实行省级统筹,逐步实行全国统筹。城乡居民基本养老保险基金实行省级统筹。

### 五、缴费办法

缴费办法分为职工缴费、单位缴费、灵活就业人员(含个体劳动者)缴费、城乡居民缴费等,涉及缴费主体、缴费周期、缴费基数、平均工资、缴费基数上下限、缴费比率、缴费税收减免等规定。

(一)基本规定

单位(包括企业、机关、事业单位)和职工(包括企业职工、机关事业单位工作人员)共同缴纳职工基本养老保险费。城乡居民基本养老保险实行个人缴费、集体补助、政府补贴相结合。

(二)职工缴费

职工以上一年度的月平均工资作为个人缴纳基本养老保险费的基数(以下简称"缴费工资基数"),按当地规定的比例按月缴纳基本养老保险费。职工缴纳基本养老保险费的比例一般为缴费工资基数的8%(2006年1月1日起),职工个人缴纳的基本养老保险费不计征个人所得税。月平均工资应按国家统计局规定的列入工资总额统计的项目计算,其中包括工资、奖金、津贴、补贴等收入。单位支付给劳动者个人的丧葬抚恤救济费、生活困难补助费、计划生育补贴等不属于工资统计范围。职工月平均工资低于当地职工平均工资60%的,按60%计算缴费工资基数;超过当地职工平均工资300%的部分不计入缴费工资基数,也不计入计发养老金的基数。

自2019年5月1日起,各省份以本省城镇非私营单位就业人员平均工资和城镇私营单位就业人员平均工资加权计算的全口径城镇单位就业人员平均工资,核定职工基本养老保险个人缴费基数上下限。调整就业人员平均工资计算口径后,各省要制定基本养老金计发办法的过渡措施,确保退休人员待遇水平平稳衔接。

已离退休人员不缴纳基本养老保险费。

(三)单位缴费

单位以职工工资总额(或全部职工缴费工资基数之和)为缴费工资基数,按当地规定的缴费比例按月缴纳基本养老保险费。当地规定缴纳基本养老保险费的比例一般为16%(2019年5月1日起),单位缴纳的基本养老保险费在税前列支。

（四）个体劳动者缴费

城镇个体工商户和灵活就业人员参加基本养老保险的缴费工资基数为当地上年度在岗职工平均工资（2019年5月1日前），缴费比例为20%，其中8%计入个人账户，退休后按企业职工基本养老金计发办法计发基本养老金。自2019年5月1日起，个体工商户和灵活就业人员参加企业职工基本养老保险，可以在本省全口径城镇单位就业人员平均工资的60%至300%之间选择适当的缴费基数。城镇个体工商户和灵活就业人员一般应按月缴纳养老保险费，也可按季、半年、年度合并缴纳养老保险费。个体劳动者缴纳的基本养老保险费不计征个人所得税。

（五）城乡居民缴费

城乡居民选择不同缴费档次，按年缴纳居民基本养老保险费。参加城乡居民养老保险人员的缴费档次标准为每年100元、200元、300元、400元、500元、600元、700元、800元、900元、1000元、1500元、2000元12个档次，省（区、市）人民政府可以根据实际情况增设缴费档次，最高缴费档次标准原则上不超过当地灵活就业人员参加职工基本养老保险的年缴费额。

有条件的村集体经济组织应当对参保人缴费给予补助。

## 六、政府资助

中国政府对职工基本养老保险、城乡居民基本养老保险进行资助，体现政府在社会保险方面承担的资金支持责任。

单位职工（包括国有企业职工、机关事业单位工作人员和军队转业人员）参加基本养老保险前，视同缴费年限期间应当缴纳的基本养老保险费由政府承担。

基本养老保险基金出现支付不足时，政府给予补贴。

单位缴纳的基本养老保险费在税前列支，个人缴纳的养老保险费不计征个人所得税，个人账户利息免征利息税。

社会保险机构的运行费用由政府预算拨付。

政府对符合领取城乡居民养老保险待遇条件的参保人全额支付基础养老金。地方人民政府对城乡居民基本养老保险参保人的缴费给予补贴，对选择最低档次标准缴费的，补贴标准不低于每人每年30元。

地方人民政府为重度残疾人等缴费困难群体代缴部分或全部最低标准的城乡居民基本养老保险费。

## 七、个人账户

职工基本养老保险费由单位和职工个人共同缴纳，单位缴费计入统筹基金，职工缴费计入个人账户。

单位和职工个人共同缴纳职工基本养老保险费的年限，称为"缴费年限"（或实际缴费年限）。实行个人缴费制度前，职工的连续工龄可视同缴费年限。

职工个人账户储存额，每年参考银行同期存款利率计算利息，免征利息税。个人账户储存额只用于职工养老，一般不得提前支取（出国定居等可以提前支取）。职工调动时，个人账户全部随同转移。职工或退休人员死亡，个人账户中的个人缴费部分可以继承。

个体劳动者等灵活就业人员，按缴费工资基数的20%缴纳职工基本养老保险费，其中8%计入个人账户，12%计入统筹基金。

城乡居民基本养老保险参保人员个人缴费、政府缴费补贴等计入个人账户。个人账户储存额按国家规定计息。参保人死亡，个人账户资金余额可以依法继承。

### 八、权益转接

个人跨统筹地区就业的，其基本养老保险关系随本人转移，缴费年限累计计算。个人达到法定退休年龄时，基本养老金分段计算、统一支付。

跨统筹地区转移职工基本养老保险关系时，个人账户资金按规定全部随同转移，统筹基金转移12%。当男满50岁、女满40岁时，不再转移职工基本养老保险关系，在新就业地区建立临时账户（按组织程序调动人员的养老保险关系转接不受年龄限制）。

符合退休条件时，职工基本养老保险关系在户籍地的，在户籍地办理退休；职工基本养老保险关系不在户籍地，在缴费年限达10年及以上的工作地办理退休；职工基本养老保险关系不在户籍地，有两个以上地区的缴费年限达到10年及以上的，在缴费时限长的地区办理退休；职工基本养老保险关系不在户籍地，有两个地区的缴费年限在10年及以上且相等的，在最近缴费的地区办理退休；如果没有缴费年限10年及以上的地区，则将资金归集到户籍地，在户籍地办理退休。

个人既参加职工基本养老保险，又参加居民基本养老保险，在退休时需要按以下规定进行衔接：参保人员从城乡居民基本养老保险转入城镇职工基本养老保险的，城乡居民基本养老保险个人账户全部储存额并入城镇职工基本养老保险个人账户，城乡居民基本养老保险缴费年限不合并计算或折算为城镇职工基本养老保险缴费年限。参保人员从城镇职工基本养老保险转入城乡居民基本养老保险的，城镇职工基本养老保险个人账户全部储存额并入城乡基本居民养老保险个人账户，参加城镇职工基本养老保险的缴费年限合并计算为城乡居民基本养老保险的缴费年限。

参加城乡居民基本养老保险的人员，在缴费期间户籍迁移、需要跨地区转移城乡居民基本养老保险关系的，可转移个人账户全部储存额，缴费年限累计计算；已经按规定领取城乡居民基本养老保险待遇的，不论户籍是否迁移，其基本养老保险关系都不转移。

## 九、按月领取基本养老金资格条件

（一）达到法定退休年龄时领取养老待遇——正常退休（或正常领取待遇）的条件

参加职工基本养老保险的个人（包括企业职工和机关事业单位工作人员）男满60岁，女干部满55岁，女工人满50岁（个体工商户、灵活就业人员和农民合同制职工的女性退休年龄为55岁），累计缴费满15年的，按月领取基本养老金。缴费年限不足15年时，可以按规定顺延缴费至15年后领取养老待遇。

参加城乡居民基本养老保险的个人，年满60周岁、累计缴费满15年，且未领取国家规定的基本养老保障待遇的，可以按月领取城乡居民基本养老保险待遇。

（二）低于法定退休年龄时领取养老待遇——提前退休的条件

公务员工作年限满30年的；或距国家规定的退休年龄不足5年，且工作年限满20年的公务员。

从事井下、高空、高温、繁重体力劳动和其他有害健康工种的职工，男年满55周岁，女年满45周岁，连续工龄或工作年限满10年的职工。

男年满50周岁，女年满45周岁，连续工龄或工作年限满10年的，经医院证明，并经劳动鉴定委员会确认，完全丧失劳动能力的职工。

因工致残，经医院证明（并经劳动鉴定委员会确认）完全丧失工作能力的职工。

（三）高于法定退休年龄时领取养老待遇——延迟退休的条件

党政机关和人民团体中的正、副县处级及相应职务层次的女干部，事业单位中担任党务和行政管理工作的相当于正、副处级的女干部和具有高级职称的女性专业技术人员，年满60周岁退休。

高级专家确因工作需要，身体能够坚持正常工作，征得本人同意，副教授级高级专家经批准可延长至65周岁退休，教授级高级专家经批准可延长至70周岁退休；院士年满70周岁退休，个别确因国家重大项目特殊需要，可适当延长退休年龄，最多延长至75周岁。

### 十、基本养老金计算办法

职工（包括企业职工与机关事业单位工作人员）基本养老金由统筹养老金、过渡养老金和个人账户养老金组成。按新人、中人、老人的不同情形，采用相应的养老金计算办法。

居民基本养老金由基础养老金与个人账户养老金构成。中央确定基础养老金最低标准，建立基础养老金最低标准正常调整机制，地方人民政府可以根据实际情况适当提高基础养老金标准，个人账户养老金为个人账户储存额除以计发月数。

### 十一、遗属津贴与病残津贴

参加职工基本养老保险的个人，因病或者非因工死亡的，其遗属可以领取丧葬补助金和抚恤金（如果因工死亡按工伤保险条例规定领取遗属待遇）；在未达到法定退休年龄时因病或者非因工致残完全丧失劳动能力的，可以领取病残津贴。所需资金从基本养老保险基金中支付。有条件的地方政府可以为城乡居民养老保险参保人提供丧葬补助金。

### 十二、养老待遇调整

国家根据职工平均工资增长、物价上涨等情况，按规定调整基本养老保险待遇水平。

### 十三、基本养老保险基金管理

基本养老保险基金，坚持"以收定支、收支平衡、适当结余"的原则进行筹集与使用，加强预算管理，存入财政专户，专款专用。

### 十四、基本养老保险组织管理

人力资源和社会保障部负责基本养老保险政策的制定与总体监管，地方人力资源与社会保障行政部门负责基本养老保险政策的贯彻落实。

地方养老保险经办机构负责养老保险业务的经办服务。各级税务部门负责社会保险费的征缴，各级财政和审计部门负责养老保险基金的监督与审计。

## 第三节 基本医疗保险

基本医疗保险是社会保险的重要组成部分,也是防范和化解疾病风险的制度安排。基本医疗保险制度是基本医疗保险覆盖范围、基金来源、资格条件、就医服务、费用报销等一系列规定的总称。

中国基本医疗保险由职工基本医疗保险和城乡居民基本医疗保险构成。按规定参加基本医疗保险的职工和居民在生病就诊时可以享受相应的基本医疗保险待遇。

### 一、制度类型

中国基本医疗保险的制度类型为社会保险与社会救助相结合。

职工基本医疗保险实行社会统筹与个人账户相结合。城乡居民基本医疗保险实行个人缴费与政府补助相结合。

政府对参加城乡居民基本医疗保险的低收入、无收入者给予全额或差额资助,对因医疗费用支出生活困难者给予直接救助。

### 二、覆盖范围

职工(包括企业职工和机关事业单位工作人员)参加职工基本医疗保险,由用人单位和职工共同缴纳基本养老保险费。

各类灵活就业人员可以参加职工基本医疗保险,也可以参加城乡居民基本医疗保险,由个人缴纳基本医疗保险费。

不属于职工基本医疗保险制度覆盖范围的中小学阶段的学生(包括职业高中、中专、技校学生)、少年儿童和其他非从业城乡居民都可自愿参加城乡居民基本医疗保险。

各类全日制普通高等学校(包括民办高校)、科研院所(以下统称高校)中接受普通高等学历教育的全日制本专科生、全日制研究生可以参加城乡居民基本医疗保险。

在中国境内就业的外国人按规定参加职工基本医疗保险,在内地(大陆)就业的港澳台居民按规定参加职工基本医疗保险。

在内地(大陆)居住且办理港澳台居民居住证的未就业港澳台居民,按规定参加城乡居民基本医疗保险。

在内地（大陆）就读的港澳台大学生，与内地（大陆）大学生执行同等医疗保障政策，按规定参加高等教育机构所在地城乡居民基本医疗保险。

### 三、参保地点

职工（包括企业职工和机关事业单位工作人员）在就业地参保；城乡居民可以在户籍地参保；取得居住证的居民可以在户籍地参保，也可以在居住地参保。

### 四、统筹层次

职工基本医疗保险原则上以地级市以上行政区为统筹单位，并逐步实行省级统筹。

城乡居民医疗保险制度原则上实行市（地）级统筹，各地区要统一待遇政策、基金管理和信息系统。鼓励有条件的地区实行省级统筹。

### 五、缴费办法

单位（包括企业、机关、事业单位，下同）和职工（包括企业职工、机关事业工作人员，下同）共同缴纳职工基本医疗保险费，城乡居民基本医疗保险实行以"个人缴费与政府补助"为主的筹资方式，鼓励集体、单位或其他社会经济组织给予扶持或资助。

（一）职工缴费

职工以上一年度的月平均工资作为个人缴纳基本医疗保险费的基数（以下简称"缴费工资基数"），按当地规定的比例按月缴纳基本医疗保险费。职工缴纳基本医疗保险费的比例一般为缴费工资基数的2%（各个统筹地区规定不同），职工个人缴纳的基本医疗保险费不计征个人所得税。个人缴费计入个人账户。

月平均工资应按国家统计局规定列入工资总额统计的项目计算，其中包括工资、奖金、津贴、补贴等收入。单位支付给劳动者个人的丧葬抚恤救济费、生活困难补助费、计划生育补贴等不属于工资统计范围。

职工月平均工资低于当地职工平均工资60%的，按60%计算缴费工资基数；超过当地职工平均工资300%的部分不计入缴费工资基数。

自2019年5月1日起，各省以本省城镇非私营单位就业人员平均工资和城镇私营单位就业人员平均工资加权计算的全口径城镇单位就业人员平均工资，核定职工基本医疗保险个人缴费基数上下限。

已离退休人员或达到规定缴费年限正常退休人员不缴纳基本医疗保险费。

（二）单位缴费

单位以职工工资总额（或全部职工缴费工资基数之和）为缴费工资基数，按当地规定的缴费比例按月缴纳基本医疗保险费。当地规定缴纳基本医疗保险费的比例一般为6%（各个统筹地区规定不同），单位缴纳的基本医疗保险费在税前列支。

（三）个体劳动者缴费

城镇个体工商户和灵活就业人员参加基本职工医疗保险的缴费基数为当地上年度在岗职工平均工资（2019年5月1日前），缴费费率原则上按照当地的缴费费率确定。也可以从统筹基金起步，可参照当地基本医疗保险建立统筹基金的缴费水平确定缴费费率。

自2019年5月1日起，个体工商户和灵活就业人员参加职工基本医疗保险，可以在本省全口径城镇单位就业人员平均工资的60%至300%之间选择适当的缴费基数。

城镇个体工商户和灵活就业人员一般应按月缴纳医疗保险费，也可按灵活的方式合并缴纳医疗保险费。

个体劳动者缴纳的基本医疗保险费不计征个人所得税。

（四）城镇（乡）居民缴费办法

城镇（乡）居民基本医疗保险实行按年度定额缴费，以家庭缴费为主，政府给予适当补助。参保居民按规定缴纳基本医疗保险费，享受相应的医疗保险待遇，有条件的用人单位可以对职工家属参保缴费给予补助。国家对个人缴费和单位补助资金制定税收鼓励政策。

## 六、政府资助

国家对社会保险事业提供经费保障，承担弥补社会保险基金缺口的责任，对社会保险实行税收优惠政策，政府对城乡居民基本医疗保险进行补助。

## 七、个人账户

职工基本医疗保险个人账户简称个人账户，是指个人缴费与单位划转（从单位缴费中划拨一部分资金纳入个人账户）形成的个人用于医疗的账户。该账户的资金可以用来看门诊，也可用来支付符合规定的其他需要自付的医疗费用。

职工基本医疗保险基金实行社会统筹和个人账户相结合。个人缴费全部计入个人账户，个人账户支付门诊费用及其他相关费用，个人账户余额可以结转与继承。

城乡居民基本医疗保险不建立个人账户。

## 八、职工基本医疗保险待遇的享受条件与标准

职工基本医疗保险参保缴费人员享受职工基本医疗保险待遇。达到职工基本医疗保险规定缴费年限的退休职工不再缴费并享受基本医疗保险待遇,未达到国家规定年限的,可以缴费至国家规定年限。

职工、灵活就业人员中断缴纳医疗保险费的,未缴费期间不享受基本医疗保险待遇。基本医疗保险关系跨统筹地区转移接续人员,中断缴费3个月以内的,可以补缴费用,按规定享受基本医疗保险待遇。灵活就业人员首次参加职工基本医疗保险,可规定其参加基本医疗保险到开始享受相关医疗保险待遇的期限。

个人账户支付门诊费用和其他自费费用,统筹基金支付住院与门诊大病费用。设立统筹基金支付的起付线和最高支付限额,起付线为统筹地区职工平均工资的10%左右,最高支付限额为统筹地区职工平均工资的6倍左右,起付线以下的费用由个人自付,起付线与最高支付限额之间的大部分费用由统筹基金支付,最高支付限额以上的费用通过补充保险、商业保险加以解决。

## 九、城乡居民基本养老保险待遇的享受条件与标准

城乡居民基本医疗保险参保缴费人员享受城乡居民基本医疗保险待遇,未缴费期间不享受基本医疗保险待遇。

## 十、基本医疗保险药品目录、诊疗项目目录与服务设施标准

符合基本医疗保险药品目录、诊疗项目目录、医疗服务设施标准以及急诊抢救的医疗费用,按照国家规定从基本医疗保险基金中支付。

## 十一、基本医疗保险费用结算

参保人员医疗费用中,应当由基本医疗保险基金支付的部分,由社会保险经办机构与医疗机构、药品经营单位直接结算。

各统筹地区要根据当地实际和基本医疗保险基金支出管理的需要,制定基本医疗保险费用结算办法。结算办法应包括结算方式和标准、结算范围、结算程序、审核办法和管理措施等内容。

基本医疗保险费用的具体结算方式,应根据社会保险经办机构的管理能力以及定点医疗机构的类别确定,可采取总额预付结算、服务项目结算、服务单元结算等方式,也可以多种方式结合使用。

## 十二、权益转接

参加职工基本医疗保险的个人跨统筹地区就业时,基本医疗保险关系随本人转移,缴费年限累计计算。

参加城乡居民基本医疗保险的个人跨统筹地区迁徙时(包括户籍变更或居住地变更等),基本医疗保险关系随本人转移。

## 十三、异地就医

参加基本医疗保险的下列人员,可以申请办理跨省异地就医住院医疗费用直接结算:一是异地安置退休人员,即退休后在异地定居并且户籍迁入定居地的人员;二是异地长期居住人员,即在异地居住生活且符合参保地规定的人员;三是常驻异地工作人员,即用人单位派驻异地工作且符合参保地规定的人员;四是异地转诊人员,即符合参保地转诊规定的人员。

## 十四、基本医疗保险基金管理

基本医疗保险基金,坚持"以收定支、收支平衡、略有结余"的原则进行筹集与使用,加强预算管理,存入财政专户,专款专用。

## 十五、基本医疗服务管理

社会保险经办机构根据管理服务的需要,可以与医疗机构、药品经营单位签订服务协议,规范医疗服务行为。基本医疗保险的医疗服务机构通过自愿申请和多方评估确定。

## 十六、基本医疗保险组织管理

国家医疗保障主管部门负责基本医疗保险政策的制定与总体监督,地方医疗保障部门负责基本医疗保险政策的贯彻落实。

地方医疗保险经办机构负责医疗保险的经办业务,各级税务部门负责社会保险费征缴,各级财政和审计部门负责医疗保险基金监督与审计。

## 第四节 失业保险、工伤保险、生育保险

### 一、失业保险

失业保险是社会保险的重要组成部分,也是防范和化解失业风险的制度安排。失业保险制度是失业保险覆盖范围、基金来源、资格条件、待遇计发等一系列规定的总称。

按照失业保险制度要求,用人单位和职工按规定缴纳失业保险费,职工一旦失业,将按规定享受失业保险待遇。

（一）覆盖范围

职工应当参加失业保险,由用人单位和职工按照国家规定共同缴纳失业保险费,符合条件的职工享受失业保险待遇。

在中国境内就业的外国人按规定参加失业保险,在内地（大陆）就业的港澳台居民按规定参加失业保险。

（二）缴费办法

用人单位和职工个人按规定缴纳失业保险费。按照《失业保险条例》规定,职工按本人缴费工资基数的1%缴费,用人单位按缴费工资总额的2%缴费。单位缴费工资总额为参保职工本人缴费工资基数的总和。

职工本人缴费工资基数通常为本人上年平均工资。本人缴费工资基数的上限为所在省、自治区、直辖市上年平均工资的（指本省城镇非私营单位就业人员平均工资和城镇私营单位就业人员平均工资加权计算的全口径城镇单位就业人员平均工资,下同）300%,下限为所在省、自治区、直辖市上年平均工资的60%。

各统筹地区缴费费率存在一定差别,正在全国范围内逐步统一。

（三）政府资助

国家对社会保险事业提供经费保障,对社会保险实行税收优惠政策。统筹地区的失业保险基金不敷使用时,由失业保险调剂金调剂与地方财政补贴。

（四）统筹层次

失业保险基金逐步实行省级统筹,具体时间、步骤由国务院规定。失业保险基金在直辖市实行全市统筹。省、自治区人民政府决定实行省级统筹的,人力资源社会保障部门要在省（自治区）内统一失业保险参保范围和参保对象,统一失业保险

费率政策,统一失业保险缴费基数核定办法,统一失业保险待遇标准确定办法,统一失业保险经办流程和信息系统。未实行失业保险基金省级统筹的,要提高到市级统筹。①

(五) 资格条件

所在单位和本人已按照规定履行失业保险缴费义务满1年,非因本人意愿中断就业,已办理失业登记,并有求职要求的失业人员可以领取失业保险金。

(六) 领取期限

失业保险金领取期限根据单位和职工缴纳失业保险费期限的长短确定,一次领取失业保险金的期限最长不超过24个月。自2019年12月起,延长大龄失业人员领取失业保险金期限,对领取失业保险金期满仍未就业且距法定退休年龄不足1年的失业人员,可继续发放失业保险金至法定退休年龄。②

(七) 失业保险金标准

失业保险金的标准由省、自治区、直辖市人民政府确定,不得低于城市居民最低生活保障水平。

(八) 医疗保险待遇

失业人员在领取失业保险金期间,参加职工基本医疗保险,由失业保险基金缴纳基本医疗保险费,失业人员患病就诊时享受基本医疗保险待遇。

(九) 丧葬费与抚恤金

失业人员在领取失业保险金期间死亡的,参照当地对在职职工死亡的规定,向其遗属发放一次性丧葬补助金和抚恤金。

(十) 失业保险关系转接

职工跨统筹地区就业时转移失业保险关系的,累计计算缴费年限。

(十一) 保险基金管理

失业保险基金由单位缴费、职工缴费、政府补贴、利息等构成,用于失业保险金、医疗补助金、丧葬费、抚恤金、培训补贴等项目的支付。失业保险基金存入财政专户,专款专用,按规定计算利息。

(十二) 失业保险组织管理

人力资源和社会保障相关部门负责失业保险政策制定与总体监管,各地人力资

---

① 资料来源:《人力资源社会保障部 财政部 国家税务总局 关于失业保险基金省级统筹的指导意见》(人社部发〔2019〕95号)。

② 资料来源:《人力资源社会保障部 财政部关于扩大失业保险保障范围的通知》(人社部发〔2020〕40号)。

源和社会保障主管部门落实失业保险政策,进行具体监管。

各级社会保险经办机构负责失业保险基金管理和失业保险待遇发放,各级税务部门负责失业保险费征缴,各级财政和审计部门负责失业保险基金监督与审计。

## 二、工伤保险

工伤保险是社会保险的重要组成部分,是防范和化解因工伤残风险的制度安排。工伤保险制度是工伤保险覆盖范围、基金来源、资格条件、工伤认定、劳动能力鉴定、待遇计发、待遇调整等规定的总称。

(一)覆盖范围

工伤保险覆盖各类用人单位,由用人单位缴纳工伤保险费,职工个人不缴纳工伤保险费,符合条件的职工享受工伤保险待遇。

在中国境内就业的外国人按规定参加工伤保险,在内地(大陆)就业的港澳台居民按规定参加工伤保险。

(二)缴费办法

用人单位应当按照本单位职工工资总额,根据社会保险经办机构确定的费率缴纳工伤保险费。用人单位缴纳工伤保险费的数额为工资总额与费率之积。

(三)政府资助

国家对社会保险事业提供经费保障,对社会保险实行税收优惠政策,政府对工伤基金支付缺口予以垫付。

(四)统筹层次

工伤保险基金逐步实行省级统筹,具体时间、步骤由国务院决定。

(五)资格条件

职工因工作受到事故伤害或者患职业病,且经工伤认定的,享受工伤保险待遇。

(六)工伤认定

职工发生事故伤害或被诊断、鉴定为职业病后,只有通过工伤认定,方能享受工伤待遇。

(七)工伤排除

故意犯罪、自残自杀等情形不能认定为工伤。

(八)劳动能力鉴定

职工发生工伤,经治疗伤情相对稳定后存在残疾、影响劳动能力的,应当进行劳动能力鉴定,进入残疾等级评定程序。

## 第九章 社会保险制度

### （九）工伤基金支付项目

职工因工作遭受事故伤害或者患疾病被认定为工伤的，由工伤保险基金支付"医疗康复费用、伙食补助费、交通食宿费、器具费、护理费、伤残补助费、伤残津贴、医疗补助金、死亡补助金、劳动力能力鉴定费"等项目。

### （十）单位支付的项目

职工因工作遭受事故伤害或者患职业病，单位支付工资福利、伤残津贴、伤残就业补助金等项目。

### （十一）工伤医疗待遇

职工因工作遭受事故伤害或者患职业病进行治疗，享受医疗费、伙食补助费、食宿交通费等工伤医疗待遇。

### （十二）工伤停工留薪待遇

工伤职工因就医治疗而停止工作期间，原工资福利由单位按月支付，需要护理的由单位负责。

### （十三）工伤职工护理待遇

经工伤认定的工伤职工，生活需要护理的，享受医疗期间的护理待遇与评残后的生活护理费待遇。

### （十四）工伤分级伤残待遇

**1. 一级至四级**

职工因工致残被鉴定为一级至四级伤残的，保留劳动关系，退出工作岗位享受以下待遇。

从工伤保险基金按伤残等级支付一次性伤残补助金，标准为：一级伤残为27个月的本人工资，二级伤残为25个月的本人工资，三级伤残为23个月的本人工资，四级伤残为21个月的本人工资。

从工伤保险基金按月支付伤残津贴，标准为：一级伤残为本人工资的90%，二级伤残为本人工资的85%，三级伤残为本人工资的80%，四级伤残为本人工资的75%。伤残津贴实际金额低于当地最低工资标准的，由工伤保险基金补足差额；职工因工致残被鉴定为一级至四级伤残的，由用人单位和职工个人以伤残津贴为基数，缴纳基本医疗保险费。

**2. 五级至六级**

职工因工致残被鉴定为五级、六级伤残的，享受以下待遇。

从工伤保险基金按伤残等级支付一次性伤残补助金，标准为：五级伤残为18个月的本人工资，六级伤残为16个月的本人工资；保留与用人单位的劳动关系，由用人单位安排适当工作。难以安排工作的由用人单位按月发给伤残津贴，标准为：五级伤残为本人工资的70%，六级伤残为本人工资的60%，并由用人单位按照规定为其缴纳应缴纳的各项社会保险费。伤残津贴实际金额低于当地最低工资标准的，由用人单位补足差额。经工伤职工本人提出，该职工可以与用人单位解除或者终止劳动关系，由工伤保险基金支付一次性工伤医疗补助金，由用人单位支付一次性伤残就业补助金。一次性工伤医疗补助金和一次性伤残就业补助金的具体标准由省、自治区、直辖市人民政府规定。

3. 七级至十级

职工因工致残被鉴定为七级至十级伤残的，享受以下待遇。

从工伤保险基金按伤残等级支付一次性伤残补助金，标准为：七级伤残为13个月的本人工资，八级伤残为11个月的本人工资，九级伤残为9个月的本人工资，十级伤残为7个月的本人工资；劳动、聘用合同期满终止，或者职工本人提出解除劳动、聘用合同的，由工伤保险基金支付一次性工伤医疗补助金，由用人单位支付一次性伤残就业补助金。一次性工伤医疗补助金和一次性伤残就业补助金的具体标准由省、自治区、直辖市人民政府规定。

4. 工亡待遇

职工因工死亡，其近亲属按照下列规定从工伤保险基金领取丧葬补助金、供养亲属抚恤金和一次性工亡补助金；丧葬补助金为6个月的统筹地区上年度职工月平均工资。供养亲属抚恤金按照职工本人工资的一定比例发给由因工死亡职工生前提供主要生活来源、无劳动能力的亲属，标准为：配偶每月40%，其他亲属每人每月30%，孤寡老人或者孤儿每人每月在上述标准的基础上增加10%，核定的各供养亲属的抚恤金之和不应高于因工死亡职工生前的工资，供养亲属的具体范围由国务院社会保险行政部门规定；一次性工亡补助金标准为上一年度全国城镇居民人均可支配收入的20倍。

（十五）工伤事故中的第三方责任

由于第三人的原因造成工伤，第三人不支付工伤医疗费用或者无法确定第三人的，由工伤保险基金先行支付。工伤保险基金先行支付后，有权向第三人追偿。

## 三、生育保险

生育保险是社会保险的重要组成部分，是防范和化解公民生育风险的制度安排。生育保险制度是生育保险覆盖范围、基金来源、资格条件、待遇计发、待遇调整等规定的总称。

（一）覆盖范围

生育保险覆盖各类用人单位，由用人单位缴纳生育保险费，职工个人不缴纳生育保险费，符合条件的职工享受生育保险待遇。

（二）缴费办法

职工应当参加生育保险，由用人单位按照国家规定缴纳生育保险费，职工不缴纳生育保险费。

（三）资格条件

用人单位已经缴纳生育保险费的，其职工享受生育保险待遇；职工未就业配偶按照国家规定享受生育医疗费用待遇，所需资金从生育保险基金中支付。

（四）生育保险待遇项目与支出渠道

1. 生育保险待遇项目

生育保险待遇包括生育医疗费用和生育津贴。其中，生育医疗费用包括女职工因怀孕、生育发生的检查费、接生费、手术费、住院费、药费和计划生育手术费。生育津贴是指根据国家法律、法规规定对职业妇女因生育休产假而离开工作岗位期间，给予的生活费用，是对工资收入的替代。因此，在实行生育保险社会统筹的地区，由生育保险基金按本单位上年度职工月平均工资的标准支付，支付期限一般与产假期限一致，期限不少于98天。

2. 生育保险待遇支出渠道

《中华人民共和国社会保险法》规定，生育保险待遇所需资金从生育保险基金中支付。改革开放前，女职工生育期间的产假工资和医疗费用都由本单位负担。改革开放后，不同的社会分工和行业特点造成女职工分布不均匀，有的企业女职工人数占职工总数的60%以上，导致企业负担畸轻畸重，使女职工较多的企业不能平等地参与市场竞争。为了降低成本，企业在招用员工时往往倾向于排斥妇女，造成妇女平等就业权受到损害，特别是一些效益不好的企业，无力保障女职工生育期间待遇的兑现，使女职工的合法权益得不到保障。为了适应市场经济体制和现代企业制度的要求，在总结各地探索经验的基础上，劳动部颁布《企业职工生育保险试行办法》，将生育保险由用人单位负责管理转变为实行生育保险社会统筹。实践证明，生育保险基金社会统筹，体现了全社会共担风险的大数法则，有利于在市场经济体制下均衡不同单位和行业负担的职工生育成本，充分发挥对妇女劳动者的保护功能。

（五）职工未就业配偶的生育医疗费用待遇

职工未就业配偶按照国家规定享受生育医疗待遇。

（六）职工生育医疗费用待遇

生育医疗费用包括：生育的医疗费用，计划生育的医疗费用，法律、法规规定的其他项目费用。

（七）生育保险与职工基本医疗保险合并实施

生育保险费与职工基本医疗保险费合并征缴，生育保险待遇从基本医疗保险基金中支付。

# 第十章
# 社会保险基金

社会保险基金包括基本养老保险基金、基本医疗保险基金、工伤保险基金、失业保险基金、生育保险基金。其中,基本养老保险基金包括职工基本养老保险基金与城乡居民基本养老保险基金,基本医疗保险基金包括职工基本医疗保险基金和城乡居民基本医疗保险基金。

## 第一节 社会保险基金概况[①]

### 一、社会保险参保人数

根据2017年到2019年的统计数据,社会保险参保人数持续增长。这表明越来越多的人享受社会保险待遇,全民参保意识增强,社会保障体系进一步完善。

(一)2017年参保情况

2017年年末,全国参加基本养老保险人数为91548万人,比2016年年末增加2771万人。2017年年末全国参加城镇职工基本养老保险人数为40293万人,比2016年年末增加2364万人。其中,参保职工为29268万人,参保离退休人员为11026万人,分别比上年年末增加1441万人和922万人。年末参加城镇职工基本养老保险的农民工人数为6202万人,比上年年末增加262万人。年末城镇职工基本养老保险执行企业制度参保人数为35317万人,比上年年末增加1053万人;年末城乡居民基本养老保险参保人数为51255万人,比上年年末增加408万人,其中,实际领

---

[①] 鉴于2018年成立国家医疗保障局,社会保险数据以人力资源和社会保障事业发展统计公报、医疗保障事业发展统计公报中的养老保险、医疗保险、失业保险、工伤保险、生育保险等数据为基础。

取待遇人数为15598万人。

2017年年末，全国参加基本医疗保险人数为117681万人，比上年年末增加43290万人。其中，参加职工基本医疗保险人数为30323万人，比上年年末增加791万人；参加城乡居民基本医疗保险人数为87359万人，比上年年末增加42499万人。在参加职工基本医疗保险人数中，参保职工为22288万人，参保退休人员为8034万人，分别比上年年末增加568万人和223万人。年末参加基本医疗保险的农民工人数为6225万人，比上年年末增加1399[①]万人。

2017年年末，全国参加失业保险人数为18784万人，比上年年末增加695万人。其中，参加失业保险的农民工人数为4897万人，比上年年末增加238万人。年末全国领取失业保险金人数为220万人，比上年年末减少10万人，同时全年共为458万名失业人员发放了不同期限的失业保险金，比上年减少26万人。

2017年年末，全国参加工伤保险人数为22724万人，比上年年末增加834万人。其中，参加工伤保险的农民工人数为7807万人，比上年年末增加297万人。全年认定（视同）工伤人数为104万人，与上年基本持平。全年评定伤残等级人数为52.9万人，比上年减少0.6万人。全年享受工伤保险待遇人数为193万人，比上年减少3万人。

2017年年末，全国参加生育保险人数为19300万人，比上年年末增加849万人。全年共有1113万人次享受了生育保险待遇，比上年增加199万人次。

（二）2018年参保情况

2018年年末，全国参加基本养老保险人数为94293[②]万人，比上年年末增加2745万人。2018年年末，全国参加城镇职工基本养老保险人数为41902万人，比上年年末增加1608万人。其中，参保职工为30104万人，参保离退休人员为11798万人，分别比上年年末增加836万人和772万人。年末城镇职工基本养老保险执行企业制度参保人数为36483万人，比上年年末增加1166万人；年末城乡居民基本养老保险参保人数为52392万人，比上年年末增加1137万人。其中，实际领取待遇人数为15898万人。2018年，全国60岁以上享受城乡居民基本养老保险待遇的贫困老人为2195万人，实际享受代缴保费的贫困人员为2741万人，城乡居民基本养老保险使4936万贫困人员直接受益。

2018年，参加全国基本医疗保险（以下简称"基本医保"）人数为134459[③]万

---

[①] 资料来源：《2017年度人力资源和社会保障事业发展统计公报》。
[②] 资料来源：《2017年度人力资源和社会保障事业发展统计公报》《2018年度人力资源和社会保障事业发展统计公报》《2019年度人力资源和社会保障事业发展统计公报》。
[③] 资料来源：《2018年全国基本医疗保障事业发展统计公报》。

人,参保率稳定在95%以上,基本实现人员全覆盖。2018年,参加医保职工为31681万人,比上年增长4.5%。其中在职职工为23308万人,比上年增长4.6%;退休职工为8373万人,比上年增长4.2%。在职退休比为2.78,同比略微上升。企业、机关事业、灵活就业等其他人员这三类参保人(包括在职职工和退休人员)分别为21520万人、6119万人、4042万人,分别比上年增加887万人、159万人、312万人,分别占参保总人数的67.9%、19.3%和12.8%(见表10-1、图10-1),构成比例与上年基本持平。职工医保统账结合和单建统筹参保人员分别为29001万人、2680万人,分别占职工医保参保总人数的91.5%和8.5%。2018年,参加全国城乡居民基本医疗保险(以下简称"居民医保")人数为89736万人,比上年增长2.7%。其中成年人、中小学生儿童、大学生分别为66286万人、21368万人、2082万人,分别比上年增长2.7%、3.7%、-4.7%,分别占参保总人数的73.9%、23.8%、2.3%。

表10-1 2017年和2018年职工医保参保人员情况　　　　单位:万人

| 项目 | 企业 | 机关事业 | 灵活就业等其他人员 |
|---|---|---|---|
| 2017年 | 20633 | 5960 | 3730 |
| 2018年 | 21520 | 6119 | 4042 |
| 2018年增加 | 887 | 159 | 312 |

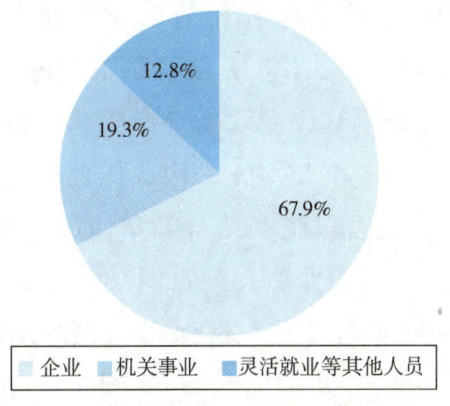

图10-1 2018年职工医保参保人员情况

2018年年末,全国参加失业保险人数为19643万人,比上年年末增加859万人。2018年年末,全国领取失业保险金人数为223万人,比上年年末增加3万人。全年共为452万名失业人员发放了不同期限的失业保险金,比上年减少6万人。

2018年年末,全国参加工伤保险人数为23874万人,比上年年末增加1151万人。截至2018年年末,全国新开工工程建设项目工伤保险参保率为99%。全年认定（视同）工伤人数为110万人，评定伤残等级人数为56.9万人。全年有199万人次享受工伤保险待遇。

2018年年末，全国参加生育保险20434万人，比上年增长5.9%[1]。

### （三）2019年参保情况

2019年年末，全国参加基本养老保险人数为96754万人，比上年年末增加2461万人。2019年年末全国参加城镇职工基本养老保险人数为43488万人，比上年年末增加1586万人。其中，参保职工为31177万人，参保离退休人员为12310万人，分别比上年年末增加1074万人和513万人。年末城镇职工基本养老保险执行企业制度参保人数为37905万人，比上年年末增加1422万人。全年城镇职工基本养老保险基金收入为52919亿元，基金支出为49228亿元；2019年年末城乡居民基本养老保险参保人数为53266万人，比上年年末增加874万人。其中，实际领取待遇人数为16032万人。2019年，共为2529.4万建档立卡贫困人口、1278.7万低保对象、特困人员等贫困群体代缴城乡居民养老保险费近42亿元，为2885.5万贫困老人发放养老保险待遇，6693.6万贫困人员从中受益。全国有5978万符合条件的建档立卡贫困人员参加基本养老保险，基本实现贫困人员基本养老保险应保尽保。

2019年，参加全国基本医疗保险（以下简称"基本医保"）人数为135407[2]万人，参保率稳定在95%以上。其中，参加医保职工为32925万人，比上年增加1244万人，增长3.9%。其中，在职职工为24224万人，比上年增长3.9%；退休职工为8700万人，比上年增长3.9%。在职退休比为2.78，同比持平。企业、机关事业、灵活就业等其他人员这三类参保人（包括在职职工和退休人员）分别为22267万人、6232万人、4426万人，分别比上年增加747万人、113万人、384万人，分别占参保总人数的67.6%、18.9%和13.4%，构成比例与上年基本一致（见表10-2、图10-2、图10-3）。职工医保统账结合和单建统筹参保人员分别为30235万人、2690万人，分别占职工医保参保总人数的91.8%和8.2%。2019年，参加全国城乡居民基本医疗保险（以下简称"居民医保"）人数为102483万人，比上年减少0.3%。其中成年人、中小学生、大学生分别为76942万人、23519万人、2022万人，分别比上年增长16.1%、10.1%、-2.9%，分别占参保总人数的75.1%、22.9%、2.0%。

---

[1] 资料来源：《2018年全国基本医疗保障事业发展统计公报》。
[2] 资料来源：《2019年全国基本医疗保障事业发展统计公报》。

表10-2  2018年和2019年职工医保参保人员情况    单位：万人

| 项目 | 企业 | 机关事业 | 灵活就业等其他人员 |
|---|---|---|---|
| 2018年 | 21520 | 6119 | 4042 |
| 2019年 | 22267 | 6232 | 4426 |
| 2019年增加 | 747 | 113 | 384 |

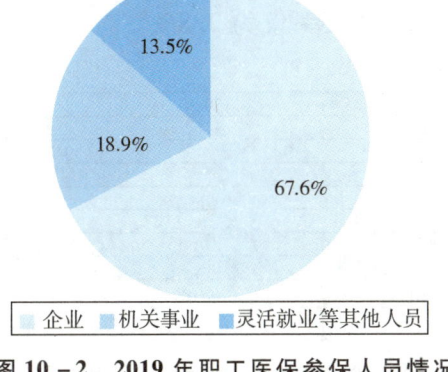

图10-2  2019年职工医保参保人员情况

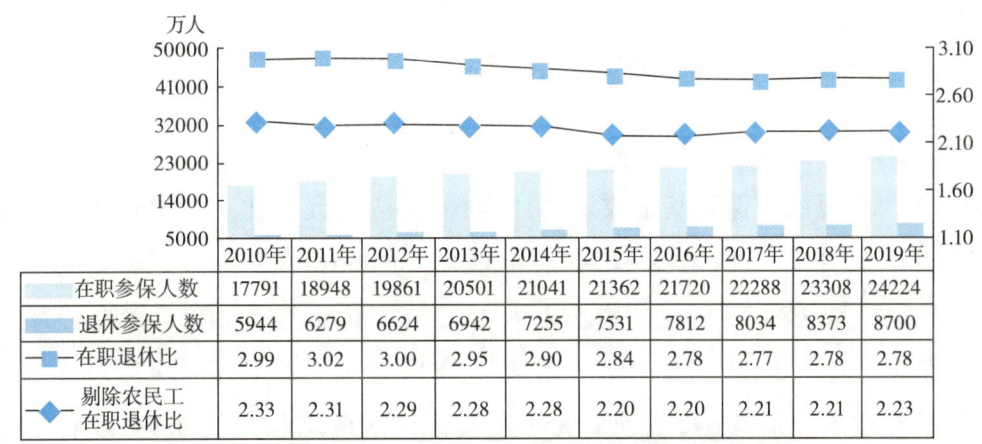

图10-3  2010—2019年职工医保参保人员结构

2019年年末，全国参加失业保险人数为20543万人，比上年年末增加899万人。年末全国领取失业保险金人数为228万人，比上年年末增加5万人。全年共为461万名失业人员发放了不同期限的失业保险金，比上年增加9万人。

2019年年末，全国参加工伤保险人数为25478万人，比上年年末增加1604万人。截至2019年年末，全国新开工工程建设项目工伤保险参保率为99%。全年认定（视同）工伤人数为113.3万人，评定伤残等级人数为60.7万人。全年有194万人次享受工伤保险待遇。

2019年,全国参加生育保险人数为21417①万人,比上年增长4.8%。享受各项生育保险待遇人数1136.4万人次,比上年增加47.8万人次,比上年增长4.4%。人均生育待遇支出为20311元,比上年增长2.7%。

总体来看,2017—2019年五项社会保险参保人数呈增长态势(见图10-4)。其中,工伤保险参保人数增长态势明显,近五年来平均增长率为4.3%。工伤保险是企业和职工发展的重要保障,越来越多的企业为正式职工提供工伤保险。养老保险参保人数增长率较低,平均增长率仅为2.8%。

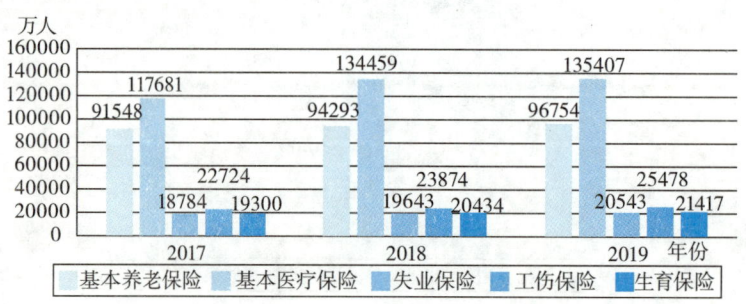

图10-4 2017—2019年五项社会保险参保人数

## 二、社会保险基金收入

(一) 2017年社会保险基金收入

2017年,五项社会保险基金收入合计为67154②亿元,比上年增加13592亿元,增长25.4%。其中,基本养老保险基金收入为46614亿元,占基金总收入的69.4%,比上年增长8623亿元,增长率为22.7%;基本医疗保险基金收入为17932亿元,占基金总收入的26.7%,比上年增长4848亿元,增长率为37.0%;生育和工伤保险基金收入分别是642亿元、854亿元,占基金总收入的0.9%、1.3%,分别比上年增长80亿元、117亿元,增长率分别为23.1%、15.9%;失业保险基金收入为1113亿元,占基金总收入的1.7%,比上年减少116亿元,降幅为9.5%。

(二) 2018年社会保险基金收入

2018年,五项社会保险基金收入合计为79254亿元,比上年增加12100亿元,增长18%。其中,基本养老保险基金收入为55005亿元,占基金总收入的69.4%,比上年增长8391亿元,增长率为18%;基本医疗保险基金收入为21384亿元,占

---

① 资料来源:《2019年全国医疗保障事业发展统计公报》。
② 资料来源:《2017年度人力资源和社会保障事业发展统计公报》《2018年度人力资源和社会保障事业发展统计公报》《2019年度人力资源和社会保障事业发展统计公报》《中国统计年鉴2020》。

基金总收入的27%，比上年增长3453亿元，增长率为19.3%；生育和工伤保险基金收入分别是781亿元、913亿元，占基金总收入的1.0%、1.2%，分别比上年增长139亿元、59亿元，增长率分别为21.6%、6.9%；失业保险基金收入为1171亿元，占基金总收入的1.5%，比上年增长58亿元，增长率为5.2%。

(三) 2019年社会保险基金收入

2019年，五项社会保险基金收入合计83550①亿元，比上年增加4296亿元，增长5.4%。其中，基本养老保险基金收入为57025亿元，占基金总收入的68.3%，比上年增长2020亿元，增长率为3.7%；基本医疗保险（含生育保险）基金收入为24421亿元，占基金总收入的29.2%，与上年基本医疗保险和生育保险基金之和相比增加2256亿元，增长率为10.2%；工伤保险基金收入为819亿元，占基金总收入的1.0%，比上年减少94亿元，降幅为10.3%；失业保险基金收入为1284亿元，占基金总收入的1.5%，比上年增长113亿元，增长率为9.6%。为贯彻落实《国务院办公厅关于全面推进生育保险和职工基本医疗保险合并实施的意见》（国办发〔2019〕10号）要求，按照遵循保留险种、保障待遇、统一管理、降低成本的总体思路，实现生育保险和职工基本医疗保险合并实施。

总体来看，2017—2019年社会保险基金总收入呈增长态势（见图10-5），但增长率逐年下降，其中只有失业保险基金收入增长率是增长的，其他四类保险基金增长率都下降，2019年工伤保险基金收入增长率甚至降到负值（见图10-6）。需要注意的是，2019年生育保险和职工基本医疗保险合并实施，2019年基本医疗保险基金收入为23485亿元，增长率为9.80%。

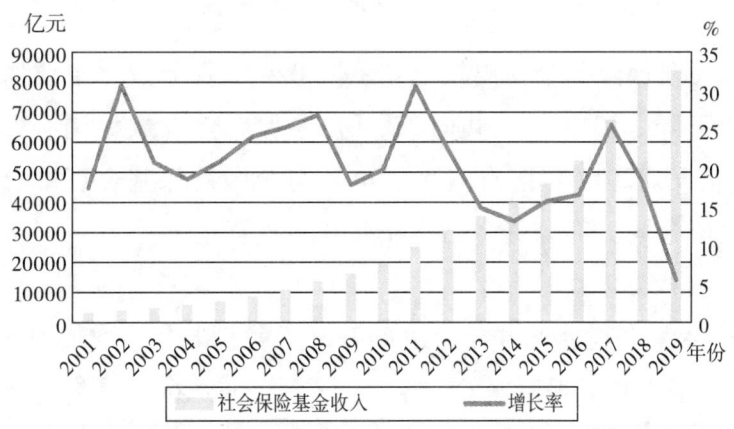

图10-5 我国2001—2019年社会保险基金总收入、增长率变化趋势

---

① 资料来源：《中国统计年鉴2020》。

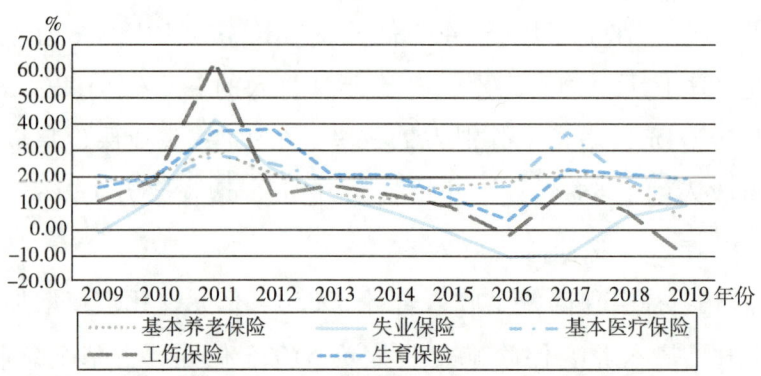

图 10-6 我国 2009—2019 年五险基金收入增长率变化趋势

### 三、社会保险基金支出

（一）2017 年社会保险基金支出

2017 年，社会保险基金支出合计达 57145① 亿元，比上年增加 10257 亿元，增长 21.9%。2017 年，基本养老保险基金（含城乡居民社会养老保险）支出达 40424 亿元，比上年增加 6420 亿元，增长 18.9%；基本医疗保险基金（含城乡居民基本医疗保险）支出 14422 亿元，比上年增加 3655 亿元，增长 33.9%；失业保险基金支出 894 亿元，比上年减少 82 亿元，同比降低 8.4%；工伤保险基金支出达 662 亿元，比上年增加 52 亿元，增长 8.5%；生育保险基金支出 744 亿元，比上年增加 213 亿元，增长 40.1%。2017 年，生育保险基金支出增幅最高，同比增长 40.1%，这一变化可能与我国 2015 年实施全面二孩政策，生育率提高密切相关。基本医疗保险基金支出的增幅也有大幅度提高，同比增长 33.9%，比 2016 年增加了 18.3 个百分点，创 2009 年以来新高，这与我国多地医疗保险待遇水平提高和异地就医结算的推进紧密相关。失业保险基金支出较上年下降 8.4 个百分点，主要原因是用于稳岗补贴的资金支出下降。2017 年，共向 45 万户参保企业发放稳岗补贴 198 亿元，较 2016 年减少 61 亿元。2017 年多省（区、市）与全国社保基金理事会签署基本养老保险基金委托投资合同，部分资金已到账并开始投资运营。

（二）2018 年社会保险基金支出

2018 年，社会保险基金支出合计达 67792 亿元，比上年增加 10647 亿元，增长 18.63%。2018 年基本养老保险基金（含城乡居民社会养老保险）支出达 47550 亿元，比上年增加 7126 亿元，增长 17.6%；基本医疗保险基金（含城乡居民基本医

---

① 资料来源：《2017 年度人力资源和社会保障事业发展统计公报》《2018 年度人力资源和社会保障事业发展统计公报》《2019 年度人力资源和社会保障事业发展统计公报》《中国统计年鉴 2020》。

疗保险）支出达17823亿元，比上年增加3401亿元，增长23.6%；失业保险基金支出达915亿元，比上年减少21亿元，增长2.3%；工伤保险基金支出达742亿元，比上年增加80亿元，增长12.1%；生育保险基金支出达762亿元，比上年增加18亿元，增长2.4%。

（三）2019年社会保险基金支出

2019年社会保险基金支出合计达75346①亿元，比上年增加7554亿元，增长11.1%。2019年基本养老保险基金（含城乡居民社会养老保险）支出达52342亿元，比上年增加4792亿元，增长10.1%；基本医疗保险基金（含城乡居民基本医疗保险和生育保险）支出达20854亿元，比上年基本医疗保险基金和生育保险基金之和增加2269亿元，增长12.2%；工伤保险基金支出达817亿元，比上年增加75亿元，增长10.1%；失业保险基金支出达1333亿元，比上年增加418亿元，2019年失业保险基金支出增幅最高，同比增长45.7%。这说明我国经济技术高速增长，失业保险制度正在不断完善，参保人数正不断扩大，基金收入和支出正在逐年上升，但巨额的基金结余数字背后隐藏着一个不容忽视的问题，基金收支余用不合理。截至2019年，我国失业保险基金累计结余为4625亿元。2019年4月，李克强总理主持召开国务院会议，确定使用1000亿元失业保险基金来提升劳动者的职业技能，这也充分显示了我国失业保险基金结余过多的问题。总体来看，2017—2019年社会保险总支出呈增长态势（见图10-7），但增长率逐年下降，且下降速度越来越快。其中，只有失业保险基金支出增长率是增长的，其他四类保险基金增长率都下降（见图10-8）。2019年基本医疗保险基金支出为20074亿元，增长率为12.63%。

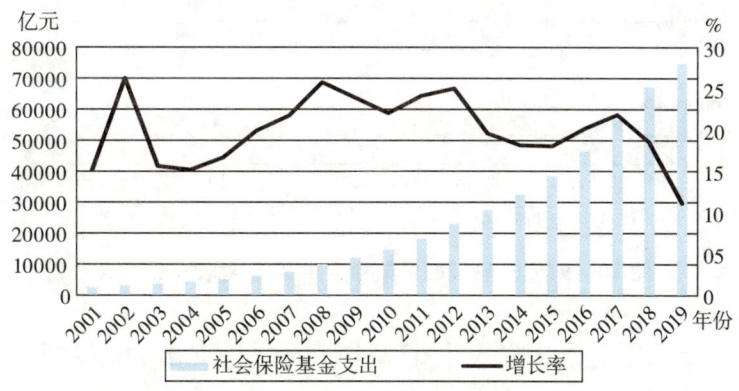

图10-7 我国2001—2019年社会保险基金总支出、增长率变化趋势

---

① 资料来源：《2017年度人力资源和社会保障事业发展统计公报》《2018年度人力资源和社会保障事业发展统计公报》《2019年度人力资源和社会保障事业发展统计公报》《中国统计年鉴2020》。

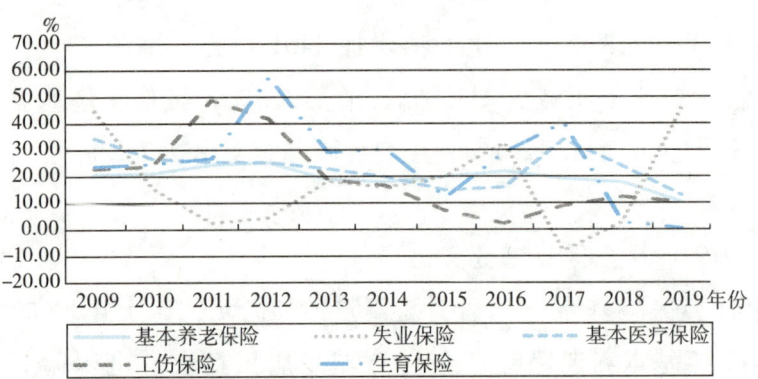

**图 10-8　我国 2009—2019 年五险基金支出增长率变化趋势**

## 四、社会保险基金结余

2017—2019 年,社会保险基金管理稳量求质,运行基本平稳。社保基金总体收大于支,累计结余持续增加,规模可观,具备较强的支撑能力(见图 10-9)。但由于地区间经济发展不平衡,同样存在着基金结余不均衡的结构性矛盾。近两年来,人力资源社会保障部通过实施全民参保登记计划,扩大覆盖范围;加大财政投入,保障基金运行;提升统筹层次,均衡地区差异;拓宽投资渠道,壮大基金规模;通过发展多层次养老保险体系等措施来平衡地区差异,提高了基金的可持续运行能力。

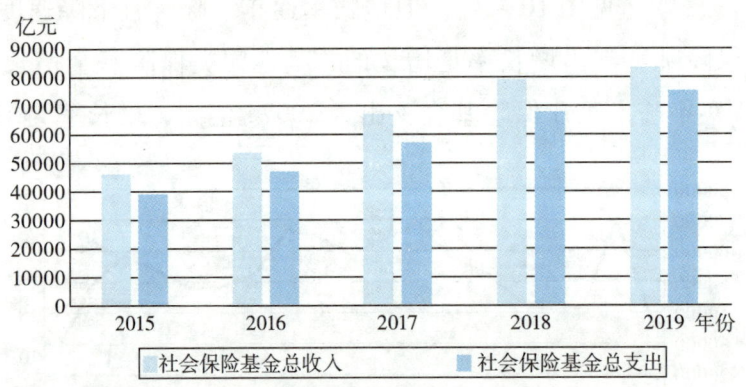

**图 10-9　2015—2019 年社会保险基金收支情况①**

2017 年,社会保险基金总收入为 67154 亿元,总支出为 57145 亿元,年度结余为 10009 亿元,累计结余为 77312.1 亿元。2018 年社会保险基金总收入为 79254 亿元,总支出为 67792 亿元,年度结余为 11462 亿元,累计结余为 89774.1 亿元。2019 年,社会保险基金总收入为 83550 亿元,总支出为 75346 亿元,年度结余为

---

① 资料来源:《2019 年度人力资源和社会保障事业发展统计公报》《中国统计年鉴 2020》。

8204亿元,累计结余为907978.1亿元。2017—2019年,社会保险基金累计结余虽然持续上升,但增长率下降明显,尤其是2019年(见图10-10),社会保险基金结余增长率仅为8%,与2018年相比下降50.2%。

图10-10 我国2001—2019年社会保险基金结余、增长率变化趋势①

通常情况下,充足的基金结余能为我国社会经济发展提供充足的物质帮助,有利于社会保障制度的稳定,但过多的失业保险资金结余则凸显了失业保险保障力度不够等一系列问题。

## 第二节 基本养老保险基金分析

我国基本养老保险基金由职工基本养老保险基金与城乡居民基本养老保险基金构成,职工基本养老保险基金主要由单位和个人缴费构成,城乡居民基本养老保险基金主要由财政补贴与个人缴费构成。

2017年,基本养老保险基金收入为46614亿元,比上年增长22.7%。其中征缴收入为34213亿元,比上年增长24.4%。全年基本养老保险基金支出为40424亿元,比上年增长18.9%。年末基本养老保险基金累计结存为50202亿元。

2018年,基本养老保险基金收入为55005亿元,比上年增长18.0%。全年基本养老保险基金支出为47550亿元,比上年增长17.6%。年末基本养老保险基金累计结存为58152亿元。

2019年,基本养老保险基金收入为57026亿元,比上年增长3.7%。全年基本养老保险基金支出为52342亿元,比上年增长10.1%。年末基本养老保险基金累计

---

① 资料来源:《中国统计年鉴2020》。

结存为62873亿元。

## 一、城乡居民基本养老保险基金收支分析

城乡居民基本养老保险金由基础养老金和个人账户养老金两部分构成,其中,基础养老金来自中央和地方各级财政补贴;个人账户养老金来自参保人每年所缴纳的养老保险费用。

2017年,城乡居民基本养老保险基金收入为3304亿元,比上年增加371亿元,增长12.6%。其中,财政补助收入为2494亿元,占城乡居民基本养老保险基金收入的75.5%,比上年增长20.8%。征缴收入为810亿元,占总收入的24.5%,比上年增加78亿元,增长10.7%。2017年,城乡居民基本养老保险基金支出为2372亿元,比上年增加221亿元,增长10.3%。

2018年,城乡居民基本养老保险基金收入为3838亿元,比上年增加534亿元,增长16.2%。2018年,城乡居民基本养老保险基金支出为2905亿元,比上年增加533亿元,增长22.5%。

2019年,城乡居民基本养老保险基金收入为4107亿元,比上年增加269亿元,增长7.0%。2019年,城乡居民基本养老保险基金支出为3114亿元,比上年增加209亿元,增长7.2%。

总体来看,2017—2019年城乡居民基本养老保险基金收入呈增长态势(见图10-11),增长率总体呈下降趋势,但下降不明显,平均增长率为12%。2017—2019年城乡居民基本养老保险基金支出呈增长态势(见图10-12),平均增长率为13%。

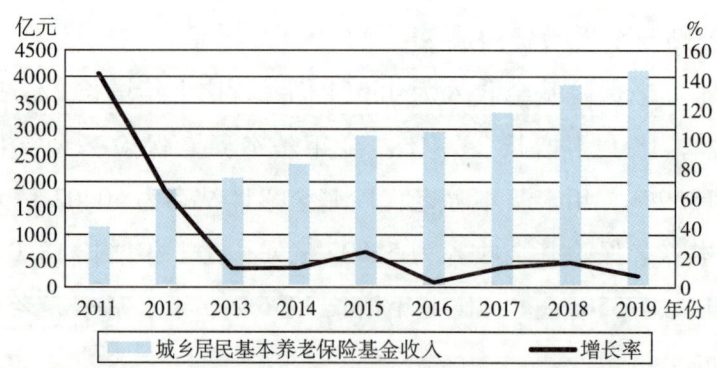

图10-11 2011—2019年城乡居民基本养老保险基金收入及增长率变化趋势①

---

① 资料来源:《中国统计年鉴2020》。

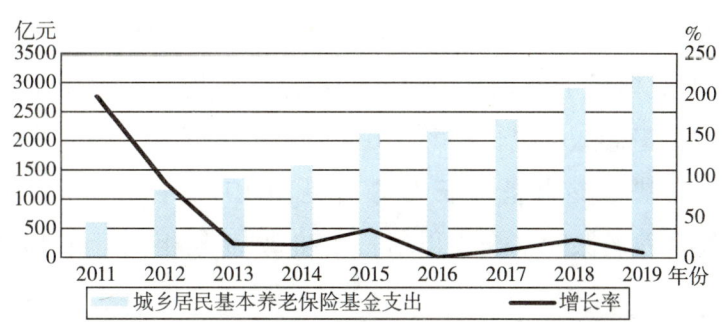

图 10-12 2011—2019 年城乡居民基本养老保险基金支出及增长率变化趋势[①]

## 二、城镇职工基本养老保险基金收支分析

职工基本养老保险是社会保险中的一个险种。职工基本养老保险的缴纳比例是：职工所在企业缴纳 20%，职工个人承担 8%。以前的规定是，单位 20% 里面的一部分和个人的 8% 全部划入个人账户，现在单位缴费不再划入，仅个人缴的 8% 划入个人账户。

2017 年，城镇职工基本养老保险基金总收入为 43310 亿元，比上年增长 23.5%，其中征缴收入为 33403 亿元，比上年增长 24.8%。各级财政补贴基本养老保险基金为 8004 亿元。全年城镇职工基本养老保险基金总支出为 38052 亿元，比上年增加 6198 亿元，增长 19.5%。年末城镇职工基本养老保险基金累计结存为 43885 亿元，较上年增加 5305 亿元，增长 13.8%。

2018 年，城镇职工基本养老保险基金总收入为 51168 亿元，比上年增长 18.1%，全年城镇职工基本养老保险基金总支出为 44645 亿元，比上年增加 6593 亿元，增长 17.3%。年末城镇职工基本养老保险基金累计结存为 50901 亿元，较上年增加 7016 亿元，增长 16.0%。2018 年 7 月 1 日开始实施企业职工基本养老保险基金中央调剂制度，2018 年调剂比例为 3%，调剂基金总规模为 2422 亿元。

2019 年，城镇职工基本养老保险基金总收入为 52919 亿元，比上年增长 3.4%，全年城镇职工基本养老保险基金总支出为 49228 亿元，比上年增加 4583 亿元，增长 10.3%。年末城镇职工基本养老保险基金累计结存 54623[②] 亿元，较上年增加 3722 亿元，增长 7.3%。2019 年，企业职工基本养老保险基金中央调剂比例提高到 3.5%，基金调剂规模为 6303 亿元。

---

① 资料来源：《中国统计年鉴 2020》。
② 资料来源：《2017 年度人力资源和社会保障事业发展统计公报》《2018 年度人力资源和社会保障事业发展统计公报》《2019 年度人力资源和社会保障事业发展统计公报》《中国统计年鉴 2020》。

总体来看，2017—2019年城镇职工基本养老保险基金收入呈增长态势（见图10-13），增长率总体呈下降趋势，且下降明显，平均增长率为15%，2019年城镇职工基本养老保险基金收入增长率和2018年相比下降81.1%。2017—2019年城镇职工基本养老保险基金支出呈增长态势（见图10-14），平均增长率为16%，2019年城镇职工基本养老保险基金支出增长率和2018年相比下降40.8%。

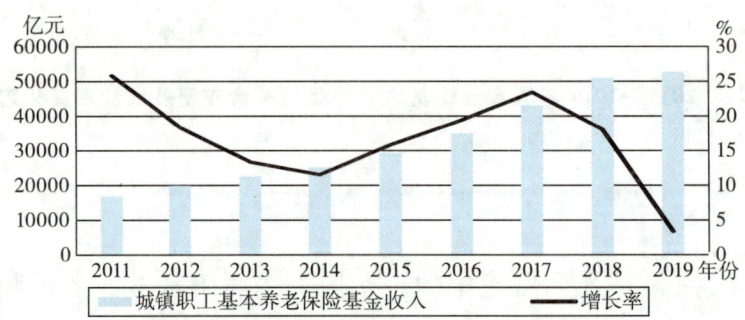

图10-13　2011—2019年城镇职工基本养老保险基金收入及增长率变化趋势

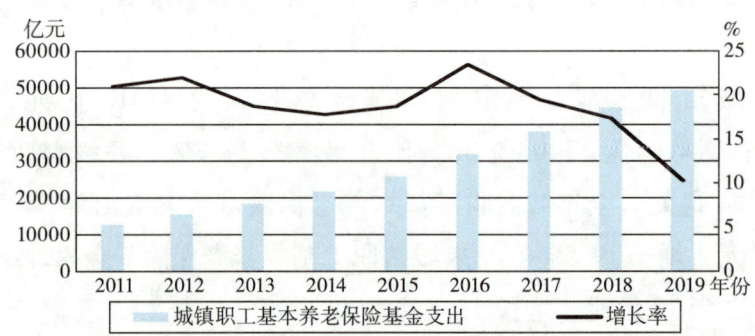

图10-14　2011—2019年城镇职工基本养老保险基金支出及增长率变化趋势

### 三、基本养老保险基金结余分地区分析

（一）城乡居民基本养老保险基金结余地区分布

城乡居民养老保险支付主要靠财政，自身缴费根本无法满足当年的给付，城乡居民养老保险的覆盖人群远大于城镇职工的参保人数，但结余总体偏少。2017年城乡居民基本养老保险基金年度结余为932[①]亿元，比上年增加149亿元；累计结余为6318亿元，较上年增加933亿元，增长17.3%。2018年城乡居民基本养老保险基金年度结余为2932亿元，比上年增加2000万元；累计结余为7250亿元，较上年增加932亿元，增长14.8%。2019年城乡居民基本养老保险基金年度结余2993亿

---

①　资料来源：《2017年度人力资源和社会保障事业发展统计公报》《2018年度人力资源和社会保障事业发展统计公报》《2019年度人力资源和社会保障事业发展统计公报》《中国统计年鉴2020》。

元，比上年增加61亿元；累计结余为8249亿元，较上年增加999亿元，增长13.8%。

从城乡居民基本养老保险基金累计结余地区分布来看，2017年排名前6的省份为山东、江苏、四川、河南、广东和安徽，2018年排名前6的省份为山东、江苏、四川、河南、广东、安徽，2019年排名前6位的省份为山东、江苏、河南、四川、安徽、广东。三个年度的累计结余排名前6的省份不变，只有个别省份的排名有所上升和下降，但总体比较稳定。三个年度6省合计累计结余分别为2958亿元、3402亿元和3841亿元，分别占总结余的46.8%、46.9%和46.6%。其他25个省份合计结余分别占总结余的53.2%、53.1%和53.4%。基金结余地区间分布较不均衡，东部发达省份及人口大省结余较多（见表10-3）。

表10-3 2017—2019年分省份城乡居民基本养老保险基金结余　　单位：亿元

| 省份 | 2017年 | | 2018年 | | 2019年 | |
| --- | --- | --- | --- | --- | --- | --- |
| | 年度结余 | 累计结余 | 年度结余 | 累计结余 | 年度结余 | 累计结余 |
| 北京 | 8.3 | 147.3 | 8.6 | 155.8 | 9.6 | 165.5 |
| 天津 | 42.3 | 244.3 | 19.7 | 264.0 | 15.4 | 279.4 |
| 河北 | 42.0 | 291.1 | 48.3 | 339.4 | 69.3 | 408.7 |
| 山西 | 29.3 | 175.6 | 26.7 | 202.2 | 31.7 | 234.0 |
| 内蒙古 | 13.1 | 88.4 | 5.4 | 93.8 | 7.4 | 101.3 |
| 辽宁 | 7.0 | 69.6 | 4.2 | 73.8 | 6.3 | 80.1 |
| 吉林 | 11.5 | 54.8 | 7.5 | 62.3 | 10.2 | 72.5 |
| 黑龙江 | -256.0 | 70.0 | 10.8 | 80.9 | 18.8 | 99.7 |
| 上海 | -0.8 | 76.5 | 4.9 | 81.5 | -1.0 | 80.5 |
| 江苏 | 60.6 | 565.5 | 71.9 | 638.0 | 51.8 | 689.8 |
| 浙江 | 1.1 | 151.9 | 5.1 | 156.9 | -2.5 | 154.5 |
| 安徽 | 53.7 | 321.7 | 76.3 | 398.0 | 83.8 | 481.8 |
| 福建 | 20.0 | 143.9 | 21.6 | 165.5 | 29.9 | 195.5 |
| 江西 | 37.5 | 174.8 | 44.6 | 219.4 | 33.9 | 253.3 |
| 山东 | 138.9 | 822.5 | 163.3 | 985.8 | 139.7 | 1125.5 |
| 河南 | 52.5 | 403.3 | 72.2 | 475.5 | 80.1 | 555.6 |
| 湖北 | 46.5 | 248.5 | 57.1 | 305.6 | 68.3 | 373.8 |
| 湖南 | 49.5 | 271.3 | 40.2 | 311.5 | 52.3 | 363.8 |
| 广东 | 17.6 | 402.7 | 13.9 | 416.7 | 34.2 | 457.1 |
| 广西 | 28.3 | 138.8 | 20.3 | 159.1 | 31.3 | 190.4 |
| 海南 | 14.2 | 65.2 | 17.3 | 82.5 | 19.1 | 101.6 |

续表

| 省份 | 2017年 | | 2018年 | | 2019年 | |
|---|---|---|---|---|---|---|
| | 年度结余 | 累计结余 | 年度结余 | 累计结余 | 年度结余 | 累计结余 |
| 重庆 | 15.9 | 116.9 | 15.8 | 132.7 | 21.1 | 153.9 |
| 四川 | 90.4 | 442.2 | 46.2 | 488.4 | 42.7 | 531.1 |
| 贵州 | 18.9 | 110.3 | 13.9 | 124.1 | 11.5 | 135.6 |
| 云南 | 40.3 | 231.8 | 30.2 | 262.0 | 31.7 | 293.7 |
| 西藏 | 7.7 | 22.2 | 3.2 | 25.3 | 3.5 | 28.9 |
| 陕西 | 22.1 | 193.2 | 29.4 | 222.6 | 34.4 | 257.0 |
| 甘肃 | 24.5 | 138.6 | 28.1 | 166.8 | 27.1 | 193.9 |
| 青海 | 6.3 | 33.1 | 6.2 | 39.2 | 7.7 | 46.9 |
| 宁夏 | 3.9 | 273.0 | 5.1 | 32.4 | 4.7 | 37.1 |
| 新疆 | 11.9 | 74.3 | 14.1 | 88.4 | 18.5 | 106.9 |

资料来源：《中国统计年鉴2020》。

### （二）城镇职工基本养老保险基金结余地区分布

2017年，城镇职工基本养老保险基金年度结余为5239[1]亿元，较2016年增加2411亿元，增长了85.2%；职工养老保险基金累计结余为43885亿元，较2016年增加5305亿元，增长了13.8%。

2018年，城镇职工基本养老保险基金年度结余为6523亿元，较2017年增加1284亿元，增长了24.5%；职工养老保险基金累计结余为50901亿元，较2017年增加7016亿元，增长了16.0%。

2019年，城镇职工基本养老保险基金年度结余为3691亿元，较2018年减少2832亿元，降低幅度为43.4%；职工养老保险基金累计结余为54623亿元，较2018年增加3722亿元，增长了7.3%。

2017—2019年城镇职工基本养老保险基金结余地区分布极不平衡。从基金年度结余地区分布来看，因2016年开始加强养老保险基金收支管理，2017年各省份年度结余总体有所增加。2017年，赤字省份数量从2016年的7个减为6个，年度基金结余赤字数量略有增加，从2016年的773亿元增加至2017年的789亿元，增长2.1%。2017年度结余排名前6的省份分别为广东、四川、北京、浙江、江苏和安徽，年度结余总额4362亿元，占该年职工养老保险基金年度结余总额（5239亿元）的83.3%；2017年，各省份年度结余总体有所增加。2018年城镇职工基本养老保险

---

[1] 资料来源：《中国统计年鉴2020》。

基金赤字省份为3个，2019年赤字省份增长为10个，我国面临越来越严重的基金收支不平衡和赤字问题，且这一现状短时间内不会改变。

从基金累计结余地区分布来看，因加强基金收支管理，2017年养老保险基金累计结余较上年增加了13.8%，增幅明显，多数省份基金的累计结余出现一定程度增幅，但也有部分省份（湖北、辽宁、黑龙江）累计结余有所下降，其中，黑龙江省累计结余已转为赤字，2017年赤字额从2016年的232亿元增加到486亿元，增加了一倍有余。

2017年，累计结余排前6位的省份分别为广东、北京、江苏、浙江、四川和山东，六省累计结余总和为26643亿元，占该年度全国职工基本养老保险基金累计结余的60.7%。

2018年，累计结余排前6位的省份分别为广东、北京、江苏、浙江、四川和山东，六省累计结余总和为30993亿元，占2018年累计结余的70%。

2019年，累计结余排前6位的省份分别为广东、北京、江苏、四川、浙江和上海，六省累计结余总和为32930亿元，占2019年累计结余的60.4%。

城镇职工基本养老保险基金结余地区分布极不平衡，大多集中在东部地区，不同地区差异明显（见表10-4）。

表10-4 2017—2019年分省份城镇职工基本养老保险基金结余　　　单位：亿元

| 省份 | 2017年 | | 2018年 | | 2019年 | |
|---|---|---|---|---|---|---|
| | 年度结余 | 累计结余 | 年度结余 | 累计结余 | 年度结余 | 累计结余 |
| 北京 | 828.7 | 4394.9 | 1034.7 | 5298.2 | 1062.3 | 6018.5 |
| 天津 | 58.2 | 463.2 | 60.4 | 530.3 | 20.7 | 556.5 |
| 河北 | 27.6 | 735.2 | 105.4 | 870.4 | 11.7 | 910.0 |
| 山西 | 152.3 | 1457.7 | 84.8 | 1560.1 | 63.7 | 1639.8 |
| 内蒙古 | 146.3 | 605.2 | 20.8 | 656.5 | -140.5 | 595.9 |
| 辽宁 | -343.8 | 572.8 | -371.1 | 309.6 | -463.6 | 303.7 |
| 吉林 | -2.9 | 340.0 | 115.8 | 504.2 | -120.8 | 501.9 |
| 黑龙江 | -293.7 | -486.2 | -162.9 | -557.2 | -309.4 | -433.7 |
| 上海 | 196.3 | 2068.8 | 224.8 | 2242.3 | 154.0 | 2290.3 |
| 江苏 | 330.3 | 3730.8 | 522.3 | 4695.5 | 376.9 | 4932.4 |
| 浙江 | 415.9 | 3709.8 | 141.3 | 3796.8 | -98.5 | 3585.4 |
| 安徽 | 208.7 | 1393.9 | 272.9 | 1681.5 | 215.7 | 1909.7 |
| 福建 | 118.8 | 820.0 | 161.8 | 938.6 | 149.6 | 976.2 |

续表

| 省份 | 2017年 | | 2018年 | | 2019年 | |
|---|---|---|---|---|---|---|
| | 年度结余 | 累计结余 | 年度结余 | 累计结余 | 年度结余 | 累计结余 |
| 江西 | 111.5 | 638.1 | 165.8 | 820.1 | -36.7 | 824.6 |
| 山东 | -69.4 | 2315.7 | 111.0 | 2387.2 | -88 | 2217.2 |
| 河南 | 49.7 | 1104.0 | 85.8 | 1197.4 | 122.0 | 1326.3 |
| 湖北 | -70.6 | 751.6 | -54.4 | 743.4 | 153.5 | 1017.1 |
| 湖南 | 99.0 | 1104.0 | 519.0 | 1657.5 | 147.3 | 1836.7 |
| 广东 | 1559.0 | 9245.1 | 2120.7 | 11128.8 | 1831.7 | 12343.6 |
| 广西 | 95.1 | 556.7 | 122.1 | 693.2 | 49.0 | 755.2 |
| 海南 | 39.1 | 173.5 | 58.3 | 234.6 | 44.4 | 281.4 |
| 重庆 | 62.3 | 897.1 | 109.3 | 1025.9 | 45.8 | 1090.1 |
| 四川 | 1019.5 | 3245.8 | 352.1 | 3686.8 | -9.3 | 3759.5 |
| 贵州 | 91.4 | 619.2 | 162.7 | 781.9 | 112.1 | 894.0 |
| 云南 | 137.1 | 950.8 | 187.6 | 1138.4 | 186.8 | 1325.2 |
| 西藏 | 46.1 | 123.6 | 15.8 | 139.5 | 31.7 | 171.2 |
| 陕西 | 87.4 | 566.1 | 127.9 | 693.0 | 66.6 | 804.2 |
| 甘肃 | 27.8 | 403.7 | 44.4 | 458.1 | -0.8 | 467.0 |
| 青海 | -7.9 | 55.8 | -4.0 | 54.1 | -22.8 | 37.0 |
| 宁夏 | 21.6 | 217.7 | 28.7 | 250.0 | 2.3 | 261.5 |
| 新疆 | 100.1 | 1074.0 | 121.5 | 1203.3 | 96.2 | 1307.0 |

资料来源：《中国统计年鉴2020》。

## 第三节 医疗保险基金分析

医疗保险作为基本的民生工程，其运行的可持续性直接关乎公众利益。目前，我国医疗保险基金总体支出增幅大于收入增幅。医保基金的支出具有刚性，加上人口老龄化的加速，且欺诈骗取医疗保障基金事件仍有发生，医保基金压力进一步增大。2019年3月，国务院办公厅印发《关于全面推进生育保险和职工基本医疗保险合并实施的意见》，要求各省份高度重视，加强领导，有序推进相关工作，确保2019年底前实现生育保险与职工基本医疗保险合并实施。两项保险合并实施的总体思路是"保留险种、保障待遇、统一管理、降低成本"。

## 一、基本医疗保险基金收支分析

2017年，基本医疗保险基金总收入为17932[①]亿元，占社会保险基金总收入的26.7%，比上年增长4847亿元，增长率为37%。2017年基本医疗保险基金总支出为14422亿元，占社会保险基金总支出的25.2%，比上年增长3655亿元，增长率为33.9%（见图10-15、图10-16）。

2018年，基本医疗保险基金收入为21384亿元，占基金总收入的27%，比上年增长3452亿元，增长率为19.3%，占当年GDP的比重约为2.4%。2018年，基本医疗保险基金支出为17823亿元，比上年增加3401亿元，增长率为23.6%。2018年，职工医保基金收入为13538亿元，比上年增长10.3%；基金支出为10707亿元，比上年增长13.1%。2018年，职工医保基金征缴率为99.4%，与上年持平；征缴收入为12935亿元，占基金收入的95.5%，占比高于上年2.7个百分点。2018年，职工医保统筹基金收入为8241亿元，比上年增长7.8%；统筹基金支出为6494亿元，比上年增长12.7%。2018年，职工医保个人账户收入为5297亿元，比上年增长14.3%；个人账户支出为4212亿元，比上年增长13.7%。2018年，居民医保基金收入为6971亿元，支出为6277亿元，分别比上年增长23.3%、26.7%[②]。2018年，居民医保人均筹资为693元，比上年增加88元，增长14.5%；人均财政补助为497元，比上年增加58元，增长13.2%。

2019年，全国基本医保基金（含生育保险）总收入为24421[③]亿元，比上年增长10.2%，占当年GDP的比重约为2.5%；全国基本医保基金（含生育保险）总支出为20854亿元，比上年增长12.2%，占当年GDP的比重约为2.1%；2019年，职工医保基金（含生育保险）收入为15845亿元，比上年增长10.7%；基金（含生育保险）支出为12663亿元，比上年增长10.4%。2019年，职工医保统筹基金（含生育保险）收入为10005亿元，比上年增长10.9%；统筹基金（含生育保险）支出7939亿元，比上年增长9.4%；统筹基金（含生育保险）当期结存为2066亿元，累计结存（含生育保险）为14128亿元。2019年，职工医保个人账户收入为5840亿元，比上年增长10.3%；个人账户支出为4724亿元，比上年增长12.2%；个人账户当期结存为1116亿元，累计结存8426亿元。2019年，居民医保基金收入8575亿

---

① 资料来源：《2017年度人力资源和社会保障事业发展统计公报》《2018年度人力资源和社会保障事业发展统计公报》《2019年度人力资源和社会保障事业发展统计公报》《中国统计年鉴2020》。
② 资料来源：《2018年度医疗保障事业发展统计公报》。
③ 资料来源：《2019年度医疗保障事业发展统计公报》。

元,支出8191亿元,分别比上年增长23.0%、17.5%①。

由于2019年生育保险与职工基本医疗保险合并实施,因此在分析2019年基本医疗保险基金时不与前几年作对比。

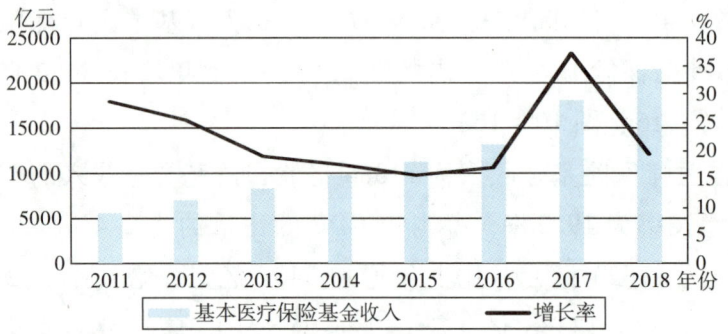

图10-15　2011—2018年基本医疗保险基金收入及增长率变化趋势

图10-16　2011—2018年基本医疗保险基金支出及增长率变化趋势

可以从以下两个方面对基本医疗保险基金作进一步分析。

第一,从城乡居民基本医疗保险基金收支来看,2017年,城乡居民基本医疗保险基金收入为5653亿元,占基本医疗保险基金总收入的31.5%;2017年,城乡居民基本医疗保险基金支出为4955亿元,占基本医疗保险基金总支出的34.4%。2018年,城乡居民基本医疗保险基金收入为7846亿元,占基本医疗保险基金总收入的36.7%;2018年,城乡居民基本医疗保险基金支出为7116亿元,占基本医疗保险基金总支出的39.9%。2019年,生育保险和职工基本医疗保险合并实施,基本医疗保险基金收入(含生育保险)为24421亿元,占基金总收入的29.2%;2019年,基本医疗保险基金(含城乡居民基本医疗保险和生育保险)支出20854亿元,比2018年基本医疗保险基金和生育保险基金之和增加2269亿元,增长12.2%。

第二,从城镇职工基本医疗保险基金收支来看,2017年职工基本医疗保险基金

---

① 资料来源:《2019年医疗保障事业发展统计公报》。

收入为 12278① 亿元，占基本医疗保险基金总收入的 68.5%。2017 年，职工基本医疗保险基金支出为 9467 亿元，占基本医疗保险基金总支出的 65.6%。2018 年职工基本医疗保险基金收入为 13538 亿元，占基本医疗保险基金总收入的 63.3%。2018 年，职工基本医疗保险基金支出为 10707 亿元，占基本医疗保险基金总支出的 60.1%。2019 年，职工基本医疗保险基金收入为 15845 亿元，支出为 12663 亿元。

## 二、基本医疗保险基金结余分地区分析

2017 年年末，基本医疗保险统筹基金累计结存为 19386 亿元（含城乡居民基本医疗保险基金累计结存 3535 亿元），个人账户累计结存为 6152 亿元。2017 年，城镇职工基本医疗保险基金累计结余为 15854 亿元，较上年增加 2882 亿元，增长 22.2%。从城镇职工基本医疗保险基金累计结余地区分布来看，2017 年排前 6 位的省份分别为广东、上海、浙江、江苏、四川和山东。2017 年 6 省份合计累计结余为 8621 亿元，占总结余的 54.4%，超过了其他 25 个省份合计结余。城镇职工基金结余地区间分布很不均衡，东部沿海发达省份的基金累计结余较多。从城乡居民基本医疗保险基金累计结余地区分布来看，2017 年排前 6 位的省份分别为广东、河南、四川、湖北、江西和山东。6 省份合计累计结余为 1562 亿元，占总结余的 44.2%，占比接近 2017 年城乡居民基本医疗保险累计结余的一半。

2018 年年末，基本医疗保险统筹基金累计结存为 23440 亿元（含城乡居民基本医疗保险基金累计结存 4690 亿元）。2018 年城镇职工基本医疗保险基金累计结余为 18750 亿元，较上年增加 2896 亿元，增长 18.3%。从城镇职工基本医疗保险基金累计结余地区分布来看，2018 年排前 6 位的省份分别为广东、上海、浙江、江苏、四川和山东。6 省份合计累计结余为 10141 亿元，占总结余的 54.1%，超过了其他 25 个省份合计结余；从城乡居民基本医疗保险基金累计结余地区分布来看，2018 年排前 6 位的省份分别为广东、四川、广西、山东、河南和湖北。6 省份合计累计结余为 1981 亿元，占总结余的 42.2%，占比接近 2018 年度城乡居民基本医疗保险累计结余的一半，各省份城乡居民基本医疗保险累计结余分布不平衡。

2019 年年末，基本医疗保险统筹基金累计结存为 27697② 亿元（含城乡居民基本医疗保险基金累计结存 5143 亿元）。从城镇职工基本医疗保险基金累计结余地区分布来看，2019 年排前 6 位的省份分别为上海、广东、浙江、江苏、四川和山东。

---

① 资料来源：《2017 年度人力资源和社会保障事业发展统计公报》《2018 年度人力资源和社会保障事业发展统计公报》《2019 年度人力资源和社会保障事业发展统计公报》《中国统计年鉴 2020》。

② 资料来源：《中国统计年鉴 2020》。

6省份合计累计结余为12059亿元，占总结余的53.5%，超过了其他25个省份合计结余。基金结余地区间分布很不均衡，东部沿海发达省份的基金累计结余较多。从城乡居民基本医疗保险基金累计结余地区分布来看，2019年排前6位的省份分别为四川、广东、广西、山东、河南和江西。6省份合计累计结余为2143亿元，占总结余的41.7%，占比接近2019年度城乡居民基本医疗保险累计结余的一半，基金结余地区间分布很不均衡（见表10-5、表10-6）。

表10-5　2017—2019年分省份城乡居民基本医疗保险基金结余　　单位：亿元

| 省份 | 2017年 | | 2018年 | | 2019年 | |
|---|---|---|---|---|---|---|
| | 年度结余 | 累计结余 | 年度结余 | 累计结余 | 年度结余 | 累计结余 |
| 北京 | 3.5 | 37.9 | 8.7 | 46.6 | -23.8 | 22.9 |
| 天津 | 19.9 | 69.8 | 17.2 | 87.1 | 11.4 | 101.0 |
| 河北 | 50.8 | 185.0 | 16.3 | 201.3 | 32.2 | 233.1 |
| 山西 | 21.6 | 132.6 | 0.1 | 132.7 | -12.0 | 120.7 |
| 内蒙古 | 7.6 | 61.3 | -0.6 | 61.9 | 9.1 | 71.0 |
| 辽宁 | 6.7 | 52.5 | 12.6 | 123.9 | 15.4 | 138.6 |
| 吉林 | 2.8 | 44.7 | 15.1 | 82.0 | -7.0 | 75.2 |
| 黑龙江 | 20.4 | 106.6 | 26.5 | 133.0 | 12.3 | 145.4 |
| 上海 | -1.7 | 6.1 | -4.5 | 1.6 | 9.2 | 10.8 |
| 江苏 | 50.8 | 180.7 | 47.3 | 231.7 | 0.4 | 232.2 |
| 浙江 | 12.7 | 87.4 | 31.2 | 118.6 | 50.6 | 169.2 |
| 安徽 | 13.8 | 79.5 | 21.4 | 182.3 | -7.2 | 208.4 |
| 福建 | 25.7 | 96.3 | 7.3 | 103.6 | -7.9 | 95.7 |
| 江西 | 86.8 | 214.1 | 29.8 | 243.9 | 20.3 | 264.2 |
| 山东 | -7.4 | 198.8 | 124.5 | 323.3 | 54.5 | 379.3 |
| 河南 | 44.8 | 314.9 | -18.4 | 298.2 | -27.2 | 271.8 |
| 湖北 | 65.4 | 231.0 | 21.9 | 252.9 | 7 | 259.9 |
| 湖南 | 45.0 | 194.2 | 26.6 | 220.8 | 9.3 | 230.1 |
| 广东 | 34.6 | 367.4 | 9.8 | 377.2 | 38.1 | 415.3 |
| 广西 | 63.2 | 198.8 | 96.6 | 363.5 | 21.6 | 385.5 |
| 海南 | 2.5 | 15.6 | 9.6 | 33.5 | 4.4 | 40.2 |
| 重庆 | 9.2 | 94.1 | 54.9 | 149.0 | 14.9 | 163.9 |
| 四川 | 60.3 | 236.1 | 97.4 | 365.7 | 61.2 | 427.0 |
| 贵州 | 9.7 | 46.9 | 0.6 | 126.7 | 47.0 | 185.6 |

续表

| 省份 | 2017年 | | 2018年 | | 2019年 | |
|---|---|---|---|---|---|---|
| | 年度结余 | 累计结余 | 年度结余 | 累计结余 | 年度结余 | 累计结余 |
| 云南 | 38.3 | 132.4 | 27.1 | 159.5 | 16.8 | 176.3 |
| 西藏 | 1.2 | -1.9 | 4.4 | 11.0 | -7.1 | 2.7 |
| 陕西 | -0.8 | 38.0 | -5.1 | 64.2 | 9.6 | 90.5 |
| 甘肃 | 4.1 | 61.5 | -2.8 | 58.6 | 5.8 | 64.8 |
| 青海 | -0.4 | -0.5 | 11.3 | 21.8 | 13.1 | 34.9 |
| 宁夏 | -1.5 | 16.5 | 4.9 | 21.4 | 6.2 | 27.6 |
| 新疆 | 8.9 | 36.3 | 39.1 | 92.6 | 6.1 | 98.7 |

资料来源：《中国统计年鉴2020》。

表10-6　2017—2019年分省份城镇职工基本医疗保险基金结余　　单位：亿元

| 省份 | 2017年 | | 2018年 | | 2019年 | |
|---|---|---|---|---|---|---|
| | 年度结余 | 累计结余 | 年度结余 | 累计结余 | 年度结余 | 累计结余 |
| 北京 | 142.1 | 571.6 | 234.3 | 805.9 | 257.5 | 1085.9 |
| 天津 | 63.4 | 212.7 | 30.2 | 242.8 | 29.3 | 276.9 |
| 河北 | 82.3 | 605.5 | 82.8 | 688.5 | 114.7 | 820.9 |
| 山西 | 27.2 | 288.8 | 34.7 | 331.2 | 34.9 | 387.2 |
| 内蒙古 | 36.3 | 240.6 | 39.7 | 280.2 | 47.7 | 348.8 |
| 辽宁 | 26.2 | 406.7 | 32.6 | 439.2 | 43.2 | 500.6 |
| 吉林 | 18.3 | 238.0 | 27.0 | 273.0 | 39.3 | 326.2 |
| 黑龙江 | 25.8 | 320.6 | 39.7 | 360.3 | 39.3 | 432.0 |
| 上海 | 676.7 | 2079.6 | 309.8 | 2389.4 | 464.8 | 2920.4 |
| 江苏 | 168.6 | 1282.9 | 230.3 | 1583.9 | 244.6 | 1857.7 |
| 浙江 | 231.8 | 1481.1 | 224.7 | 1708.0 | 204.0 | 1941.1 |
| 安徽 | 56.6 | 323.9 | 80.3 | 405.2 | 84.8 | 502.4 |
| 福建 | 70.6 | 534.7 | 75.6 | 610.2 | 75.9 | 700.9 |
| 江西 | 46.5 | 230.4 | 59.3 | 289.8 | 46.2 | 343.4 |
| 山东 | 108.0 | 780.4 | 153.2 | 933.6 | 174.9 | 1158.4 |
| 河南 | 95.6 | 494.7 | 61.6 | 558.0 | 78.8 | 665.0 |
| 湖北 | 53.4 | 338.5 | 63.9 | 402.4 | 85.7 | 510.7 |
| 湖南 | 70.3 | 389.3 | 90.0 | 476.9 | 80.8 | 585.8 |
| 广东 | 285.3 | 2107.4 | 348.0 | 2455.4 | 375.3 | 2913.7 |
| 广西 | 47.0 | 278.5 | 62.4 | 333.7 | 54.9 | 401.2 |

续表

| 省份 | 2017年 | | 2018年 | | 2019年 | |
|---|---|---|---|---|---|---|
| | 年度结余 | 累计结余 | 年度结余 | 累计结余 | 年度结余 | 累计结余 |
| 海南 | 20.3 | 98.1 | 26.9 | 124.9 | 30.9 | 159.8 |
| 重庆 | 9.2 | 217.5 | 17.7 | 235.2 | 45.7 | 280.9 |
| 四川 | 200.2 | 890.0 | 180.5 | 1070.5 | 178.9 | 1267.2 |
| 贵州 | 33.4 | 141.6 | 51.9 | 193.5 | 56.0 | 259.5 |
| 云南 | 58.1 | 299.1 | 70.2 | 369.3 | 70.1 | 443.2 |
| 西藏 | 16.5 | 63.3 | 18.5 | 81.7 | 29.5 | 114.2 |
| 陕西 | 42.4 | 305.0 | 83.1 | 382.6 | 65.1 | 461.7 |
| 甘肃 | 19.6 | 117.0 | 18.4 | 135.5 | 24.5 | 168.3 |
| 青海 | 17.8 | 87.9 | 20.4 | 99.7 | 19.2 | 122.1 |
| 宁夏 | 8.8 | 64.9 | 15.9 | 80.7 | 19.5 | 102.6 |
| 新疆 | 53.4 | 360.7 | 47.9 | 408.6 | 66.2 | 495.5 |

资料来源：《中国统计年鉴2020》。

## 第四节 失业保险、工伤保险、生育保险基金分析

### 一、失业保险基金分析

（一）失业保险基金收支分析

2017年，失业保险基金收入为1113①亿元，比上年下降9.5%；基金支出为894亿元，比上年减少82亿元，同比下降8.4%。年末，失业保险基金累计结余为5552亿元。2018年，失业保险基金收入为1171亿元，比上年增加58亿元，增长率为5.2%；基金支出为915亿元，比上年增长21亿元，增长率为2.3%。2019年，失业保险基金收入为1284亿元，比上年增加113亿元，增长率为9.6%；基金支出为1333亿元，比上年增加418亿元，增长幅度为45.7%（见图10-17、图10-18）。

---

① 资料来源：《2017年度人力资源和社会保障事业发展统计公报》《2018年度人力资源和社会保障事业发展统计公报》《2019年度人力资源和社会保障事业发展统计公报》《中国统计年鉴2020》。

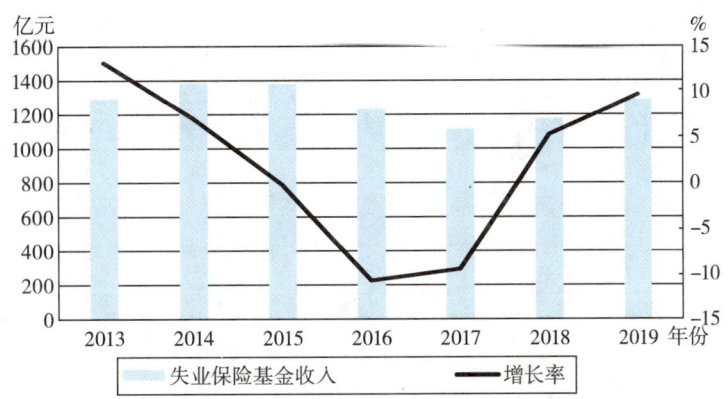

图 10-17 2013—2019 年失业保险基金收入及增长率变化趋势

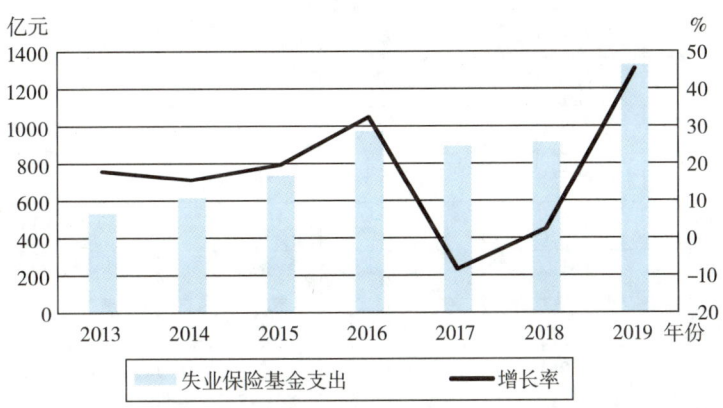

图 10-18 2013—2019 年失业保险基金支出及增长率变化趋势

(二) 失业保险基金结余分析

2017 年年末，失业保险基金年度结存为 219 亿元，较上年减少 34 亿元，累计结存为 5552 亿元，比上年增加 219 亿元，增长 4.1%。2018 年年末，失业保险基金年度结存为 256 亿元，累计结存为 5817 亿元。2019 年末，失业保险基金年度结存为 -49 亿元，支出大于收入，累计结存为 4625 亿元。

2017 年，失业保险基金累计结余排前 6 位的省份为：广东、江苏、四川、浙江、山东和辽宁，6 省合计结余为 2521.1 亿元，占总结余的 45.4%，略低于其他 25 个省份合计结余。2018 年，失业保险基金累计结余排前 6 位的省份为：广东、四川、江苏、浙江、山东和辽宁，6 省合计结余为 2638.5 亿元，占总结余的 45.4%。2019 年，失业保险基金累计结余排前 6 位的省份为：广东、四川、江苏、山东、浙江和辽宁，6 省合计结余为 2084.9 亿元，占总结余的 45.1%。可见失业保险基金结余地区间分布较不均衡（见表 10-7）。

表 10-7 2017—2019 年分省份失业保险基金结余　　　　　单位：亿元

| 省份 | 2017年 年度结余 | 2017年 累计结余 | 2018年 年度结余 | 2018年 累计结余 | 2019年 年度结余 | 2019年 累计结余 |
|---|---|---|---|---|---|---|
| 北京 | 16.3 | 237.9 | 32.5 | 270.3 | 9.3 | 225.5 |
| 天津 | -12.8 | 91.4 | -9.2 | 82.2 | -8.9 | 57.0 |
| 河北 | 0.6 | 158.5 | 12.3 | 170.8 | 9.6 | 146.1 |
| 山西 | 12.9 | 178.5 | 14.8 | 193.3 | 9.4 | 164.0 |
| 内蒙古 | 9.7 | 128.9 | 11.3 | 139.7 | 7.4 | 119.2 |
| 辽宁 | 12.3 | 282.5 | 2.4 | 284.9 | 5.8 | 233.7 |
| 吉林 | 9.3 | 125.7 | 8.1 | 133.8 | 2.9 | 110.0 |
| 黑龙江 | 2.5 | 167.8 | 3.9 | 171.7 | -3.2 | 128.5 |
| 上海 | -11.3 | 169.9 | -26.6 | 143.2 | -22.0 | 92.6 |
| 江苏 | -12.0 | 428.0 | -2.1 | 438.5 | -1.2 | 349.6 |
| 浙江 | 10.9 | 411.9 | 22.5 | 434.5 | -99.2 | 248.4 |
| 安徽 | 0.9 | 116.4 | 5.9 | 122.4 | -13.1 | 84.8 |
| 福建 | 7.7 | 171.6 | 6.4 | 177.9 | 4.6 | 147.0 |
| 江西 | 5.8 | 77.2 | 9.5 | 86.6 | 7.2 | 75.8 |
| 山东 | 2.4 | 300.1 | 9.6 | 309.8 | 4.4 | 252.2 |
| 河南 | 12.7 | 188.4 | 15.6 | 204.0 | -6.3 | 157.2 |
| 湖北 | 5.2 | 178.5 | 10.0 | 188.5 | 11.7 | 162.5 |
| 湖南 | 6.7 | 132.9 | 10.1 | 142.9 | 9.0 | 123.3 |
| 广东 | 42.0 | 683.3 | 48.8 | 732.0 | 45.4 | 631.0 |
| 广西 | 4.2 | 133.9 | 7.0 | 141 | 3.6 | 120.4 |
| 海南 | 0.7 | 35.1 | 1.5 | 36.6 | 0.8 | 30.1 |
| 重庆 | 1.7 | 113.8 | 4.6 | 118.4 | -33.1 | 61.6 |
| 四川 | 73.8 | 415.3 | 23.5 | 438.8 | -4.1 | 370.0 |
| 贵州 | 2.5 | 80.2 | 4.8 | 85.0 | 5.5 | 73.4 |
| 云南 | 5.6 | 133.4 | 6.6 | 140.0 | 7.8 | 119.8 |
| 西藏 | 1.7 | 18.2 | 2.3 | 20.5 | 2.3 | 18.6 |
| 陕西 | 6.1 | 159.6 | 8.6 | 168.2 | -16.6 | 118.0 |
| 甘肃 | 4.6 | 83.1 | 5.0 | 88.2 | 4.9 | 75.4 |
| 青海 | 1.7 | 29.2 | 0.8 | 30.0 | -1.0 | 23.0 |
| 宁夏 | 1.6 | 36.3 | 2.5 | 38.8 | 1.6 | 32.6 |
| 新疆 | -7.3 | 84.8 | 2.9 | 84.4 | 6.6 | 74.0 |

资料来源：《中国统计年鉴2020》。

## 二、工伤保险基金分析

（一）工伤保险基金收支分析

工伤保险基金支出包括工伤保险待遇支出、劳动能力鉴定费支出、工伤预防费支出、转移支出和其他支出。其中，工伤保险待遇支出又包括医疗待遇支出、伤残待遇支出、工亡待遇支出、康复待遇支出等。

2017年，工伤保险基金收入为854亿元，比上年增长15.9%；基金支出为662亿元，比上年增长8.5%。年末，工伤保险基金累计结存为1607亿元（含储备金270亿元）。2018年，工伤保险基金收入为913亿元，基金支出为742亿元。年末工伤保险基金累计结存为1785亿元（含储备金294亿元）。2019年，工伤保险基金收入为819亿元，基金支出为817亿元。年末，工伤保险基金累计结存1783亿元（含储备金262亿元）（见图10-19、图10-20）。

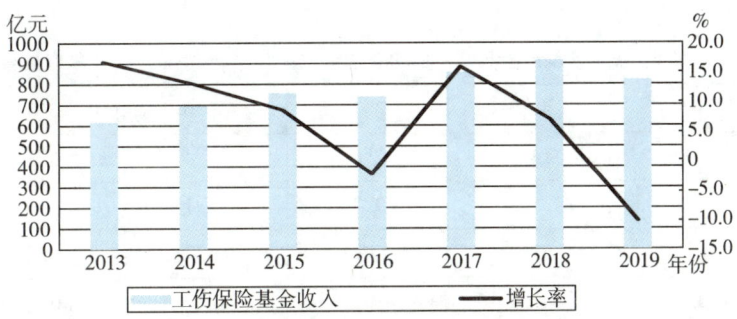

**图10-19　2013—2019年工伤保险基金收入及增长率变化趋势**

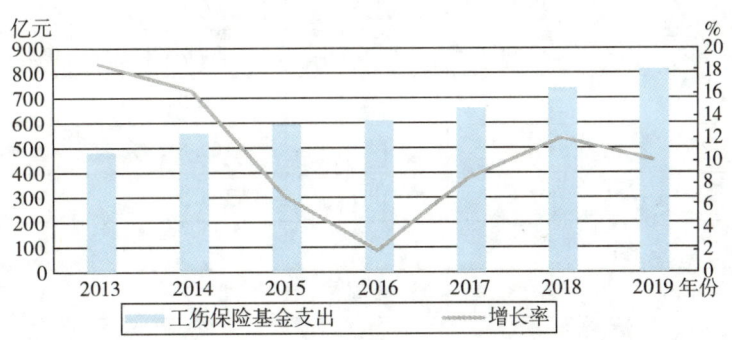

**图10-20　2013—2019年工伤保险基金支出及增长率变化趋势**

（二）工伤保险基金结余地区分布

2017年，工伤保险基金年度结余为192亿元，较上年增加65亿元，累计结余为1607亿元（含储备金270亿元），比上年增加196亿元，增长13.9%。2018年，工伤保险基金年度结余为171亿元，较上年减少21亿元，同比降低10.9%，累计结余为1785亿元，比上年增加178亿元，增长11.1%。2019年，工伤保险基金年度结余为 2.5 亿元，较上年减少 168.5 亿元，累计结余为 1783[①] 亿元。

从工伤保险基金累计结余地区分布来看，2017 年工伤保险基金累计结余排前 6 位的省份为：广东、江苏、山东、浙江、湖南和上海，6 省合计结余为 744 亿元，占总结余的 46.3%，略低于其他 25 个省份合计结余，占比接近 2017 年总结余的一半。2018 年工伤保险基金累计结余排前 6 位的省份为：广东、江苏、山东、浙江、湖南和四川，6 省合计结余为 841.6 亿元，占总结余的 47.2%，占比接近 2018 年总结余的一半。2019 年工伤保险基金累计结余排名前 6 位的省份为：广东、江苏、山东、浙江、湖南和四川，6 省合计结余为 836.1 亿元，占总结余的 46.9%，占比接近 2019 年总结余的一半。工伤保险基金结余地区间分布较不均衡，东部沿海省份的结余相对较多（见表 10-8）。

表 10-8 2017—2019 年分省份工伤保险基金结余　　　　单位：亿元

| 省份 | 2017 年 | | 2018 年 | | 2019 年 | |
| --- | --- | --- | --- | --- | --- | --- |
| | 年度结余 | 累计结余 | 年度结余 | 累计结余 | 年度结余 | 累计结余 |
| 北京 | 4.9 | 48.3 | 3.7 | 52.0 | 6.0 | 58.0 |
| 天津 | -0.3 | 14.7 | 2.6 | 17.4 | 0.3 | 17.7 |
| 河北 | 6.8 | 35.3 | 9.7 | 45.1 | 7.5 | 52.5 |
| 山西 | 2.6 | 61.0 | -0.3 | 60.7 | -3.3 | 57.4 |
| 内蒙古 | 3.2 | 42.4 | 3.2 | 45.2 | 0.4 | 45.7 |
| 辽宁 | 5.8 | 40.1 | 5.4 | 45.5 | 6.1 | 51.7 |
| 吉林 | 4.7 | 38.2 | 1.4 | 39.5 | -1.9 | 37.6 |
| 黑龙江 | -0.3 | 32.0 | -1.2 | 30.8 | 0.5 | 31.3 |
| 上海 | 8.1 | 68.2 | -2.9 | 65.3 | -3.5 | 61.8 |
| 江苏 | 26.4 | 136.9 | 14.0 | 163.8 | -2.3 | 161.4 |
| 浙江 | 7.2 | 93.6 | 10.6 | 104.3 | -3.6 | 100.6 |
| 安徽 | 6.9 | 48.7 | 3.4 | 52.1 | -5.1 | 47.0 |
| 福建 | 4.1 | 62.2 | 1.6 | 63.9 | -1.1 | 62.8 |
| 江西 | 5.9 | 43.0 | 8.9 | 51.9 | 2.9 | 54.8 |
| 山东 | 16.7 | 100.6 | 16.3 | 116.9 | 3.1 | 119.7 |
| 河南 | 8.9 | 65.9 | 4.2 | 70.2 | -0.1 | 70.1 |
| 湖北 | 7.9 | 47.1 | 9.3 | 56.3 | -3.2 | 49.3 |

---

① 资料来源：《2017 年度人力资源和社会保障事业发展统计公报》《2018 年度人力资源和社会保障事业发展统计公报》《2019 年度人力资源和社会保障事业发展统计公报》《中国统计年鉴 2020》。

续表

| 省份 | 2017年 | | 2018年 | | 2019年 | |
|---|---|---|---|---|---|---|
| | 年度结余 | 累计结余 | 年度结余 | 累计结余 | 年度结余 | 累计结余 |
| 湖南 | 10.8 | 69.4 | 20.7 | 89.4 | 5.7 | 95.7 |
| 广东 | 22.7 | 275.3 | 12.8 | 288.1 | −13.4 | 274.8 |
| 广西 | 7.1 | 41.5 | 9.1 | 49.4 | 1.6 | 51.1 |
| 海南 | 3.5 | 16.4 | 1.7 | 18.1 | 0.3 | 18.5 |
| 重庆 | 4.0 | 6.7 | 1.5 | 8.2 | 4.2 | 12.5 |
| 四川 | 6.5 | 67.4 | 11.7 | 79.1 | 4.9 | 83.9 |
| 贵州 | 2.5 | 22.5 | 1.3 | 23.9 | −2.9 | 20.9 |
| 云南 | 3.9 | 27.8 | 4.3 | 32.1 | −4.0 | 28.0 |
| 西藏 | 0.9 | 4.7 | 1.1 | 5.8 | 0.5 | 6.4 |
| 陕西 | 3.1 | 35.1 | 7.4 | 40.8 | 1.2 | 41.6 |
| 甘肃 | 2.1 | 15.6 | 4.2 | 17.6 | 0.9 | 18.5 |
| 青海 | 1.2 | 8.3 | 2.0 | 10.3 | 1.6 | 11.9 |
| 宁夏 | 1.0 | 10.6 | 0.9 | 11.6 | 0 | 11.6 |
| 新疆 | 2.6 | 27.1 | 1.9 | 29.0 | −0.7 | 28.2 |

资料来源：《中国统计年鉴2020》。

### 三、生育保险基金分析

2016年1月1日，我国实施"全面二孩"政策，该政策的实施有助于解决我国目前生育率低、人口红利逐渐消失、人口老龄化严重等社会问题，但同时，也出现生育保险基金支出压力过大、基金结余日益减少等问题。在此背景下，我国"十三五"规划提出了"将生育保险和基本医疗保险合并实施"。2017年3月29日，国务院明确了相关试点方案，选出12个城市进行试点，并于6月底前启动试点实施方案，试点期限为一年左右。2019年3月，国务院办公厅公布了《关于全面推进生育保险和职工基本医疗保险合并实施的意见》，推进医疗险和生育险合并实施，要求各地在2019年底实现两项保险的合并。生育保险和职工基本医疗保险合并实施后即实现四个统一。

第一，统一参保登记。参加医疗保险的人，要同时参加生育保险。

第二，统一基金征缴和管理。按照用人单位参加生育保险和职工基本医疗保险的缴费比例之和，重新确定基本医疗保险费率，个人不缴纳生育保险费。

第三，统一医疗管理。将生育保险费用纳入医保支付方式改革范围，以住院分娩等医疗费用按病种,产前检查按人头的方式付费。

第四,统一经办和信息服务。经办管理统一由医疗保险经办机构负责,经费列入同级财政预算,同时确保职工生育期间的生育保险待遇不变。因此,在此章节,只研究2017年和2018年生育保险基金的情况。

2017年,生育保险基金收入为642亿元,支出为744亿元,分别比上年增长23.1%和40.1%。年末生育保险基金累计结存为564亿元。2017年生育保险基金年度结余为负,年度赤字为102亿元,赤字较上年增加93亿元;累计结余564亿元,较上年减少112亿元,减少了16.6%。由于放开"全面二孩"政策和降费率的共同影响,生育保险基金当期结余为赤字,累计结余大幅度下降。①

2018年,生育保险基金收入为781亿元,较上年增长139亿元,增长率为21.7%,生育保险基金支出为762亿元,较上年增长18亿元,增长率为2.4%。

从生育保险基金累计结余地区分布来看,2017年累计结余排名前6的省份为:广东、上海、浙江、北京、江苏和河南,6省份合计结余为256亿元,占总结余的45.4%,略低于其他25个省份合计结余。2018年累计结余排名前6的省份为广东、上海、江苏、浙江、山东和河南,6省份结余合计为264亿元,占总结余的45.4%(见表10-9)。

表10-9 2017—2018年分省份生育保险基金结余　　　　　　单位:亿元

| 省份 | 2017年 | | 2018年 | |
| --- | --- | --- | --- | --- |
| | 年度结余 | 累计结余 | 年度结余 | 累计结余 |
| 北京 | -7.6 | 29.1 | -6.5 | 22.6 |
| 天津 | -7.0 | 10.6 | -5.9 | 4.8 |
| 河北 | -3.7 | 16.2 | 1.4 | 17.7 |
| 山西 | -1.1 | 19.6 | 1.5 | 21.1 |
| 内蒙古 | 1.2 | 18.3 | 2.3 | 20.7 |
| 辽宁 | 0.6 | 14.5 | 3.6 | 18.0 |
| 吉林 | -1.1 | 12.8 | 1.2 | 13.9 |
| 黑龙江 | 0.4 | 15.3 | 2.1 | 17.4 |
| 上海 | 10.5 | 42.1 | 24.0 | 66.1 |
| 江苏 | -15.6 | 27.4 | 1.8 | 29.2 |

---

① 资料来源:《2017年度人力资源和社会保障事业发展统计公报》《2018年度人力资源和社会保障事业发展统计公报》《2019年度人力资源和社会保障事业发展统计公报》《中国统计年鉴2020》。

续表

| 省份 | 2017 年 | | 2018 年 | |
|---|---|---|---|---|
| | 年度结余 | 累计结余 | 年度结余 | 累计结余 |
| 浙江 | -4.7 | 36.7 | -7.5 | 29.1 |
| 安徽 | -1.5 | 12.6 | 0.8 | 12.4 |
| 福建 | -5.9 | 17.1 | -2.2 | 14.9 |
| 江西 | -3.0 | 7.6 | -0.1 | 7.5 |
| 山东 | -9.5 | 23.2 | 5.5 | 28.7 |
| 河南 | -3.3 | 27.3 | 0.6 | 27.8 |
| 湖北 | -2.7 | 23.5 | -0.8 | 22.7 |
| 湖南 | -1.1 | 24.4 | 1.5 | 25.5 |
| 广东 | -23.5 | 93.1 | -10.0 | 83.1 |
| 广西 | -4.4 | 13.6 | -1.0 | 12.7 |
| 海南 | -0.5 | 4.9 | -0.9 | 3.9 |
| 四川 | -5.5 | 13.4 | 4.4 | 17.8 |
| 贵州 | -1.3 | 7.8 | 2.0 | 9.9 |
| 云南 | -4.9 | 4.4 | -0.6 | 3.8 |
| 西藏 | 0.7 | 2.6 | 0.4 | 3.0 |
| 陕西 | -2.0 | 13.0 | -0.1 | 12.9 |
| 甘肃 | -2.3 | 6.4 | 2.0 | 8.4 |
| 青海 | -0.7 | 3.3 | -0.2 | 3.1 |
| 宁夏 | -0.4 | 1.9 | 0.3 | 2.3 |
| 新疆 | -0.8 | 21.5 | -0.8 | 20.7 |

资料来源：《中国统计年鉴2020》。

# 第五部分
## 业界天地　专家声音

# 第十一章
# 中国保险公司的社会责任评价

## 第一节 保险(集团)公司社会责任的概念与分析方法

### 一、研究背景

"企业社会责任"(Corporate Social Responsibility,CSR)最早由学者 Oliver Sheldon 于 1924 年提出,但是直到 20 世纪末才被引入中国。因此,对于我国企业来说,企业社会责任还是一个新生事物。我国现代保险业起步较晚,但是保险公司承担社会责任具有内在必然性,这是由保险的性质与职能所决定的(李勇杰,2009;卓志等,2009)。保险的本质是"经济保障",体现的是"我为人人,人人为我"的互助共济的分配关系(魏华林、林宝清,2011)。保险除了具有经济补偿和分散风险的基础职能外,还发挥着社会管理功能(吴定富,2004)。因此,保险公司应积极履行社会责任。

2005 年,中国平安保险(集团)股份有限公司发布《企业公民报告》,拉开了我国保险公司主动承担社会责任的序幕。此后,中国人寿保险股份有限公司、中国人民保险集团股份有限公司、中国太平洋保险(集团)股份有限公司等多家保险(集团)公司也开始发布企业社会责任报告。值得一提的是,中国保险行业协会于 2011 年首次披露了 68 家保险公司社会责任报告。2014 年,中国保监会发布了《中国保险业社会责任白皮书》,这是首份展示全行业履行社会责任状况的报告;2015 年 12 月,出台《关于保险业履行社会责任的指导意见》,旨在进一步提升保险业社会责任水平。由此可以看出,我国保险业已经开始关注并主动承担社会责任,但是从总体上来讲,我国保险业承担社会责任仍处于起步阶段。在中国社会科学院发布的《中国企业社会责任研究报告（2015）》中，保险业社会责任发展指数排在倒数第五名，而排名最靠前的中国人寿保险股份有限公司在300强榜单中仅排名第79。因此，我国保险业在履行社会责任上仍任重而道远。从历年中国保险行业协会披露的所有68份社会责任报告可以看出，不同保险公司对社会责任的认知程度是不同的，从而导致报告篇幅悬殊，披露内容参差不齐，这不利于利益相关者对报告的使用与管理，也不利于进一步增强我国保险业社会责任意识（郝臣等，2015）。因此，建立科学的社会责任评价体系显得十分必要。

本章正是在此背景下，基于"利益相关者原则"对我国保险公司社会责任评价体系进行探讨，以增强我国保险公司的社会责任意识，实现企业和社会的可持续发展。

## 二、保险公司社会责任的定义

1924年，学者Oliver Sheldon首次提出"企业社会责任"的概念，他认为企业不应该仅仅追求经济利益，也应该主动承担包含道德因素在内的社会责任，为社区提供服务（Oliver，1924）。Howard R. Bowen被认为是"企业社会责任之父"，他在1953年《企业家的社会责任》一书中首次对企业社会责任进行了系统的阐述，他认为企业社会责任是企业家按照社会所期望的目标或价值观来制定政策和实施计划的义务（Howard，1953）。此后，学术界对企业社会责任进行了更为广泛和深入的研究，特别是20世纪80年代以后，利益相关者理论被引入企业社会责任的研究中，使企业社会责任研究得到进一步的丰富和完善，出现了大量的研究成果。Modic（1988）、Clarkson（1995）、Waddock和Graves（1997）、Matten和Crane（2005）等都认为企业社会责任是企业对各利益相关者的责任，包括对消费者、员工、环境、社区等的责任。

我国学者对企业社会责任的研究始于20世纪90年代。1990年，袁家方出版了我国首本有关企业社会责任的专著，他在书中将企业社会责任定义为"企业在争取自身的生存与发展的同时，面对社会需要和各种社会问题，为维护国家、社会和人类的根本利益，必须承担的义务"（袁家方，1990）。此后，众多学者在西方学者研究的基础上，结合中国国情，对企业社会责任有了更多的认识和理解，初步取得了共识，即一致认为企业社会责任是指企业在追求股东利润最大化之外，还应对其他利益相关者的利益承担责任和义务，以实现社会的可持续发展（刘俊海，1999；杨瑞龙、周业安，2000；卢代富，2002；李立清、李燕凌，2005；田虹，2006；姜启军、顾庆良，2008；黎友焕，2010；刘建梅，2012；孙红梅等，2014；洪旭，

2015)。

但是,学术界对保险公司社会责任并未有一个明确的、被广泛接受的定义。本章基于利益相关者理论,认为保险(集团)公司社会责任是指保险(集团)公司在寻求股东利润最大化之外,还应对其他利益相关者(员工、客户等)的利益承担责任和义务,以实现企业和社会的可持续发展。

## 三、保险公司社会责任评价模型与评价方法

企业社会责任评价模型有很多,根据 Reed 等(1990)的研究,至少有 14 种企业社会责任评价模型。目前,比较流行的方法主要有三种:"金字塔"模型、"三重底线"模型、"利益相关者"模型。"金字塔"模型是由 Carroll(1979,1983,1991,1999)提出的,该模型包含经济责任、法律责任、伦理责任和慈善责任(自愿责任)。Aupperle 等(1985)、Maignan 和 Ferrell(2000)、Marín(2012)、Mustafa(2012)、蔡月祥(2011)等基于金字塔模型构建了企业社会责任评价指标体系。"三重底线"模型是以 Elkington(1997)提出的"三重底线"理论为基础来构建企业社会责任评价体系的,该理论强调企业在经营过程中必须满足经济底线、环境底线和社会底线。道琼斯可持续发展世界指数和《可持续发展报告指南》G4 版都是基于"三重底线"模型来构建指标体系,黄群慧等(2015)对三重底线进行改进,构建基于责任管理、市场责任、社会责任、环境责任"四位一体"的评价体系。"利益相关者"模型是以利益相关者理论为基础来构建企业社会责任评价体系。Clarkson(1995)、Turker(2009)、Harrison 和 Wicks(2013)、刘淑华(2015)等学者基于利益相关者理论构建了企业社会责任指标体系。虽然这些研究成果在选择利益相关者方面存在细微差异,但是基本可以归纳为以下维度,即股东、员工、客户、社区、政府等。这三个模型各有利弊,相较而言,"利益相关者"模型的评价维度较为清晰,能准确地回答"企业应该为谁承担责任"这一重要问题,而"三重底线"模型和"金字塔"模型对企业社会责任概念的界定存在模糊性(肖红军等,2014)。因此,本章基于"利益相关者"模型构建评价指标体系。

保险公司除了具有一般企业的特征外,还具有产品的无形化、被保险人是重要的利益相关者、需进行保险资金的运用等特点,发挥着经济补偿、资金融通和社会管理等功能。保险公司的这些特点和功能决定了传统的企业社会责任评价体系并不完全适用于保险公司,因此有些学者根据保险公司的特点对传统指标体系进行了改进。他们基于"金字塔"模型(谭中明、陈渊,2009)、"三重底线"模型(武晨凤,2010;成敏,2012)、"利益相关者"模型(王蕾,2010;谢彩玲,2011)、平

衡计分卡模型（邓启稳，2010）等构建保险公司社会责任评价指标体系。总体上讲，这些指标体系覆盖范围较为全面，但是可操作性较差，数据获取难度较大，从而导致推广价值不高。因此，有必要基于可得性、客观性、均衡性等原则构建我国保险公司社会责任评价指标体系。

目前，对于保险公司社会责任的评价非常少，主要有谢彩玲（2011）运用层次分析法研究了中国人寿和中国平安企业社会责任绩效，但是层次分析法的主观性较强，专家对行业的认知程度会直接影响最终结果。除了层次分析法，因子分析方法和主成分分析法也是常用的、公认度较高的综合评价方法，这些方法在社会责任评价中被多次使用（陈晶晶，2010；洪旭等，2011；阳秋林等，2012；赵天燕等，2012；吴金娜，2013）。

本章综合以上各类文献，基于"利益相关者原则"，尽量注重原理清晰明了，主观性较小，从而避免人为因素的影响，因此本章采用主成分分析方法、因子分析方法等对保险公司社会责任进行综合评价。

### 四、指标设立和赋值

保险（集团）公司社会责任报告是研究保险（集团）公司社会责任履行情况的重要资料。本报告基于各保险（集团）公司披露的2020年年度信息披露报告、社会责任报告、各公司官网披露的社会公益活动等，从内容、相关活动的次数、公司级别等几个方面就社会责任的评价指标进行构建和赋值，以此来反映各保险（集团）公司对社会责任的重视程度。

指标的设定主要参考全球报告倡议组织（GRI）《可持续发展报告指南》G4版、中国保监会发布的《关于保险业履行社会责任的指导意见》等相关文件和内容，以及各（集团）公司社会责任报告的实际发布情况来完成。

## 第二节 中国保险公司的社会责任评价

根据中国银保监会网站，截至2020年12月31日，中国人身险公司共有91家，其中中资公司63家，外资保险公司28家。

其中，国寿养老、长江养老、新华养老、人保养老仅经营养老保障管理业务、企业年金、职业年金等业务，暂不经营负债型的人寿保险业务，不适用偿付能力的监管要求，因此这4家养老保险公司不予评价。

没有发布2020年度信息披露报告或者披露内容不完整的有9家公司：国寿存续、华夏人寿、君康人寿、和谐健康、大家人寿、华汇人寿、大家养老、天安人寿、北大方正人寿。

数据不完整或者经营异常的有5家公司：中法人寿、信美人寿、富德生命人寿、弘康人寿、和泰人寿。

公司的部分指标数据异常，并不意味着公司经营绩效的"优"或"劣"。由于采用主成分分析法、因子分析法进行竞争力运算，为了避免少数公司的部分指标异常对其他公司的评价结果引起重大、异常的影响，从而使得评价结果不合常理，我们进行了必要的前期数据处理。

最后，课题组对73家人身险公司进行社会责任评价分析。

目前，对于保险公司社会责任的评价研究还非常少。我们在搜集整理有关数据时，发现很多保险公司对于社会责任的数据信息披露不够重视，我们难以根据各方面的公开数据和资料对保险公司社会责任进行分析和评价。最后，基于数据资料的公开性和可得性原则，我们分别对73家人身保险公司和73家财产保险公司进行社会责任的评价分析。

## 一、数据信息来源

保险公司社会责任评价的数据主要来源于各保险公司的年度信息披露报告和社会责任报告、各公司官方网站信息、历年的中国保险年鉴以及保监会、保险学会、保险行业协会官网信息等，即全部数据都来源于公开渠道。

## 二、我国保险公司社会责任评价指标体系

（一）指标构建

本章基于可得性、客观性、均衡性等原则，根据保险公司的特点，构建保险公司社会责任的评价指标体系。其中共包括股东责任、员工责任、客户责任、政府责任、社区责任5个一级指标，来反映保险公司社会责任的不同方面，并在一级指标下设立46个二级指标。由于人身保险公司和财产保险公司在社会责任的表现方面存在一些差异，需要对两者进行分开评价，因此评价指标体系也存在一定差异。下文所涉评价指标若无特别说明，则该指标既适用于人身保险公司，也适用于财产保险公司（指标的定义略。部分指标的定义可以参考第四章、第五章的相关内容）。

1. 股东责任

保险公司对股东的责任主要体现在实现利润最大化，因此对人身保险公司设立

总资产收益率、净资产收益率、资本管理系数、准备金保费比率、综合收益率、资产保值增值率、净利润、净利润增长率、认可资产增长率、净资产周转率、总资产周转率11个二级指标。对财产保险公司设立总资产收益率、净资产收益率、资本管理系数、准备金保费比率、财务收益率、资产保值增值率、净利润、净利润增长率、净资产周转率、总资产周转率10个二级指标。

2. 员工责任

保险公司对员工的责任主要体现在提供舒适的工作环境、按时发放足额的工资福利以及提供学习晋升机会等方面，因此对人身保险公司和财产保险公司均设立人均员工获利水平、人均净利润、人均增长率、人均综合收益、人均产能等二级指标。

3. 客户责任

从广义上讲，保险公司的客户包括投保人、被保险人、受益人、保单持有人等。保险公司对客户的责任主要体现在产品和服务上，即产品是否能够满足客户的需求，服务是否让客户满意。因此，对人身保险公司设立险种集中度系数等10个二级指标。

财产保险公司客户责任指标由险种集中度系数、单位保费保额、综合赔付率、偿付能力充足率、综合费用率、现金盈余保障倍数、流动性比率等二级指标构成。

4. 政府责任

保险公司对政府的责任主要体现在遵纪守法、按时纳税和带动社会就业三个方面。因此设立纳税额、纳税增长率、人均纳税额、资产税费比、已缴税费占比、职工人数、就业人数增长率等二级指标。

其中，违规指数根据中国银保监会发布的对保险公司的行政处罚情况进行评分得到。

5. 社区责任

保险公司对社区的责任主要体现在支持公益事业、环境友好、社会责任意识三个方面，因此设立万张保单投诉量、万人次投诉量，违规指数，人均福利等二级指标。

（二）数据处理与评价方法

为了保证评价结果的科学性和客观性，需要对原始数据进行线性标准化处理。根据指标性质，可以分为越大越好型指标、越小越好型指标和取中间某值最好指标。越大越好型指标（如总资产收益率、净资产收益率等指标）采用函数进行转换；越小越好型指标（如综合费用率、被罚款次数等指标）采用函数进行转换；对于取中间值最好的指标，通过设立分段函数进行函数转换；从而使得所有数据均在

0 到 1 之间。

本章采用主成分分析法与因子分析方法进行保险公司社会责任综合评价。具体内容参见《2020 中国保险公司竞争力评价研究报告》第三章的相关介绍。以后随着相关工作的开展，以及与业界的沟通联系，评价指标、评价分析方法等也会逐步改进和完善。

### 三、特别说明

（1）本章采用公开发布的披露数据进行分析，我们根据实质重于形式的原则，对发现个别公司披露数据存在错误或异样的年报信息进行调整或者在涉及该指标时进行批注说明。

（2）本章采用的数据皆来源于已公开的资料或课题组成员的个人分析，但我们不保证上述信息的完整与准确性，中国精算研究院不因使用本报告而产生的一切后果承担责任，只以此作为学术研究以及学界和业界的信息交流与参考。同时本研究为课题组成员的个人观点，并不代表中国精算研究院的观点。

## 第三节 中国人身保险公司社会责任评价的结果与分析

在确定了指标和提取数据后，为了保证对人身保险公司社会责任评价的客观性和科学性，首先，根据指标的正向和逆向进行数据的预处理，使处理后的全部指标数据为正向，即其数据愈大愈好；其次，指标数据中有些是比率指标，有些是数值指标，为了避免"以大欺小"以及避免指标单位对评价结果的影响，我们对全部数据进行归一化处理，即全部指标数据在 0 到 1 之间取值；最后，在运用主成分分析与因子分析方法进行社会责任评价时，我们对全部二级指标数据进行分析处理，因此二级指标与一级指标的隶属关系不影响对人身保险公司社会责任的评价结果。

为了便于对人身保险公司的社会责任履行情况进行比较，我们综合运用主成分分析方法、因子分析方法，依据各人身保险公司社会责任评价指标的表现，对各保险公司的社会责任履职情况进行评价，根据各公司的得分情况，分别评为 AAA、AA 和 A 三级。

### 一、2020 年人身保险公司社会责任评价的得分与排名

进行数据预处理后，我们根据 73 家人身保险公司的 44 个二级指标数据（为了

比较科学地反映保险公司的社会责任，我们对部分指标进行了加权），综合运用主成分分析与因子分析方法，得到一个"73×44"数据矩阵，共选取15个主成分，其累计解释率达到84.88%，每个主成分都是这15个二级指标的线性组合。其中最高分为1000分，最低分为400分。

2020年中国人身保险公司社会责任评价主成分分析的碎石图如图11-1所示。

根据各公司的得分确定其社会责任评价级别，得分在800（含）~1000分为AAA级；得分在600（含）~800（不含）分为AA级；得分在400（含）~600（不含）分为A级。

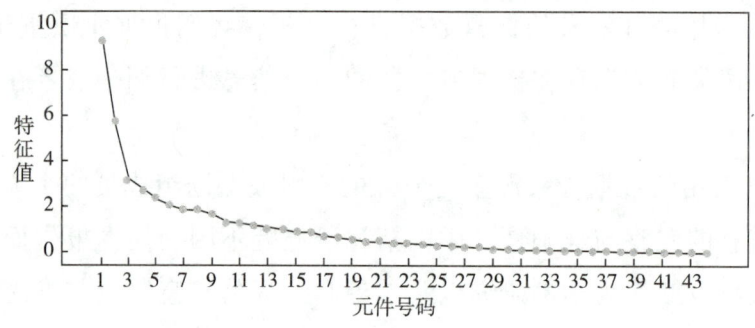

图11-1 2020年中国人身保险公司社会责任评价主成分分析碎石图

2020年人身保险公司社会责任评价的得分与排名最终评价结果如表11-1所示。

表11-1 2020年我国人身保险公司社会责任评级情况

| 序号 | 公司 | 级别 | 序号 | 公司 | 级别 |
| --- | --- | --- | --- | --- | --- |
| 1 | 中国人寿 | AAA | 14 | 中邮人寿 | AAA |
| 2 | 平安人寿 | AAA | 15 | 阳光人寿 | AAA |
| 3 | 泰康人寿 | AAA | 16 | 招商信诺 | AAA |
| 4 | 太保寿险 | AAA | 17 | 中融人寿 | AAA |
| 5 | 新华人寿 | AAA | 18 | 英大人寿 | AAA |
| 6 | 友邦人寿 | AAA | 19 | 昆仑健康 | AAA |
| 7 | 太平人寿 | AAA | 20 | 前海人寿 | AAA |
| 8 | 恒大人寿 | AAA | 21 | 上海人寿 | AAA |
| 9 | 平安健康 | AAA | 22 | 中宏人寿 | AAA |
| 10 | 平安养老 | AAA | 23 | 建信人寿 | AAA |
| 11 | 农银人寿 | AAA | 24 | 百年人寿 | AAA |
| 12 | 人保寿险 | AAA | 25 | 泰康养老 | AAA |
| 13 | 信泰人寿 | AAA | 26 | 民生人寿 | AAA |

续表

| 序号 | 公司 | 级别 | 序号 | 公司 | 级别 |
|---|---|---|---|---|---|
| 27 | 中信保诚人寿 | AAA | 51 | 国宝人寿 | AA |
| 28 | 幸福人寿 | AAA | 52 | 中意人寿 | AA |
| 29 | 交银康联 | AAA | 53 | 利安人寿 | AA |
| 30 | 太保安联健康 | AAA | 54 | 君龙人寿 | AA |
| 31 | 大都会人寿 | AAA | 55 | 恒安标准 | AA |
| 32 | 人保健康 | AAA | 56 | 中韩人寿 | AA |
| 33 | 同方全球人寿 | AAA | 57 | 北京人寿 | AA |
| 34 | 长城人寿 | AAA | 58 | 国华人寿 | AA |
| 35 | 横琴人寿 | AAA | 59 | 华泰人寿 | AA |
| 36 | 中银三星 | AAA | 60 | 中英人寿 | AA |
| 37 | 汇丰人寿 | AAA | 61 | 国联人寿 | AA |
| 38 | 财信吉祥人寿 | AAA | 62 | 复星联合健康 | AA |
| 39 | 中荷人寿 | AAA | 63 | 海保人寿 | AA |
| 40 | 合众人寿 | AAA | 64 | 中华人寿 | AA |
| 41 | 中德安联 | AAA | 65 | 长生人寿 | AA |
| 42 | 太平养老 | AA | 66 | 瑞华健康 | AA |
| 43 | 陆家嘴国泰 | AA | 67 | 复星保德信 | AA |
| 44 | 东吴人寿 | AA | 68 | 渤海人寿 | AA |
| 45 | 华贵人寿 | AA | 69 | 瑞泰人寿 | AA |
| 46 | 珠江人寿 | AA | 70 | 爱心人寿 | AA |
| 47 | 光大永明 | AA | 71 | 三峡人寿 | A |
| 48 | 国富人寿 | AA | 72 | 鼎诚人寿 | A |
| 49 | 招商仁和 | AA | 73 | 德华安顾 | A |
| 50 | 工银安盛 | AA | | | |

73家人身保险公司中社会责任评级分别为：AAA级41家，AA级29家，A级3家。2020年我国人身保险公司在履行社会责任方面的评价中，被评为AAA级别的公司数量较2019年有所下降，但是评为AA级的公司有较大幅度提升；在参评的公司中，中国人寿、平安人寿、泰康人寿位列前三甲，紧随其后的近40家公司均被评为AAA级。

## 二、分项指标分析

以下各分项指标的评价中,最高分设为100分,最低分设为40分。

(一)股东责任分析

评价结果如下。

表11-2 2020年我国人身保险公司股东责任排名与得分情况(前20名)

| 排名 | 公司名称 | 得分 | 排名 | 公司名称 | 得分 |
|---|---|---|---|---|---|
| 1 | 昆仑健康 | 100.0 | 11 | 横琴人寿 | 84.3 |
| 2 | 平安健康 | 99.7 | 12 | 人保健康 | 83.8 |
| 3 | 泰康人寿 | 93.4 | 13 | 中国人寿 | 83.4 |
| 4 | 太保安联健康 | 92.5 | 14 | 招商信诺 | 82.6 |
| 5 | 百年人寿 | 92.3 | 15 | 太平养老 | 82.3 |
| 6 | 平安养老 | 89.0 | 16 | 太保寿险 | 82.2 |
| 7 | 同方全球人寿 | 88.8 | 17 | 君龙人寿 | 81.8 |
| 8 | 太平人寿 | 87.4 | 18 | 中银三星 | 81.5 |
| 9 | 平安人寿 | 87.2 | 19 | 英大人寿 | 80.8 |
| 10 | 信泰人寿 | 86.5 | 20 | 中信保诚人寿 | 80.2 |
| 整体平均值 | | | | | 74.0 |
| 整体标准差 | | | | | 11.6 |
| 整体中位数 | | | | | 75.1 |
| 超过平均值的数量与比例 | | | | | 39;53.4% |

从表11-2中可以看出,我国人身保险公司股东责任方面,昆仑健康位居第一,平安健康、泰康人寿分别位居第二和第三。股东责任整体平均分为74.0分,超过平均值的企业共有39家,占比为53.4%,这说明我国人身保险公司股东责任得分大部分高于平均值,从整体标准差(11.6)可以看出不同人身险公司在履行股东责任方面的差异较小,而且从中位数(75.1)可知得分主要位于中间分段。

(二)员工责任分析

评价结果如下。

表 11-3  2020 年我国人身保险公司员工责任排名与得分情况（前 20 名）

| 排名 | 公司名称 | 得分 | 排名 | 公司名称 | 得分 |
|---|---|---|---|---|---|
| 1 | 太平养老 | 100.0 | 11 | 东吴人寿 | 78.9 |
| 2 | 平安养老 | 99.7 | 12 | 招商信诺 | 78.1 |
| 3 | 爱心人寿 | 88.9 | 13 | 平安健康 | 76.9 |
| 4 | 鼎诚人寿 | 86.6 | 14 | 中信保诚人寿 | 75.4 |
| 5 | 财信吉祥人寿 | 83.5 | 15 | 友邦人寿 | 74.7 |
| 6 | 太平人寿 | 82.7 | 16 | 新华人寿 | 74.2 |
| 7 | 同方全球人寿 | 82.4 | 17 | 中韩人寿 | 73.9 |
| 8 | 德华安顾 | 81.5 | 18 | 瑞泰人寿 | 73.4 |
| 9 | 瑞华健康 | 81.0 | 19 | 人保寿险 | 72.9 |
| 10 | 太保安联健康 | 79.1 | 20 | 三峡人寿 | 72.1 |
| 整体平均值 | | | 66.7 | | |
| 整体标准差 | | | 11.8 | | |
| 整体中位数 | | | 67.3 | | |
| 超过平均值的数量与比例 | | | 38；52.1% | | |

从表 11-3 中可以看出，我国人身保险公司员工责任方面，太平养老位居第一，平安养老以 99.7 分排名第二，爱心人寿以 88.9 分排名第三，和第二名有较大差距。超过平均值（66.7）的企业共有 38 家，占比为 52.1%，说明我国人身保险公司员工责任得分主要集中在平均值以上，而且从中位数（67.3）可知得分主要位于低分段；整体标准差（11.8）说明不同人身保险公司在履行员工责任方面存在的整体差异不算很大。

（三）客户责任分析

评价结果如下。

表 11-4  2020 年我国人身保险公司客户责任排名与得分情况（前 20 名）

| 排名 | 公司名称 | 得分 | 排名 | 公司名称 | 得分 |
|---|---|---|---|---|---|
| 1 | 中荷人寿 | 100.0 | 7 | 泰康养老 | 94.3 |
| 2 | 国华人寿 | 99.7 | 8 | 北京人寿 | 94.3 |
| 3 | 民生人寿 | 96.2 | 9 | 英大人寿 | 93.3 |
| 4 | 友邦人寿 | 96.2 | 10 | 新华人寿 | 93.2 |
| 5 | 中融人寿 | 96.1 | 11 | 中邮人寿 | 92.6 |
| 6 | 中国人寿 | 95.9 | 12 | 中信保诚人寿 | 90.2 |

续表

| 排名 | 公司名称 | 得分 | 排名 | 公司名称 | 得分 |
|---|---|---|---|---|---|
| 13 | 汇丰人寿 | 88.9 | 17 | 平安养老 | 87.1 |
| 14 | 信泰人寿 | 88.3 | 18 | 中意人寿 | 86.5 |
| 15 | 交银康联 | 88.0 | 19 | 泰康人寿 | 86.0 |
| 16 | 中宏人寿 | 87.9 | 20 | 太保寿险 | 85.7 |
| 整体平均值 | | | | | 74.8 |
| 整体标准差 | | | | | 15.4 |
| 整体中位数 | | | | | 75.2 |
| 超过平均值的数量与比例 | | | | | 40；54.8% |

从表11-4中可以看出，我国人身保险公司客户责任方面，中荷人寿位居第一，紧随其后的是国华人寿（99.7分）和民生人寿（96.2分）。行业整体平均水平相较于2019年的73.4分稍有提升，说明我国人身保险公司客户责任得分在2020年整体水平开始向上提升，整体标准差从上年的14.9上升为15.4，说明不同人身保险公司在履行客户责任方面差距增大。

（四）政府责任分析

评价结果如下。

表11-5 2020年我国人身保险公司政府责任排名与得分情况（前20名）

| 排名 | 公司名称 | 得分 | 排名 | 公司名称 | 得分 |
|---|---|---|---|---|---|
| 1 | 平安人寿 | 100.0 | 11 | 平安养老 | 79.0 |
| 2 | 太平人寿 | 99.7 | 12 | 大都会人寿 | 78.4 |
| 3 | 泰康人寿 | 98.8 | 13 | 民生人寿 | 78.3 |
| 4 | 中国人寿 | 97.0 | 14 | 招商信诺 | 76.8 |
| 5 | 太保寿险 | 93.9 | 15 | 太平养老 | 76.0 |
| 6 | 友邦人寿 | 88.7 | 16 | 前海人寿 | 75.5 |
| 7 | 合众人寿 | 88.2 | 17 | 泰康养老 | 74.9 |
| 8 | 中信保诚人寿 | 86.3 | 18 | 太保安联健康 | 74.4 |
| 9 | 新华人寿 | 84.9 | 19 | 陆家嘴国泰 | 74.3 |
| 10 | 平安健康 | 81.6 | 20 | 中德安联 | 73.2 |
| 整体平均值 | | | | | 68.3 |
| 整体标准差 | | | | | 13.0 |
| 整体中位数 | | | | | 67.8 |

续表

| 排名 | 公司名称 | 得分 | 排名 | 公司名称 | 得分 |
|---|---|---|---|---|---|
| 超过平均值的数量与比例 | | | | 33；45.2% | |

从表 11-5 中可以看出，我国人身保险公司政府责任方面，平安人寿位居第一，太平人寿排名第二，排名较上年大幅度提升，泰康人寿以 98.8 分排名第三。在政府责任方面，得分在 90 分以上的保险公司有 5 家。行业平均值为 68.3，超过平均值的企业共有 33 家，占比达到 45.2%。从中位数可知得分主要位于低分段；整体标准差不大，说明不同人身保险公司在履行政府责任方面存在的整体差异不大。

(五) 社区责任分析

评价结果如下。

表 11-6 2020 年我国人身保险公司社区责任排名与得分情况（前 20 名）

| 排名 | 公司名称 | 得分 | 排名 | 公司名称 | 得分 |
|---|---|---|---|---|---|
| 1 | 中邮人寿 | 100.0 | 11 | 东吴人寿 | 78.0 |
| 2 | 华贵人寿 | 99.7 | 12 | 农银人寿 | 77.8 |
| 3 | 建信人寿 | 82.2 | 13 | 昆仑健康 | 77.7 |
| 4 | 平安人寿 | 82.2 | 14 | 珠江人寿 | 77.2 |
| 5 | 国富人寿 | 80.6 | 15 | 上海人寿 | 76.9 |
| 6 | 中荷人寿 | 80.4 | 16 | 汇丰人寿 | 75.4 |
| 7 | 前海人寿 | 80.2 | 17 | 太保寿险 | 74.1 |
| 8 | 友邦人寿 | 78.7 | 18 | 中融人寿 | 73.9 |
| 9 | 太保安联健康 | 78.6 | 19 | 恒大人寿 | 73.8 |
| 10 | 瑞华健康 | 78.0 | 20 | 中华人寿 | 73.8 |
| 整体平均值 | | | | 67.1 | |
| 整体标准差 | | | | 11.5 | |
| 整体中位数 | | | | 68.7 | |
| 超过平均值的数量与比例 | | | | 40；54.8% | |

从表 11-6 中可以看出，我国人身保险公司社区责任方面，排名第一的是中邮人寿，华贵人寿、建信人寿分别排名第二、第三。行业整体平均值为 67.1，超过平均值的企业共有 40 家，占比为 54.8%，超过行业人身险公司的一半，与上年水平相近。由中位数（68.7）可知得分主要位于高分段，整体标准差不算大。

# 第四节 中国财产保险公司社会责任评价的结果与分析

在确定了指标和提取数据后,为了保证对财产保险公司社会责任评价的客观性和科学性,首先,根据指标的正向和逆向,进行数据的预处理,使处理后的全部指标数据为正向,即其数据愈大愈好;其次,指标数据中有些是比率指标,有些是数值指标,为了避免"以大欺小"以及避免指标单位对评价结果的影响,我们对全部数据进行归一化处理,即全部指标数据在0~1间取值;最后,在运用主成分分析与因子分析方法进行社会责任评价时,我们是对全部二级指标数据进行分析处理,因此二级指标与一级指标的隶属关系不影响对财产保险公司社会责任的评价结果。

## 一、2020年财产保险公司社会责任评价的得分与排名

对数据进行预处理后,我们根据73家财产保险公司的42个二级指标数据(为了比较科学地反映保险公司的社会责任,我们对部分指标进行了加权),综合运用主成分分析与因子分析方法,得到一个"73×42"数据矩阵,共选取15个主成分,其累计解释率达到84.99%,每个主成分都是这15个二级指标的线性组合,如图11-2所示。

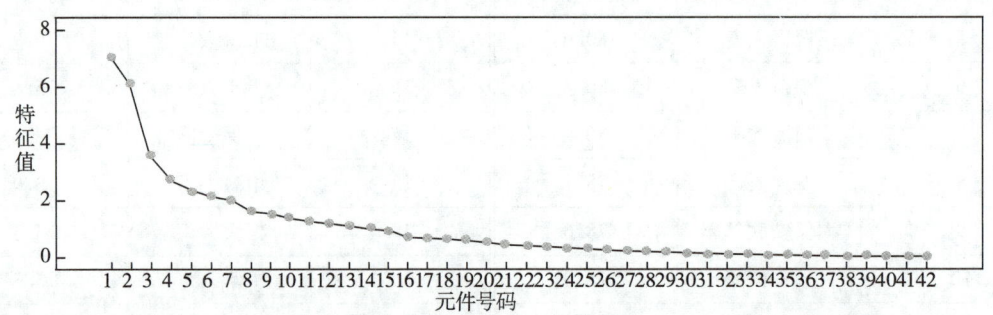

**图11-2 2020年中国财产保险公司社会责任评价主成分分析碎石图**

2020年中国财产保险公司社会责任评价主成分分析的碎石图如图11-2所示。对各财险公司进行社会责任评价时,设定最高分为1000分,最低分为400分。

然后根据各公司的得分确定其社会责任评价级别,得分在800(含)~1000分为AAA级;得分在600(含)~800(不含)分为AA级;得分在400(含)~600(不含)分为A级。

最终评价结果如下。

表11-7 2020年我国财产保险公司社会责任评级情况

| 序号 | 公司名称 | 评级 | 序号 | 公司名称 | 评级 |
| --- | --- | --- | --- | --- | --- |
| 1 | 人保财险 | AAA | 34 | 太平财险 | AAA |
| 2 | 平安财险 | AAA | 35 | 爱和谊 | AAA |
| 3 | 太保财险 | AAA | 36 | 华泰财险 | AAA |
| 4 | 众安财险 | AAA | 37 | 富德财险 | AA |
| 5 | 国寿财险 | AAA | 38 | 美亚保险 | AA |
| 6 | 紫金财险 | AAA | 39 | 粤电自保 | AA |
| 7 | 中石油专属 | AAA | 40 | 现代财险 | AA |
| 8 | 诚泰财险 | AAA | 41 | 众惠相互 | AA |
| 9 | 国任财险 | AAA | 42 | 永安财险 | AA |
| 10 | 恒邦财险 | AAA | 43 | 永诚财险 | AA |
| 11 | 国泰财险 | AAA | 44 | 中路财险 | AA |
| 12 | 英大财险 | AAA | 45 | 日本财险 | AA |
| 13 | 阳光财险 | AAA | 46 | 安联财险 | AA |
| 14 | 鼎和财险 | AAA | 47 | 中煤财险 | AA |
| 15 | 北部湾财险 | AAA | 48 | 中银财险 | AA |
| 16 | 铁路自保 | AAA | 49 | 三井住友 | AA |
| 17 | 黄河财险 | AAA | 50 | 鑫安汽车 | AA |
| 18 | 阳光农险 | AAA | 51 | 泰康在线 | AA |
| 19 | 中华联合 | AAA | 52 | 泰山财险 | AA |
| 20 | 中远海自保 | AAA | 53 | 三星财险 | AA |
| 21 | 亚太财险 | AAA | 54 | 华安财险 | AA |
| 22 | 国元农险 | AAA | 55 | 东京海上 | AA |
| 23 | 安信农险 | AAA | 56 | 浙商财险 | AA |
| 24 | 大地财险 | AAA | 57 | 安盛天平 | AA |
| 25 | 众诚财险 | AAA | 58 | 华农财险 | AA |
| 26 | 锦泰财险 | AAA | 59 | 苏黎世保险 | AA |
| 27 | 中原农险 | AAA | 60 | 中航安盟 | AA |
| 28 | 太平科技 | AAA | 61 | 珠峰财险 | AA |
| 29 | 利宝互助 | AAA | 62 | 华海财险 | AA |
| 30 | 都邦财险 | AAA | 63 | 瑞再企商 | AA |
| 31 | 燕赵财险 | AAA | 64 | 中意财险 | AA |
| 32 | 安诚财险 | AAA | 65 | 东海航运 | AA |
| 33 | 融盛财险 | AAA | 66 | 史带财产 | AA |

续表

| 序号 | 公司名称 | 评级 | 序号 | 公司名称 | 评级 |
|---|---|---|---|---|---|
| 67 | 安华农险 | AA | 71 | 合众财险 | AA |
| 68 | 前海联合 | AA | 72 | 安达保险 | A |
| 69 | 长安责任 | AA | 73 | 富邦财险 | A |
| 70 | 渤海财险 | AA | | | |

从表11-7中可以看出，2020年我国财产保险公司在履行社会责任方面，人保财险、平安财险、太保财险位列前三，评级为AAA。财产险公司被评为AAA级的有36家，AA级的有35家，其余2家为A级。评级为AAA的财产险公司数量与上年基本持平，被评为AA级的财产险公司较上年有较大幅度的增加。

## 二、分项指标分析

对各公司的社会责任分项指标进行评价时，取最高分为100分，最低分为40分。

（一）股东责任分析

评价结果如下。

表11-8 2020年我国财产保险公司股东责任排名与得分情况（前20名）

| 排名 | 公司名称 | 得分 | 排名 | 公司名称 | 得分 |
|---|---|---|---|---|---|
| 1 | 北部湾财险 | 100.0 | 11 | 太保财险 | 84.3 |
| 2 | 国泰财险 | 96.2 | 12 | 阳光财险 | 83.7 |
| 3 | 爱和谊 | 95.0 | 13 | 永安财险 | 81.9 |
| 4 | 鼎和财险 | 89.5 | 14 | 亚太财险 | 81.6 |
| 5 | 利宝互助 | 88.1 | 15 | 中华联合 | 81.3 |
| 6 | 国寿财险 | 87.2 | 16 | 人保财险 | 80.9 |
| 7 | 国任财险 | 86.3 | 17 | 中煤财险 | 80.9 |
| 8 | 锦泰财险 | 85.7 | 18 | 英大财险 | 80.8 |
| 9 | 浙商财险 | 85.3 | 19 | 鑫安汽车 | 79.9 |
| 10 | 平安财险 | 85.3 | 20 | 安信农险 | 79.4 |
| 整体平均值 | | | | | 72.1 |
| 整体标准差 | | | | | 12.3 |
| 整体中位数 | | | | | 74.4 |
| 超过平均值的数量与比例 | | | | | 42；57.5% |

从表 11-8 中可以看出，我国财产保险公司股东责任方面，北部湾财险、国泰财险、爱和谊名列前三，得分都在 95 分以上，第三名的爱和谊与第四名的鼎和财险分差较大。73 家财险公司股东责任评价的平均值为 72.1，超过平均值的有 42 家，超过半数，而且从中位数 74.4 可知得分主要位于中间分段。整体标准差为 12.3，说明不同财险公司在履行股东责任方面有一定的差异，但差异不大。

（二）员工责任分析

评价结果如下。

表 11-9 2020 年我国财产保险公司员工责任排名与得分情况（前 20 名）

| 排名 | 公司名称 | 得分 | 排名 | 公司名称 | 得分 |
|---|---|---|---|---|---|
| 1 | 中远海自保 | 100.0 | 11 | 安华农险 | 69.7 |
| 2 | 美亚保险 | 87.2 | 12 | 铁路自保 | 69.5 |
| 3 | 安信农险 | 78.4 | 13 | 中煤财险 | 68.9 |
| 4 | 瑞再企商 | 76.7 | 14 | 鑫安汽车 | 66.1 |
| 5 | 中银财险 | 76.7 | 15 | 合众财险 | 64.5 |
| 6 | 平安财险 | 75.2 | 16 | 都邦财险 | 63.7 |
| 7 | 黄河财险 | 74.3 | 17 | 利宝互助 | 63.5 |
| 8 | 安达保险 | 72.6 | 18 | 永诚财险 | 63.0 |
| 9 | 中石油专属保险 | 71.3 | 19 | 渤海财险 | 62.5 |
| 10 | 珠峰财险 | 71.0 | 20 | 三星财险 | 61.8 |
| 整体平均值 | | | | | 57.9 |
| 整体标准差 | | | | | 11.1 |
| 整体中位数 | | | | | 57.2 |
| 超过平均值的数量与比例 | | | | | 33；45.2% |

从表 11-9 中可以看出，2020 年我国财产保险公司在履行员工责任方面，中远海自保得分最高，第二名的美亚保险与第一名的中远海自保有 12.8 分之差。整体平均分仅为 57.9 分，超过平均分的企业有 33 家，占比为 45.2%。这表明财产险公司对员工责任重视程度较低，整体得分偏低。标准差为 11.1，说明各家财险公司差距不是很大。

（三）客户责任分析

评价结果如下。

表 11-10　2020 年我国财产保险公司客户责任排名与得分情况（前 20 名）

| 排名 | 公司名称 | 得分 | 排名 | 公司名称 | 得分 |
|---|---|---|---|---|---|
| 1 | 中远海自保 | 100.0 | 11 | 华泰财险 | 81.9 |
| 2 | 瑞再企商 | 94.6 | 12 | 中航安盟 | 80.5 |
| 3 | 三星财险 | 87.3 | 13 | 安盛天平 | 80.4 |
| 4 | 恒邦财险 | 86.2 | 14 | 紫金财险 | 79.9 |
| 5 | 中原农险 | 86.0 | 15 | 国寿财险 | 79.7 |
| 6 | 中石油专属 | 85.0 | 16 | 华农财险 | 78.7 |
| 7 | 众诚财险 | 84.8 | 17 | 人保财险 | 78.7 |
| 8 | 苏黎世保险 | 82.9 | 18 | 美亚保险 | 78.6 |
| 9 | 太平财险 | 82.8 | 19 | 日本财险 | 78.6 |
| 10 | 英大财险 | 82.1 | 20 | 华安财险 | 78.5 |
| 整体平均值 | | | | | 72.1 |
| 整体标准差 | | | | | 10.4 |
| 整体中位数 | | | | | 72.7 |
| 超过平均值的数量与比例 | | | | | 41；56.2% |

从表 11-10 中可以看出，我国财产保险公司客户责任方面，中远海自保位居第一，瑞再企商和三星财险分别排第二、第三名。在前 20 名产险公司中，得分超过 90 分的仅有两家，其余的企业集中在 70~80 分。产险公司客户责任平均得分为 72.1 分，超过平均分的占比为 56.2%，超过一半。中位数为 72.7，说明得分主要位于高分段，与 2019 年的市场情况差异不大。整体标准差为 10.4，说明不同保险公司之间存在一定程度的差异。

（四）政府责任分析

评价结果如下。

表 11-11　2020 年我国财产保险公司政府责任排名与得分情况（前 20 名）

| 排名 | 公司名称 | 得分 | 排名 | 公司名称 | 得分 |
|---|---|---|---|---|---|
| 1 | 太保财险 | 100.0 | 7 | 粤电自保 | 73.5 |
| 2 | 人保财险 | 98.0 | 8 | 中远海自保 | 73.2 |
| 3 | 平安财险 | 86.8 | 9 | 永安财险 | 72.0 |
| 4 | 国寿财险 | 86.0 | 10 | 中华联合 | 71.7 |
| 5 | 中银财险 | 80.5 | 11 | 阳光财险 | 71.4 |
| 6 | 中石油专属 | 73.5 | 12 | 国任财险 | 71.3 |

| 排名 | 公司名称 | 得分 | 排名 | 公司名称 | 得分 |
|---|---|---|---|---|---|
| 13 | 永诚财险 | 70.4 | 17 | 华泰财险 | 69.1 |
| 14 | 铁路自保 | 69.6 | 18 | 鼎和财险 | 67.6 |
| 15 | 太平财险 | 69.5 | 19 | 阳光农险 | 67.5 |
| 16 | 爱和谊 | 69.1 | 20 | 大地财险 | 67.4 |
| 整体平均值 | | | | | 61.6 |
| 整体标准差 | | | | | 11.3 |
| 整体中位数 | | | | | 59.9 |
| 超过平均值的数量与比例 | | | | | 30；41.1% |

从表11-11中可以看出，我国财产保险公司政府责任方面，太保财险和人保财险分别以100.0分和98.0分位居第一、第二，且遥遥领先，第三名平安财险仅为86.8分。超过平均值的企业共有30家，中位数为59.9，说明产险公司得分主要位于低分段。整体标准差为11.3，说明不同产险公司在履行政府责任方面整体差异不大。

(五) 社区责任分析

评价结果如下。

表11-12  2020年我国财产保险公司社区责任排名与得分情况（前20名）

| 排名 | 公司名称 | 得分 | 排名 | 公司名称 | 得分 |
|---|---|---|---|---|---|
| 1 | 铁路自保 | 100.0 | 11 | 诚泰财险 | 83.1 |
| 2 | 安联财险 | 94.8 | 12 | 前海联合 | 81.3 |
| 3 | 三井住友 | 93.8 | 13 | 鑫安汽车 | 80.6 |
| 4 | 现代财险 | 93.7 | 14 | 粤电自保 | 80.1 |
| 5 | 史带财产 | 93.4 | 15 | 瑞再企商 | 79.1 |
| 6 | 太平科技 | 89.2 | 16 | 中意财险 | 78.9 |
| 7 | 东京海上 | 86.7 | 17 | 浙商财险 | 77.9 |
| 8 | 中石油专属保险 | 85.6 | 18 | 泰康在线 | 77.8 |
| 9 | 众惠相互 | 84.9 | 19 | 安达保险 | 77.0 |
| 10 | 爱和谊 | 83.4 | 20 | 众安财险 | 76.6 |
| 整体平均值 | | | | | 67.1 |
| 整体标准差 | | | | | 13.9 |
| 整体中位数 | | | | | 65.1 |
| 超过平均值的数量与比例 | | | | | 33；45.2% |

从表11-12中可以看出，铁路自保排名第一，安联财险、三井住友位列第二、第三。分数在90分以上的险企仅有5家，平均值从2019年的72.5下降为67.1，得分超过平均值的险企占比为45.2%，不及一半。中位数为65.1，说明社区责任情况整体较上年有所下行，得分主要位于低分段。整体标准差为13.9，说明不同财产保险公司在履行社区责任方面，整体差异较大。

# 第十二章
# 保险机构的发展与社会责任

## 第一节
## 拥抱变化 客户至上 价值优增 共同成长
## ——长城人寿步入"四五"战略新周期

白 力[①]

### 一、公司 2020 年经营情况介绍

2020 年,是长城人寿"持续盈利高质量发展关键年"。面对百年不遇的疫情、复杂的经营环境和激烈的市场竞争,在董事会和公司党委的正确领导下,公司积极应对,化"危"为"机",聚焦高质量发展,以持续盈利为目标,围绕"驱动变革、优化结构,降本增效,合规经营"总体方针,全体干部员工一手抓疫情防控,一手抓业务经营,在特殊时期保证了公司安全平稳运行。

(一)业绩平稳,各项指标良好

2020 年,公司承保端转型线上经营,业务结构不断优化,新业务价值大幅度增长,费差投价比明显改善;投资端落实资产配置计划,严控投资风险,在安全的前提下寻求稳定收益。财务指标、价值指标和品质指标全面达成年度计划。

---

[①] 白力,男,经济学硕士。现任长城人寿董事长、党委副书记,金融街控股股份有限公司董事,长城财富保险资产管理股份有限公司董事,北京华融综合投资有限公司法定代表人、董事长。历任中国人民银行办公厅新闻处副处长、处长(其间挂职北京市西城区人民政府区长助理,兼任北京市金融街建设指挥部党组书记、常务副总指挥),中国人民银行团委书记(司局级)。

（1）财务指标方面。公司实现总资产近500亿元，同比增长16%；净资产为57.4亿元，同比增长4%；投资收益为19.3亿元，同比增长15%；净利润为1.3亿元，同比增长47%；综合收益为2.1亿元，连续两年实现盈利。

（2）价值达成计划方面。新业务价值达成4.4亿元，同比增长21%。

（3）保费目标达成方面。总保费达成89.4亿元，其中：续期保费达成59.6亿元，同比增长9%；期交保费达成24.9亿元，同比增长7%。其中：新单长期交保费达成19.9亿元，同比增长19%；新单标保达成12.8亿元，同比增长7%。

（4）业务品质方面。13个月和25个月保费继续率分别为92.8%、93.6%。

（二）治理优化，综合评级提升

（1）公司治理结构。公司持续完善公司治理结构，2020年在中国银保监会组织的公司治理现场评估中，公司取得监管评估总分83分的成绩，首次跨入寿险业"较好类"等级行列。

（2）综合风险评级。公司以SRAMRA风险自评估为抓手，全面风险管理制度健全性、执行有效性再次提升，2020年连续四个季度风险综合评级均为"A"类。

（三）分部获批，机构布局延伸

2020年9月，重庆分公司获批筹建，2021年长城人寿迎来第13家分公司。至此，长城人寿持牌机构总数达237家，在北京、河北、天津、山东、青岛、河南、湖北、四川、江苏、安徽、湖南、广东、重庆13个省（直辖市、计划单列市）设立分公司及分支机构，地市级三级机构有73家，县区级四级机构有151家，公司机构全国布局实现重大突破，实现重要区域地区连片，形成沿长江、黄河中下游至东南沿海发达地区的机构布局。各级机构共覆盖了8.2亿人，占全国人口总量的58%；覆盖区域GDP总量近63万亿元（2020年），占全国GDP总量的62%。

（四）服务升级，客户数量增长

公司以提升客户体验为核心，不断创新客户体验模式。2020年，公司实施理赔集中改革，集约化、智能化、高效化的理赔处理平台初步搭建，提升理赔响应速度和服务能力。从维护客户权益出发，公司针对甄选和百万医疗产品推出的理赔垫付服务，打破了理赔时间滞后性的壁垒，在客户住院时为客户垫付押金，出院即结算，实现理赔零等待。

截至2020年年底，当年新增客户为35万人，公司累计客户为275万人，累计客户同比增长14.6%，客户数量持续增长。

（五）品牌提升，社会认可度提高

2020年，公司荣获"2020杰出品牌形象奖""2020中资人身险公司综合竞争力排行榜30强""保护消费者权益信用单位""2020保障先锋保险机构""中国保险行业信息化突破项目奖""2020金牌保险产品方舟奖""年度公益推动力大奖""金牌创新力金融机构""金貔貅2020金牌银保成长力奖"等多个重要奖项,公司品牌形象力持续提升。

（六）聚焦公益,履行社会责任

2009年,长城人寿自主创建和实施"萌芽100"爱心图书室公益项目,秉持"爱心成就希望"的理念,寓意"以百分百的真诚和奉献,为孩子提供百分百的温暖与关爱",致力于为农村贫困地区及城镇农民工子弟小学捐建可持久使用的爱心图书室。

2020年,公司持续开展"萌芽100"爱心图书室公益活动,新建成河北邢台、湖北松滋、安徽安庆、四川达州、河南信阳、湖南益阳、广东韶关等7座爱心图书室,回访学校40所。

## 二、公司"四五"战略规划

2021年是全面建设社会主义现代化国家新征程开启之年,也是国家"十四五"开局之年,长城人寿也将进入公司"四五"战略新周期。根据中国新发展阶段的社会经济环境,结合公司经营管理基础,长城人寿制定了"四五"规划发展战略。

（一）"四五"规划战略目标

对发达国家保险业发展历程的研究表明,人均GDP超过1万美元是一个国家保险业进入快速发展时期的标志性节点。2019年我国人均GDP首次超过1万美元,2020年我国实现GDP突破100万亿元,人均GDP再次突破1万美元。按照国际经验,中国保险业将进入快速发展阶段。与此同时,大数据、云计算、区块链、人工智能等数字化转型带来的产业升级,大健康、养老社区等保险产业链延伸,为保险行业高质量发展提供了新契机。以此为契机,长城人寿制定了"Make The Greatwall Life GREAT"战略目标：总资产过千亿元,营业收入超过300亿元,进入稳定盈利期,价值类新单期交保费增长2倍,跨入寿险前30名,具备上市条件,基本完成保险集团架构搭建。

（二）"新翼工程"

为实现"四五"战略目标,公司将推行"新翼工程",坚持"保险姓保",积极拥抱变化,建立"客户至上"的经营理念,通过科技赋能,推动公司高质量发展。"新翼工程"的"新",寓意思想上要拥抱创新,放开"思维缰绳",打破思维定式；行动上要坚持以"客户为中心"，坚持线上化、数字化、智能化，适应时代的发展要求。"翼"，寓意公司以"遵循规律、坚持长期主义""拥抱变化、创新变革"为两翼，形成核心竞争力，快速发展。

按照"新翼工程"规划内容，公司将围绕"拥抱变化、客户至上、价值优增、共同成长"四个方向推进公司整体战略。

（1）拥抱变化。"80后""90后"逐渐成为保险消费主力，新兴消费者保险认知、保险意识、消费理念、对新技术的适应能力与上一代截然不同，追求高效、便捷、个性化、高情感的服务体验。因此，移动互联网、大数据、人工智能等保险数字化转型升级成为保险企业竞争的新赛道。"四五"战略期间，公司将顺应大势，积极进行转型，在核心系统类业务、渠道类业务和管理应用类业务及数据应用类业务等方面，推动线上化、数字化、智能化升级，为公司的内控管理和销售进行科技赋能。

（2）客户至上。坚持以客户为中心，不仅是一种经营理念和企业文化，更是一种企业经营服务能力，集中体现在连接客户、洞察客户、响应客户、经营客户等方面。这种经营服务能力的背后是科技赋能、组织结构、经营模式等方面的建设。"四五"战略期间，公司将通过C2F策略、队伍赋能、"产品+服务策略"，建立"基于客户家庭保障需求，提供多样化的产品+服务"的经营理念，结合数字化技术升级，提升公司经营服务能力，打造客户的家庭保险服务商品牌，满足客户家庭保险服务需求。

（3）价值优增。党的十九大报告明确指出，我国经济已由高速增长阶段转向高质量发展阶段。随着经济进入高质量发展阶段和近年来保险监管政策纠偏，保险业粗放的发展模式已难以为继，国内保险公司告别高速增长、规模扩张的阶段，转向产品、客户、服务等价值挖掘的高质量发展道路。"四五"战略期间，公司坚持价值优增，通过价值增长、产能提升、效率提高、品质优良、投资稳健五个路径，优化负债端产品结构，降低保费获取成本，提高投资效率，实现价值、效率、业务规模、业务品质的统一。

（4）共同成长。根据现代企业理论，企业是实现股东、员工、客户利益的一种契约形式，企业发展的最终目标是实现三者共同利益最大化。"四五"战略期间，公司秉承"共同成长"理念，通过优化组织架构、提升干部及队伍管理能力，加强培训，为股东实现溢价、为客户提供家庭保险服务，实现员工能力与收入的提升，股东、客户、员工共同成长。

（三）保障措施

"四五"战略期间，公司将在法人治理、增资引战、偿付能力管理、资产负债管理、合规风险管理、企业文化与党建等方面加强能力建设，提升管理水平，为"四五"战略执行提供战略实施保障。

（1）法人治理。公司将持续加强顶层设计，积极引入新的战略股东，完善治理结构，提高资源整合能力，增加注册资本金，支撑业务发展。

（2）偿付能力管理。公司将坚持内生资本补充的主体地位，加强资产、负债端的管控，通过优化业务结构、稳定投资收益、做好大类资产配置等方式提升偿付能力内生动力。另外，公司将通过增资、发债等方式补充偿付能力，满足监管机构偿付能力充足率要求。

（3）资产负债管理方面。公司将坚持长期投资、稳健投资的理念，逐步优化资产配置结构，抓好"市场化、专业化、规范化"的能力建设，追求投资收益的长期稳定和可持续性，为公司"四五"战略筑牢盈利边际。

（4）合规风险管理方面。公司将通过强化风控护航经营发展，守住不出系统性风险、不出重大违法违规事件的底线，守住来之不易的经营成果；通过强化全面风险控制体系，推动合规下沉，风险控制前置化，审计监督全覆盖，确保公司各项监管评级指标保持在行业前列，树立在市场、在行业的品牌形象。

（5）企业文化。公司将企业文化建设工作作为"一把手"工程，将通过顶层设计、高层推动、全员参与的形式，将"作为家庭保险服务商"等理念融入企业文化，重塑企业文化，确保企业文化与战略同频共振，以新企业文化助力新发展，助推战略落地。

"十四五"时期是我国全面建成小康社会、实现第一个百年奋斗目标之后，乘势而上开启全面建设社会主义现代化国家新征程、向第二个百年奋斗目标进军的第一个五年，我国进入新发展阶段。长城人寿将坚持以人民群众的保险需求为中心，大力发展商业养老保险，推进第三支柱发展，提供多样化商业健康险服务，支持国家多层次医疗保障体系建设，在"十四五"新的发展阶段，担负企业责任和社会使命，锐意进取，实现高质量发展，努力为我国"十四五"规划顺利达成贡献力量。

# 第二节
# 创新百年　关爱永恒
## ——百年人寿保险股份有限公司介绍

单　勇[①]

## 一、公司基本情况

百年人寿保险股份有限公司于 2009 年 6 月 3 日正式开业，总部选址大连，是东北地区首家中资寿险法人机构。公司价值与规模、品质和效益同步提升，从寿险到资管，健康而快速的发展备受行业瞩目。

百年人寿坚持价值导向和结构调整，采取多元化销售发展策略，陆续建立并行发展个险、银行保险、创新销售、电话销售、顾问行销等业务渠道，互联网金融和健康管理服务多领域创新发展。十年间，百年人寿已在全国开设 20 家省级分公司，累计拥有各级分支机构 390 余家，全国主要省市战略布局已基本完成，销售体系日益完善。

百年人寿通过"以客户为中心"战略，始终致力于为社会大众提供优质的保险产品和服务、便捷高效的操作体验、尖端前沿的医疗支持、持续升级的特色服务，更好地满足了客户对于保险保障的全面需求。

2020 年，百年人寿先后获得"年度最佳数字化保险企业奖""年度卓越客户服务保险公司""年度保险行业健康险领军企业奖""年度卓越人寿保险公司"等多个奖项，品牌知名度显著提升。

百年人寿始终肩负企业社会责任，积极投身精准扶贫公益事业，真诚回馈社会，全系统 5000 余名志愿者累计开展志愿公益活动千余场，弘扬关爱文化，担当企业公民责任，为经济社会和谐发展做出积极贡献，得到社会广泛赞誉和好评。

经过多年沉淀和积累，公司已拥有一支经得住考验、勇于拼搏的内外勤员工队

---

[①] 单勇，男，大学本科学历，现任百年人寿保险股份有限公司执行董事、总裁。历任太平洋人寿上海分公司总经理助理、民生人寿江苏分公司副总经理、福建分公司总经理、江苏分公司总经理、安邦人寿副总裁。单勇先生具有丰富的保险从业经历和经营管理经验，自担任百年人寿总裁以来，恪尽职守，严谨务实，科学管理，全面负责公司经营管理，为公司持续健康发展做出了重要贡献。

伍，百年人共同的价值观进一步凝聚，风清气正、政通人和，成为企业稳健发展背后的强大精神力量。

百年伟业，始于当下。百年人寿始终坚持科学发展，坚持"保险姓保"的正确发展方向，把握时代脉搏，不断创新优化发展机制，全面提升价值创造能力和公司综合实力，脚踏实地，开拓创新，不忘初心，锐意进取，倡导企业高度的市场灵活性与适应性，不断提升企业抗风险能力，以最专业的态度努力发展成中国金融服务行业令人尊崇的保险业服务标杆，打造百年老店，创中国保险市场杰出品牌。

## 二、百年管家服务项目介绍

"管家"服务理念在西方已经有六七百年的历史，英国完善了管家的职业理念和职责范围，并将其臻于艺术化，成为服务行业的标准，私人管家由此而来。

秉承"悦客户以服务"的理念，百年人寿推出了"百年管家"服务项目，它正在重新定义保险服务。以追求完美的"管家"思维，为客户提供24小时一站式服务；以注重服务细节的"管家"意识，为客户提供高效、快捷、细微的服务内容；以"管家"艺术化的服务理念，为客户提供超前、创新的服务体验；以大爱、平等和尊重的"管家"精神，为客户带来贴心、难忘的服务感受。

"百年管家"不是提供大众化的服务，而是将具有管家精髓的私人服务带到客户的身边。"百年管家"不是低频、单次交易性质的"小服务"，而是关注客户保单全生命周期，全触点的客户体验的高频、互动型的"大服务"；"百年管家"不是单纯的保险服务需求响应，而是全方位、有温度的专属保险服务品牌体系。"百年管家"将为客户提供简单便捷的保单服务、贴心温暖的保障旅程。

1. 百年管家的HOT管理理念

百年管家不仅是一家大众化的保险服务机构，而且是主动、专业、保证客户满意的私人专属保险管家。

为了更好地为客户提供在线服务，百年管家不同于传统网页、App端的即时聊天，管家将作为一名好友陪伴在客户微信端，随时解答客户关于售前、售中、售后的问题。

百年管家管理体系秉承"创新百年，关爱永恒"的理念，以强大的管理体系特别打造以客户为先的HOT管理理念，"H – Humanity"是以人性化管理保证服务主动，"O – Orientation"是以客户为导向保证服务满意，"T – Training"是以完善的培训体系保证服务专业，支持百年管家为客户提供有温度的一站式服务。

## 2. 保全定向推送项目

百年管家保全定向推送可以根据客户的保单变更意向，准确、快速地定位办理需求，将微信—保通18项保全项目精准推送给客户，为客户提供更加简单快捷的"一对一"定向服务。客户在自助变更过程中，可随时与百年管家保持定向交互，操作窗口与对话窗口支持灵活切换，为客户提供全面的"一站式"不间断服务。

## 3. 服务信息推送项目

百年管家整合多网平台确保客户的信息通畅。

(1) 项目目的

满足百年和用户之间的信息沟通需求和多样化的服务需求，助力百年和用户建立起更便捷的信息服务和更紧密的沟通联系。

(2) 项目具体内容介绍

百年管家服务消息模块整合了短信消息、微信消息等即时通信技术，为客户提供多网合一的消息服务。

它覆盖了百年管家服务客户的各个业务节点，即契约出单、客户回访、续期交费、自助保全和理赔申请，可以让客户实时了解服务动态。

(3) 项目创新、优势说明

百年人寿自主研发了消息发送统一平台，该平台不仅实现了多短信通道的灵活切换，而且将微信消息和短信消息进行了整合，平台可以识别客户是否绑定了微信公众号，自主配置消息策略和路由，保证消息即时送达。

(4) 项目未来规划

消息发送平台将建成包含消息发送、消息配置管理和消息统计分析三大功能的子模块，同时升级消息平台的技术框架，提升系统的承载力。同时紧随业务节奏，逐步将各类消息纳入百年管家消息体系。

## 4. 新契约多入口强引流项目

百年管家会主动"加你为好友"，服务双向触达。

(1) 在"电子保单"上增加"百年管家二维码"，轻松扫一扫，让客户方便快捷地找到服务入口，随时可用，一键触达。

该项服务基于公司电子保单的广泛应用而开展。目前，电子保单已经覆盖100%的新单业务，并为客户提供四种获取电子保单的方式。

(2) 保单承保后，客户不仅可从电子保单上获取百年管家二维码，公司也同时向客户发送"管家服务短信链接"，让客户多途径轻松找到百年管家。

(3) 投保时采集"客户微信号"字段，后台留存，客服人员主动添加客户为好友，搭建百年人寿主动联络客户的服务桥梁，并通过高频互动和线上服务，有效增加客户黏性。

5. 在线回访项目

百年管家随时随地为客户提供全流程的回访服务。

(1) 在线回访项目目的

随着移动互联网技术的广泛应用，金融服务不断升级，科技赋能下的险企电子化回访服务也应运而生，并成为大势所趋。客户可以实现空间自主，时间自选地进行线上自助回访。而百年管家全新上线的在线回访服务则为电子化回访的升级版，可随时随地提供提醒、辅助、指导、审核、预约等全方位全流程的回访服务，完美解决客户在 App 或公众号自助回访过程中遇到问题无人提供帮助的"最后一公里"痛点问题。科技手段及管家式服务的完美结合，搭建了客户体验交互场景及多重服务触点，不但有效维护了客户权益，提高了回访成功率，也带来了更好的客户体验。

(2) 在线回访项目具体内容介绍

科技赋能回访服务改变了以往客户被动接受电话回访的方式，让客户可以选择方便、适合的碎片化时间进行电子化回访，满足客户回访自主、时间灵活、操作便捷、选择自由、多重验证、安全高效的回访需求，而百年管家的在线回访是基于电子化回访的体验升级版。

客户以往需要先关注"百年人寿—保通"公众号，选择自助回访，进入保单页面并找到待回访的保单方可进行回访，操作过程中可能遇到系统操作不熟、投保产品责任不清或保单信息看不懂等问题，不习惯于互联网操作的客户群体在无他人辅助指导情况下，中途可能需要多次暂停回访，通过其他途径寻求人工帮助后，再重新进行回访。而百年管家在线回访敢于直击回访"最后一公里"的痛点，可一直在线陪伴在客户自助回访的过程中，全程在线提供咨询服务，辅助指导客户完成在线回访，就像客户身边的好友，而且还可根据客户需求，提供预约回访服务。

(3) 在线回访项目创新/优势说明

一是保障权益，高效便捷。客户与管家可双向互动，百年管家可实现批量或定向为客户发送提醒，客户一触即达在线回访界面，全程多重校验，安全高效。

二是服务随心，自由预约。百年管家全程在线辅助指导，并可根据客户需求提供预约回访服务，解决客户在自助回访过程中遇到问题无人提供帮助的困难。

三是时间自主，安全贴心。配合协助客户高效利用碎片化时间，让客户体验随时、随地、随叫、随到的管家式在线回访服务。

(4) 在线回访项目未来规划

未来，在线回访将继续探索新技术、新服务，加速全媒体化的服务方式建设，为客户带来语音、视频、人脸识别等更优质的服务体验，同时会致力于在客户的定制化、差异化服务细节上深耕细作，始终以客户需求为导向，呈现动情用心、独具特色的百年人寿"管家式"服务理念。

6. 理赔在线报案介绍

"一个电话，搞定理赔"，理赔报案更加便捷。

(1) 理赔在线报案

理赔报案是一切保险保障功能启动的钥匙，同时也是法律与合同约定的程序。《中华人民共和国保险法》第二十一条规定投保人、被保险人或者受益人知道保险事故发生后，应当及时通知保险人。百年也倡导"理赔从报案开始"，客户发生保险事故报案的这一刻，保险保障核心功能、理赔服务已经正式启动。

在线报案服务给出险客户提供了一个更加简单快捷的文字报案方式，既可以在百年管家的辅助、指导下自助完成理赔报案，也可以将事故情况讲述给管家知晓，随时随地由管家代为完成报案。

(2) 理赔在线报案具体内容介绍

在线报案，可以通过与管家对话的方式，将案情向管家陈述，管家也根据需要向报案客户进行问题树引导，由客户回答，从而引导客户告知完整的事故情况，将客户出险的事故信息及时录入核心业务系统，并向报案人发送报案成功提醒短信，实时完成理赔报案。

在线报案的客户也可以通过管家客服提供的微信一键达向导连接，点击直接进入微信报案主页面，根据页面的操作提示，逐项填写理赔案件的相关信息，完成微信在线报案，简单快捷。

(3) 理赔在线报案创新/优势说明

常规的理赔报案只能通过电话语音进行，百年管家在线报案用科技赋能手段丰富了报案的方式和途径。

在线报案不仅让报案不受时间和空间限制，随时随地及时完成，也可以为语言或听力有障碍的人士提供实现自主报案的解决方案，充分保护客户权益。开发微信一键达向导连接，点击直接进入微信报案主页面，告别层层选择进入的烦恼，一键直达报案页面。

理赔报案是百年理赔服务的重要起点，及时报案也是后续服务及时合理安排的重要保证。

(4) 理赔在线报案未来规划

理赔报案既是全程理赔关爱服务的开始，又是百年承诺与客户信任最深情的一次拥抱。未来，百年接到客户报案后，将会主动完成服务需求探查和追踪，将与一整套、一条龙极简极速理赔服务相衔接，根据客户需求"按需分配"，客户将风险交付百年，当风险到来的这一刻，是客户的信任与百年承诺的一次深情拥抱。

7. 服务旅程项目介绍

百年管家做有温度的保险服务，给客户更多的温馨关怀。

百年管家六心服务：百年管家日历"小贴士"为客户提供多重式主动服务，例如，人性化关怀的投保人、被保人个性化生日祝福、重大节假日祝福；保单旅程的理赔到账、证件到期、保全成功、还款到期等提醒，随时提供温馨关怀。更为VIP客户提供在线问诊、健康体检、专家预约、道路救援、优先住院、专家手术、海外就医等20多项定制化服务。让客户感受到"百年管家"的用心、暖心、细心、知心、省心、安心的六"心"服务。

8. 保全在线办理项目介绍

不必担心保全程序烦琐，百年管家为您提供全方位实时一体化线上保全办理服务。

保全在线办理是百年管家为客户提供的全方位实时一体化线上保全办理服务。操作环节均由管家代为录入，客户仅需配合完成在线身份验证即可办理14项保全业务。

短信、人身核验、OCR、电子签名多重身份验证，安全保障客户权益，让客户足不出户快享到近如"面见"简单快捷的VIP服务。

作为创新型险企代表，百年人寿坚持"产品+服务"战略不动摇，持续完善产品结构和服务保障体系，筑牢核心竞争力，夯实百年人寿长期稳健发展根基。近年来，百年人寿持续开发出以客户健康需求为导向的"康惠保"系列明星产品，为客户提供全方位、个性化、高质量的产品服务，在行业内取得"产品领先"的美誉。秉持"悦客户以服务"的发展理念，百年人寿未来也将"服务领先"战略贯穿企业运营全线，在不断创新和为公众提供保险产品的同时，积极探索更好满足客户需求的贴心服务功能。"百年管家"就是百年人寿积极践行"服务领先"发展战略推出的一项"明星款"服务机制，借助互联网领先技术，将更多标准化服务进行电子化、人性化升级，让客户充分感受百年高效、快捷、细微、人性化的服务体验。通过具有浓厚百年色彩的"百年管家"特色服务体系，全面优化服务水平，不断提升客户体验和满意度，持续打造"百年服务"的特色标签和长效口碑。

## 第三节
## 承接国家多层次医养保障体系　做大民生工程骨干企业
## —— 泰康养老保险股份有限公司

李艳华[①]

### 一、公司基本情况

泰康养老保险股份有限公司（以下简称"泰康养老"）成立于2007年8月，注册资本40亿元，在全国设立了34家省级分支机构，业务全面对接政府、企业、个人，为国家多层次社会保障体系建设贡献力量。

泰康养老致力于为广大雇主和雇员提供企业/职业年金、团体寿险、团体意外险、团体及个人健康保险、团体及个人养老保险、个人税优健康保险、个人税延养老保险等一揽子福利医养解决方案，致力成为新时代国家大民生工程核心骨干企业。

成立14年来，泰康养老从企业年金业务起步，打造大受托服务体系；整合了企业员福业务，打造"雇主一揽子福利供应商"；发挥法人业务经营优势，从传统的企业年金、员福业务，延伸到政府医保的大病保险、长期护理保险、医保经办服务等业务，服务政府社会管理职能；对接国家政策，将养老金大受托做深，服务职业年金受托业务；领先开拓个人税优健康险和税延养老险业务，将医养保障延伸到企业员工个人和家庭。

（一）政府民生工程专业合作伙伴

泰康养老积极响应党中央、国务院多层次医疗保障体系建设号召，充分发挥商业保险功能作用，在全国29个省125个地市协助政府开展按病种付费、DRGs、慢病管理、大病保险、长期护理保险试点工作，累计服务民众超3.2亿人次。

（二）市场领先的养老金管理机构

泰康养老是养老保障第二支柱企业/职业年金领域的重要参与力量。自2013年人社部公开披露数据至今，泰康养老企业年金受托规模年均增速位列行业第一，包揽企业年金受托人管理集合计划累计收益前9名；在中央及各地职业年金受托人比

---

[①] 李艳华，泰康养老保险股份有限公司党委书记、董事长兼CEO。东北财经大学本科，北京大学MBA，保险业内首位公司级首席风险官。现任中国女企业家协会副会长、全国工商联女企业家商会副会长、中国企业家杂志木兰会常务理事。曾任全国妇联九大代表、北京妇联十一大代表、北京第十次党代会代表、中国人民政治协商会议北京第十二届委员会委员。

选中全部入围。截至2020年，泰康养老企业年金受托管理服务规模约3600亿元，增速位居行业前列；泰康企业年金投资管理服务规模超3600亿元，稳居行业第一。

（三）员工一揽子福利医养解决方案供应商

泰康养老满足多样化雇主保险需求，服务涵盖意外、医疗和养老三大产品线，助力员工老有所养、病有所医，为企业引才留才提供保障，累计服务企业客户超42万家。同时，泰康养老率先探索面向员工个人的BBC服务模式，将医养保障延伸至第三支柱个人，压缩交易环节，降低交易成本，让员工获得价格更优、品质更佳的医养保险服务。

在银保监会的正确领导和支持下，泰康养老努力抓住时代和政策伟大机遇，坚定对接泰康集团战略，通过做强法人业务，做大GB端获客渠道，赋能职域业务开拓，全面对接国家多层次社会保障体系。G端健康险业务即第一支柱业务，聚焦政府医保，落实大健康战略，坚持做最大支付方的核心目标，医保经办、补充医保、个账活化和长期护理四擎驱动；B端企业年金、员福业务对接第二支柱，深挖优质企业客户，职业年金高效运营助力改革推进，根据不同行业特点，为企业客户提供个性化、差异化的服务；职域开拓业务对接医养保障体系的第三支柱，做好企业客户的综合开拓，打造"泰康—企业—员工"长期合作的有机生态链，提升新单价值贡献，推进可持续发展。

## 二、国家多层次医养保障体系研判

（一）人口老龄化加深，长寿时代来临，人口结构呈五大特征

**低生育率：** 自21世纪以来，我国人口出生率不断下降。国家统计局公布的数据显示，我国的人口出生率已从2000年的14.03‰下降至2019年的10.48‰；"七普"数据显示，2020年全年出生人口为1200万人，人口出生率降至8.50‰。即使2016年实施了"全面二孩"政策，仍然没能有效扭转出生率下降的趋势。

**低死亡率：** 随着我国医疗水平的提升以及慢性病防控力度的加大，慢性病的过早死亡率显著下降。2019年，我国居民由心脑血管疾病、癌症、慢性呼吸系统疾病和糖尿病等四类重大慢性病导致的过早死亡率为16.5%，与2015年的18.5%相比下降了2个百分点。根据国务院办公厅印发的《中国防治慢性病中长期规划（2017—2025年）》，到2025年，该指标降幅力争达20%。

**预期寿命延长：** 联合国2019年《世界人口展望》的预测数据显示，全球人口的出生时预期寿命在2019年达到72.6岁，比1990年提高超8岁，预计在2050年将再提高近5岁，达到77.1岁左右。新中国成立70余年来，随着我国社会经济条件、卫生医疗水平不断提高，平均预期寿命同样迎来大的飞跃。根据国家统计局数据，2019年我国的人口

平均预期寿命达 77.3 岁，比 2000 年的 71.4 岁提高约 6 岁（见图 12-1），是 1949 年的 2.2 倍。未来十年，我国的平均预期寿命还将继续提高。国际医学杂志《柳叶刀》的一份报告预测，2040 年中国的人均预期寿命将达到 81.9 岁，超过美国（79.8 岁）。

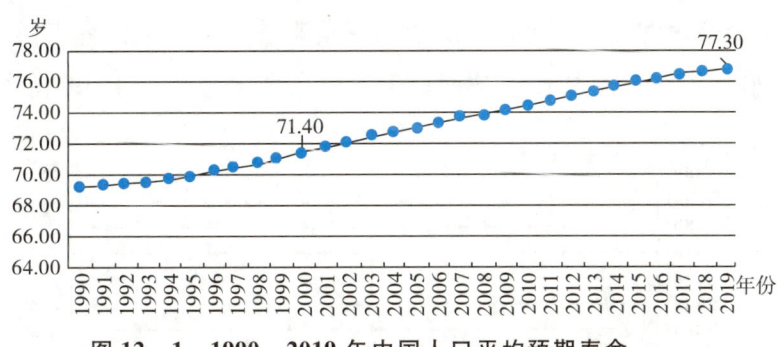

图 12-1 1990—2019 年中国人口平均预期寿命

资料来源：国家统计局。

人口年龄结构趋向"柱状"：随着人口年龄结构的进一步转变，中国的人口红利在快速消退。国家统计局数据显示，中国的总抚养比在 2010 年已降至低点，2013 年劳动年龄人口也已达到峰值。伴随着死亡率、生育率降至低水平并趋于稳定，预期寿命稳步提升，老龄人口占比增加，中国的人口年龄结构开始日渐趋于柱状。图 12-2 为 2050 年中国人口结构金字塔。

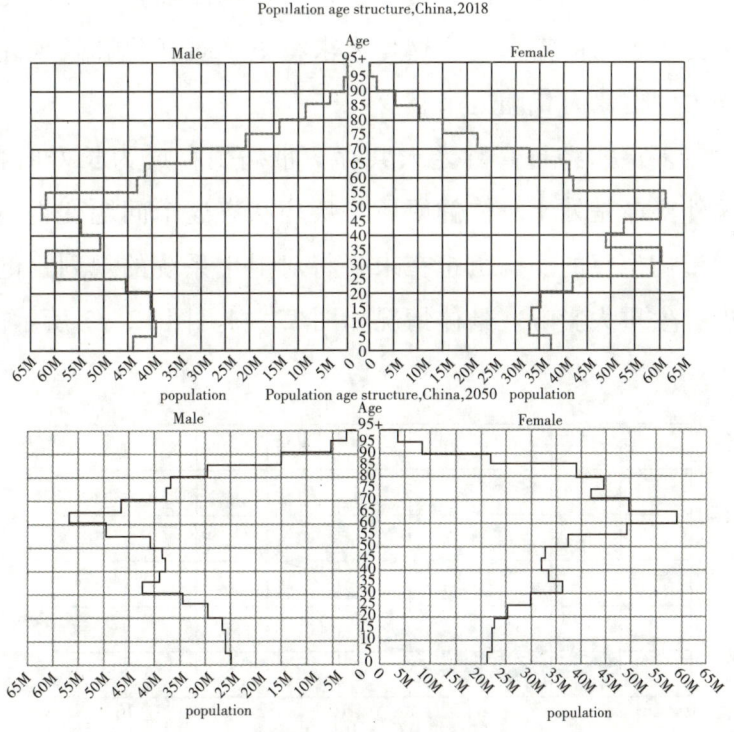

图 12-2 中国人口结构金字塔，2019 VS. 2050

资料来源：华盛顿大学健康指标与评估研究所（IHME）。

老龄人口占比高峰平台期超越1/4：联合国预测，中国65岁及以上人口还将继续保持高位增长，直至2040年之后年均增幅才会降至500万人以下（见图12-3）。到2057年，65岁及以上人口与80岁及以上人口数量有望达到峰值，分别为4.0亿人和1.3亿人，分别占29.6%和9.8%。同时，从全球视角来看，中国是世界老龄人口数量最多的国家，预计2030年左右，中国65岁及以上人口在全球老龄人口中的占比将超过25%。

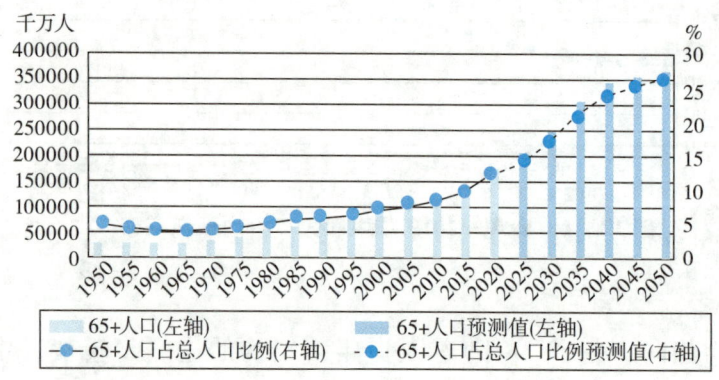

图12-3 中国65岁及以上人口占总人口比例变化趋势

资料来源：联合国。

**（二）长寿时代带来健康时代，卫生支出不断增长**

在长寿时代，人类的预期寿命获得延长，同时也面临着与之前完全不同的健康挑战。健康成为更为迫切的需求，且这种需求将更加多样化和长期化，成为健康产业成长的强劲动力，健康时代随之来临。

在长寿时代更多疾病将与高龄老人共存，带病生存成为长寿时代的普遍现象。因此，获得的额外寿命是处于身体健康还是疾病状态这个问题变得越来越重要，如何面对长寿时代带病生存的疾病负担在未来将对卫生系统的规划、健康相关支出和健康产业的发展产生重大影响。具体情况如图12-4～图12-7所示。

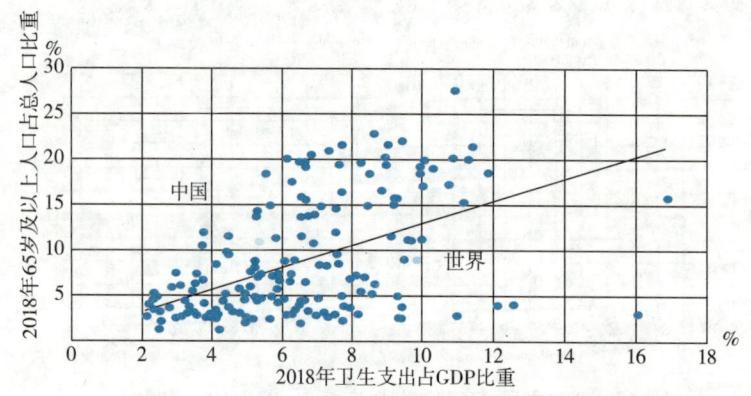

图12-4 老龄化程度和医疗卫生支出呈正相关

资料来源：世界银行。

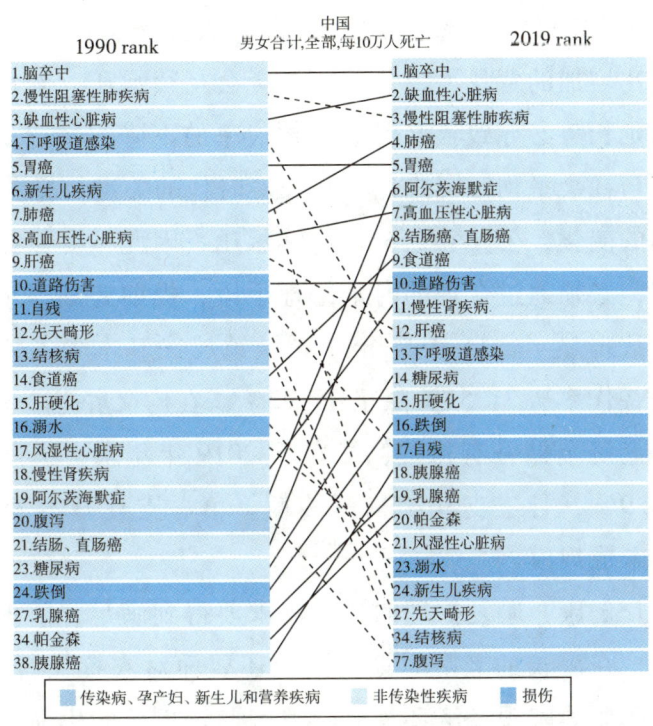

**图12-5　1990—2019年中国主要致死原因变化**

资料来源：华盛顿大学健康指标与评估研究所（IHME）。

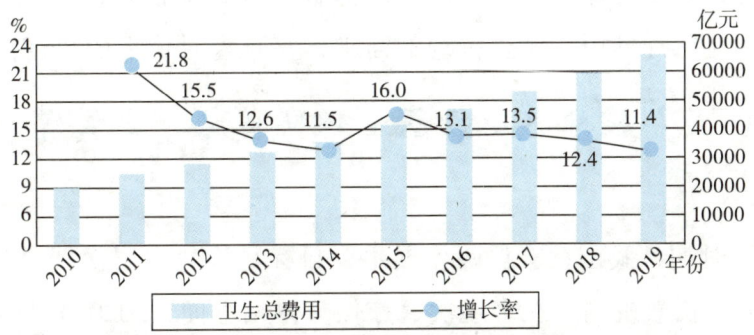

**图12-6　2010—2019年中国卫生总费用和增长率**

资料来源：国家统计局。

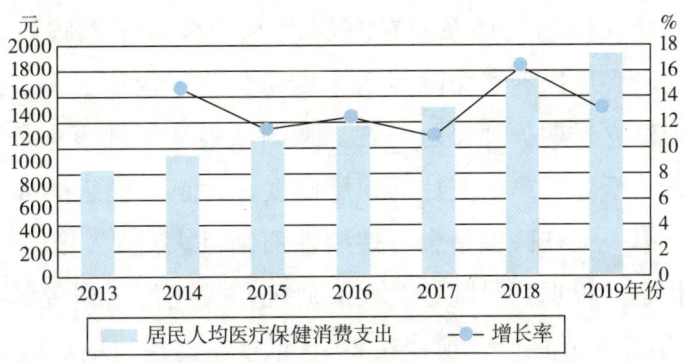

**图12-7　2013—2019年中国人均医疗保健消费支出和增长率**

资料来源：国家统计局。

## (三)长寿时代带来财富时代,凸显养老资产配置失衡

在老龄人口占比增加的背景下,公共养老金会持续承压,老年抚养比的上升和领取养老金年限的延长势必导致狭义养老金替代率的下降。保持一定的养老金替代率,即平均养老金与社会平均工资之比,是长寿时代的关键目标。

随着人口结构的变化,公共养老金将持续承压,因此,要保持甚至提高社会整体的养老金替代率,必须通过合理的财富管理手段,提前筹划,不断充实个人养老资产。国家统计局数据显示,自1997年中国城镇居民基本养老体系改革以来,养老金社会平均工资替代率从71.51%降至45.92%。在广义养老金总量上,与发达国家相比,中国的养老资金储备有待提高。截至2019年年末,中国养老金三支柱占GDP的比重仅为8.9%,且三支柱结构不均衡。第一支柱基本养老保险的占比超70%,第三支柱尚未成规模。

老年群体对医疗健康、康复护理的更高需求要得到满足,前提是要有足够的支付能力。除此之外,在漫长的老龄时期,人们还要面对衣食住行等日常支付需求,并且还要应对通货膨胀等宏观经济环境变化。因此,更长的生命周期从客观上导致了人们对财富管理的需求变革。公共养老金不足的压力日益增大,个人创造的财富日益增多,因此,运用合理的财富管理手段为资产进行保值增值,确保养老储备能够满足老年时期对医疗健康、康复护理的需求,是长寿时代下的财富需求变革。

## 三、"十四五"构建多层次医养保障体系,泰康养老迎来重要机遇

"十四五"时期,我国社会保障发展主要目标是构建多层次社会保障体系,探索建立社会保障的长效机制。在多层次医疗保障体系方面,2020年中央发布的《深化医疗保障制度改革意见》明确提出,力争到2030年,全面建成以基本医疗保险为主体,医疗救助为托底,补充医疗保险、商业健康保险、慈善捐赠、医疗互助共同发展的多层次医疗保障制度体系。在多层次养老保障体系政策方面,"十四五"规划纲要提出:发展多层次养老保险体系,提高企业年金覆盖率,规范发展第三支柱养老保险,稳步建立长期护理保险制度。强调加强老年健康服务,深入推进医康养结合。目前,关于养老第三支柱的顶层制度设计正在快速推进中。

从现状来看,第一支柱医保基金可持续性面临巨大挑战,第一支柱基本养老也正处于承压运行状态。根据社科院社会发展研究院戈艳霞的研究,第一支柱医保基金2020年底累计结存3万亿元,预计在2026年首次出现当期缺口,在2034年将会出现累计结存缺口。社科院世界社保研究中心郑秉文发布的《中国养老金精算报告

2019—2050》预测：到 2028 年，我国城镇企业职工基本养老保险基金当期结余可能会首次出现负数；而累计结余到 2027 年有望达到峰值 6.99 万亿元，然后开始下降，到 2035 年有耗尽累计结余的可能性。近七八年来，我国养老金代替率水平大致稳定在 45%，低于世界劳工组织的 55% 养老金代替率的警戒线。

未来第二、第三支柱市场空间巨大。目前基本养老金制度仍是独大，企业年金发展明显不足，商业性养老金更是无法准确辨识自己的客户群体。"十四五"时期将以提升养老保险体系第二层和第三层作用为改革重点，从而提高我国养老保险整体水平。同样，在以基本医疗保险为主体的多层次医疗保障制度体系中，补充医疗保险、商业健康险将发挥更重要作用。

### 四、坚持法人业务，赋能职域开拓，全面对接医养三支柱

泰康养老成立于 2007 年。14 年来，泰康养老从企业年金业务起步，打造大受托服务体系；2010 年，整合了企业员福业务，打造"雇主一揽子福利供应商"；2013 年，推出职域开拓销售模式，将医养保障延伸到企业员工个人和家庭，走向了新单价值时代；2016 年，泰康养老再发挥法人业务经营优势，进军政府医保和职业年金业务，通过做强法人业务，做大 GB 端获客渠道，赋能职域业务开拓，形成医养联动的业务体系。

第一支柱政府医保业务方面，自 2016 年以来，泰康养老承办大病保险项目 34 个，累计覆盖 15 个省份、36 个地市，服务参保群众超 7000 万人。2021 年泰康养老中标广西壮族自治区省级大病，实现保费翻倍增长。长期护理保险方面，泰康养老管理的长护基金规模逐年提升，稳居市场第三，承办城市数量市场第一。另外，由泰康养老经办的国家 DRG、DIP 试点城市也已在 2021 年陆续进入实际付费阶段。

第二支柱年金方面，2017 年全国各地陆续启动职业年金受托人招标，泰康养老在 30 地受托人招标中全部入围；企业年金方面，泰康养老打造"大受托"模式，单一计划、集合计划、理事会咨询三管齐下，受托规模复合增长率每年增速市场排名第一；员福业务方面，在竞争激烈的员福业务市场中，泰康养老坚守阵地，不断开拓大客户，医疗基金/健康委托保障业务形成特色，规模居行业前列。

第三支柱职域开拓业务方面，2013 年泰康养老首创职域业务商业模式，开展员工自选保障服务，为企业员工及家庭打造行业领先的医养保障服务。与此同时，泰康养老的商业模式和保费增速受到了同业的广泛关注。随着越来越多的传统团险业务供应商开始通过职域行销拓展业务版图，市场的竞争格局正在发生变化。在 2020 年新冠肺炎疫情的影响下，我国民众与健康相关的潜在保障需求被进一步激发，健

康管理需求与保障需求依然充沛。未来泰康养老将继续突破效率瓶颈，提升转化效率，增加客户黏性，坚定科技赋能，走数字化经营效率之路，推动职域业务模式高效发展。

### 五、泰康养老的优势

（一）泰康集团坚定的大健康产业战略

作为泰康集团的子公司，泰康养老始终遵循泰康集团大健康战略，通过做强法人业务，做大 GB 端获客渠道，赋能职域业务开拓，形成医养联动的业务体系。回归初心、聚焦保险，整体经营稳健，业务稳步增长，充分发挥出商业保险公司在供给侧结构性改革中的作用；医养融合，服务民生，发力养老保险第三支柱，全面支持国家多层次社会保障体系建设。

健康和养老是民生发展的必要诉求。构建多层次社会保障体系，需要政府、企业、市场形成多方合力。泰康养老基于自身定位，突出优势，聚焦专业领域，在市场上形成了独特的商业模式，业务全面覆盖国家医养保障三支柱体系。泰康养老牢固树立以客户为中心的经营理念，以客户需求为驱动力，为客户提供优质的医疗养老保障一揽子产品和服务。

（二）良好的公司治理

泰康养老根据相关法律规定，建立了由股东大会、董事会和高级管理层组成的经委会，完善公司治理体系，形成了权力机构、决策机构和执行机构之间相互配合、相互协调、相互制衡的运行机制。泰康养老与母公司泰康集团保持密切的沟通，在战略上，通过集团管委会、周例会、月度例会、季度经营分析会、半年工作会和年度计划预算会，以及各专业条线的年度或季度研讨会及各项重点业务的专项汇报会，与集团和兄弟子公司保持高度的战略协同。

泰康养老坚持诚信经营，落实一号工程，打造"风清气正"的合规文化。重视线上风控系统建设，从业务端、支付端、分析端全方面把控风险，实现方案、项目等从申请到兑现全流程线上化管理，精简审批链，提高管理效率。公司紧随集团精细化管理步伐，加强重点城市管理，全面梳理公司费用管控制度及流程，重点费用实时追踪，搭建线上财务分析平台，建立大数据库，动态监控公司成本效益状况，提高资源使用效率。

（三）打造专业团队能力

泰康养老在泰康集团的支持下，通过内升外引，形成了一支专业化的核心管理团队。在"严招聘、强培训、重合规、提效率"的队伍建设方针下，打造了一支综合能力快速提升的销售精兵团队。公司各级员工坚定战略目标,上下一心全力执行战略,前中后台联动发展,为战略成功实现奠定坚实的基础。

(四) 丰富的产品体系

作为一家专业养老金公司,泰康养老专注于养老产业链的经营和延伸,搭建了健康、养老、保障三大产品线,具备为企业和企业员工提供一揽子保险服务的能力。近年来,公司紧跟市场需求,加强产品创新,推出了汇享有约和尊享一生等年金类产品线,持续丰富健康有约等保障类产品线,不断巩固产品品牌,市场竞争能力和品牌影响力持续提升。

(五) 稳定的盈利能力

泰康养老是国内专业养老保险公司中第二家实现盈利的公司,已连续八年实现盈利。团险业务品质较好,随着企业年金业务规模增大,创收能力持续提升,职团开拓业务成为价值贡献重要组成部分,公司盈利能力稳步提升。

(六) 协同集团资源打造综合竞争力

作为泰康保险集团"保险、资管、医养"三大板块中重要组成部分,依托泰康集团"做大支付、做强服务、科技驱动、极致体验——打造大健康产业生态体系"的战略落地思路,泰康养老健康和养老险业务发展具备独有优势。在集团支持下,泰康养老在注册资本、发展战略、系统建设等方面均保持业内领先的水平,且兄弟公司泰康资产连续多年投资保持市场领先,成为泰康养老业务开拓的核心竞争力。

(七) 履行企业社会责任,激发员工"回馈社会"的正能量

2020年抗疫期间,泰康保险集团率先向抗击新冠肺炎疫情前线的十万余名武汉医护人员捐赠特别保险,各地医护人员如因新冠肺炎引发身故或高残,可获赔最高20万元保险金,当日承保生效。之后泰康养老将赠险范围拓展至全国医护人员,覆盖包括北京协和医院、北大人民医院、华西医院等在内的8400余家医院超450万名医护人员,收到来自全国各地的200多封感谢信,获得各类报道300余次。未来,公司将面向员工积极宣传"抗疫精神",激发员工"爱家爱国"的热情。此外,泰康养老还通过承办大病保险、长期护理保险等形式,服务国家民生。

泰康养老立志成为国家大民生工程核心骨干企业,业务范围涵盖政府、企业、个人三部分,新闻报道也以民生类为主。2020年,正面新闻量超过30000篇次,官方自媒体微信粉丝数超过157万,全年共获得外部荣誉超15项。未来,泰康养老将继续积极履行企业社会责任,更好地服务社会,继续积极参与到国家医养保障体系建设中,更好地服务民众。

## 六、下一步企业建设重点

泰康养老的企业建设将着重于四个方面：信息建设、企业文化建设、诚信合规建设和人才发展。信息建设方面，泰康养老将推进中后台数字化，组织和管理升级，提升IT综合能力，加强信息安全建设。企业文化建设方面，泰康养老将继续以回馈社会为宗旨，激发员工爱国正能量；以精神激励为内核，激发员工主人翁意识；以服务客户为核心，切实维护消费者权益。诚信合规建设方面，泰康养老将持续强化处罚问责、考核评价和整改提升的联动处置，开展诚信合规教育，打造"不敢违规、不想违规、不能违规"的合规软实力。人才发展方面，泰康养老将致力于达成万人销售人员规划，优化员工学历、梯队和经验结构，加强后备队伍建设，打造高执行力的复合型干部团队，针对不同层级人员需求，定制专项培训计划。

## 七、未来目标和愿景

未来，泰康养老将继续紧抓政策机遇和市场机遇，在集团支持下，紧跟国家政策，发展健康保险，对接国家医养三支柱，充分发挥法人业务的经营优势，持续完善从企业延伸至个人服务的经营模式，大力发展第三支柱健康产品和服务，提供与健康保险产品相结合的疾病预防、健康维护、大病救治、术后康复、慢性病管理等健康管理服务，对接医养资源，实现"预防—治疗—康复"医疗链条经营模式，推进医养融合创新模式，为商业健康保险加快发展添砖加瓦。

此外，泰康养老还将积极参与政府医保领域市场拓展、职业年金市场拓展、养老保障市场拓展，充分发挥出商业保险公司在供给侧结构性（医保支付、年金受托、职业年金、养老服务等）改革中的重要作用。泰康养老将在银保监会的指导下，坚持以客户为导向，以品质为导向，以合规为导向，专业化经营、创新开拓，在偿二代制度指导下，成为市场上具有泰康特色、稳健发展、持续创新的养老健康专业公司。

泰康养老将坚持创新、效率、稳健的经营原则，围绕大健康生态，以"做大支付"为核心，坚定做"中国最大的养老金管理机构"和"中国最强的健康险公司"的发展目标，致力于为广大雇主和雇员提供养老保险等一揽子福利医养解决方案，致力成为新时代国家大民生工程核心骨干企业，做政府和企业医养保障的最佳服务供应商。

## 第四节
## 拥抱变革　创新发展
### ——中意人寿保险有限公司发展回顾

张剑锋[①]

### 一、公司基本情况

中意人寿保险有限公司（以下简称"中意人寿"）成立于2002年，由中国石油天然气集团有限公司（CNPC）和意大利忠利保险有限公司（ASSICURAZIONI GENERALI）合资组建，是中国加入世界贸易组织后首家获准成立的中外合资保险公司。2016年9月，中方股东中国石油天然气集团有限公司将其持有的50%股权无偿划转给中国石油集团资本有限责任公司。

中国石油集团资本有限责任公司是中国石油天然气集团有限公司金融业务管理方面的专业化公司，是中国石油金融业务整合、金融股权投资、金融资产管理和监督、金融业务风险管控的平台。

忠利集团是全球最大的保险和资产管理公司之一。成立于1831年，业务遍布全球50个国家，在2020年《财富》杂志公布的世界500强企业最新排名中列第66位。

中意人寿设立了个人营销、银行保险、团体保险、经纪代理、网电等业务渠道，在北京、上海、广东等15个省（市）开设15家省级分公司，共135家机构。控股一家资产管理公司。截至2021年6月末，公司资产总额为987亿元，员工为2309人。

自成立以来，公司始终坚持诚信合规、本源发展，实现持续健康较快发展，在行业中获得较好的美誉度。2016年，在"和讯网"主办的"第14届财经风云榜"评选活动中获评"影响力合资保险公司"；2018年，在金融时报报社与中国社会科学院金融研究所主办的"中国金融机构金牌榜金龙奖"活动中获得"2018年度最具创新力保险公司"的殊荣；2019年，荣获2019年中国金融机构金牌榜"年度最具竞争力保险公司"；2020年，荣获《每日经济新闻》2020中国保险行业风云榜

---

[①] 张剑锋，中意人寿总经理。香港大学统计学专业学士，拥有北美精算师协会会员（FSA）和美国精算师学会会员（MAAA）资格。在保险及相关领域工作长达30余年，曾供职于安盛、中宏、友邦、荷兰国际集团、中荷等国际国内保险公司，在中国香港、中国台湾、中国大陆（内地）等地担任管理职位。

"年度卓越外资保险公司",荣获2020中国金融机构金牌榜"年度最具竞争力保险公司";在中国保险行业协会2019年度保险法人机构经营评价中获评A级。

公司积极投身公益事业,认真履行社会责任。中意人寿是唯一拥有公益品牌的外资公司。围绕"爱我中意"公益品牌,倡导对"人"和"生命"的关爱,在为社会提供保险保障的同时,同样重视保险业所蕴含的社会责任和关爱精神,坚持以关爱之心回馈社会,积极履行企业社会责任。公司坚持为客户提供优质保单服务,投保时效小于20分钟,小额理赔时效缩短至1个工作日内,全部申请支付时效缩短至1.3天,优于行业水平。2020年6月,中意人寿"百万重疾,一日速赔"案例荣获《中国银行保险报》"2019—2020年度影响力赔案",中意人寿大额快赔机制得到客户和行业的权威认可。2020年抗击新冠肺炎疫情期间,中意人寿第一时间拓展52款产品,承担新冠肺炎身故保险赔付责任,开通绿色理赔通道,认真履行对客户的承诺,积极担当社会责任。中意人寿认真履行企业公民职责,在云南普洱建立了"中意人寿希望小学",通过举办公益活动,帮扶贫困家庭学生。积极服务国家精准扶贫战略,组织全公司开展"以购代捐"等公益活动助力贫困地区脱贫;积极参与公益助学,抗击新冠肺炎疫情期间,向湖北省35所小学捐赠价值500万元的925台空气消毒机,为安全复课保驾护航。

## 二、高质量发展思路

近年来,中意人寿积极落实银保监会党委各项决策部署,全面转型高质量发展。2018年,中意人寿编制并实施《五年发展纲要》,明确坚持"质量与规模并重,质量优先"发展理念,紧紧围绕"一个核心、两个坚持、两项保障",推动公司全面实现高质量发展。

一个核心:以高质量发展为核心,一切工作都是为了实现公司高质量发展。

两个坚持:坚持依法合规经营,有效防控风险;坚持"以客户为中心"经营理念,围绕客户需求不断提升产品和服务竞争力。

两项保障:人才保障,立足人才兴企,培育高质量的人才队伍,建立公平有效的分配体系;科技保障,借助科技赋能,加强"数字化中意"建设,推动公司规范化、标准化、流程化运营管理,提高运行效率,助力高质量发展。

围绕"客户满意、员工成长、股东期待、合作共赢"的发展目标和建成"又强又优的中型寿险公司"的战略目标,推进建立完善"五大体系"的发展部署。

建立全员合规与风险管理体系:建立全员合规管理体系、全面风险管理体系、全覆盖内部审计体系,守住依法合规经营有效防控风险底线,为高质量发展提供坚实保障。

健全完善以客户为中心的经营体系：深入践行"以客户为中心"经营理念，优化完善以客户为中心的服务体系；健全完善以客户为中心的产品管理体系。

健全完善科学发展体系：建立完善价值经营体系，将价值经营理念贯穿经营发展全过程；优化强化渠道营销体系，提升渠道发展能力；建立完善以"一个枢纽＋两端"的资产负债管理体系，提升价值创造能力；构建中意特色培训体系，强化培训赋能。

夯实人力资源保障体系：按照"德才兼备，五湖四海，公平公正，内部优先"的选人用人导向加强干部队伍建设；完善以价值为导向的绩效激励体系；加强人力资源管理信息化建设，提升管理效率和质量。

强化科技赋能保障体系：重构以提升价值、经营能力为目标的价值管理平台；构建以提升运营管理效率、效能为目标的经营管理平台；重构以提升客户体验为核心的运营平台；搭建以提升营销效率和满意度为核心的营销平台。提高公司流程化、标准化、规范化运行水平，助力高质量发展。

### 三、创新健康险"产品＋服务"，打造健康生态圈

党的十九大做出"实施健康中国战略"的重大决策，将维护人民健康提升到国家战略的高度。在"十四五"规划中，对增进民生福祉、改善人民生活品质提出重要要求和重大举措，其中 15 次提到了保险，对健全社会保障体系、推进健康中国战略、健全基本养老服务体系等方面提出了更高期待。银保监会多份文件明确鼓励保险公司将健康保险产品与健康管理服务相结合，为客户提供健康风险评估和干预，提供全方位的健康管理服务，降低健康风险，减少疾病损失；鼓励保险公司帮助缓解医患信息不对称，促进解决医患矛盾纠纷。人民对美好生活的追求，对健康管理的关注，对"医疗保障""治未病""健康服务"等的期待进一步释放。

在此背景下，中意人寿顺应国家政策，为满足人民美好生活的需求，基于在健

康管理领域多年的深耕与积累,在新重疾规定实施之际创新推出"意管家"健康管理服务,实现了从"为疾病保险"的单一产品保障模式向"产品+服务"的全生命周期的全面守护模式转变。"意管家"凭借其独特的亮点和创新的服务模式,在2021(第九届)中国保险产业国际峰会中荣获"年度最佳健康产品服务创新奖"、在2021中国保险服务创新峰会上荣获"年度中国保险服务创新经典案例"。

(一)一份保险,提供双重终身守护

国家政策的规范、重疾新规的实施以及人民对美好生活的需求对重疾险产品创新提出了更高的要求。在此背景下,中意人寿一方面根据重疾新规搭建了覆盖客户全生命周期的、涵盖多重维度与多种形式的重疾保障产品体系,不断扩大保障深度和广度,以满足客户差异化的保障需求;另一方面整合了深耕多年的健康管理服务资源,创新推出了"意管家"健康管理服务。该服务针对客户"看病难、看病贵、康复护理体验差"等现实痛点,联通全国数千家医院和医疗服务机构,通过"就诊管家""会诊管家"和"康复管家"三大特色服务,为客户提供专业分诊、就医绿通、多学科会诊、专人护理等医疗服务,全方位覆盖诊前、诊中和诊后多个就医场景,及重疾、中症、轻症多种程度的疾病,实现对客户院前、院中、院后的全流程照护,为客户提供从疾病预防、病中诊疗到康复护理的闭环式健康管理服务。

客户投保一份重疾险,不仅拥有疾病风险保障守护,更有伴随终身的健康管理服务守护;健康险不再只是"保疾病",更是"保健康",真正做到了为客户的健康服务。

(二)多年深耕,构建健康管理生态圈

目前的健康险市场产品数量虽多,但形态较为单一,同质化严重,与人们日益提升的健康保障需求之间仍存在较大差距。从长期来看,需要进一步深化供给侧结构性改革,对客户多元化、多层次的健康保障需求进行深刻洞察,提供全面的健康管理与健康保障相结合的综合服务,构建服务于客户全生命周期的健康生态体系,才能让保险真正成为社会医疗保障体系的支柱,成为守护人们健康的防护伞。

早在2014年,中意人寿便开始着手打造"中意健康管理生态圈"。经过多年深耕,逐步搭建起闭环式健康管理体系,建立了线上线下健康管理平台;通过专业系统的管理和全球医疗网络服务资源的优势,逐渐实现从"被动理赔"到"全流程健康管理"的转变,为客户提供整合式健康管理服务方案,开拓了"保险+健康管理"的服务示范。

与此同时,中意人寿还通过引入智能核保、OCR识别、全流程自动理赔、大数据理赔风险管控等先进的保险科技，通过数字化转型、业务能力建设和组织建设打造"服务功能完善、核心运营高效"的健康管理体系。"掌上中意"App作为中意人寿打造的数字化、信息化、便捷化的健康管理线上服务平台，为客户构建起了从生活习惯管理、身体状态检测与改善、定期健康评估的健康生活方式管理，到就医资源安排、专属诊疗服务、海外就医对接等疾病医疗管理的全场景全周期健康服务生态圈。

不忘初心，守护美好。中意人寿将始终秉承"以客户为中心"的经营理念，坚守及时满足客户需求、解决客户痛点的初衷，追求及时、专业、有温度的极致体验，将"保险保障+健康服务"深度融合，实现从"为疾病保险"到"为健康服务"的演进，让客户拥有获得感和归属感，真正回归"保险姓保"的本源。

# 第五节
# 资管产品与金融业增值税问答
## ——北京智方圆税务师事务所有限公司

王冬生[①] 马雯丽 曾春娟[②] 孙延玲[③]

自2018年1月日开始征收资管产品增值税以来，资管产品增值税以及与之有关的金融业增值税，一直是征纳双方关注的热点问题。我们从为客户服务过程中遇到的问题中精选有代表性的32个问题，给出自己的专业分析，供大家参考。

现行的资管产品和金融业增值税政策，很多是沿用以往营业税的规定，本文作者王冬生曾经在财政部税政司负责营业税的税政工作多年，因此，在对有关问题进行分析时，在基于法规的基础上，多少有些法理方面的解释。金融业比较复杂，本文的分析和意见，难免有不当之处，敬请批评指正。

## 一、问题的分类：法规问题和理解问题

征纳双方遇到的不知如何处理的涉税问题，尽管各种各样，但是就问题的根源来看，可以分为两类：法规问题、理解问题。少数是法规问题，多数是理解问题。

法规问题，是指税法规定确实不清楚，根据法规无法得出如何处理的结论。具体如下。

买卖债券如何计算价差？是按照全价计算还是按照净价计算？债券持有期间的利息，是计提就缴纳增值税，还是收到才缴纳增值税？

赎回基金份额，是否可以按照持有到期处理，不视同转让，不计算价差缴纳增值税？

这些问题，根据现有法规，确实难以得出结论。法规不清楚，需要从法规的法理、法规的精神等分析，一般可以得出恰当的结论。

---

[①] 王冬生，北京智方圆税务师事务所有限公司主管合伙人。中国注册税务师、中国人民大学经济学博士，曾任财政部企业内控咨询专家、国家税务总局全国税务领军人才专家导师、中央财经大学财税学院和中国人民大学财金学院税务专硕校外导师。曾经先后在财政部税政司工作8年，任副处级调研员，负责增值税、营业税、出口退税等的税政工作；在毕马威北京税务部工作9年，任技术总监，负责专业培训和技术支持。此外，每学期给北京大学光华管理学院的本科生或MBA讲授涉税专题课程。邮箱：wangdongsheng@cstcta.com。

[②] 邮箱：zengchunjuan@cstcta.com。

[③] 邮箱：sunyanling@cstcta.com。

理解问题,是指税法规定是清楚的,只是对税法的理解和应用出了偏差,导致产生本不应出现的涉税问题。这类问题非常多,在下面的问答中,会有大量的分析。

## 二、征纳的原则:基本原则和具体原则

无论是税务局的征税,还是纳税人的纳税,如果能遵循以下的原则,则可以避免很多分歧,有助于建立和谐的征纳关系。

(一)一项基本原则

税法是判定征税和纳税的唯一标准。

税法是征税和纳税的唯一标准,估计不会有人反对。但是实际操作时,往往脱离税法的规定,从会计准则、行业法规、情理和道理等方面,分析纳税义务。由于标准不一,角度不一,征纳双方各吹各的号,各唱各的调,产生很多分歧。

例如,许多央企为离退休人员发放的补贴,能否在所得税税前扣除?这是一个争议已久的问题。支持扣除的人认为,给离退休的员工发放补贴,于情合情,于理合理。反对扣除的人认为,离退休人员已经不参加经营活动,这笔支出与应税收入没有直接关系。

支持的人,是从情和理的角度来看待扣除问题,反对的人,是从税法规定的角度看待问题。如果都根据税法的规定,看这一问题,那么分歧可能会少一些。

税务局是公权部门,对于公权而言,法无授权则不可为,在没有过硬征税依据的情况下,不应征税。

(二)六项具体原则

(1)法规法理精神原则

这一原则实际是法规、法理、精神三结合原则。判定纳税义务,先看法规,如果法规不清楚,再看法理,常用的法理是,税不重征,税不漏征。如果法理也不清楚,再看法规的精神。精神并不虚无缥缈,精神一般体现在文件第一段的第一句话,财政部和总局制定的文件,第一段的第一句一般是:"为了什么什么,经国务院批准……""为了什么什么",实际就是文件的精神。如果以鼓励为目的,从宽掌握,更符合文件的精神。如果以打击或限制为目的,从严掌握,更符合文件的精神。

下文中,我们将应用这一原则,分析债券如何纳税,分析赎回基金份额是否是转让金融商品。

(2)税法高于情理原则

在征税或纳税时,经常遇到法和理的矛盾,法和情的矛盾,合法就不合理,合

情就不合法。这时怎么办呢?

税务局应依法征税,如果按情理征税,这税就没法征了。可以在税法的框架内,尽量帮助纳税人解决困难。同时,积极向上级部门反映问题,推动税法合情合理。

(3) 形式重于实质原则

实质重于形式是会计的一项基本准则。但是在判定纳税义务时,形式重于实质,法律形式、交易形式决定纳税义务。比如,资管产品的管理人,运营资管产品,尽管从实质上讲,资管产品的所有权不是管理人的,赚了钱也不是管理人的,但是,管理人用资管产品买卖金融商品,就产生纳税义务。因为管理人的纳税义务,与资金来源没有关系。税法没有规定,管理人用受托管理的资产,从事各种投资活动,就可以不纳税。如果脱离法律形式,根据实质判定纳税义务,由于对实质的理解可能五花八门,征纳双方将矛盾重重。

(4) 优惠不得比照原则

税法首先规定纳税义务,其次才规定减免税权力。税务局是征税的,不是免税的。税收优惠都是有条件的,只有严格符合优惠的条件,才可以享受税收优惠。不能因为感觉自己的条件和优惠的条件差不多,就可以享受优惠,税收优惠不能比照。

(5) 民事尊重征纳原则

这一原则是指,民事关系尊重征纳关系,不能因为民事关系,就否定征纳关系。以代持为例,A公司代B公司持有C公司股权,A公司转让C公司股权,是否要计算股权转让所得纳税?当然要计算所得,缴纳所得税。A公司转让股权,与税局形成征纳关系。A公司与B公司是民事关系,A公司不能因为与B公司的民事关系,就否定与税局的征纳关系。

民事尊重征纳还有另外一层意思,民事主体不应要求税法解决民事关系,比如,资管产品的增值税如何在委托人和管理人之间分担,就不是税法该解决的问题。

(6) 税法独立实施原则

所谓税法独立实施,是指在判定纳税义务时,严格依照税法的标准,其他法律不能超越税法。税法与其他类型的法律,尤其是商法、民法等,各司其职,共同维护社会秩序,不能因为纳税人依照其他法律从事经济活动,就否认税法的作用。比如,2017年热点之一的德发税案,律师就以德发公司按照拍卖法转让房产为由,否认税务局有调整价格补税的权力,尽管转让价格低于市场价50%以上。

税法不影响拍卖法的实施，无权撤销当事人依据拍卖法形成的交易，但是可以依照税法，调整价格，补征税款，不能因为符合拍卖法，就否认税法的作用。

### 三、资管产品增值税问答

（一）如果一家基金公司发行了一个资产管理计划，用其向客户募集的资金，购买银行发行的理财产品，这种情况下，资管产品的纳税人为基金公司还是发行银行？

答：资管产品是资产管理计划，资管产品的管理人是基金公司，运营资管产品的纳税人，当然是基金公司。

（二）如果银行发行了一个信托产品，该行将自客户募集的资金交托给信托公司进行投资，这种情况下，资管产品的纳税人为该银行还是信托公司？

答：都是，这种情况，实际是双重委托受托。

第一次委托：客户购买信托产品，银行是信托产品的管理人。

第二次委托：银行将信托资金交由信托公司管理，信托公司也是管理人。

信托公司在运营资管产品时，信托公司是纳税人。

银行自信托公司取得收益时，银行也是资管产品纳税人。如果银行与信托公司签署的协议是保本的，则银行取得的收益，按照利息缴纳增值税。

如果客户购买信托产品时，按照协议，也是保本的，客户的收益也按照利息缴纳增值税。

这样导致重复征税。但由于利息的进项税不得抵扣，本来就是重复的。

（三）保险机构作为投资管理人管理的企业年金计划、职业年金、养老金产品、投连险产品等是否属于资管产品范围？能否享受按照3%简易征收的待遇？

答：否。

财税〔2017〕56号文第一条，采用正列举的方式，明确了资管产品管理人和资管产品的范围，该条最后一句话是："财政部和税务总局规定的其他资管产品管理人及资管产品。"因此，凡是不在56号文列举范围的资管产品和管理人，不得享受按照3%简易征收的待遇。

如果认为自己管理的资管产品，也应享受简易征收的待遇，那么可以向财政部和税务总局申请，增列名单。

（四）QDII等机构通过资管产品投资境外资产，资管产品运营取得的收益是否需要缴纳增值税？是否可以适用简易计税方法？

答：征税，不适用简易计税方法。

投资境外，首先是看境外投资的增值税规定，也就是营改增36号文的附件四《跨境应税行为适用增值税零税率和免税政策的规定》，附件四没有对给境外提供金融服务免税和简易征收的规定，应按照一般规定计算缴纳增值税。

国家鼓励货物或服务出口，但是还没有鼓励资金出口，境内银行自境外取得的利息收入，一直是征税的。

（五）有的资管产品没有有效期，但是可以随时赎回，赎回时是否可视为持有到期？不按转让金融商品征税？如果合同中没有约定到期日，但是规定了终止条件，在满足终止条件的情况下强制赎回，这种情况是否可以视为持有至到期？

答：应该可以。因为，赎回不符合金融商品转让的定义。

根据营改增36号文附件一的税目注释，"金融商品转让，是指转让外汇、有价证券、非货物期货和其他金融商品所有权的业务活动。"转让金融商品所有权，前提是转让前存在所有权，转让后也存在所有权。赎回资管产品，实际是相应的份额灭失了，所有权不存在了，因此，不是转让所有权，不能按照转让金融商品征税。既然灭失了，实际也就是到期了，按照到期处理，更符合税法的规定。

终止条件，实际也是到期条件，满足终止条件强制赎回，应该视为到期，不是转让。

为什么金融商品持有到期不征税，到期前转让就征税呢？在潜意识中，还是认为应该鼓励投资，抑制投机。持有到期，是投资。到期前转让，有投机嫌疑。

（六）在判定合同是否保本时，是只看合同中是否有保本字眼即可判定，还是需要根据资管产品具体的运营方式决定？

答：是否保本，可以说是"股"和"债"的本质区别。

按照财税〔2016〕140号的规定："保本收益……是指合同中明确承诺到期本金可全部收回的投资收益。金融商品持有期间（含到期）取得的非保本的上述收益，不属于利息或利息性质的收入，不征收增值税。"

如果有直接明了的保本规定，当然就可以判定为保本。

即使没有明确的保本字样，但是根据合同条款，只要投资人有追回本金的权利，发行人或第三方有归还本金的义务，投资人的收益，就是保本收益，就是利息性质的收益，就应缴纳增值税。

（七）对于资管产品投资人而言，资管合同中的第三方担保、回购承诺，资管产品的优先、劣后分级设定是否影响对投资人纳税义务的判定？

答：是。

如果根据合同约定，投资人的本金不受损失，比如，由第三方担保或由发行方按照投资额回购，则投资人的本金可实际得到保护，其投资收益，应按利息处理。

（八）资管产品是否可以适用金融机构待遇？管理人能否以资管产品的名义开具发票？

答：不可以。

资管产品不是增值税纳税人，不存在享受金融机构待遇的问题，也不能以资管产品的名义，开具增值税发票。

（九）采用摊余成本核算的资管产品，计算利息收入的销项税时，计算基数是否包含摊销的债券溢折价？

答：计算销项税时，不应包括摊销的债券溢价或折价。

应该按照债券面值和票面利率计算的、发行方应该实际支付的利息计算销项税。

根据增值税关于销售额的规定，"销售额，是指纳税人发生应税行为取得的全部价款和价外费用，财政部和国家税务总局另有规定的除外。"因此，销售额不是纳税人自己根据财务制度调整的销售额。

（十）资管产品运营业务适用简易计税3%征收率，是否意味着形成一块"税收洼地"？

答：有区别才有政策，有区别就有筹划的空间。政策的区别待遇，为纳税人筹划提供了空间，实际形成政策洼地。

（十一）同业身份的套用，可免增值税？例如，管理人属于金融机构，则其管理的产品是否可以套用其身份，从而享受同业往来免税的待遇？

答：是，尽管"套用"的说法不准确。

因为管理人是纳税人，管理人在运营资管产品时，可以享受有关的优惠政策。当然，与不通过管理人，自己运营相比，委托人可能缴纳更多的税，从这个角度来看，"套用"的说法，也有一定道理。

（十二）如资管计划人与投资者签订的资管计划合同书中，不承诺本金收回，但资产管理人将资金用于受让大额存单收益权等资产，并向融资方收取利息，该利息费用的发票是由投资者还是资产管理人开具？

答：资产管理人是纳税人，利息收入尽管最终归属投资人或委托人，但是应由管理人开具发票。

发票是商事活动的凭证，谁提供服务，谁确认收入，谁有纳税义务，谁就开具发票。

反过来也一样，谁开具发票，谁就确认收入，谁就有纳税义务。

（十三）由于资管产品管理人与资管产品收益的纳税人为同一纳税主体，应如何解决管理人从产品中收取管理费的重复征税问题？管理人是否可以向自己开票？

答：现在无法解决。

管理人运营资管产品，比如买卖金融商品，取得100万元价差收益，按照3%简易征收，计算缴纳增值税；但可能因此取得管理费收入为10万元，也缴纳增值税，而且按照6%缴纳，确实存在重复征税问题。

之所以存在这一问题，是因为一项交易，派生出两类业务。在买卖金融商品这一项交易中，有应该缴纳增值税的转让金融商品行为，还有应该缴纳增值税的资产管理行为，导致分别征税。

管理人不能就管理费给自己开票，因为管理费的承担者是委托人，开票也应该开给委托人。如果给自己开票，抵扣进项税，类似虚开发票，别打这主意。

（十四）对于某些定向或通道类产品，由于受投资现金流影响，只有在投资收回或按规定付息的时间才有现金，而增值税是按月缴纳，这与资管产品本身的某些特性不匹配，如何处理？可否等现金收回后申报并缴纳？

答：申报和缴纳税款，是两回事。增值税的纳税期限是按月缴纳或按季度缴纳，但是只有在产生纳税义务的前提下，才需要实际缴纳税款。

（十五）管理人是该选择汇总核算还是分别核算，如果选择汇总核算，如何避免不同资管产品的正差和负差税负不公平问题？

答：从降低税负的角度，建议选择汇总核算，这样盈亏可以及时、充分互抵，达到降低税负的效果。

由于管理人受托管理的每个资管产品，都是一个独立的会计主体，为了避免有负差的资管产品，替有正差的资管产品承担税款的问题，可以在一年结束后，把实际缴纳的增值税，在有正差的资管产品中分担，按照各自的正差占全部正差的比例，分担增值税。没有正差的资管产品，不分担增值税。这样就可以在依法节税的同时，相对公平地处理税负分担问题。

（十六）如果资管产品在2018年1月1日以前已进入清算期，但是清算尚未结束，在2018年1月1日后的清算过程中取得的收益，是否需要缴纳增值税？

答：目前没有清算期取得收益，免征增值税的规定，清算期的收入，当然应依法缴纳增值税。纳税人在注销的过程中，增值税和所得税都要依法计算缴纳。

（十七）对资管产品管理人2018年1月1日前运营过程中产生的应税行为，不再缴纳，操作上应如何划断？比如是否可对2017年12月31日所有应税收入，按权责发生制给予确认，而不是按收付实现制？

答：如何操作，看纳税义务发生时间，如果纳税义务发生在2018年1月1日之前，就不再缴纳增值税；如果发生在之后，就依法纳税。至于如何判定纳税义务发生时间，根据实际情况和营改增纳税义务发生时间的具体规定，分析判定。

（十八）资管产品于执行日期后一次性收取全部利息收入，按权责发生制于执行日期前计提的收入是否需要缴纳增值税？取得的利息收入是按照实际收到时点缴税，还是按照自执行日期起的计提额进行计算缴纳？

答：财税〔2017〕90号文规定得很清楚，提供贷款服务，以2018年1月1日起产生的利息及利息性质的收入为销售额。

（十九）资管产品在公开市场从事股票、债券、金融衍生品买卖时，买入时间早于执行日期而卖出时间晚于执行日期的，买入价如何确定？截至2017年12月31日产生的浮盈是否可免于征税？

答：财税〔2017〕90号文规定得也很清楚。

管理人转让2017年12月31日前取得的股票（不包括限售股）、债券、基金、非货物期货，可以选择按照实际买入价计算销售额，或者以2017年最后一个交易日的股票收盘价（2017年最后一个交易日处于停牌期间的股票，为停牌前最后一个交易日收盘价）、债券估值（中债金融估值中心有限公司或中证指数有限公司提供的债券估值）、基金份额净值、非货物期货结算价格作为买入价计算销售额。

由于转让金融商品的销售额是卖出价减去买入价，90号文允许纳税人在计算价差时，作为抵减项的购入价，多了一个选项。在计算销售额时，可以选择用卖出价减去当初的实际买入价，也可以选择用卖出价减去2017年最后一天的价格，这样就把浮盈可能征税的问题解决了。

## 四、金融业增值税问答

（一）股息所得，股权转让所得，是否征收增值税？

答：不征。

股息所得、非上市公司的股权转让所得，没有征收增值税的依据，不在增值税征收范围，不征收增值税。

（二）私募证券投资基金是否可以适用证券投资基金的增值税政策？

答：可以。

按照营改增有关规定，转让金融商品免增值税的范围，包括"证券投资基金（封闭式证券投资基金，开放式证券投资基金）管理人运用基金买卖股票、债券"。

上述规定，并没有排除私募证券投资基金，私募基金可以享受上述免税待遇。

（三）商品期货、黄金合约属于非金融商品或非金融衍生品，投资商品期货、黄金合约的差价是否可以免征增值税？

答：可以。

按照有关规定，金融商品转让，是指转让外汇、有价证券、非货物期货和其他金融商品所有权的业务活动。其他金融商品转让包括基金、信托、理财产品等各类资产管理产品和各种金融衍生品的转让。

商品期货、黄金合约不属于应该征收增值税的金融商品范围。

（四）各类票据、仓单、提货单等是否属于金融商品范围？

答：不属于。

金融商品范围有明确的界定，与货物有关的票据、仓单、提货单，都不是金融商品。

（五）收益权互换、收益权转让等是否作为转让金融商品缴纳增值税？

答：不征。

转让收益权，不属于金融商品转让，不应征收增值税。甚至转让收益权，都没有征收增值税的依据，也不应征收增值税。

根据税目注释，"金融商品转让，是指转让外汇、有价证券、非货物期货和其他金融商品所有权的业务活动。其他金融商品转让包括基金、信托、理财产品等各类资产管理产品和各种金融衍生品的转让。"

收益权不在金融商品范围，转让收益权，并没有转让所有权，所以，不应按照转让金融商品征税。

（六）对于可转换债券、可分离债券和可交换债券，如何确认增值税的计税基础？

答：增值税没有计税基础的概念，这是企业所得税的说法。如果问题是转让可转换债券时，计算价差如何确定买入价，应该是购入时，实际支付的价款。

（七）转让债券计算价差时，是按照全价计算还是按照净价计算？持有期间的利息是计提就纳税，还是实际收到才纳税？

答：现行法规没有规定，需要结合法理分析。按照税不重征，税不漏征的原则，处理此问题。

如果按全价计算价差，则持有期间，收到利息才纳税。

如果按净价计算价差，则持有期间，计提利息就纳税。

如果按全价计算价差，则持有期间收到利息才纳税，不然就重复征税。因为，如果持有债券期间，计提利息就征税，计提的利息没有实际收到，在转让时，就会将这部分利息计入转让价格，在计算价差时，又被计入价差中，再征一次税。这就重复征税了。所以，如果是全价计算价差，则持有期间的利息，实际收到才纳税。

如果按净价计算价差，则持有期间，计提利息就纳税，不然就漏征税。持有债券期间，计提利息时如果不纳税，由于按净价计算价差，持有期间计提的利息，尽管在转让时可以收到，但是价差中，并不包括这部分利息，计提时不纳税，价差又不包括，也不纳税，导致漏征税款。因此，如果按照净价计算价差，则持有期间的利息，计提就纳税。

（八）在计算转让金融商品的销售额时，是否将持有金融商品期间取得的股息、利息自购买价中减去？也就是加到价差上征税？

答：不减。

现行规定与营业税的规定不同，没有在计算价差时，将持有期间取得的利息和股息，自购买价中减掉，也就是加到价差上征税的规定。

股息不在增值税征收范围，取得时不征收，转让股票时，也不征收，比较合理。

利息在债券持有期间，就已经缴纳增值税，转让时，再征收，就重复征税了。

增值税的规定，与营业税相比，更加合理。

（九）在交易所交易的买入返售金融商品，无法判断交易对手是金融机构，是否可以享受金融同业往来免税政策？

答：不可以。

即使自己是金融机构，如果交易对手不是，或不知道是不是金融机构，就不能享受金融同业往来免税政策。

金融同业往来利息收入免税的政策，前提是金融机构之间的往来。一方不是金融机构，不能享受免税优惠。

同业往来，营业税就免。其道理在于，融入资金的金融机构，一般会将资金借贷出去，获取利息，缴纳营业税。为了避免重复征收营业税，金融同业之间因资金借贷取得的利息，免征营业税。

（十）股票质押买入返售，是交易双方以股票等金融商品作为权利质押的一种资金融通业务，是否也可作为金融同业往来利息收入，免于征收增值税？

答：如果交易双方都是金融机构，应该可以。

根据金融同业往来利息免税有关法规的结构和逻辑，可以得出上述结论。

36号文附件三《营业税改征增值税试点过渡政策的规定》明确了金融同业往来利息收入，免征增值税。金融同业往来的范围，包括以下4种情况：

（1）金融机构与人民银行之间的资金往来业务。

（2）银行联行往来业务。是指同一银行系统内部不同行、处之间所发生的资金账务往来业务。

（3）金融机构间的资金往来业务。是指经人民银行批准，进入全国银行间同业拆借市场的金融机构之间通过全国统一的同业拆借网络进行的短期（一年以下含一年）无担保资金融通行为。

（4）金融机构之间的转贴现业务。

后来又在不同的文件中，明确哪些业务按金融同业往来处理。

财税〔2016〕46号文规定，金融机构间的质押式买入返售金融商品取得的利息收入，属于金融同业往来利息收入。"质押式买入返售金融商品，是指交易双方进行的以债券等金融商品为权利质押的一种短期资金融通业务。"

财税〔2016〕70号文又进一步明确下列交易，属于金融同业往来。包括：同业存款、同业借款、同业代付、买断式买入返售金融商品、持有金融债券、同业存单。

商业银行购买央行票据、与央行开展货币掉期和货币互存等业务属于金融机构与人民银行所发生的资金往来业务。

境内银行与其境外的总机构、母公司之间，以及境内银行与其境外的分支机构、全资子公司之间的资金往来业务属于银行联行往来业务。

根据以上规定，36号文附件三对金融同业往来做了原则性的规定，46号文和70号文又在原则性规定的基础上，明确了哪些交易属于金融同业往来，但是，并没有规定列举之外的交易，不能享受金融同业往来优惠。另外，46号文规定的质押式买入返售金融商品，也没有限于债券。因此，金融机构间开展的股票质押买入返售，可作为金融同业往来利息收入，免于征收增值税。

（十一）属于金融机构的资产管理人运用资产管理产品（证券投资基金包括特定客户产品）过程中，向其他金融机构提供贷款服务取得的利息收入，是否可以享受金融机构往来利息免税？

答：同业往来的第3种情况是："金融机构间的资金往来业务。是指经人民银行批准，进入全国银行间同业拆借市场的金融机构之间通过全国统一的同业拆借网络进行的短期（一年以下含一年）无担保资金融通行为。"如果符合这一规定，就可以免税，不然，不能免税。

（十二）金融机构（如保险机构）投资金融机构管理的资管产品所取得的利息或价差，是否可以按照金融同业利息处理？

答：由于免税的规定比较严格，不能笼统地说，行还是不行。应根据当事双方间的合同、有关规定，具体分析是否可以按照同业往来免税。

从同业往来免税的精神来看，同业往来免税的目的是避免重复征税，既然金融同业之间除资金往来外，还有资管产品等金融商品的往来，同样适用免税政策，道理上是应该的，应积极向主管部门反映此事，争取政策更加合理。

（十三）ABS按债券在交易所或银行间市场交易，持有该券取得的收益是否可以按照债券利息处理？如果发行方为金融机构，那么该券符合金融债的定义，金融机构投资ABS，可否享受金融机构往来利息收入免税政策？

答：资产支持证券，收益一般是利息收入。如果符合规定，则可以免税。根据财税〔2016〕70号文，金融机构持有金融债券的利息收入，视为同业往来的利息收入。

但是，金融债券的定义是：依法在中华人民共和国境内设立的金融机构法人在全国银行间和交易所债券市场发行的、按约定还本付息的有价证券。

# 第十三章
# 保险学界、业界专家学者观点介绍

## 第一节
## 中国多层次医疗保障体系建设现状与政策选择

许飞琼[1]

构建多层次医疗保障体系是我国医疗保障制度改革的重要目标，但受多种因素的影响，虽然中共中央、国务院及医疗保障主管部门出台过不少政策性文件，实际情况却是体系结构不明、不同层次定位不清、法定保障之外的其他层次均未得到应有的发展。这不仅无法有效满足社会成员多层次的医疗保障与健康服务需求，而且构成了妨碍中国特色医疗保障体系走向成熟的重要因素。为什么要构建多层次医疗保障体系？这一体系建设的现状到底如何？未来需采取哪些措施才能让设定的目标变成现实？这些问题都亟待有人做出科学的理论回应。

---

[1] 许飞琼，中央财经大学保险学院教授，先后在武汉大学、中国人民大学长期从事商业保险与社会保障的教学与研究工作。独立出版学术著作、教材14部，合著相关著作与教材10部，参编教材10多部，发表学术论文170多篇。主持过国家社科基金项目、教育部人文社科基金项目及其他省部级项目近20项。获得过全国统计科技进步二等奖、中国图书奖、国家级精品教材奖、首批国家级线上线下混合式一流课程奖、北京市高等学校教学名师奖、北京市优质教材奖、北京市教育教学成果一等奖、中国保险学会优秀研究成果一等奖等教学科研奖励10多项。相关学术应用研究曾两次获得中央领导同志的批示，并被相关行业在制定政策时作为参考。本章内容已发表于《中国人民大学学报》2020年第5期。

## 一、对多层次医疗保障体系的理解

走多层次化的发展道路是各国社会保障制度发展的基本取向，但国际上对多层次社会保障体系的研究主要集中在养老保险领域①，对医疗保障体系的多层次化研究则较为忽略。这主要是因为发达国家的法定医疗保障制度早已成熟且能够满足社会成员的需要，如英国建立的是全民免费医疗保障制度，德国、法国、日本、韩国建立的是覆盖全民的高水平社会医疗保险制度，社会成员的疾病医疗后顾之忧能从根本上得到解除，多层次医疗保障体系建设在这些国家并非重要的政策议题。我国已基本实现基本医疗保险覆盖全民的目标，但奉行的是保基本原则，社会成员的疾病医疗后顾之忧特别是重特大疾病医疗仍是影响生计甚至导致灾难性生活后果的重大风险。伴随全面小康社会的建成和民生质量的不断提高，人们对医疗保障与健康水平提升的诉求也在持续升级，在医疗服务领域的多层次、多样性需求日益显现，这使得构建多层次医疗保障体系成为必要且重要的政策目标。

从我国既有政策文件与相关学术文献的表述来看，其对构建多层次医疗保障体系具有高度共识，但具体表述却存在差异。政策文件方面，2009年3月，《中共中央 国务院关于深化医药卫生体制改革的意见》中，强调要"加快建立和完善以基本医疗保障为主体，其他多种形式补充医疗保险和商业健康险为补充，覆盖城乡居民的多层次医疗保障体系"。"城镇职工基本医疗保险、城镇居民基本医疗保险、新型农村合作医疗和城乡医疗救助共同组成基本医疗保障体系"。"鼓励工会等社会团体开展多种形式的医疗互助活动。鼓励和引导各类组织和个人发展社会慈善医疗救助"②。积极发展商业健康险，"鼓励企业和个人通过参加商业保险及多种形式的补充保险解决基本医疗保障之外的需求"。2012年，《国务院关于印发卫生事业发展"十二五"规划的通知》中提出的目标是："以基本医疗保障为主体、其他多种形式补充医疗保险和商业健康险为补充、覆盖城乡居民的多层次医疗保障体系基本建立，个人医药费用负担进一步减轻。"③ 2020年2月《中共中央 国务院关于深化医疗保障制度改革的意见》是新时代全面深化医保改革的纲领性文件，其强调要"坚持以人民健康为中心，加快建成覆盖全民、城乡统筹、权责清晰、保障适度、可持续的多层次医疗保障体系"，明确提出"到2030年，全面建成以基本医疗保险为主

---

① 郑功成. 多层次社会保障体系建设:现状评估与政策思路[J]. 社会保障评论,2019(1):3-29.
② 中共中央 国务院关于深化医药卫生体制改革的意见[N]. 人民日报,2009-04-07.
③ 国务院关于印发卫生事业发展"十二五"规划的通知[J]. 中华人民共和国国务院公报,2012(30):3-29.

体，医疗救助为托底，补充医疗保险、商业健康险、慈善捐赠、医疗互助共同发展的医疗保障制度体系"①。可见，上述政策性文件对多层次医疗保障体系的具体表述并不一致。

我国学术界对医疗保障体系多层次化的研究主要有以下观点。郑功成（2019）认为，政府负责的公共卫生、多方分担责任的法定医疗保障、商业健康险以及非营利性的公益医保，可以构成我国完整的多层次医疗保障体系，其将公共卫生纳入多层次医疗保障体系，将一般意义的医疗保障划分为三个层次。郑秉文（2020）认为，现在国家建立的制度包揽了多层次的初级多层次，而"真正的多层次"是在政府主导的医保制度外建立由市场提供的其他多个制度，从而形成国家建制与市场提供两个层次。余小豆、袁涛（2019）认为，多层次医疗保障体系是指包括基本医疗保险、大病补充保险、医疗救助和商业医疗保险等在内的多种医疗保障制度形式的统称，其"多层次"主要是指"医保待遇的补充叠加"。仇雨临、王昭茜（2018）提出，我国已建立起医疗救助、基本医疗保险、补充医疗保险、大病保险等多层次的医疗保障制度，需要构建更加完善的以基本医保为主、补充医保为辅、医疗救助兜底的全民医保体系和制度之间的衔接机制，其将政府负责的医疗救助视为一个独立层次，而市场化的商业健康险未体现在多层次体系中。顾雪非、赵斌、刘小青（2019）认为，"多层次"是医疗保障体系纵向的延伸，中国形成了以基本医疗保险为主体、商业健康险为补充、医疗救助为底线的多层次医疗保障体系。段迎君、李林（2013）认为，我国已初步建立起以基本医疗保险为核心，以补充医疗保险、医疗救助为两翼的多层次医疗保障体系，其多层次结构分为主、辅两个层次。可见，不同研究者对多层次医疗保障体系的理解是不同的。

笔者认为，对医疗保障多层次体系中的层次结构的理解应立足于公平性强弱和政府在其中扮演的角色。纵观各国实践，医疗保障制度均呈现出政府责任强弱与公平性强弱正相关的规律，凡政府负责或主导的医保制度均以追求公平为目标，凡市场主导的医保制度均以追求效率为目标，而介于两者之间的制度安排可称为政策型保障。以此为依据，多层次医疗保障体系应是指以满足社会成员不同层次的疾病保障与健康服务需求为目标的制度安排构成的一个整体。我国的多层次医疗保障体系可以由四个层次构成：第一层次是国家举办的法定医疗保障，包括政府主导的基本医疗保险与政府负责的医疗救助，它依法建立在财政供款和用人单位及个人缴费的基础上，以满足全民基本医疗保障需求为目标，奉行公平保障与强制实施原则，遵

---

① 中共中央 国务院关于深化医疗保障制度改革的意见[N]. 人民日报，2020-03-06.

循的是互助共济法则[①]；第二层次是在特定政策支持下由用人单位举办的补充医疗保险，它建立在用人单位与职工共同供款的基础上，以增进员工福利为己任，强调相对公平与激励功能并重，遵循的是职业福利自主设置的法则；第三层次是商业健康险，它建立在个人与保险机构签订的合同基础上，以满足参保人在疾病医疗与健康管理方面的个性化需求为目标，遵循自主交易的市场法则；第四层次是社会慈善公益和医疗互助，它建立在社会捐献与互助的基础上，以帮助解决困难群体疾病医疗问题为指向，遵循的是社会慈善法则。上述四个层次的共同目标是解除人们的疾病医疗后顾之忧、促进国民健康素质的整体提升；差异性在于不同层次的举办与责任主体有别、权利义务关系有别、满足需求层次有别、制度运行所遵循的法律法规政策有别。需要指出的是，处于第二层次的政策性补充医疗保险作为一种员工福利机制，通常也由用人单位为其员工购买相应的健康险来达到目标，从而与商业健康险具有紧密的逻辑关系。因此，在本文的论述中，并不截然地将两者分开。

在多层次医疗保障体系建设中，第一层次因覆盖全民并提供基本保障，无疑构成了主体部分，其他层次均需发展，但商业健康险最为关键。因为我国的中等收入群体规模在持续快速壮大，中高收入阶层通过市场机制获得更加全面的医疗保障与健康服务具有可行性与现实性；而慈善医疗是建立在自愿捐献基础之上的慈善事业的一部分，发达国家的经验表明其只能起到有限的补充作用，国家应当支持慈善医疗发展但不能指望其承担更多责任。如果能够发展好商业健康险，同时促进慈善医疗的发展，就可以超越政府财力有限与法定医疗保障制度定位为保基本的局限，通过调动市场主体、社会力量与个人及家庭的积极性，持续壮大支撑整个医疗保障体系的物质基础，并满足城乡居民多层次、多样性的医疗保障与健康管理服务需求。

## 二、我国多层次医疗保障体系建设的现状分析

前已述及，将构建多层次医疗保障体系作为既定目标是我国医保改革的基本取向。一方面，法定医疗保障由于财力有限和追求公平取向，只能向全民提供普惠性的基本医疗保障，超出这种保障的需求必然需要其他相应的制度安排来满足。以2018年为例，全国参加基本医疗保险人数为134459万人，其中参加居民基本医保的人数占74%以上。在医保报销方面，职工医保政策范围内住院费用基金支付率为

---

① 将基本医疗保险与医疗救助视为一个层次，是因为这两个制度都是法定的医疗保障制度，其中，医疗救助拨款的相当份额被用于帮助贫困人口购买基本医疗保险（如2019年国家全年资助了7782万人参加基本医疗保险，直接救助6180万人次），从而与基本医疗保险不可分割。因此，不宜将两项制度分割开来。

81.6%，实际住院费用基金支付率为71.8%，个人负担率为28.2%；居民医保的同类指标分别为65.6%、56.1%和43.9%①。这组数据反映了我国基本医疗保险的真实保障水平，个人负担比偏高，特别是占参保人数近3/4的城乡居民的个人负担比更是高达43.9%，表明法定医疗保险还不足以解除人民群众疾病医疗的后顾之忧。另一方面，社会成员的多层次、多样性需求只能通过多层次制度安排来满足。据统计，2019年按全国居民年人均可支配收入进行五等分，低收入组为7380元，中间偏下收入组为15777元，中间收入组为25035元，中间偏上收入组为39230元，高收入组为76401元②，低收入组仅相当于高收组的10%。在法定医疗保障定位于保基本的情形下，中高收入阶层只能寻求其他途径来获得更好的医疗保障，而低收入群体还需要有相应的慈善医疗提供支持。上述分析表明，加快建设多层次医疗保障体系具有必要性、重要性与紧迫性。然而，从现实出发，我国多层次医疗保障体系建设的滞后局面并未改变。

（一）法定医疗保险改革与发展成就巨大，但制度尚未成熟

在多层次医疗保障体系中法定医疗保险事实上决定着其他层次的发展空间。在国际上，英国实行全民免费医疗服务制度，人们的疾病医疗风险几乎能够通过这一制度得到全面化解，其商业健康险与慈善医疗缺乏发展空间；德国建立的是覆盖全民的社会医疗保险制度，保障水平高，但针对公职人员只提供报销50%的公费医疗待遇，剩余的则通过商业健康险来解决，这部分人群仅占德国总人口的10%左右；美国的法定医疗保障覆盖范围有限，商业健康险与非营利性医疗保障十分发达。可见，只有法定医疗保险制度定型了，人们才能清晰地评估自己承担的疾病医疗风险大小并寻求其他途径来化解剩余的风险，商业健康险等其他层次才会有清晰的发展空间。

我国的法定医疗保险制度包括职工基本医疗保险、居民基本医疗保险以及从中分离出来的居民大病保险。从1994年国务院启动"两江医改"起，经过20多年的探索，我国实现了以社会医疗保险取代计划经济时代的劳保医疗、公费医疗与农村合作医疗的制度转型，基本医疗保险制度已稳定覆盖全国95%以上的人口，医疗保障水平在持续提升，使城乡居民的疾病医疗后顾之忧大幅度减轻，取得了举世公认

---

① 国家医疗保障局. 2018年全国基本医疗保障事业发展统计公报[EB/OL]. 国家医疗保障局网站, http://www.nhsa.gov.cn/art/2019/6/30/art_7_1477.html.

② 国家统计局. 中华人民共和国2019年国民经济和社会发展统计公报[N]. 人民日报, 2020-02-29.

的成就①。然而,我国的法定医疗保险制度并未成熟。其中,职工基本医疗保险制度无论是筹资模式、责任分担,还是待遇清单及保障水平,均在不同地区之间具有差异性与不确定性,更有职工医保个人账户耗损了大量医保基金,折损了这一制度的互助共济功能,还有退休人员不缴费政策陷入僵化境地,表明这一基本制度尚未成熟;居民基本医疗保险同样存在着筹资责任失衡、负担不公等问题,特别是按人头缴纳定额且等额的医疗保险费,使亿万富翁与低收入人群承担着等额的缴费义务,这显然违背了法定医疗保险筹资应与收入直接挂钩的基本规则;大病保险是从居民基本医疗保险中分离出来的,实质上是对参保人遭遇重特大疾病时报销医疗费用的待遇叠加,但又交由商业保险公司经办,从而同样是不成熟的制度安排。在法定基本医疗保险制度不成熟的同时,国家逐年提高针对居民的医保补贴与报销水平,但又未建立统一的待遇清单,各地出台的医保待遇政策五花八门且仍处于不断变化之中。

(二)商业健康险在发展,但目标模糊且发展空间不清

据统计,2019年全国经营商业健康险的公司达到150家,在售健康险产品共4283款,其中,疾病保险和医疗产品数量约占98%,护理保险和失能损失保险产品各占1%左右②。2014—2018年商业健康险的保费收入年均增速达36.12%。2019年健康险保费收入为7066亿元,同比增长29.7%;赔付支出为2351亿元,同比增长34.78%③。这组数据反映了商业健康险在快速发展。然而,2013—2018年商业健康险赔付支出占全国卫生总费用支出比分别仅为1.3%、1.5%、1.9%、2.2%、2.5%、3.0%④,这表明商业健康险的快速发展主要是在低起点的基础上实现的,其发展滞后的格局并未根本改变。造成这种局面的原因主要有以下三个方面:

(1)市场主体动力不足,保险产品结构不良。由于保险市场供给主体偏少,传统的机动车辆保险、人寿保险等又能给其带来充足业务并赚取较为丰厚的利润,保险公司对关系复杂的健康险缺乏主动发展的积极性。目前,我国健康险市场上的保险产品主要集中于对基本医疗保险具有替代性的医疗保险、与基本医疗保险相衔接的团体补充医疗保险、重大疾病保险等,而存在较大需求的高额医疗费用保险、长期医疗保险以及护理保险等产品占比极低,健康预防管理服务的保险产品种类则更

---

① 申曙光,张家玉. 医保转型与发展:从病有所医走向病有良医[J]. 社会保障评论,2018(3).
② 陈晶晶. 健康险新规引入医疗意外险监管意在鼓励创新[N]. 中国经营报,2019-11-18.
③ 2014—2018年数据根据中国银行保险监督管理委员会网站公布的数据整理所得;2019数据来自周延礼. 开展突发公共卫生事件巨灾保险试点[N]. 证券时报,2020-05-20.
④ 许飞琼. 我国商业健康保险:进展、问题与对策[J]. 中国医疗保险,2019(11).

少。据统计，疾病保险和医疗产品数量约占98%，而护理保险和失能损失保险产品只占2%左右[①]，有的甚至是理财性质的产品。这种不合理的产品结构很难满足近2.5亿老年人群、约3.0亿慢性病人群的健康保障需求。不仅如此，商业健康险赔付率除2011年超过50%外，2012年至今各年均在40%以下，其中2016—2018年仅分别为24.75%、29.49%和32.00%，与美国同类指标高达80%相比，我国的赔付率水平明显过低[②]。可见，商业健康险发展滞后的主要原因是市场主体的内生动力不足，保险产品结构不良。

（2）政策导向使保险公司迷失了自主开发健康险的方向。近几年，商业健康险保费收入快速增长在很大程度上与政府要求保险公司经办属于社会医疗保险范畴的居民大病保险的政策有关。据统计，2007—2011年，全国商业健康险保费收入分别为384.00亿元、585.50亿元、573.90亿元、677.47亿元和691.72亿元，年均增长只有15.85%，低于保险行业同期总保费收入年均增长率2个百分点。但自2012年8月相关主管部门推动保险公司经办大病保险业务，特别是2015年国务院办公厅印发《关于全面实施城乡居民大病保险的意见》明确规制后，保险公司通过经办大病保险使自身业务迎来了爆发式增长。2012年，全国商业健康险保费收入为862.76亿元，2015年增长到2410.47亿元，2016年达到4042.50亿元，2018年进一步增长到5448.13亿元，2013—2018年商业健康险年新增保费复合增长率达到35.95%[③]。2018年，国家将居民医保人均新增财政补助中的一半用于大病保险，2019年，全国商业健康险保费收入同比增速达29.7%[④]。上述现象揭示了商业健康险对国家政策和居民大病保险的强依赖关系，进而揭示出目前的商业健康险是主要依附在法定医疗保险上的产物。

（3）互联网商业健康险出现恶性竞争现象。我国是互联网大国，通过"互联网+"的方式推销商业健康险亦成为保险公司拓展业务的重要途径。据统计，互联网健康险规模保费从2015年的10.3亿元增长到2018年的122.9亿元，增长了11倍，较之其他渠道销售的健康险产品增速更快。其中，费用报销型健康险2018年累计实现规模保费为64亿元，同比增长133.3%，占互联网健康险总规模保费的

---

① 戴梦希. 险企如何把握健康险发展机遇期[J]. 金融时报, 2019-02-20.
② 中国保险行业协会. 中国商业健康保险问题研究及政策建议课题报告[R]. 2018中国健康保险和健康产业发展论坛, 2018-07-26.
③ 苏向杲. 互联网健康险保费3年增长11倍费用报销型医疗险去年增长133%[N]. 证券日报, 2019-04-25.
④ 周延礼. 开展突发公共卫生事件巨灾保险试点[N]. 证券时报, 2020-05-20.

52.1%；重大疾病保险实现规模保费为 33.9 亿元，同比增长 68.7%，占 27.6%①。然而，在快速增长的背景下，互联网健康险产品同质化现象严重，一个产品全国通用，地方针对性不足，管理粗放，且价格战十分激烈。如 2018 年财产保险公司推出的短期健康险——"网红百万医疗险"，因激烈不正当竞争，造成了一批公司经营健康险的费用率高达 50%（美国该费率不超过 6%），导致经营者大幅度亏损。2018 年，有 4 家专业互联网财产保险公司健康险出现承保亏损，承保利润合计为 -4.11 亿元②。此外，一些专业性健康险公司在互联网市场上推出的健康险产品忽视健康管理与健康服务核心职能作用而具有准寿险产品的特征，其经营模式存在以牺牲健康险业务的利润来捆绑销售寿险产品的问题。

综上，作为多层次医疗保障体系重要构成部分的商业健康险尚未走出迷途，如果不能重构新的政策支持体系来矫正航向，那么其发展滞后的局面将无法改变，进而使多层次医疗保障体系建设目标无法实现。

（三）慈善医疗尚未引起关注，处于尴尬境地

在现行制度下，法定医疗保障还不能全面解除人们的疾病医疗后顾之忧，低收入困难群体又几乎不可能通过购买商业健康险来解决自负医疗费用问题，这使得建立在社会捐献基础上的慈善医疗成为现实需要，从而可成为我国多层次医疗保障体系建设中的一个独特层次。在美国，作为非营利性医疗保险服务机构的蓝盾协会，就以把高质量、可负担的医疗服务带给低收入人群、老年人和城镇居民为宗旨，在美国医疗保障体系中发挥了极为重要的作用。我国香港的东华三院、台湾的慈济医院都是在当地极有影响力的慈善公益医疗服务机构。其中，香港东华三院起源于 19 世纪 70 年代，依靠社会捐赠从一个庙宇内的小小中医诊疗亭逐渐成为香港地区规模最大的慈善机构之一。2003 年所提供的医院病床数为 3048 张，其中约有 600 张是免费提供给香港地区贫困居民的。目前的东华三院仍是香港地区最有名的中医诊疗之地，有中医及中西医结合医疗机构近 20 家③。台湾慈济医院是 1986 年由慈济基金会 20 万名成员捐资成立的，目前有 6 个院区、1 个门诊中心，不仅在台湾地区开展义诊服务，还到 44 个国家或地区义诊，惠及贫病对象年均超过 200 万人次④。

---

① 苏向杲. 互联网健康险保费 3 年增长 11 倍费用报销型医疗险去年增长 133% [N]. 证券日报, 2019-04-25.
② 苏向杲. 健康险保费上半年大增三成逼近 4000 亿元"网红百万医疗险"陷入"红海"搏杀态势 [N]. 证券日报, 2019-08-20.
③ 周雪婷. 香港第一家中医院——东华三院的百年守望 [EB/OL]. 新华社, 2018-09-16.
④ 台湾慈济慈善医院:救死扶伤扶助弱者 [EB/OL]. 凤凰网, https://fo.ifeng.com/special/simiaojianyy/xingyi/detail-2012-11/21/19398901-0.shtml.

在慈济医院的示范带动下，台湾地区其他财团企业、慈善机构也纷纷认定医疗事业是回馈社会的最好方式，并跟进开办新医院，这使得慈善公益医疗机构成为台湾地区医疗卫生服务的一支重要力量。

然而，我国大陆的慈善医疗发展并未引起重视。一方面，尽管2016年制定的《慈善法》蕴含了慈善医疗的内容，但迄今尚未出台过具体的促进慈善医疗发展的政策，现有慈善机构主要将慈善资源用于扶贫济困、赈灾及教育等公益领域。另一方面，伴随互联网的日益发达，人们通过众筹或其他网络募捐方式筹集医疗资金的行为日益增多，一些互联网平台也开设了相应的筹资渠道，这种方式既为部分困难群体筹集医疗资金提供了途径，也为一些网络骗局提供了土壤。如水滴筹作为国内知名的大病筹款、救助平台，通过线上筹款为大病患者筹款已逾200亿元，但也受到了一些质疑。通过网络平台筹集疾病医疗资金的欺诈性个案亦不罕见。还有个别医疗机构、企业或者个人通过慈善组织设立"爱心基金"，以免费医疗救助的名义诱导患者到基金"合作""定点""指定"的医院，进行治疗并收取高额费用，名为慈善救助实为牟取私利，给本来就经济困难的患者家庭带来更大伤害。为此，2018年10月民政部发出通知，要求依法查处以慈善医疗救助名义开展的非法营利活动，同时要求严格规范慈善医疗救助活动①。这是迄今为止我国有关慈善医疗的唯一政策性文件，其目的是惩治不法行为，并非规范、促进慈善医疗发展的政策性文件。

可见，在我国多层次医疗保障体系建设中，慈善医疗尚未真正进入国家视野，当前的自发行动表明我国不乏对疾病患者的关爱之心和可供动员的慈善医疗资源，但并未得到应有的政策支持，这显然不利于慈善医疗的发展。

## 三、构建多层次医疗保障体系的基本思路

前述分析表明，我国多层次医疗保障体系建设虽已开篇但还处于政策宣示热烈、实践效果不良的状态，要真正完成这一目标任务，关键在于适应新时代的发展要求，做好顶层设计，尽快促使法定医疗保障制度定型，同时在发展商业健康险、慈善医疗方面精准发力，并为不同层次的医疗保障创造优良环境。

### （一）做好多层次医疗保障体系的顶层设计

多层次医疗保障体系涉及政府、市场与社会，涉及多种法律规制和多个主管部

---

① "爱心基金"合作医院骗取患者高额费用民政部发文加强慈善医疗救助监管[EB/OL]. 人民网, http://sn.people.com.cn/n2/2018/1029/c378287-32216975.html.

门，如果缺乏科学的顶层设计便不可能有完整的发展思路。以往社会医疗保险与商业保险相互交织，使两大制度都受到了不利影响，是应当吸取的教训。因此，多层次医疗保障体系建设的当务之急便是做好顶层设计。

在本文的第一部分，笔者提出的四个层次架构可为我国多层次医疗保障体系建设提供基本思路，其中补充医疗保险往往由用人单位购买商业健康险来实施，故在层次结构与功能定位上可纳入商业健康险层次。因此，本文将多层次医疗保障体系分为三个层次，即政府主导或负责的法定医疗保障、市场主导的商业健康险和社会力量主导的慈善医疗。如果法定医疗保障能全面满足人们的疾病保障（如免费医疗）需求，多层次医疗保障体系就失去了存在与发展的重要意义；如果不能全部满足这种需求，则剩下的需求便只能自我负担或通过商业健康险与慈善医疗来满足。在顶层设计中，应当明确下列三个核心问题。

（1）明确三个层次的功能定位。处在第一层次的法定医疗保障主要是指面向全民的基本医疗保险，医疗救助是对基本医疗保险制度的补充，其体现的是政府的主导责任与社会公正诉求，它作为多层次医疗保障体系的主体构成部分，应当坚持普惠、公平、保基本的原则，在全国范围内统一筹资标准与待遇标准，满足全体人民的疾病医疗（含大病）基本需要。商业健康险通过市场机制提供，解决的是人们的个性化医疗保障需求并可以拓展到健康服务，满足有需要者（主要是中高收入群体）的需要，可以视为更高层次的医疗保障。慈善医疗则是动员社会力量组织民间资源，奉行利他主义与互助原则，面向有需要的低收入群体的援助机制。对多层次医疗保障体系而言，法定医疗保障制度是根本所在，发展商业健康险是关键，慈善医疗是补充。

（2）明确三个层次的比例结构（目标）。一个科学的顶层设计，不仅要有明确的结构与清晰的功能定位，还应当有相应的比例结构目标。尽管人们对医疗保障的需求有别，如低收入群体通常只关注疾病医疗问题，中高收入群体则还会更加关注健康管理及相关服务，但总体而言仍然可以设定一个总的目标，并在总的目标内对不同层次所占份额加以明确，以此作为政策支持的基本依据。与其他民生保障相比，疾病医疗保障是据需提供，保障水平低，不足以解除人民疾病医疗的后顾之忧，保障水平过高则会导致资源浪费。因此，在政策目标上，笔者认为可以假设整个疾病医疗费用为100%，其中，基本医疗保险的保障水平以达到医疗费用的80%左右为宜，商业健康险以10%~20%为宜，慈善医疗仅对困难群体起援助作用。这样界定的基本依据在于：一是基本医疗保险是我国多层次医疗保障体系的主体，它覆盖全民，应当从根本上解除全体人民的疾病医疗后顾之忧，但又并非免费医疗服务,让其达到80%左右的份额是必要的,也是合适的,更是广大人民群众所期盼的;二是商业健康险虽然在目前所占份额偏低,但根据德国、日本等国的经验,在法定的基本医疗保险解决全民基本医疗保险需求后,能够满足居民多样性、个性化的疾病医疗与健康服务需求的只能是商业健康险。伴随全面建成小康社会目标的实现,越来越多的人会日益重视通过商业保险市场来选择能够满足自身需求的商业健康险产品。做出上述理论假设的目的,是为政策体系的完善提供目标导向。

(3) 设定相应的政策评估指标。对法定医疗保障而言,应从保障水平封顶转化成个人自负费用封顶,根据医疗费用对个人生活的影响程度与个人及家庭的承受力,以个人自负医疗费用不超过20%为宜,因此我国还需要进一步提高法定医疗保障的保障水平。至于商业健康险的补偿水平,以达到全国卫生总费用的10%(即发达国家的平均水平)左右为宜。

(二) 尽快促使法定医疗保障制度定型

基本医疗保险事实上决定着其他层次医疗保障的发展空间,只有尽快优化这一制度,市场主体才会有清晰的发展空间和开拓自己业务领域的动力。

(1) 明确基本医疗保险制度的保障责任。在坚守待遇公平的条件下切实解决全体人民的基本医疗保障问题,为所有人提供清晰、理性、稳定的安全预期。只有明确了法定医疗保险的保障水平,才能避免人们对其寄予超高的期望,中高收入群体才有通过商业健康险等寻求更好的医疗保障与健康服务的动机,市场主体才会有清晰的发展空间和开拓自己业务领域的清晰目标。如家庭医生上门诊疗、住舒适的病房以及诊疗之外的健康管理服务等,就只能通过商业健康险途径解决或者自己付费。

(2) 加快优化基本医疗保险制度。包括:通过取消职工医保个人账户以强化其互助共济功能,通过提升个人缴费标准以促使筹资责任走向相对均衡,通过积极稳妥地推进退休人员缴费以增强制度的筹资能力,通过提高基本医疗保险的统筹层次以促使制度更加公正和疾病风险更加分散,通过完善医保支付方式促使医疗费用得到合理控制等,这些均是加快实现法定医疗保险制度走向定型的必要举措。

(3) 让大病保险回归居民基本医疗保险本位。鉴于居民大病保险本质上属于居民基本医疗保险,在构建我国多层次医疗保障体系时,应让其回归本位,并从委托保险公司经办收归社会医疗保险经办机构统一经办,这是居民基本医疗保险制度走向定型的关键,亦可倒逼保险公司全力开拓商业健康险市场。

(4) 将医疗救助制度作为服务相对贫困人口的长久机制并加以完善。基于疾病是贫困与返贫的重要致因,我国应当加强医疗救助制度的建设,包括加大国家财政的投入力度，同时让其与低保标准脱钩，将处于相对贫困状态的低收入困难群体悉数纳入，这样才能更加有效地保障低收入群体的疾病医疗。

（三）着力发展商业健康险

基于我国商业健康险发展滞后的事实，合理的政策取向包括以下三个方面。

（1）尽快完善相关政策，做到精准发力、精准引导。一是明确政策鼓励的商业健康险业务空间。可将超过基本医疗保险政策范围的医疗保障需求、健康服务需求和基本药物与医用耗材目录之外的药品及耗材等明确为商业健康险的发展空间。二是增加健康险市场的供给主体，通过政策引导与强化市场竞争等手段，激发其开发"适销对路"的医疗与健康保障系列产品，以满足社会成员的个性化需求，同时使其能通过这种业务的开拓实现自己的利润目标。政府的职责重在维持市场秩序和公平交易。三是加快制定商业健康险行政法规，为商业健康险发展提供更精准、更有力的法律与政策支持。

（2）将公务员医疗补助与职工补充医疗保险转化为商业健康险。根据现行政策，公务员享有医疗补助待遇，但这种待遇通常只有其门诊疾病医疗费用达到一定额度时才可享有，使得这部分资源无法用于个人自主购买商业健康险服务。而职工补充医疗保险仍附属于基本医疗保险，未能与商业健康险市场直接对接，限制了商业健康险的发展空间，也妨碍了个人选择的自由。因此，将公务员医疗补助和职工补充医疗保险转化为商业健康险业务来源，不仅有利于公务员与职工拥有更大的选择保险服务机构的自主权，进而获得更好的医疗保险服务，而且可以使商业健康险机构拥有具有相应支付能力的稳定客户群，进而形成有规模的健康险市场，这将是支撑整个商业健康险市场发展的有效力量。

（3）激发保险公司的内生动力。一是让保险公司按照市场规则发展商业健康险业务，可以受托经办社会医疗保险，坚持本源职责，以开拓商业健康险市场为己任。二是督促保险公司开发"适销对路"的产品，以满足人民群众的个性化医疗保障需求。如开发针对不同年龄、不同性别、不同行业、不同收入群体、不同知识水平的"适销对路"的健康险产品，加快长期和终身医疗费用保险产品或线上线下"按需定制"各类专属保障产品的开发，这一潜在的庞大市场就可以转化为现实市场。三是充分发挥商业健康险管理疾病风险的优势，在预防疾病和个人健康管理方面发挥作用，这是提升其保障功能和服务水平的必由之路。四是夯实技术支撑。在充分保障公民个人隐私的前提下，基于大数据与互联网技术为潜在客户量身定做涵盖运动健身、健康体检、疾病预防、健康咨询、疾病治疗、费用报销、康复护理等的健康险产品，更好地满足社会成员的个性化、差异化需求；同时应用新技术，有效延展健康险的服务空间,推动医疗服务重心由"治病"向"防病"转变。

如果能够在上述三个方面同时发力,必将促使商业健康险进入优质、快速发展的新境界。

(四)有序促进慈善医疗的发展

借鉴美国等国和我国香港、台湾地区的做法,为慈善医疗提供更加清晰、具体的政策指引。

(1)对慈善医疗实施明确的特殊优惠政策。疾病是导致贫困的主要原因,促进慈善医疗的发展应当纳入《中华人民共和国慈善法》中的"扶贫、济困"范畴并"实行特殊的优惠政策"。建议国家医疗保障局与民政部、财政部联合出台相关政策,将慈善医疗参与多层次医疗保障体系建设列入优先领域并给予相对优厚的财税政策支持,这不仅符合《慈善法》的规制,也符合慈善减贫的鼓励方向。

(2)支持成立慈善公益医疗机构。国家应当出台专门的政策,鼓励与支持设立慈善公益医疗机构,让其在为城乡居民提供医疗卫生服务的同时,能够为困难群体提供免费医疗服务。

(3)规范、引导网络慈善支持困难患者解决相关医疗费用问题。建议出台相关政策性文件,明确规范、引导基于援助困难患者的网络募捐行为,强化网络平台的责任,并加强监管,对有益的网络慈善医疗活动加以倡导,对违背公益慈善宗旨和非营利目的的募捐活动加以处罚,促使网络慈善医疗健康发展。

(五)为多层次医疗保障体系建设创造有利的环境条件

一方面,鉴于医疗卫生服务与医药领域的失范容易造成医保风险失控,国家有必要加快完善对医疗机构与医药供应的有效治理,解决医疗行为失范和过度医疗、药价虚高等问题,为各层次医疗保障发展创造有利条件。在这方面,近年来集体谈判、带量采购等方式已在药品价格合理控制方面收到了很好效果,以后还应扩大应用范围,并加快扩展按病种、DRGs付费的范围,真正促使整个医疗卫生服务价格回归正常。同时,还应当形成医保、医疗系统的合力,着力强化基层医疗服务机构建设,促使分级诊疗成为现实[1]。

另一方面,要重视信息共享机制建设和共同技术支撑。国家应尽快推动公共卫生信息、人口结构与疾病谱变化、医保信息等共享平台的建设,进一步加强诊疗、用药及健康服务等标准化建设,强化智能化监督机制,为不同层次医疗保障机构提供有效的信息与技术支撑。这不仅有利于节约制度运行成本,也能够调集各方之力

---

[1] 申曙光,杜灵. 我们需要什么样的分级诊疗[J]. 社会保障评论,2019(4).

达到综合效能最高的境界。

### 参考文献

[1] 郑功成. 多层次社会保障体系建设：现状评估与政策思路[J]. 社会保障评论,2019(1).

[2] 郑秉文. "多层次"医疗保障体系三大亮点与三大挑战——抗击疫情中学习解读《中共中央国务院关于深化医疗保障制度改革的意见》,中国医疗保险,2020(4).

[3] 仇雨临,王昭茜. 全民医保与健康中国：基础、纽带和导向[J]. 西北大学学报(哲学社会科学版),2018(3).

[4] 顾雪非,赵斌,刘小青. 全民医疗保障体系：成就、形势与展望[J]. 中国发展观察,2019(6).

[5] 段迎君,李林. 我国多层次医疗保障体系及其衔接——基于5个典型城市的分析[J]. 中国卫生事业管理,2013(1).

# 第二节
# "保险姓保"：理论溯源与价值回归[①]

岑敏华　罗向明　张　伟

## 一、引言

近年来，有的保险公司运用高杠杆资金在资本市场上频频举牌上市公司，引发了社会各界高度关注的万科股权之争，关于"保险姓保"的问题引起了保险理论界、实务界的广泛讨论和监管部门的高度重视。其实"保险姓保"是一个基本常识，是保险业产生和发展的基础。"保险姓保"之所以成为近期的热门话题，是由于部分保险公司未能充分认识到保险的基本职能，其经营偏离了保险发展的方向，没有坚持保险风险保障的基本发展理念，若任其发展下去，必将影响到保险行业的偿付能力，进而有可能发生系统性风险。本文回顾保险业的起源与发展，研究保险在经济发展过程中的价值体现，阐述中国保险业如何回归"保险姓保"，提出推动保险市场和保险业健康、持续发展的思路与建议。

## 二、保险起源和发展中"保险姓保"的价值体现

现代保险起源于海上保险，其精髓是损失的分摊与赔偿。魏华林和林宝清（2011）指出：保险是集合具有同类危险的众多单位或个人，以合理计算分担金的形式，实现对少数成员因该危险事故所致经济损失的补偿行为。保险的本质是为投保人提供一种风险保障。忽略保险的风险补偿功能将会偏离保险业的基本价值

---

[①] 岑敏华（1966—），女，广东南海人，副教授，供职于广东金融学院；罗向明（1963—），男，广东梅州人，博士，教授，供职于广东金融学院；张伟（1980—），男，湖南株洲人，副研究员，供职于广东金融学院。

本文受到国家社科基金项目"失独老人的养老保障模式与政策扶持机制研究"（项目编号：14BSH142）、广东省软科学研究项目"网络众筹与科技保险协同视角下科技型中小企业融资机制创新研究"（项目编号：2016A070705070）、教育部人文社科基金项目"基于农村环境保护视角的农业保险绿色补贴机制研究"（项目编号：13YJA630062）、广东省自然科学基金自由申请项目"广东双转移的环境风险循环扩散效应与环境污染保险补偿机制研究"（项目编号：2014A030313661）的资助。感谢匿名审稿人的宝贵意见。文责自负。本文已发表于《南方金融》2017年第5期。

取向。

（一）保险的起源及其功能

现代保险起源于14世纪后半叶意大利的海上保险。作为当时世界贸易中心，意大利吸引了各行各业的商人云集于此经营生意。对国际贸易的巨大风险尤其是海上运输风险与损失包括共同海损分摊的处理，促进了保险的起源和保险业的发展。由此可见，保险的诞生基础是国际贸易存在的巨大风险和保险机制提供的风险保障。

1666年9月2日发生的伦敦大火燃烧了五天五夜，烧毁了伦敦城80%的建筑物，这场灾难催生了现代火灾保险公司的诞生与发展。18世纪后期的工业革命实现了从传统农业社会转向现代工业社会的重要变革，城镇化的发展必然带来产业工人的工伤意外和城镇居民的医疗以及养老保险问题，而当时统计学和概率论成为应用数学并在保险业中得以运用，以生命表和年金利率为计算基础，诞生了保险精算并开创了人寿保险发展的新纪元。人类社会风险的变化和保险业工具的运用，共同推动了保险业的发展。可见，保险工具运用是以保险的经济补偿或保险保障为前提的。

随着社会经济的发展，保险学的理论研究从单一的风险损失与保险补偿延伸到以国民经济为大视角的综合保险学，保险与社会政策、国家治理、国家命运连接在一起，保险功能成为保险理论研究的重点。保险功能是保险本质的客观要求（许飞琼，2012）。长期以来，各国的保险理论研究者对保险功能有不同的评价：单一功能论认为，保险只有经济补偿这一种功能；基本功能论认为，保险同时具有分散风险和经济补偿这两种功能；二元功能论则认为，保险具有补偿功能和给付功能。随着保险业在现代社会经济中的不断发展，还出现了多元功能论，即保险不仅具有上述的各项功能，还具有给付保险金、积累资本、资金融通、储蓄、防灾防损、社会管理等功能。无论是哪一种功能论，保险最基本的功能即经济补偿功能是不可或缺的。国内学者林宝清（2004）认为，保险有四种功能：分散风险、补偿损失、积蓄保险基金和监督危险，并将分散风险与补偿损失界定为保险的两个基本功能。魏华林（2004）从保险发展的历史视角对保险功能的演变进行研究，认为社会管理功能是保险发展到一定历史阶段的自然产物，它并不是伴随保险的产生而出现的。卓志（2004）则提出，经济损失的补偿和给付是保险的自然职能和基础职能，是保险的价值本源，而社会管理、资金融通等其他职能是在保险价值本源基础上派生出来的职能；这些派生职能并不是对保险价值本源的否定，更不能因为在某一阶段派生职能体现出的重要性而忽略了价值本源的基础性地位和决定性作用。从上述文献可见,虽然不同学者对保险功能有不同的观点和认识,但是几乎所有学者都认为,从保险功能履行过程中所发挥出来的特有经济和社会影响来看,保险的经济补偿功能(或给付功能)是最基本的功能,也是保险业产生和发展的根本原因。

（二）保险的发展及其价值体现

2014年8月《国务院关于加快发展现代保险服务业的若干意见》明确提出,保险既是风险管理的基本手段,同时也是现代经济发展不可或缺的重要产业,更是体现社会文明发展水平、社会经济发达程度以及社会治理能力的重要标志。改革开放40多年来,我国保险业取得了快速发展,服务社会经济的领域不断拓展,为保持社会经济平稳快速发展、保障广大人民群众生命财产安全做出了重要贡献。

我国保险业从1980年全面恢复,当年的保险费为4.6亿元。2014年《国务院关于加快发展现代保险服务业的若干意见》发布后,我国保险业快速发展。2015年全国保费收入为2.43万亿元,保费收入超过英国,位居世界第三;保险业总资产为12.36万亿元,较上年年末增长21.66%。2016年全国保费收入为3.1万亿元,保费收入超过日本,位列世界第二;保险业总资产为15.10万亿元,较上年年末增长22.2%。

在保费收入的背后,还需要注意其他一些数据,比如赔款与给付、保险资金运用余额、保险保障的额度,以及缴纳的税收、保险行业的就业人口等。特别是在近几年经济增长下行压力较大的背景下,保险业在吸纳社会就业方面做出了很大贡献。2015年,我国保险业新增就业人员180万人,2016年1—4月又新增就业人员56万人[①]。此外,在保险业支持下发展的养老社区、健康产业、长期护理等衍生业务,也提供了大量的就业岗位。可见,创建新的就业岗位、吸纳就业人口,已经成为保险业的重要衍生职能。

风险管理是保险最核心的功能,保险最基本的功能体现为经济补偿(孙积禄,2005)。"保险是将损害由少数人的重负担变成多数人的轻负担",这是15世纪英国女王伊丽莎白在颁布的一份诏书中对保险所做出的定义,这一经典定义明确指出了保险的本质特征。1933年4月9日《申报》人寿保险专页刊登了胡适对人寿保险的精辟论述:保险的意义只是今天作明天的准备,生时作死时的准备,父母作儿女的准备,儿女幼时作儿女长大时的准备,如此而已。今天预备明天,这是真稳健;生时预备死时,这是真豁达;父母预备儿女,这是真慈爱。能做到这三步的人,才能

---

① 人民日报(海外版)[EB/OL]. http://paper.people.com.cn/rmrbhwb/html/2016-06/15/content_1687628.htm,2016-06-15(02).

算作现代人。

"保险姓保"是保险的本质,风险管理和经济补偿才能真正体现出保险的价值。保险业适度开展居民的财富管理业务是保险业发展到一定程度后社会风险管理的一部分,但绝不是主流业务,不能本末倒置。任何偏离"保险姓保"和脱离保险经济补偿功能的行为,都会使保险失去其最本质、最基本的功能,从而导致保险行业失去其存在的基础和价值。目前,我国保险市场上个人健康保险、巨灾保险等险种的业务拓展正在稳步推进,大病保险业务也已在全国范围内全面铺开,各级财政补贴下的政策性农业保险覆盖面持续扩大,以环境责任保险和食品安全责任保险为代表的责任保险产品体系越来越完善,保险的经济"助推器"和社会"稳定器"作用日益加强,"保险姓保"逐渐凸显出保险本身的内涵价值。

### 三、推动保险业回归"保险姓保"的实现路径

(一)贯彻依法治国方略,逐步完善现代保险业的法律制度

保险的诞生与发展依靠的是法律的逐渐完善,保险业务从承保到理赔无一不是依据法律规定和保险条款来执行的。固然,由于保险的复杂性和天然带来的信息不对称、赔款和给付的滞后性等,保险纠纷时有发生,但作为保险行业价值根基的"保险姓保",从来都是保险机构及保险监管部门追求的目标。这次"保险姓保"问题引起社会的极大反响,缘于部分保险机构在资本市场上的乱作为,扰乱了资本市场秩序、损害了实体经济。虽然监管部门不支持这些保险机构的作为,但是仍然缺乏法律法规明确禁止此类险资的乱作为。因此,立法机构和监管部门应加快制定法律法规和规范性文件来防范"野蛮人"的行为。

在低利率环境下,如果保险业未能把风险管理与经济补偿作为基本功能,过度参与资本市场运作甚至在资本市场快进快出,保险业可能会面临资产负债不匹配风险和流动性风险,如果投资端收益持续下滑,则整个保险业可能会遇到比1997年更为严重的利差损。现在的保险市场规模远远超过20世纪90年代中期,如果再出现类似的情况,则可能发生严重的系统性风险。保险业已经从单一保险业务发展到兼营银行、证券、投资等各类金融业务,保险公司也开始向集团式混业经营转变。规范保险业的发展、体现"保险姓保",必须根据保险业发展的现状,从大保险的角度出发,制定相关的法律法规和监管制度以及保险市场、资本市场跨市场的交易规则。

(二)增强社会公众的保险意识,逐步扩大保险保障的覆盖面

社会公众的风险意识和保险意识是保险业发展的重要基础。我国全面恢复保险

业以来取得了巨大的成绩,但是保险业目前仍处于发展的初级阶段,全社会的风险意识不强,保险保障的覆盖面有待扩大。历次重大事故发生后保险所起到的保障作用不足,比如在2008年汶川地震、2015年"8·12"天津港大爆炸等巨灾事故中,无论是对人身伤害还是对财产损失,保险赔偿均未起到保险应该有的作用或体现出保险业应该有的地位。鉴于此,要全面提升全社会公众的保险意识,不断扩大保险保障的覆盖面。要发挥各类新闻媒体对保险业的正面引导作用,鼓励传统的广播电视媒体、平面纸质媒体以及新兴的互联网媒体等,创办专业的保险频道或保险类栏目,在全社会范围内形成学保险、懂保险、用保险的良好社会氛围。此外,还需加强大中专院校、中小学学生的风险意识和保险意识教育,为保险业长期发展奠定坚实基础。

(三)完善保险经济补偿机制,创新社会管理模式

2014年《国务院关于加快发展现代保险服务业的若干意见》指出:要以服务于国家治理体系和治理能力现代化为立足点,把发展现代保险服务业放在经济社会工作整体布局中统筹考虑,以满足社会日益增长的多元化保险服务需求为出发点,使现代保险服务业成为完善金融体系的支柱力量、改善民生保障的有力支撑、创新社会管理的有效机制、促进经济提质增效升级的高效引擎和转变政府职能的重要抓手。保险以商业形式实施社会治理,可以优化政府与市场多元治理的格局(李晓林,2015)。当前,要以保险的基本功能即经济补偿功能为基础,大力发展环境责任保险、食品安全责任保险、政策性农业保险、重大疾病保险等险种,帮助各类企业和社会公众运用商业保险这种市场化的手段分散风险,提高全社会抵御各类风险的能力,让保险服务社会治理体系建设、参与社会保障制度建设,构建高效率的社会管理机制,体现保险的社会"稳定器"和经济"助推器"作用。

(四)明确风险保障的目标,遵循保险资金运用稳健审慎原则

随着保险业的不断发展,其经营技术日趋成熟,费率精算厘定愈加准确,保费收入与风险相对平衡,承保利润下降或略有亏损,保险的金融属性就愈加明显,而保险投资是保险金融属性的集中体现。从保险的本质来说,保险资金是互助基金,目的是用于弥补参保成员的损失,通过保险业务获取高额回报不符合保险的本质。但是保费收入与保险赔款滞后性所带来的时间空间不匹配性,使保险派生出另一项功能即资金融通功能,从而使保险公司兼具了基金管理公司的职能。资金融通功能可以降低保险公司整体经营和积累保险基金的机会成本,实现保险基金的保值增值,增加保险公司盈利,为降低保险费提供物质条件。

保险业经营的对象是风险,而风险的不确定性将给保险公司的经营带来不确定

性。因此，保证保险公司的即时偿付能力、保险公司稳健经营和实现风险保障，是保险资金运用的首要目标。资金融通功能不是保险的基本职能，将派生职能等同于基本职能，把保险当成单一的"融资平台"背离了保险业的根本。近几年，部分保险公司发生的"长钱短配""短钱长配"和跨界并购风险，给保险业发展带来了更多的不确定性，长此下去可能会发生区域性风险甚至系统性风险。因此，要继续坚持风险保障的目标，遵循保险资金运用的稳健审慎原则，否则最终损害的是整个保险业的长期可持续发展。

## 四、推动保险业回归"保险姓保"的若干对策

（一）强化偿付能力监管，严防系统性风险

自2016年第一季度起，《中国第二代偿付能力监管制度体系建设规划》（以下简称"偿二代"）正式实施。这套监管体系不仅采用了国际通行的三支柱框架，并且在资产负债评估框架、三支柱的逻辑关联、风险综合评级（IRR）、寿险合同负债评估、市场约束机制、风险分层理论、风险管理要求与评估（SARMRA）等多个方面实现了制度创新，充分体现了中国作为新兴保险市场的重要特征。经过一年来的实施，已初步证明了中国"偿二代"监管体系的科学合理性，实现了预定的建设目标。保险监管部门应当进一步强化对保险公司的偿付能力监管，特别是对于那些业务结构不合理、单类业务规模占比较大的中小型保险公司，应当制定更为严格的偿付能力监管标准，甚至可以考虑对风险较大、比重较高的投资连结保险业务制定专门的监管政策。

（二）鼓励发展保障型（消费型）业务，限制短期储蓄型业务

2016年，我国登记的保单大概有14亿张，保单量看起来非常庞大，然而其中只有4000多万人购买长期寿险保单，[①] 这表明了当前我国保险市场业务结构失衡问题的严重性：保费规模虽然很大，但承担的保险责任却相对很小，相当一部分的保单都偏离了保险的基本保障属性。所谓的保险并不是真正的保险，而是理财或变相的储蓄，真正的保险保障需求与保险费严重不匹配。如果不及时对这种业务结构失衡的情况加以调整，一个可以预料到的结果是：今后将会有相当一部分保险公司进一步偏离保险的基本保障功能，变身为专业理财公司或投资机构。为此，坚持"保险姓保"，监管部门有必要合理制定业务规划，加快业务结构的调整，发展保障型业务或长期储蓄型保险产品，限制销售短期储蓄型产品，让保险回归到保险保障的

---

① 资料来源：央广网［EB/OL］. http://china.cnr.cn/ygxw/20160905/t20160905_523112207.shtml。

本位。

(三) 加强政策引导和支持,大力发展关系国计民生的保险业务

加快构筑保险民生保障网,完善多层次社会保障体系,对农业保险、责任保险等险种加大政策引导和支持力度;以制度建设为基础,以商业保险为平台,以多层次风险分担为保障,建立和完善我国巨灾保险制度(朱伟忠、吴茜、陈敬元,2016)。鼓励保险公司积极发展各类重大疾病保险、医疗责任保险、长期护理保险和失能收入损失保险等商业健康保险产品,通过丰富上述各类健康保险品种和保障,使之与目前的基本医疗保险形成互补效应(刘海兰,2016)。强化责任保险化解矛盾纠纷的功能作用,并积极探索开展强制责任保险试点,通过市场化手段加强社会风险管理,全面提高社会抵御风险的综合能力,充分发挥保险的社会风险管理职能,提高应对安全生产事故和突发事件的应急管理水平。以大病保险为例,广东保监局公布的数据显示,2014年广东为省内6700多万城乡居民提供了大病保险保障,是国内第一个实现大病保险全省覆盖的省份。所有的项目均实行城乡一体化管理和市级统筹,在部分经济发达的地级市还建立了全面覆盖城乡居民和城镇职工的大病保险制度。2013—2016年,广东保险业累计支付的大病保险赔款总额达到50多亿元,有超过60万的投保人获得了大病保险理赔。下一步要通过国家政策的引导与支持,促进各类商业保险成为社会保障体系的重要组成部分,让保险作为"社会稳定器"和"经济助推器"的作用得到充分体现。

## 五、结束语

随着经济全球化、金融一体化的发展,无论是保险行业经营还是监管方面都出现了很多有利于整个保险业发展的创新。保险业在坚守"保险姓保"的基本原则基础上与资本市场融合是不可阻挡的潮流。通过资本市场筹集资金、壮大保险行业的实力,可以提高保险公司的偿付能力和承保能力,更好地支持实体经济,同时推动保险业长期稳健运行。但是保险业与其他行业相比有其特殊性,保险业经营的是风险,而风险的补偿带有长期性,因而必须保证保险资金的流动性需求,否则如果资本市场出现失灵,就可能加大保险业的投资风险,整个保险业都会遭受重创,带来系统性风险。因此,保险行业一方面要坚持谨慎投资原则,强化风险防控机制,建立不同业务之间的防火墙;另一方面要坚持"保险姓保",坚守保险的核心价值。同时有关部门应健全法律法规、完善监管制度,使保险资金成为维护资本市场稳定、促进实体经济发展的重要力量。

### 参考文献

[1] 魏华林,林宝清. 保险学[M]. 北京:高等教育出版社,2011.

[2] 许飞琼. 重温马克思的保险思想:兼论我国保险业的发展[J]. 马克思主义研究,2012(4).

[3] 林宝清. 论保险功能说研究的若干逻辑起点问题[J]. 金融研究,2004(9).

[4] 朱伟忠,吴茜,陈敬元. 广东建立巨灾保险制度的可行性研究[J]. 南方金融,2016(3).

[5] 魏华林. 论人类对保险功能的认识及其变迁[J]. 保险研究,2004(2).

[6] 卓志. 论保险的职能与功能及在我国的实现和创新[J]. 保险研究,2004(1).

[7] 孙积禄. 保险利益原则及其应用[J]. 法律科学,2005(1).

[8] 李晓林. 保险是社会治理的实施者[J]. 中国金融,2015(4).

[9] 刘海兰. 医疗责任保险的运行模式及机制优化:基于广东案例的研究[J]. 南方金融,2016(9).

## 第三节
## 论地方政府在农业保险中的职责和权力[①]

庹国柱[②]

中国政策性农业制度建立14年了,这是农业保险发生翻天覆地变化的14年。这个制度下的一系列保险产品虽然还不能为农户提供充分的补偿,但是在一定程度上为中国农业现代化发展解决了风险补偿问题,也为乡村振兴战略的实施提供了丰富多彩的越来越坚强的风险保障。刚刚过去的2020年,农业保险为农业提供的风险保障达到4.13万亿元,以保费计算的市场规模达到814.93亿元,为农户提供的风险补偿为616.56亿元,分别比2019年增长8.54%、21.18%和10.07%。按照人民币对美元的汇率为6.5,中国农业保险保费是125.37亿美元,同年美国的农业保险纯保费是100.62亿元,即使其管理费补贴17%,其总保费也不过117.72亿美元。也就是说,2020年我国农业保险市场规模超过美国,成为全球第一,这是值得高兴的。

不过,我们建立的这种政府与市场合作的政策性农业保险制度还不完善,作为这个制度主导的政府方面,有许多需要解决的问题,特别是地方政府,到底应该在这个制度中发挥什么作用?具体的职责和权力是什么?虽然都知道个大概,但并不是非常明确,在执行过程中未免失当,影响了农险制度效率的提高。本文主要就地方政府在农险制度中的某些需要探讨的不当权力使用,做一些讨论。这里所讨论的地方政府,主要是省级和县级政府。

### 一、中国农业保险制度的双层机制设计

中国政策性农业保险制度,吸取了美国的"政府+市场"的制度模式,但是也吸收了加拿大的央地双层机制设计,中央层面负责制度供给,解决体制机制问题,

---

[①] 本文原载于《农村金融研究》2021年第3期。
[②] 庹国柱,首都经济贸易大学保险系教授、博士研究生导师、农村保险研究所所长,《保险研究》编委、《中国保险》编委等职。从事保险学教学和研究30多年,主要研究农业保险、车险、保险市场等问题。近10多年来,主持完成国家社科基金、自然科学基金研究项目、保监会等部委委托的研究课题10多项,出版专著《中国农业保险与社会保障制度研究》《我国"三农"保险创新与发展研究》《保险经济学》(译著)、《庹国柱农业保险文集》《庹国柱农业保险文集(续)》,主编教材《保险学》《年金保险》《农业保险》等26部,发表论文300多篇,获得省部级科研成果一、二、三等奖多项。

通过立法和制定政府支持的各种政策，特别是财政税收政策、监管政策和多部门配合政策，鼓励和引导地方政府举办符合本地实际的政策性农业保险。省及省以下的地方政府负责实施农业保险。

（一）地方政府担责的法规和政策依据

从这些年的实践来看，就某种意义来讲，在这个政策性农业保险制度中，中央政府主要决定着农业保险市场发展的方向和速度，地方政府主要决定着农业保险市场发展的秩序和质量。农业保险高质量发展，虽然需要中央进一步的政策支持，但是"重头戏"在地方政府。可以这样说，在法规和政策确定的条件下，农业保险能不能实现高质量发展，取决于地方政府。那么，地方政府，特别是省级政府和县级政府在农业保险中，到底应当发挥什么作用和担当哪些职责呢？

根据笔者对法律法规的理解和10多年时间的观察与研究，对省级政府而言，主要是：①根据本省的农业和农村经济结构及财政实力，确定本省的经营模式和市场组织结构；②制定本省的农业保险发展规划；③确定本省的保险标的、补贴范围和标准；④依据法规政策确定农业保险在本省的运行规则；⑤建立本省农业保险大灾准备金；⑥根据法律法规和运行规则，实施对本省农业保险运行的全方位监管。

对于县级政府而言，主要是：①因地制宜地落实省政府的农业保险发展规划；②接纳经营机构在本县开展农业保险业务；③协助保险经营机构进行组织、宣传和动员，力争实现"应保尽保"；④执行上级政府关于农业保险的法规和政策；⑤代表央地政府给农户补贴保险费并与保险公司结算；⑥维护投保农户的权益，力争做到"应赔尽赔"。

央地双层机制设计，在很大程度上是考虑我们国家的治理模式以及财税体制的现状。无论是国家治理模式还是财税体制，我国都不同于美国，所以不可能采取美国那种联邦政府单层治理模式。而我国的税务体制，倒是有点类似于加拿大。加拿大是联邦制，各省有独立的公民和财产权力，也是采取联邦政府和省政府分税制度。所以加拿大在设计农业保险制度的时候，就采取央地两级立法，联邦政府立法确立农险制度的框架与联邦政府的财政补贴责任和监管、获取统计信息的权力，地方政府立法负责具体实施，与联邦政府签订协议，选择联邦政府补贴的方式和比例，并向联邦政府提供预算和统计信息。我国的农业保险制度的央地双层设计，很像或者可能是借鉴了加拿大的体制建设经验。

我国政策性农业保险制度设计，最初的表达是在《农业保险条例》的第一章"总则"里，但是限于实践，只是笼统和概括地反映在"政府引导""自主自愿"

和"协同推进"几项原则与第三条"省、自治区、直辖市人民政府可以确定适合本地区实际的农业保险经营模式",第四条"国务院保险监督管理机构对农业保险业务实施监督管理""国务院财政、农业、林业、发展改革、税务、民政等有关部门按照各自的职责,负责农业保险推进、管理的相关工作",第五条"县级以上地方人民政府统一领导、组织、协调本行政区域的农业保险工作,建立健全推进农业保险发展的工作机制。县级以上地方人民政府有关部门按照本级人民政府规定的职责,负责本行政区域农业保险推进、管理的相关工作"等条文中,没有见到更详细的规范,特别是对于县级政府的职责没有提及。

根据财政部的解释,这里"政府引导"是要通过央地政府的"保险费补贴等政策支持,鼓励和引导农户、农业生产经营组织投保农业保险",央地政府的补贴责任是有具体规定的(见2016年出台的《中央财政农业保险保险费补贴管理办法》)。"自主自愿"是"农户、农业生产经营组织、经办机构、地方财政部门等各方的参与都要坚持自主自愿,在符合国家规定的基础上,申请中央财政农业保险保险费补贴"。(文件同上)表明除了农户和经营农险公司自愿之外,地方政府也要自愿才行。而"协同推进"则是要求央地"财政、农业、林业、保险监管等有关单位积极协同配合,共同做好农业保险工作"(文件同上)。

2019年财政部等四部委联合发布的《关于加快农业保险高质量发展的指导意见》(以下简称《指导意见》)中,对"地方政府"的职责有了一些新的规定,特别是对"基层政府"(笔者理解主要是县乡政府)作出了一些新的规定。其中第八条规定,"地方各级政府不参与农业保险的具体经营","基层政府部门和相关单位可以按照有关规定,协助农户和保险机构办理农业保险业务"等,这就对县乡级基层政府的职责和行为作出了比较明确的规范。就是说,央地双层机制设计是在实践发展基础上得到逐步明确的,也是在实践中得到丰富和发展的。

(二)基层政府参与和担责是我国农业保险制度的重要特点之一

在国际经验里,笔者所了解的其他做政策性农业保险国家,一般是中央政府参与和担责,也有上面说的中央和省级政府参与和担责的双层参与和担责的制度安排,但是很少有基层政府参与和担任重要职责的安排。我国赋予县乡基层政府在农业保险制度中较多的参与和责任是我国农险制度的一个特点。就笔者理解,至少有三个原因。

第一,鉴于体制的关系,我国的政治、经济和社会建设,要由基层政府,特别是县乡(城市里是街道办和居委会)来落实和推动,基层政府在社会治理中发挥着重要的作用,担负了重要责任。政策性农业保险通过县乡基层政府来推动和落实顺理成章。而西方国家和一些发展中国家不是这样，经济发展交给市场，社会治理则由宗教、社会团体去做。在中央和省级政府之下的经济和社会活动，都是老百姓自己的事，所以无论是商业保险还是政策性保险，都是直接交给市场，基层政府也不会插手。这些国家关于农业保险的法律，也不要求地方政府做什么。

第二，我国农户，特别是占总农户数90%以上的小规模经营的农户，不是风险规避者，而是风险爱好者，至少是风险中性者。其比较缺乏风险和保险意识，对保险和农业保险的认识不多，参加农业保险的热情并不高，但出于对政府的信任和信心，容易接受政府的宣传和解释，所以利用政府公信力，由基层政府协助保险经营机构进行组织、动员和宣传，更容易实现农业保险"应保尽保"的经营效果和政策性农业保险的政策目标。

第三，鉴于上面第二条，农业保险经营机构在基层政府帮助下展业和理赔，在理论上，可以降低农险的交易成本和提高农险经营效率。这一点在建立政策性农业保险制度的初期是明显的。那个时期，各地基层政府热情帮忙，动员农户投保，解决了经营机构基层承保人力不足的困难，使农险经营很顺畅，而且费用率不超过15%。

## 二、地方政府在农业保险运行中职责的缺位与越位

十多年政策性农业保险制度的运行表明，虽然现行法律法规比较粗、不完善，央地在这个制度中的职责划分不那么明确，不那么具体，但是地方政府都在创造性地尝试建立本省（自治区、直辖市）的农业保险体系和机制，有许多很好的经验和案例。例如，有的省尝试本省一家经营的农业保险经营制度，也有的建立了共保经营的经营制度，还有的建立的是政府和公司联合共保的经营制度。当然更多的省份是采取多主体竞争经营的市场组织形式。各省也因地制宜地开发出几百种地方特色农业保险产品。这都是各省按照《农业保险条例》的要求选择"适合本地区实际的农业保险经营模式"的重要内容。这些试验都需要进一步研究、总结和逐渐完善。

当然，在很多方面，地方政府在承担责任方面不同程度地存在"缺位"和"越位"的问题或者困惑。

（一）省、县政府在农险制度中的职责缺位

职责缺位，有很多种表现，具体如下。

（1）省级制度方案不完善。有的省还没有制定本省农业保险实施的制度方案，有的省份虽然也出台了实施方案，但还很不完善，缺少一些重要的制度要素。例如，缺乏完整的农业保险发展规划，缺乏统一的管理和监督机制，更缺乏统一的监

管意志和执行力。在有些问题上执行懈怠，监督不力。对基层政府招标指导不到位，对财政补贴资金执行的监督也不到位。

（2）省级决策机制不完善。省级政府虽然有确定本省农业保险标的的"自愿"，但是对于国家重点强调的大宗粮食作物的保险，也不可无视中央的政策导向，随意弃舍。例如，仅因某位领导人的意见就取消了某种种植面积很大的作物的保险，即使该领导人离任，继任者也不敢恢复，担心前任知道了不大好。在几年里，这个原因致使该省每年数千万亩该种作物因为得不到政府的保费补贴无法投保。这实际上是科学合理的决策机制缺位。

（3）县级政府缺乏目标性和主动性。有的县级政府缺乏贯彻省级政府关于农业保险的发展规划的主动性，本县的农业保险发展有些盲目，不知道该做些什么，该发展什么项目，完全靠保险公司自发地操作和推动。

（4）对于违规行为缺乏监督治理。有的省、县缺乏对农险展业和理赔的不规范行为的有效监督，甚至漠视或者助长对投保农户利益的侵害。

（5）省级管理和监督机制不健全，难以统一监管意志，在一些重要问题上达不成一致监管意见，致使一些市场乱象得不到很好治理。

（二）省、县政府在农险制度中的职责越位

职责越位，也有很多种表现。

（1）无视农业保险规则。有的县级政府自创的经营模式未经省级政府批准，自创模式的执行也无人监督。有的县政府与本县保险公司分支机构实行"五五联合共保"，发生灾害损失之后，县政府不按照"共保"协议支付50%的赔款，甚至要求全部赔款由保险公司支付。倒霉的自然是投保农户。

（2）不适当干预公司定价权。有的省份不尊重保险经营机构的保费定价权。《指导意见》第八条规定，要充分尊重保险机构精算定价的自主权。在这些省份，却在没有依据的条件下强行要求保险公司降价，甚至在招标中竞价。更有甚者，今年降价之后，还要按照新价格计算前几年的保险费，并要求退回前几年"多收"的保险费。这些匪夷所思的越位行为，肯定使当地的农业保险市场扭曲，农险经营出现困难甚至失败。

（3）利用招标设租和报复。县乡政府部门亲自操刀进行农业保险经营范围的招标，通过设租方式分配农险的地域资源。其后果不言而喻。笔者对一些公司进行调查发现，用于县域招标等方面的所谓"公关"费，几乎要占公司当年签单保费收入的4%～5%。就在《指导意见》发布后，财政部门三令五申要清理拖欠保险经营机构"应收保费"的背景下，某家在某县多年经营农险的公司，只是依照财政部规定向县政府索取历年积欠的"应收保费",就在招标中被县政府"赶"出本县的农险经营行列。

(4) 县级政府参与和干预农业保险的经营,特别是通过"协议赔付",践踏保险合同的法律严肃性和公正性。遇到小灾损失,要求保险公司多赔,遇到大灾损失,又同意保险公司少赔,使农业保险失去了本身的意义。有的县政府甚至无视农户的权益,索赔的时候,竟然同意修改保险合同有关条款。某县,在某种作物实际上"倒签单"的条件下,政府甚至不经查勘就"代表"农户提出近6倍于保险费的索赔要求,把农业保险当成任意"提款机"。

(5) 擅自截留挪用保费补贴款。不止一地长期截留、挪用甚至贪污中央财政和省级财政下拨的保险费补贴款而没有被追责和受到处罚。更有甚者,保险机构向现政府索要这笔款项,还遭到报复。这些现象无人过问,无人查处,无法查处,即使清理出来,恐怕也不了了之。这严重损害了农业保险制度的健康运行。

(6) 利用权力在保险合同中加入非当事人意愿条款。在一些地区试验的保险产品中,政府要求加入"保底赔付"的条款,即使不触发赔付,也必须给投保农户赔付。触发赔付之后如果赔的不多,强行要求保险机构多赔。

(7) 没买保险也要求赔付。保险合同是保险双方当事人自愿订立的法律文件。没有买保险签订保险合同,农户的风险损失本不应由保险公司赔付。但有的地方政府借口"维稳",让保险公司给没买保险的农户也给予赔偿,把保险当作政府的财政。

## 三、产生这些不规范问题的根源何在

上述问题的产生,有其深刻的内在和外在原因。

(一) 有的政府负责人无暇学习农业保险知识

农业保险有其业务性、技术性,它和其他保险业务一样,是一种法律规范下的经济活动,有其专业特点、独特的运作方式和法律规范。这与政府的一般进行活动是有区别的。其实,政府的行政活动也是要按照相关法律和政策规范来进行的。如果不了解保险和农业保险的这些特点,只是按照自己的理解想当然地对待和处理农业保险问题,就可能出现偏差。有一位省政府的领导人,对农业保险很上心,这本来是好事。但遗憾的是,他缺乏对农业保险的了解,想当然地认为,现在的由保险公司经营的农业保险,农民吃亏了,于是依靠自己的想象,设计了一种保险公司和农民"合作保险"的所谓"创新模式",规定每年保险赔付如果有盈余,就要将盈余返还给农户,并不听保险公司的解释和建议,强行让公司找两个县来试验这种完全违背保险经营原理的"创新模式"。公司只找了两个乡进行试验，第一年就赔穿了，农户没分到盈余的钱，试验也就不了了之。岂料该领导奉调另一个省任职后，又找来该省财政、银保监部门、农业部门和多家保险公司的负责人，指示要在这个省大规模试验他的这种"创新模式"，搞得财政、保监部门、农业部门和各家保险公司无所适从，只好"阳奉阴违"地糊弄了一番。可见，地方政府的领导人虽然很忙，但是要处理好农业保险的事，发展好本地的农业保险，还是需要学习一些保险和农业保险知识的，所谓术业有专攻，就是这个道理。

（二）缺乏明确的法规规制或者法规文件的某些规定不够严谨

我国的农业保险制度，既然有自己的国情和特色，就不能简单照搬外国的经验，需要通过我们的法律和法规给出中国的规范。我国因为试验农业保险的时间不长，出于谨慎考虑，只是制定了一部《农业保险条例》（以下简称《条例》）和一些部门规章及文件，尚未制定和颁布《农业保险法》。而且《条例》里面对很多问题的规定还是很粗略很原则的。特别是对于地方各级政府应当承担的责任和拥有权力，缺乏详细规定和要求。诸如，对于地方政府对农业保险的定价和议价权力；应当由哪一级地方政府进行招标选择经营公司；地方政府可以或应该监督保险经营的哪些活动和行为，不能干预保险公司的哪些经营活动；政府利用行政权力无礼干预农险经营或者其他违法违规行为，该当如何处罚问责等，都没有明确的管理和监督规定或者列出负面清单。在很多情况下，地方政府官员是根据自己对保险与农业保险的理解和想象来参与或者干预农业保险，而不是根据农业保险自身的规则评价和对待农业保险业务活动。

笔者曾经就农业保险实行差异化费率的问题，与一位省级领导有一次简单的对话。我说："保险公司每每遇到逆选择问题，表明我们现在这种一省一费率的办法是不合理不科学的，应当在做好风险区划的基础上实行差异化费率。"领导说："我不同意什么差异化费率，它们保险公司做业务，在这里赔了赚了，它们自己平衡去，我管不着。"这位领导这样讲也可以理解，因为他不知道农业风险区划和费率分区是怎么回事，迄今为止，也没有哪个文件上说要实行农业保险的风险区划和费率分区，更没有要求地方政府领导们了解和执行。

有些情况下，是现有法规、部门规章或者文件不够准确、不够严谨，存在理解上的歧义。比如，财政部《中央财政农业保险保险费补贴管理办法》第十条中说，保险经营机构厘定保险费率"应当在充分听取各地人民政府财政、农业、林业部门和农民代表意见的基础上拟订"，地方政府就依照这个意思，强行要求保险公司降低费率，显然理解是有偏差的。不止一个省因为返还农民自交的那20%的保费，或者保险公司出于防灾减损要求,发给投保人一定"防灾防损费"而受到监管处罚,显然也是值得研究的。还有,《农业保险条例》明明规定了,对于协助保险机构开展保险业务的"协保"人员,可以支付适当的工作经费。但是因为规定很原则,地方政府执行检查工作时,使用其他规章来量度,使得部分协保人员和基层政府工作人员因领取了"工作经费"而受到地方政府有关部门的处罚,这些"协保员"和基层政府工作人员是不是也挺冤屈?

(三)行政权力的不适当使用

除了上述原因外,还有一个重要原因就是地方政府少数官员还是缺乏法治观念。习近平总书记多次强调,要依法行政,依法执政。还强调,要把权力关在制度的笼子里。而有的官员可能还没有牢固树立法治意识,鉴于他们在地方行政方面的权威,他们对待农业保险中的许多问题,自觉不自觉地还是以"我"的权力为中心,由"我"说了算,不适当地使用行政权力对待农业保险问题,必然产生职责缺位和越位的问题。上面讲到的,不合理地要求保险公司降价,还要退回今年的费率和前几年费率差产生的"多"交保险费,就属于这种对行政权力的不适当使用。还有不少地方,在试点"保险+期货"时,要求加上一个"保底赔付"的条款,即使未触发赔付,也必须赔给投保农户所交保险费的 40% ~ 60%。这样罔顾保险规则,用权力说话,也是让人无语了。

## 四、加快对地方政府职责和行为的规范刻不容缓

进一步明确地方政府在我国农险制度中的职责和权力,刻不容缓,势在必行。当前高质量发展农业保险,从制度建设和完善层面来说,就是要解决好农业保险制度运行的矛盾,而这个矛盾主要集中在农险第一线,特别是地方政府这个主要矛盾的主要方面。中央层面设计的制度和制定的政策,要靠地方政府来落实,如果"最后一公里"治内有"梗阻",就很难有顺畅的运行和良好的经营效率。各级政府花了这么多时间,用了这么多的财政资源,要是达不到政策目标,不能为农业、农村、农民提供很好的风险保障,农险运行不符合制度设计者的初衷,得不到应有的效率和效果,无论如何也是很遗憾的事。

(一)要对中国农业保险制度自身特点进行考察和再认识

世界上有很多不同的农业保险制度模式,例如,完全商业性的农业保险制度,公共部门(政府)经营的农业保险体制,政府和市场合作的农业保险体制(见表13-1)。我国虽然采取了类似于美国的"政府市场合作体制",但是我国的国情与美国有很大差别,美国是小政府,而且各州县政府也是相对独立的,所以美国的

农业保险是联邦政府"一竿子插到底",只有联邦政府和保险经营机构两个层级。从行政体制上看,它们虽然也有联邦、州、县三级政府,但是州、县并不听从联邦政府的行政指令。州长、县长只为他们选区的选民负责。对于农业保险这种全国性项目,州、县地方政府基本不参与,地方政府在农业保险中也没有法定责任,不需要"自主自愿",也不用担"协同推进"之责。

表13-1 各国农业保险制度模式一览表

| 制度模式 | | | 主要特征 | 国家举例 |
|---|---|---|---|---|
| 商业性保险制度 | 纯商业性经营体制 | | 1. 商业或者相互制保险公司（非寿险公司或是专业农业保险公司）经营；<br>2. 积极参与市场竞争；<br>3. 从国际商业再保险市场上购买再保险 | 阿根廷、南非、澳大利亚、德国、匈牙利、荷兰、瑞典、新西兰 |
| 政策性保险制度 | 公共部门（政府）经营体制 | | 1. 通常有唯一的或者垄断的保险人；<br>2. 政府是唯一或者主要的再保险人 | 加拿大、塞浦路斯、希腊、印度、伊朗、菲律宾 |
| | 政府市场合作体制 | 第一类<br>垄断保险人经营的国家农业保险方案 | 1. 由商业保险公司（单独或者共同）提供种植业和养殖业保险；<br>2. 通过单一的实体提供标准保单和统一的费率结构,该实体负责理赔；<br>3. 政府提供高水平的保费、管理费补贴和再保险支持 | 1. 私营联合共同保险,如西班牙、土耳其；<br>2. 单一国家保险人,如韩国；<br>3. 只由保险合作社经营,如日本 |
| | | 第二类<br>较高管制水平下的商业竞争模式 | 1. 商业保险公司参与市场竞争,但政府严格控制保单的设计和费率的标准；<br>2. 保险人要向所有类型和所有地区的农民提供农业保险 | 葡萄牙、美国等 |
| | | 第三类<br>较低管制水平下的商业竞争模式 | 1. 商业性保险公司可以自己选择开展农业保险业务的地区以及承保风险,并自己确定保费水平；<br>2. 政府的主要角色是提供保费补贴（严格来说,这种模式是有补贴的商业性保险模式） | 巴西、智利、法国、意大利、墨西哥、波兰、俄罗斯等 |

资料来源：Olivier Mahul, Charles J. Stutley. Government Supportto Agriculturalinsurance, Challenges Options for Developing Countries [M]. The World Bank, 2008.

我国是大政府，有中央、省、地、县、乡五级政府，如前文所述，按照《农业保险条例》规定的原则，从中央到省、县五级政府都有责任和相应的权力。而省、县的责任和权力更加重大，特别是县政府，直接参与农业保险活动，而这些活动很容易与保险经营联系在一起。再者，因为有"政策性"的定位，加上有各级政府的高达80%的保险费补贴，容易产生权力错觉，当法律法规和行政文件没有明确划定它们的权力边界时，县政府极有可能把行政权力之手伸进保险经营之中，以为政府出了80%的保险费，就应该在保险经营中有较多话语权，这才产生了强制保险公司按照他们的要求赔款，若不按照他们的要求赔款，就不许再在本县经营农业保险的"权威"。而有的省政府产生了另一个极端的认识，以为，对于农业保险，"我"只要按照财政部的规定补贴25%的保险费就完事了，剩下的都是保险公司的事了。这种认识导致当地的农业保险在起初几年里发展得比较缓慢。

不能怪我们的县长和省长，因为我们很多人还没有充分认识到中国农业保险制度的上述特点，也没有用法律法规确切无误地告诉省政府和县政府，其具体责任有哪些，该干什么不该干什么，所以其全凭自己不全面的理解，跟着感觉走。

（二）亟须修订和完善我国农业保险的法规和政策

我国《农业保险条例》（以下简称《条例》）颁布实施八年了。《条例》对我国农业保险制度做了最初的也是很重要的设计和规制，提出了这个制度的基本框架，对政策性农业保险的政策和业务做出了基本的规范。八年的实践中出现了许多农险发展问题，包括本文提到的地方政府的责任和权力问题。需要尽快修订完善《条例》和与之配套的一些政策文件，有针对性地对地方政府的职责和权力做出更加明确的具有较强可操作性的规定。或者根据修订的《条例》要求，拟定《地方政府农业保险工作规范》，出台省、县政府参与农业保险的准则或者负面清单，以及对政府工作人员在农业保险中违规行为的处罚规定。假如违规不受惩戒，这种违规则永远无法治理。"应收保费"问题长达数年，却迟迟得不到根治，重要原因之一就是因为没有罚则。

有一些多方面都很关注的问题，例如，农险的产品开发和产品定价规则，《指导意见》中已经说了要"充分尊重保险机构产品开发、精算定价、承保理赔等经营自主权"，"构建农业生产风险地图，发布中国农业保险纯风险损失费率，研究制定主要农作物、主要牲畜、重要'菜篮子'品种和森林草原保险示范性条款，为保险机构产品开发、费率调整提供技术支持"，就需要早日拿出可操作性方案，明确地方政府的权力界限，减少其对农业保险经营的不适当干预。

当然，我们更希望早日制定和颁布中国的"农业保险法"。最近，欣闻财政部将要启动"农业保险法"的前期调研。我们期待这部法律的早日出台。

（三）地方政府有关官员需要多了解一点农险基本知识

地方政府不少部门和干部参与农业保险活动，但是很少有人或组织向他们普及农业保险的基本原理和基础知识，十多年来，我们各方都埋头做农险业务，对这方面有所忽略。上面列举的那些事例，有不少都是不懂农业保险的原理和操作规则导致的。

"协议赔付"的顽疾久治不愈，上面提到的有的官员提出由保险公司和投保农户合作保险的"创新模式"，还有反对实行费率差异化等，在很大程度上都是因为这些官员不懂得农业保险的一些基本原理。保险是一种分散灾害损失风险的工具，这种风险需要在时间维度和空间维度上进行分散，以丰年的保费盈余弥补大灾损失年份的损失。有盈余政府就要拿走一部分，有盈余就要返还给农民，大灾之年保险公司拿什么去补偿农民？保费的厘定虽然也要考虑空间上的损失分散，但是费率厘定的一个统计学前提是风险的同质性，也就是风险损失概率的同分布，不同的概率分布，计算出来的纯风险损失率是不一样的，所以不同风险下的区域，保费也应该不同。了解了这些基本原理，就不会反对风险区划和费率分区了。

因此，很有必要对地方政府官员和干部，特别是那些跟农业保险打交道的部门干部，进行必要的农业保险知识培训，使其既要懂得农业保险的制度规则也要懂得农业保险的基本业务规则，免得他们再做出那些侵害保险机构利益，侵害投保农民利益的事情。这样，中央政府、地方各级政府和保险公司各司其职，"楚河汉界"分工明确，农业保险才会有健康发展、可持续发展和高质量发展。

## 参考文献

[1]国务院. 农业保险条例[Z]. 2012.

[2]财政部,农业农村部,银保监会,林草部. 关于加快农业保险高质量发展的指导意见[Z]. 2019.

[3]财政部. 中央财政农业保险保险费补贴管理办法[Z]. 2016.

[4] Olivier Mahul, Charles J. Stutley. Government Supportto Agriculturalinsurance, Challenges Optionsfor Developing Countries[M]. The World Bank, 2008.

[5]庹国柱. 论政府在农业保险制度中的责任和行为[J]. 中国保险, 2020(1).

# 第四节
## 中国保险业发展回顾与展望[①]

费安玲[②]　王绪瑾[③]

中国国内保险业，保费收入由 1980 年的 4.60 亿元增长至 2020 年的 45257.34 亿元。在市场主体方面，由早期的 1 家增加至 238 家；在国际地位方面，中国保险市场由 2001 年的第 13 位上升至 2017 年的全球第 2 位。尤其在 2020 年全球新冠肺炎疫情肆虐的环境下，中国保险业仍然实现了 6.14% 的增长。本文在回顾中国保险业发展历程基础上，分析"后疫情"时代中国保险业的发展机遇，展望其发展趋势。

### 一、中国保险业的发展回顾

中国保险业的发展回顾，可概括为以下 10 个主要方面。

第一，保费规模不断扩大，国际地位提升。保费收入由 1980 年的 4.60 亿元增长到 2020 年的 45257.34 亿元（见图 13-1）。与此同时，中国保险市场在国际保险业的地位也大幅度提升，从 1999 年的全球第 16 位，到 2001 年的全球第 13 位，直到 2017 年的全球第 2 位，并且后续一直维持了这一位次。

第二，保险主体多元化水平显著提升，垄断竞争型保险市场正在形成。保险公司

---

[①] 本文原载于《北京工商大学学报》（社会科学版）2020 年第 2 期。本文数据来源于中国银保监会网站、中国保险行业协会网站。

[②] 费安玲，北京人，中国政法大学比较法学研究院民商法学教授、博导，中国政法大学中意法与罗马法研究所所长。兼任暨南大学讲座教授、中国欧洲学会意大利研究会副会长，中国民法学研究会常务理事，中国知识产权法学研究会常务理事，中国欧洲学会法律研究会常务理事，最高法院案例指导工作专家委员会委员，中国人民代表大会法制工作委员会咨询专家，北京市知识产权法院咨询专家，北京市债法学研究会会长，北京市比较法学研究会副会长，北京仲裁委员会/北京国际仲裁中心仲裁员，中国和意大利"法典化和法学人才培养研究中心"中方主任。地址：费安玲，100086，中国北京，海淀区西土城路 25 号，中国政法大学比较法学研究院。电子邮件：anlingf@ cupl. edu. cn。

[③] 王绪瑾，湖南人，北京工商大学保险研究中心主任、教授、博导。北京工商大学风险管理与保险学系创始主任，北京仲裁委员会/北京国际仲裁中心仲裁员，北京保险学会副会长，中国保险学会理事，中国社会保障学会理事，亚太地区风险与保险学会常务理事，国家减灾委专家委员会专家；曾任教育部高校金融学类专业教学指导委员会委员、教育部高校经济学类学科教学指导委员会委员、中国保险学会常务理事；入选中国保险业改革开放 40 年 40 人；2016 年度当代中国经济学家市场价值排行榜第 89 位。地址：王绪瑾，100048，中国北京，海淀区阜成路 33 号，北京工商大学保险研究中心。电子邮件：wangxujin@ foxmail. com。

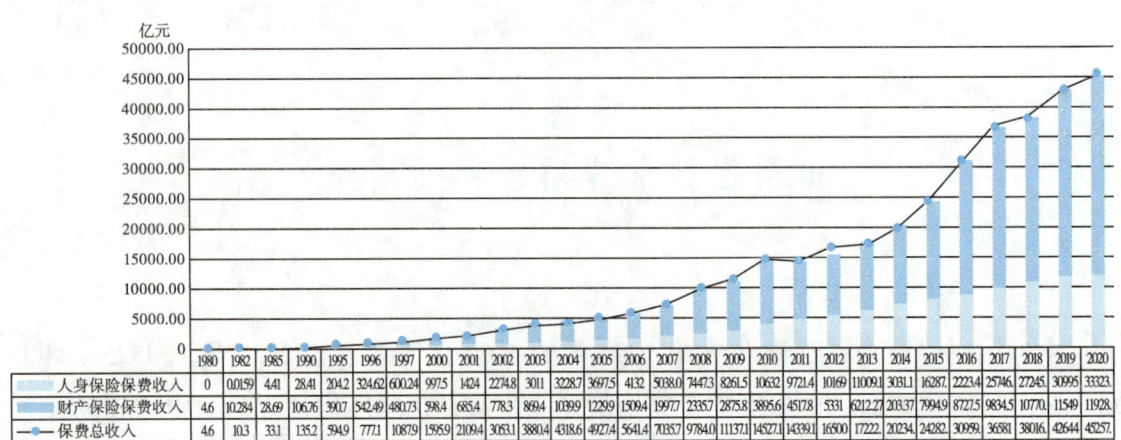

图 13-1 1980—2020 年中国保费收入情况

数量从 1980 年的 1 家，到 1992 年的 5 家，再到 2001 年的 52 家，2017 年的 219 家，乃至 2019 年的 240 家、2020 年的 238 家。保险公司数量的增加，促进了市场的公平竞争，保险市场由独家垄断、寡头垄断逐步向垄断竞争转变（如表 13-2、表 13-3 所示）。

表 13-2 中国财产保险业市场变化　　　　　　　　　　　　　　　　　单位：%

| 公司 | 2005 年 | 2015 年 | 2019 年 | 2020 年 |
|---|---|---|---|---|
| 人保财险 | 51.47 | 33.36 | 33.16 | 30.80 |
| 平安财险 | 9.89 | 19.43 | 20.82 | 21.04 |
| 太保财险 | 11.27 | 11.21 | 10.16 | 10.80 |
| 中华联合财险 | 8.12 | 4.28 | 3.73 | 3.88 |
| 国寿财险① | — | 5.98 | 5.92 | 6.36 |
| 大地财险 | 2.98 | 3.16 | 3.72 | 3.52 |
| 阳光财险② | — | 3.11 | 3.03 | 2.74 |
| 中资其余财险公司③ | 14.98 | 17.40 | 17.52 | 18.30 |
| 外资财险公司 | 1.31 | 2.07 | 1.94 | 2.56 |

---

① 2006 年 12 月 30 日成立。
② 2005 年 7 月 28 日成立。
③ 中资其余依次为 17 家、37 家、60 家、60 家。

表 13-3 中国寿险业市场变化① (%)

| 公司 | 2005年 | 2015年 | 2019年 | 2020年 |
|---|---|---|---|---|
| 国寿股份 | 44.07 | 22.96 | 19.18 | 19.35 |
| 平安寿险 | 16.16 | 13.14 | 16.67 | 15.03 |
| 太保寿险 | 9.93 | 6.85 | 7.17 | 6.58 |
| 新华人寿 | 5.78 | 7.05 | 4.66 | 5.04 |
| 华夏人寿② | — | 5.64 | 6.17 | 4.64 |
| 中资其余寿险公司 | 15.16 | 32.80 | 36.68 | 39.33 |
| 外资寿险公司 | 8.90 | 6.25 | 9.47 | 10.03 |

第三，外资保险公司数量稳步增加，市场份额逐年提升。外资保险公司数量，从1992年的1家，增加到2001年的32家，2017年的56家，2020年的59家，形成了多类型外资保险公司，如表13-4所示。

表 13-4 外资保险公司数量变化③ 单位：家

| 年份 | 2006 | 2010 | 2015 | 2016 | 2017 | 2018 | 2019 | 2020 |
|---|---|---|---|---|---|---|---|---|
| 财产保险公司 | 13 | 20 | 22 | 22 | 22 | 22 | 22 | 22 |
| 寿险公司 | 25 | 25 | 28 | 28 | 28 | 28 | 28 | 28 |
| 再保险公司 | 3 | 6 | 6 | 6 | 6 | 6 | 8 | 9 |
| 合计 | 41 | 51 | 56 | 56 | 56 | 56 | 58 | 59 |

外资保险公司的市场份额从2001年的1.55%增加到2015年的4.80%，2019年的7.17%、2020年的7.79%。其中，2005年、2015年、2019年、2020年，外资财产保险公司市场份额依次为1.31%、2.07%、1.94%、2.56%；外资寿险公司市场份额则依次为8.90%、6.25%、9.47%、10.30%。此外，外资再保险公司从2003年的3家增加到2020年的9家。

第四，保险密度不断增加，保险深度不断拓展。中国保险业的保险密度从1980年的人均0.48元增加到2020年的人均3219.60元，说明国民保险保障水平提高了；同期保险深度从0.10%提高到4.45%，说明保险业在国民经济中的地位稳步提升（见图13-2）。

---

① 2005年泰康人寿位居第5，为4.88%；2015年人保寿险位居第5，为5.64%；2019年太平人寿位居第5，为4.74%。
② 华夏保险2006年12月成立。
③ 2003年设立1家外资保险资产管理公司，2019年设立1家外资保险集团。

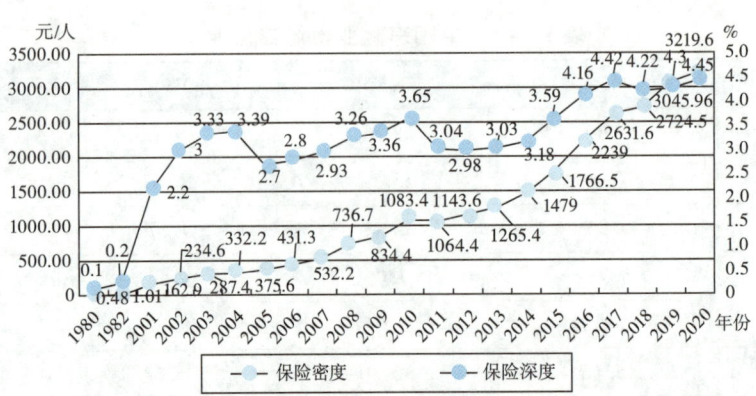

图 13-2  1980—2020 年中国保险密度和保险深度情况

第五，保险产品多样化，不断满足经济社会多元需求。随着中国保险业的发展，中国保险业务从以财产保险业务为主转向以人身保险业务为主，人身保险业务占全部保费收入的比重从 1982 年的 0.16% 增加到 1992 年的 32.50%，再到 2001 年的 67.51%、2005 年的 75.04%、2010 年的 73.50%、2015 年的 67.10%、2019 年的 72.68%、2020 年的 73.64%。而在人身保险业务中，人寿保险所占比重从 2001 年 90.39% 下降到 2019 年的 73.41%、2020 年的 71.96%；同期，健康保险则从 4.35% 上升到 22.80%、24.52%；意外伤害保险从 5.26% 下降到 3.79%、3.52%（见表 13-5），且新型寿险在寿险中所占比重约为 70%，以分红寿险、万能寿险为主。

在财产保险业务中（见表 13-6），机动车保险、信用保证保险、农业保险比重显著上升，企业财产保险比重则显著下降；在机动车保险中，机动车及第三者责任保险和交强险所占比重为 60% 多。

表 13-5  2001—2020 年中国人身保险各险种保费收入及占比 （%）

| 年份 | 寿险占比 | 健康险占比 | 意外险占比 |
| --- | --- | --- | --- |
| 2001 | 90.39 | 4.35 | 5.26 |
| 2005 | 87.75 | 8.43 | 3.82 |
| 2011 | 89.45 | 7.12 | 3.43 |
| 2015 | 81.3 | 14.80 | 3.90 |
| 2016 | 78.45 | 18.18 | 3.37 |
| 2017 | 80.22 | 16.41 | 3.37 |
| 2018 | 76.06 | 20.00 | 3.95 |
| 2019 | 73.41 | 22.80 | 3.79 |
| 2020 | 71.96 | 24.52 | 3.52 |

表13-6 2001—2020年财产保险险种结构变化　　　　　单位:%

| 项目 | 2001年 | 2010年 | 2015年 | 2019年 | 2020年 |
|---|---|---|---|---|---|
| 1. 企业财产保险 | 17.69 | 6.74 | 4.83 | 4.01 | 4.11 |
| 2. 家庭财产保险 | 2.74 | 0.48 | 0.52 | 0.79 | 0.76 |
| 3. 机动车及第三者责任险 | 61.33 | 74.60 | 77.54 | 70.68 | 69.12 |
| 4. 工程保险 | 0.91 | 1.76 | 1.04 | 1.02 | 1.16 |
| 5. 农业保险 | 0.48 | 3.37 | 4.69 | 5.80 | 6.83 |
| 6. 货物运输保险 | 5.90 | 1.96 | 1.10 | 1.02 | 1.14 |
| 7. 责任保险 | 4.02 | 2.88 | 3.78 | 6.50 | 7.55 |
| 8. 信用保险 | 0.43 | 2.38 | 2.41 | 1.73 | 1.72 |
| 9. 保证保险 | 0.61 | 0.57 | 2.60 | 7.28 | 5.77 |
| 10. 其他财产保险 | 5.89 | 5.26 | 1.50 | 1.07 | 1.84 |

第六，保险中介市场快速发展，营销渠道逐渐多元化。中国保险业1992年引入了营销员制度，促进了保险业尤其是寿险业的快速发展，从而形成了柜台销售、陌生拜访、网络销售、银行保险、电话销售多元化销售渠道。伴随着保险公司的快速发展，中国保险中介公司数量也在不断增加。截至2020年，全国已设立保险中介公司共2649家，其中，保险代理公司、保险经纪公司、保险公估公司分别为1761家、497家、391家（见表13-7）。此外，还有兼业代理机构3.2万个、兼业代理点22万余个、个人保险代理人约900万人。保险代理人与经纪人展业收入占全部保费收入的比重约为90%。保险中介市场的发展，降低了保险经营成本，促进了市场竞争，提升了保险业的公信力。

表13-7 2005—2020年中国保险中介公司数量　　　　　单位：家

| 年份 | 合计 | 保险代理公司 | 保险经纪公司 | 保险公估公司 |
|---|---|---|---|---|
| 2005 | 1790 | 1301 | 269 | 220 |
| 2010 | 2550 | 1853 | 392 | 305 |
| 2015 | 2510 | 1730 | 447 | 333 |
| 2019 | 2657 | 1779 | 497 | 381 |
| 2020 | 2649 | 1761 | 497 | 391 |

第七，保险公司盈利能力逐年提升，资本市场资金来源得到有益补充。发达的保险市场是健全的资本市场的重要组成部分，这是因为保险投资是资本市场最主要的资金来源。保险公司既是资本市场重要的机构投资者，也是资本市场重要的长期

投资者和价值投资者。另外，现代化的保险公司往往表现出"承保亏损、投资盈利"的特征，以达到综合盈利的目标，因此投资盈利为提高承保服务质量创造了重要条件（见图13-3）。

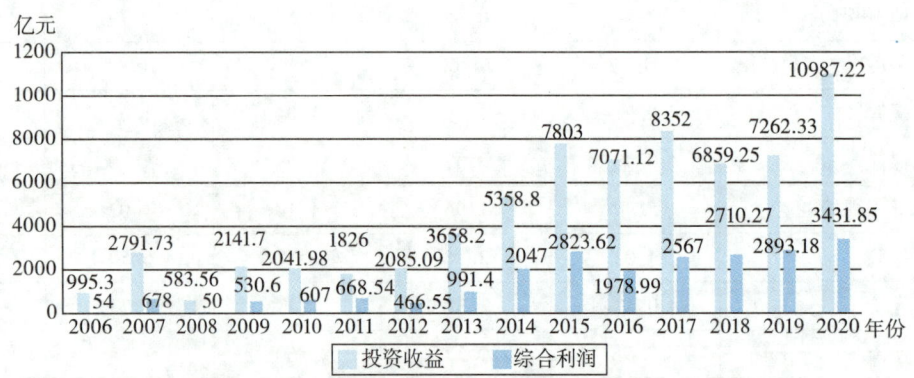

图13-3 2006—2020年中国保险业投资收益与综合盈利情况

第八，保险公司治理水平不断提升，行业自律行为逐渐完善。随着保险业对外开放的不断推进、保险公司数量的大幅度增加，为了满足竞争需要，保险公司不断改善公司治理结构。1999年11月16日，作为行业自律组织的中国保险行业协会成立，为保险业提供了重要的制度保障，促进了保险公司的规范运营，保险公司的治理水平亦不断提升。

第九，监管制度不断完善，保险业国际监管中的中国元素得以增加。市场经济是法治经济，商业保险是市场经济的产物。为满足对外开放需要，国家于1992年颁布了《上海外资保险机构暂行管理办法》，1995年颁布了《中华人民共和国保险法》，2002年为满足"入世"需要，首次修订了《中华人民共和国保险法》，2009年、2015年、2017年三次修订了《中华人民共和国保险法》；同时，中国多次制定和修订了有关保险公司、资金运用、保险经纪、保险代理、保险公估、交强险、保险公司偿付能力监管等一系列保险监管的法规和规章，从而形成了系统、完善的保险监管法律法规体系，为保险市场的稳健发展提供了制度保障。

第十，保险行业受重视程度逐年提升，在社会生活中的不可或缺性愈加明显。长期以来，中国政府高度重视保险行业的发展。2006年5月31日，国务院常务会议正式通过的《国务院关于保险业改革发展的若干意见》（又被业界称为"国十条"），成为一段时期内统领保险业改革发展的纲领性文件。2013年9月28日，《国务院关于促进健康服务业发展的若干意见》（国发〔2013〕40号）正式发布，有力地促进了健康保险的发展。2014年8月10日，《国务院关于加快发展现代保险服务业的若干意见》（"新国十条"）公布，进一步确定了保险业在中国社会经济中的地位和作用。相对于2006年的"国十条",2014年的"新国十条"更具时代特征,两者的区别在于前者强调"保险业要发展",后者则为"要发展保险业"。这些利好政策促进了保险业社会发展"稳定器"和经济增长"助推器"作用的实现。

## 二、中国保险业面临的机遇

依据《中华人民共和国国民经济和社会发展第十四个五年规划和2035年远景目标纲要》("十四五"规划)、《中华人民共和国民法典》,在"后疫情"时代,中国保险业面临社会环境和经济环境两个方面的机遇。

(一)社会环境变革的机遇

第一,市场经济制度逐步完善,为保险发展奠定制度基础。商业保险市场的发展水平是衡量一国市场经济制度完善与否的重要标志。市场经济制度的逐渐完善,有助于全面激活中国商业保险的发展潜力。

第二,多层次社会保障体系建立,为保险业营造良好环境。社会保险全面实施会产生"挤出效应",社会保险的"保基本、全覆盖",为商业人身保险补充功能的发挥提供了较大空间,两者之间互补作用的发挥也将进一步增强国民的保险意识。

第三,法治社会的完善,为保险发展提供制度保障。法治的完善可以促进保险经营的规范、资本市场的规范,促进保险业的稳健经营,还可以促进责任保险、信用保证保险的市场潜力释放。2021年1月1日《中华人民共和国民法典》的实施,其价值则在于:为保险交易提供依据;为保险产品研发提供依据,为婚姻继承、人格权(生命权、健康权和身体权)与寿险、健康险、意外险提供依据;为物权与财产损失保险和保证险提供依据;为责任保险、合同与信用保证保险提供依据;对政府监管、行业自律和公司治理规定了一定的边界。

第四,人口政策的调整,有利于激发人身保险需求。2020年底,中国人口规模为141178万人,其中:60岁及以上人口为26402万人,占18.7%;65岁及以上人口为19064万人,占13.5%,人口老龄化严重;优化人口生育政策,允许生三胎政策的实施、人口总量的增加,均会使人身保险的总需求进一步增加。在结构方面,对健康保险、养老保险等险种的保险需求增加得更快。

第五,政府多重利好政策,为商业保险发展提供了政策支持。"新国十条"的实施,大大增强了整体国民保险意识,个税递延型商业养老保险促进了养老保险的需求。人民对保险产品的需求也是多层次的,这无疑为保险业指明了阶段性发展方向。

第六,对外开放步伐的加快,有助于保险业实现国际化接轨。保险业对外开放既为引进国外先进技术创造了条件,有利于学习国外的先进经验、改善保险经营管理、提升保险服务质量，也促进了国内市场的竞争。

（二）经济环境变革的机遇

经济环境变革对保险市场的影响体现为以下六点。

第一，随着人均GDP继续提升，传统保险业务还将持续增长。国际经验表明，一个国家的人均GDP水平处在1000～10000美元时，保险行业将迎来高速发展期。2019年，中国人均GDP已达10000美元，而保险市场还存在"制度挤出效应"，两类因素交错融合将产生范围更大、时间更长的影响。

第二，新经济发展理念确立，将带来新保险需求。中国经济已由高速增长阶段转向高质量发展阶段，这一判断是符合国内外经济环境变化的最新趋势的。新的发展理念的确立，意味着经济结构调整、经济增长方式向重质量转变以及区域间协调发展和新型产业的兴起，这些变化均将带来新的保险需求。

第三，国际经济合作新格局，将带来保险投资机会的增加。中国采用国内经济大循环、国内国际双循环的发展战略。一方面通过国内经济发展带动经济增长；另一方面"一带一路"倡议等系列措施下的国际合作，会使保险业的投资空间进一步扩大，投资机会将会有所增加。

第四，资本市场逐步完善，将促使保险市场服务水平提升。资本市场的完善，一方面会提高保险业的投资盈利能力；另一方面会带来保费收入的增加。

第五，金融体制改革深化，将进一步扩大银保业务规模和保险需求。金融体制改革过程中，一方面，金融体系的融资方式将从以间接融资为主转变为以直接融资为主，这将极大地降低企业的融资成本，提升企业购买保险的能力；另一方面，随着利率市场化逐步推进，银行的盈利模式将由以存贷款利息差为主逐步转变为中介业务收入为主，这将促使银行最大限度地挖掘各类中介业务，尤其是销售保险产品，创造利润来源。

第六，保险科技快速发展，提高保险服务能力。"以科技创新引领全面创新"更具有深远价值。在大数据时代下，人工智能、区块链、物联网等技术日趋成熟，既在一定程度上改变了保险企业经营模式，又提高了企业的服务深度。

## 三、中国保险业发展的展望

第一，经济基础市场化。市场经济制度是商业保险的基础，也是保险公司治理完善的前提。只有"所有者缺位"问题得到了根本性的解决，企业才能真正做到自主经营、自负盈亏，才能增加利益相关者压力并使其将之转换为相应动力，真正地实现企业以市场需求为第一要素开展保险业务，进而获取利润。因此，混合所有制改革仍然是市场经济制度完善的关键，更是公司治理结构的前提。

第二，保险意识整体化。保险意识整体化包括三个层面：保险消费者的投保意识；保险人的保险功能意识是指使保险的功能得到有效发挥；政府的保险认知意识是指政府感知到保险是社会发展"稳定器"、经济增长"推动器"，从而为保险发展创造条件。

第三，营销渠道多元化。不同公司有不同的渠道策略，就总体而言，陌生拜访固守传统；电话销售逐步得到认可；银行保险卷土重来；网络销售则会快速成长。每家公司自身特点不同，其选择也不同，以形成有效的营销。

第四，产业结构优质化。保险业结构优化对保险业长期发展至关重要，从区域布局而言，应使东、中、西部协调化，以有效为经济发展和人民生活提供保险保障；从产品结构而言，应完善保障型产品、挖掘投资型产品、研发衍生型产品，达到保障多层化。

第五，保险人才专业化。保险产品是服务产品，要做好保险服务，人才是关键。保险人才应是既懂车险业务又懂新技术的复合型人才。一要培养人才，学历教育与非学历教育相结合，学历教育依靠大学，非学历教育依靠行业协会或保险公司，要重视各个环节人才考核的标准以及培训机制的建立，鼓励其加强培训、鼓励其考证或参加保险职称考试，促进其提高专业水平，提升保险业的竞争力；二要用好人才和留住人才。

第六，保险经营科技化。在保险经营中，要充分运用大数据、人工智能、物联网、云计算、区块链等有关技术，要在保险展业、承保、防灾防损、理赔、再保险、投资等各经营环节中广泛运用，尤其要充分利用现代科技手段进行车险和健康险的反欺诈。

第七，保险投资盈利化。现代保险业一般是承保亏损、投资盈利，投资盈利填补承保亏损，达到综合盈利。承保和投资是保险公司的两个车轮，承保服务获得保费收入，增加投资资金来源；投资则是保险公司的主要利润来源。而保险公司的主业是风险管理，投资盈利是为了更好地提供承保服务，优质服务又增加保费收入，增加投资资金来源，两者相得益彰。故保险投资在保证安全性、流动性的前提条件下，要尽可能获得更多的利润。

第八，公司风险可控化。承保和投资经营过程中的风险管控是保险公司稳健经营的关键，其风险主要包括经营风险和法律风险。法律风险则包括合同纠纷风险和合规风险。在经营风险方面，要重点加强车险和健康险的反欺诈，以实现保险公司的长期可持续性发展。

第九，监管、自律、内控协调化。随着《中华人民共和国民法典》的实施，民事主体及其相关的民事关系将进一步明晰，保险监管、行业自律和公司内控的边界更明晰，各方也将更协调。保险监管更有效地保护被保险人的利益；保险行业协会完善其组织机构和同业公约，充分发挥行业自律作用，协调保险业的发展，推动保险市场公平竞争；公司内控则是在合法、合规条件下，实现公司利益的最大化。

第十，保险保障服务化。保险服务化包括基本服务、附加服务和延伸服务。保险基本服务的核心是理赔和防灾防损，防灾防损是核心中的核心，既让客户感觉到对保险服务满意，也减少了赔付保险金的支出；发生保险事故时理赔服务的关键在于赔付方式尽可能采用服务理赔，这样，对保险人能发挥范围经济作用，对有关服务方能发挥规模经济作用，还能使其直接感受到保险服务的体验。附加服务是指在没有发生保险事故的情况下，给予被保险人一定鼓励的服务；延伸服务则是在购买某一保险产品时所得到的一种有偿、优惠的购买其他相关产品的服务。为实现保险服务化，应做到：保证基本服务、鼓励附加服务、创新延伸服务。

总之，中国保险业面临的既有机遇，也有挑战，但机遇终将战胜挑战，迎来中国保险业的稳健发展。以高科技为手段、民法典为载体的保险服务化，将是中国保险业市场发展的新增长点。

## 参考文献

[1] 王绪瑾,王浩帆. 改革开放以来中国保险业发展的回顾与展望[J]. 北京工商大学学报(社会科学版),2020(2).

[2] 王绪瑾,费安玲. 中国保险法修订研究[J]. 早稻田大学《比较法学》(日本),2006,7(39):3.

[3] 王绪瑾,王浩帆. 论保险服务化[J]. 中国保险,2016(3).

[4] 孙祁,郑伟,等. 保险制度与市场经济:历史、理论与市政考察[M]. 北京:经济科学出版社,2009.

[5] 王绪瑾,主编. 保险学(第六版)[M]. 北京:高等教育出版社,2017.

# 第五节
# 公司治理与风险承担[①]
## ——来自中国保险业的证据

朱南军[②]　王文健

## 一、引言及文献回顾

自 1979 年国内保险业务恢复以来，伴随着中国经济的发展，中国保险业经历了快速发展。保险公司是经营风险的专业机构，其稳健经营对金融市场乃至整个社会的稳定都具有重要意义。但作为市场经济下的商业化主体，保险公司也存在追求利润最大化的本能，出于对利润的追逐，保险公司往往具有过度承担风险的冲动，而忽视对自身风险的控制。特别是在长期"以保费规模论英雄"的市场环境及跑马圈地的时代背景下，中国保险公司的风险承担问题更加值得关注。公司风险承担状况是公司经营决策的直接结果，而公司经营决策的产生依赖于一系列的公司治理机制，因此一般认为公司的风险承担状况必然受到公司治理机制的影响，但就影响的具体状况和路径目前并没有统一认识，无论是在理论或现实当中都存在诸多争议。

公司治理是商品经济发展到一定阶段的产物，公司治理理论与现代企业制度的发展息息相关，其理论内涵随着现代企业制度的发展而不断拓展和丰富。传统公司治理主要基于"股东至上理论"，其主要目的在于解决因所有权和经营权分离而产生的所有者和经营者之间的委托代理问题（Jensen and Meckling，1976），以股东价值最大化为最终目标。而随着资本市场的发展，股权的流动性增强，加之人力资源理论的兴起、企业社会责任观念的发展，目标单一的"股东至上理论"难以有效维持，一种新的公司治理理论"利益相关者理论"应运而生（杨馥，2011）。利益相

---

[①] 本文受中国教育部重大研究课题"我国商业养老保险制度体系与运行机制研究"（14JZD027）及中国保险学会教保人身保险高校课题"大资管时代寿险公司资金运用的有效模式和途径"（jiaobao2016-01）资助，在此表示感谢。同时，特别感谢匿名审稿人和编辑对本文提出的宝贵意见。本文原载于《经济科学》2017 年第 2 期。

[②] 朱南军，北京大学经济学院风险管理与保险系副主任、北京大学中国保险与社会保障研究中心（CCISSR）副秘书长。

关者理论强调公司治理目标的多元性，其核心在于通过一整套包括正式或非正式的、内部的或外部的制度，来协调公司与各利益相关者之间的利益关系，以保证公司决策的科学性、有效性，从而最终实现各方利益的均衡和最优。在该理论中，公司治理的主体突破了股东限制，扩展为包括股东、债权人在内的所有利益相关者，强调和重视相关利益群体参与公司治理的权利；公司治理的客体包括了管理层和公司股东，分别对应"股东—管理者"的委托代理问题和"债权人—股东"的委托代理问题。而由于保险业务的公众性、负债性和长期性等特点，保险公司治理也表现出区别于传统企业的特点，其与利益相关者理论有着天然的契合性（刘素春，2010）。

风险承担是企业获取利润的必要条件，对于企业的影响具有多面性。合理的风险承担有助于公司把握有利可图的市场机会，提升公司价值；而过度的风险承担可能导致企业风险积聚，提高其破产概率，过低的风险承担也不利于企业的健康发展，可能导致其被市场淘汰（石大林、何晓峰、李天慧，2015）。因此，风险承担状况对企业发展而言至关重要。而保险公司作为经营风险的专业机构，风险承担更应当说是公司治理当中需要关注的核心问题。

金融机构由于其经营的特殊性一直是公司治理与风险承担研究重点关注的对象。国内外对金融机构公司治理与风险承担的关系研究曾主要集中于银行，而对保险公司的关注在2008年国际金融危机后开始增加。由于公司治理作用的发挥必须依赖于一整套公司治理机制，所以相关研究一般主要从内部治理机制和外部治理机制两个方面进行探讨。其中，内部治理机制主要是指公司本身所选择的一系列公司治理的结构和制度，公司自身在这些机制的决定上具有较高的自主权，体现"自治"特点，具体包括公司股权结构、董事会运作情况及管理层激励等。而外部治理机制主要指公司所面临的外部环境对公司经营及管理层行为的影响，主要包括产品市场、控制权市场、职业经理人市场以及政府监管等多方面（Rediker and Seth，1995）。

内部治理机制方面，董事会、监事会和高级管理层是学者们普遍关注的对象，主要关注董事会规模、董事会独立性、相关会议次数以及薪酬激励等情况对保险公司风险承担的影响。Lai和Lin（2008）的研究表明，董事会规模增大有助于降低总体资产和股权的风险。其原因在于规模较大的董事会更易于拒绝高风险项目，因为要说服大量的董事接受高风险项目会更加困难。Brick和Chidambaran（2008）发现董事会独立性与用股票回报波动性衡量的公司风险呈负相关，即独立董事的参与有助于降低公司风险承担。而Eling和Sebastian（2013）认为公司治理的规范性（独立董事比例、会议次数等）会对保险公司风险承担产生正向影响，原因在于公司可以有能力进入更多能够提升公司价值的高风险项目。薪酬激励方面，Chen 和 Steiner（2001）研究了美国保险业管理层持股与公司风险承担间的关系，认为随着管理层持股上升，公司风险承担上升。更多的研究表明，管理层持股比例与公司风险承担存在非线性关系，低水平时以激励效应为主，风险承担上升，高水平时以防御效应为主，风险承担降低（Morck, Shleifer and Vishny, 1988）。

股权结构方面，Cheng 和 Elyasiani（2011）对机构投资者持股稳定性对人身保险公司风险承担的影响进行了研究，发现大股东的存在并不会提高公司风险承担，原因在于大股东由于其利益与公司利益联系更为紧密，更希望防止巨额损失的发生，从而行为更加保守。夏喆和靳龙（2013）运用我国保险业 2011 年截面数据研究了公司治理机制对我国保险业风险的影响，也发现第一大股东持股比例的提高对保险公司的风险管理有显著的正面影响。

外部治理机制方面，Cheng 和 Weiss（2013）研究了保险公司资本要求与风险承担之间的关系，认为 RBC 的资本要求对不同资本状况的保险公司风险承担行为起着不同的作用；Lee 和 Mayers（1997）研究了美国保险保障基金的建立对保险公司风险承担的影响，发现在基金建立后，股份制保险公司资产组合风险上升。徐华和李恩荟（2013）运用我国财险公司的数据研究了外部监管、内部治理与保险公司风险承担的相互作用，认为外部监管对内部治理的影响因保险公司风险类别而异，两者存在"替代"或"互补"关系。

总体而言，目前国内学者对保险公司治理与风险承担的研究还相对较少。而国外研究的对象以美国、英国、德国等发达保险市场为主，关注新兴市场特别是中国市场的相关研究还比较少，由于新兴市场与发达市场的诸多差异性，其研究结论恐难以反映我国保险市场的真实状况和特点。鉴于此，本文尝试从我国保险业实际出发，基于公司层面的微观数据构建 SEM 模型，探究公司治理与保险公司风险承担的关系及其具体作用机制，旨在为改善我国保险公司治理状况，提高行业风险管理水平提供理论参考。

## 二、保险公司治理机制分析

一般而言，保险公司的治理机制可以分为内部治理机制和外部治理机制两大类，两者共同构成完善的公司治理机制体系。

(一) 保险公司内部治理机制

1. 股权结构

合理的股权结构是良好公司治理的重要基础。股东作为公司的所有者，拥有公司剩余索取权，承担公司最终风险，作为委托人对公司治理的影响巨大。股权的集中程度会影响公司治理模式和效果：在股权极度分散的公司中，由于大量小股东难以形成有效合力对公司经营进行监督，经营者往往成为公司的实际控制人，导致严重的委托代理问题；而对于股权相对集中的公司，现有的理论研究认为大股东持股比例对于公司价值的影响具有两面性，分别表现为"利益协同效应"和"壕沟效应"。一方面，由于具有企业大部分自由现金流的支配权，大股东有动力和能力对管理层实施足够的监督，争取企业价值的最大化；另一方面，大股东拥有控制权，有条件以小股东和公司的利益为代价，牟取私利。

2. 股东大会、董事会、监事会

股东大会、董事会、监事会（以下简称"三会"）是公司治理架构的主要内容。目前，我国各保险公司已基本建立"三会"的公司治理架构。"三会"当中董事会作为负责执行股东大会决议的常设机构，在公司治理中扮演着承上启下的关键角色。承担风险是公司经营的一部分，董事会的重要职责即对公司风险承担情况进行管控，在保证有利可图的项目推进的同时，防范灾难性风险事件发生。有效运作的董事会能够保证公司经营方向的准确性和风险的可控性，监督管理层工作，维护股东利益。对于我国保险业，董事会建设也被监管层认为是公司治理建设的核心，并出台多项规定对董事会运作、董事任职资格、独立董事制度建设等多方面进行规范。目前，我国保险公司董事会建设日益加快、运作日益规范、作用日益凸显。但同时，我国保险业公司治理也存在着"形似而神不似"的问题，部分制度运作的规范性和有效性还有待提升。

3. 薪酬政策

薪酬政策也是公司治理的重要环节。良好的薪酬政策能够为管理层提供合理的激励，促使管理层勤勉工作，缓和与所有者的利益冲突。特别是对于保险业而言，薪酬政策的设计具有特别的意义。保险业务具有"先收费后提供产品"的特点，许多业务具有长尾性质，业务质量难以在当期得到完全衡量，这决定保险公司的薪酬政策必须具备一定长期激励的性质。从国际保险业来看，管理层持股、股票期权、限制性股票等如今正在管理层薪酬构成中占有越来越大的比例。中国保监会也对保险公司高管薪酬有延期支付的规定，允许保险公司对高管进行多样化的中长期激励。

(二) 保险公司的外部治理机制

1. 控制权市场

控制权市场是欧美发达保险市场中对公司内部治理机制的一种重要补充机制。所谓公司控制权市场，又称接管市场，是指通过收集股权或投票代理权取得对企业的控制，达到接管和更换不良管理层的目的。控制权市场一般在上市公司中发挥更大的作用，而我国保险业公司上市的很少，这种机制作用相对有限。总体而言，目前我国保险业尚未形成有效的控制权市场，给保险公司股权的流动性带来一定的困难。不过随着我国多层次资本市场的建立和完善，未上市保险公司股权流动性也正逐步得到改善。

2. 经理人市场

经理人市场同样是发达保险市场重要的外部治理机制，其带来的可能被替换的压力为职业经理人提供了勤恳工作的巨大激励。我国保险业发展历程坎坷，曾一度中断，加上粗放式发展导致保险行业形象受损，对人才的吸引力下降，导致我国保险业内优秀的职业经理人严重短缺、供不应求。这种经理人市场结构难以起到对职业经理人的激励作用：一个经理人可能在某家公司业绩状况不好，但并不会被市场淘汰，而在供不应求的状况下会被其他公司接受，这样无法为经理人提供充分的勤勉工作的激励。

3. 监管机构

保险业由于其经营的负债性和公众性历来受到较为严格的监管，外部监管成为保险公司治理的重要外部机制。新兴市场国家往往缺乏有效、成熟的外部控制权市场和职业经理人市场，导致外部公司治理机制对经理人和保险公司的约束作用有限。在此背景下，监管者在提高外部治理机制作用的有效性方面扮演着极为重要的角色，这一点在由计划经济转型过来的中国市场上表现得十分明显。如今，公司治理监管是我国保险业"市场行为、偿付能力和公司治理"三支柱监管体系的重要内容。

4. 保单持有人

保单持有人既是保险公司的客户，也是保险公司特殊的债权人，对保险公司的健康发展有着特殊的利益诉求。按照利益相关者理论的观点，保单持有人参与公司治理的权利应当得到保护和重视。但由于我国保险业发展水平较低，民众对保险产品认识不足，对自己的权利认识不充分，加上保单持有人分散性的特点，保单持有人几乎没有渠道和意愿介入到保险公司治理当中，只能通过"用脚投票"的方式表达自己对保险公司经营的评价。

综合来看，在内外部因素的共同推动下，经过多年发展，我国保险业内部治理机制建设日趋完善。但与此同时，外部治理机制的部分缺失或失灵已经成为我国保险业公司治理发展中的短板，而外部治理机制对新兴市场金融业公司治理的规范发展至关重要。外部治理机制的不足又可能会在相当程度上限制内部治理机制作用的有效发挥，因此对于我国保险业而言，外部治理机制的建设迫在眉睫。

## 三、数据及变量

### （一）数据来源

本文所使用的数据主要来自历年中国保险年鉴、各保险公司网站的公开信息披露以及中国保监会。数据主体部分涵盖了2013年及2014年我国保险行业主要的经营主体，由于我国上市保险公司数量较少，非上市保险公司公司治理的历史数据获取存在一定难度，为丰富样本容量，本文加入了2007—2012年我国上市保险公司的相关数据。最终本文通过收集整理共获得有效样本220个，其中涉及寿险公司47家、财险公司43家、集团公司2家，本文样本中保险公司保费收入占我国保险市场的95%以上，能够较好地反映我国保险行业的整体状况。

本文数据剔除了部分公开信息披露不完善的公司（如无董事会构成信息）及披露数据异常的公司（如赔付支出数据为负），此外，出于计算波动性的需要，成立三年以下的公司由于数据量不足也予以剔除，最后得到有效样本220个。此外，为剔除极端值对SEM结果有效性的影响并充分利用数据，本文对部分极端值影响明显的变量（如偿付能力数据）采用Winsorization方法进行了处理，选取的临界值为5%。

### （二）关键变量定义

本文将公司治理分为内部公司治理和外部公司治理两个方面，其中内部公司治理细分为公司股权结构、董事会运作及薪酬政策等要素。具体如表13-8所示。

1. 股权结构

股权结构对董事会运作会产生巨大影响，其在模型中以潜在变量的形式出现。相关研究表明，股权结构是否合理对保险公司治理的有效性具有重要影响。在我国保险业实践中，"一股独大"或股权过度分散造成的公司治理问题也愈加凸显。但无论从历史或现实状况而言，与股权过度分散带来的问题相比，"一股独大"带来的公司治理问题在我国保险业表现得更为突出。因此，本文模型假设股权结构的分散性有助于我国保险公司改善公司治理，并选取"持股情况"和"重要股东数"两个变量作为"股权结构"的观察变量。其中"持股情况"的计算公式为"1－第一大股东持股比例",用以反映除第一大股东外其他中小股东的股权占比情况;"重要股东数"具体指持有公司5%以上股权比例的股东数量。

2. 董事会运作

董事会是公司治理的核心要素,其运作情况对公司治理状况产生直接的重要影响,其在本文模型中以潜在变量的形式出现。具体而言,董事会对保险公司风险承担的影响主要体现在两个方面:一是董事会通过相关决议制定公司的风险管理政策,决定公司的风险态度和风险处置政策;二是董事会通过监督管理层相关经营活动,督促管理层勤勉尽职。同时,该要素也是国内外相关研究中备受重视的变量,已有研究主要从董事会规模、结构、独立性、运行情况等方面对其进行探讨。结合我国保险业特点,本文用"董事会规模"和"独董比例"两个观察变量对董事会运作情况加以刻画,并假设董事会规模越大、独立性越强,代表董事会运作越有效。

3. 薪酬政策

薪酬政策也是公司治理的重要方面,通过合理的薪酬设计可以为管理层提供有效激励,影响管理层效用最大化决策,实现公司利益与管理层利益的协调统一。但由于我国保险公司多数未上市,相关薪酬数据又涉及公司商业机密,难以获取完整的薪酬政策数据,因此本文不将"薪酬政策"作为潜在变量纳入模型,而是选用"工资水平"作为"薪酬政策"的单一替代变量。由于无法获取各公司高管薪酬数据,本文用"员工薪酬及福利费/保险业务收入"来代表各公司的工资水平。因此,此处的工资水平仅反映短期工资水平,并不反映长期激励政策,这也是本文的局限之一。

4. 外部机制

从利益相关者理论出发,保险公司的外部治理机制包括了与保险公司运作相关的产品市场、控制权市场、经理人市场以及监管者等多个方面。但由于我国保险业尚处于发展阶段,尚未形成完善的控制权和经理人市场,本文主要从产品市场和监管两个方面对外部机制进行衡量,分别用"市场份额"和"监管压力"两个观察变量代表消费者和监管者行为给保险公司经营带来的影响。基本假设为保险公司市场份额越大,其服务的客户数量越多,越容易受到媒体的关注,对其公司治理效率和规范性的要求越高,有助于激励企业改善公司治理;另外,保险公司偿付能力充足率越低,越容易受到监管者的关注,其面临的监管压力越大,在具体经营和公司治理方面会更加谨慎和规范。具体而言,"市场份额"指标的计算为各公司"原保费收入/行业总体保费收入",以衡量各公司的市场占有率情况;"监管压力"指标计算公式为"150% - 公司偿付能力充足率",该值越大说明公司的偿付能力充足率越低，越容易受到监管者的关注，可较好地衡量保险公司面临的监管压力。

5. 保险公司风险承担

基于相关研究，本文关注保险公司的两类主要风险：承保风险和投资风险，并分别检验本文模型对两类风险的具体影响状况及其差别。

承保风险反映保险公司因承保业务而可能导致的公司价值的非预期下降。由于本文定义的风险是"非预期损失"的概念，所以那些能够被预期的变化将不被视为风险，尽管它们也存在着不确定性。承保业务的质量、结构、规模等都会对承保风险产生影响，而赔付率综合反映了一定时期内保险公司承保业务的整体情况。赔付率波动过大往往反映出公司对承保各环节质量的管控能力不足，对由承保业务可能带来的损失难以做出合理的估计，发生非预期性的损失可能性较大，风险较高。具体而言，本文中承保风险的计算方法为"公司过往三年的简单赔付率的标准差"，其中简单赔付率＝赔付支出/保险业务收入。

投资风险反映保险公司因资金运用可能导致的公司价值的非预期下降，本文选择利用投资收益率的波动性对投资风险进行衡量。对于一家资金运用成熟的保险公司，其投资理念、策略、操作等方面都应当相对成熟和规范，收益率不应当出现大幅度波动。大的波动性在一定程度上说明公司的资金运用模式尚未完全成熟，表现在投资理念过于激进，高风险资产投资过多或投资风险管控不到位等方面。对于这样的公司，其未来发生非预期性的投资损失的可能性也较大，本文认为其风险较高。具体而言，投资风险的衡量指标为"公司过往三年投资收益率的标准差"，其中投资收益率＝（净投资收益＋公允价值变动损益）/可投资资产。

表13-8 各观察变量的具体计算方法说明

| 潜在变量 | 观察变量 | 说明 |
| --- | --- | --- |
| 股权结构 | 持股情况（Stock） | 1－第一大股东持股比例 |
| | 重要股东数（Stakeholders） | 持股占比5%以上股东数量 |
| 董事会运作 | 董事会规模（BOD Size） | 董事会组成人数 |
| | 独董比例（IBPer） | 独立董事人数/董事会人数 |
| 薪酬政策 | 工资水平（Wage） | 员工薪酬及福利费/保费收入 |
| 外部机制 | 市场份额（MS） | 公司保费收入/行业保费收入 |
| | 监管压力（RP） | 150%－公司偿付能力充足率 |
| 风险承担 | 承保风险（UR） | 过往三年赔付率的标准差 |
| | 投资风险（IR） | 过往三年投资收益率的标准差 |

### （三）描述性统计

基于样本总体和业务类别的各相关变量的描述性统计如表 13-9 所示。为直观反映样本公司治理情况，此处部分变量并非直接纳入模型计算的变量，而是最原始的基础数据，包括独立董事人数、偿付能力充足率等。

表 13-9 各相关变量的描述性统计

| 变量 | 总样本 | | 寿险 | | 财险 | | 集团 | |
|---|---|---|---|---|---|---|---|---|
| | 均值 | 变异系数 | 均值 | 变异系数 | 均值 | 变异系数 | 均值 | 变异系数 |
| 第一大股东持股 | 0.490 | 0.646 | 0.473 | 0.560 | 0.561 | 0.630 | 0.154 | 0.118 |
| 重要股东数 | 3.964 | 0.655 | 3.837 | 0.610 | 4.010 | 0.743 | 4.500 | 0.293 |
| 董事会规模 | 10.045 | 0.362 | 9.856 | 0.317 | 9.210 | 0.353 | 16.500 | 0.158 |
| 独董人数 | 2.432 | 0.768 | 2.288 | 0.765 | 2.020 | 0.728 | 5.938 | 0.189 |
| 独董占比 | 0.219 | 0.611 | 0.215 | 0.668 | 0.200 | 0.599 | 0.358 | 0.084 |
| 工资水平 | 0.128 | 0.611 | 0.128 | 0.739 | 0.135 | 0.450 | 0.082 | 0.286 |
| 市场份额 | 0.024 | 2.190 | 0.023 | 2.597 | 0.011 | 2.689 | 0.111 | 0.246 |
| 偿付能力充足率 | 4.655 | 1.551 | 3.241 | 1.234 | 6.535 | 1.467 | 2.092 | 0.291 |
| 承保风险 | 0.095 | 1.438 | 0.106 | 1.661 | 0.093 | 0.964 | 0.032 | 0.335 |
| 投资风险 | 0.012 | 1.026 | 0.013 | 1.074 | 0.010 | 0.956 | 0.020 | 0.773 |
| 样本量 | 220 | | 104 | | 100 | | 16 | |

股权结构方面，可以发现，总体而言，我国保险公司股权结构倾向于集中，样本总体第一大股东平均持股比例为49%，有一半的保险公司第一大股东持股比例在50%及以上。而财险公司大股东平均持股56.1%，远远高于寿险公司的47.3%，这主要是受到部分股东100%控股的外资财险公司的影响，而外资寿险公司则受到50%的持股比例限制。多数民营或地方性保险公司股权结构其实较为分散，大股东持股比例多为20%左右，而大股东绝对控股的多为保险集团下的子公司。

董事会方面，总体而言，我国保险公司董事会平均规模为10人左右，平均独立董事2.4人，平均占比22%左右。内部结构上，表现出集团公司＞寿险公司＞财险公司的特点，说明保险业董事会运作特点与公司规模及业务复杂性呈现出一定的相关性，也符合直观判断。

工资水平方面，寿险与行业整体持平，但内部差异性较大；财险平均工资水平优于寿险，并且内部差异较小，说明财险公司对经理人的短期激励更为充足，这可能与财险公司业务以短期为主有关；而寿险公司由于业务偏长期，会更加注重短期与长期激励的平滑。

外部机制方面，行业整体平均市场份额为2.4%，寿险为2.3%，财险为1.1%，但各自内部差异均较大，反映出寡头垄断的特征，尤其在财险行业，老三家仍然保持着绝对的领先地位。偿付能力上，行业平均偿付能力充足率达到465.5%，寿险公司达到324.1%，财险公司达到653.5%，偿付能力相对充足。

风险承担方面，寿险公司的承保风险高于财险公司，这一点与Eling和Sebastian（2013）在英国和德国市场发现的情况一致。一般认为，由于寿险业务承保风险的相关因素如死亡率、退保率、费用率都相对稳定，不会面临财险业务那么大的不确定性（如巨灾风险），其给付率的波动性应当较财产险的赔付率低。Eling认为这与寿险公司大量出售投资型产品相关，这类产品虽然将部分投资风险转移给了保单持有人，但是其在给付方面往往表现出较高的波动性，这一点对于目前的中国市场也同样具有解释力。而集团公司的承保风险远低于单一寿险或财险公司，这也体现出业务间的风险分散效果。投资风险上，平均而言，寿险公司投资风险略高于财险公司，这一点与寿险公司资产配置的久期长于财险公司有关。

表13-10 各观察变量间的相关关系

| 变量 | 承保风险 | 投资风险 | 持股情况 | 重要股东数 | 董事会规模 | 独董比例 | 工资水平 | 市场份额 | 监管压力 |
|---|---|---|---|---|---|---|---|---|---|
| 承保风险 | 1.000 | | | | | | | | |
| 投资风险 | 0.027 | 1.000 | | | | | | | |
| 股东持股情况 | -0.212** | 0.103 | 1.000 | | | | | | |
| 重要股东数 | -0.092 | 0.160* | 0.822** | 1.000 | | | | | |
| 董事会规模 | -0.243** | 0.082 | 0.355** | 0.283** | 1.000 | | | | |
| 独董比例 | -0.013 | 0.314** | 0.268** | 0.211** | 0.474** | 1.00 | | | |
| 工资水平 | 0.182** | 0.080 | 0.120 | 0.167* | -0.151* | -0.095 | 1.00 | | |
| 市场份额 | -0.134* | 0.151* | 0.003 | -0.159* | 0.395** | 0.472** | -0.364** | 1.00 | |
| 监管压力 | -0.151* | -0.062 | 0.059 | -0.017 | 0.247** | 0.060 | -0.177** | 0.165* | 1.00 |

注：***、**和*分别表示在1%、5%和10%的水平下显著。

表13-10列示了模型中涉及的各个变量间的皮尔森相关系数及显著性，由此可对各变量间的关系进行初步判断。承保风险与投资风险之间并未发现显著的相关关系，两者相对独立；承保风险与股东持股情况呈显著的负相关关系，即中小股东股比越高，承保风险越低；而投资风险与重要股东数呈显著正相关，但相关性不

高。综合而言,股权结构与风险承担之间具有显著的相关性;承保风险与董事会规模呈显著的负相关关系,投资风险与独董比例呈显著的正相关关系。承保风险与工资水平呈显著的正相关关系,可能是由于工资水平的短期激励引起经理人对保费规模的短期关注优先于业务质量,而投资风险与工资水平无显著关系。外部机制方面,承保风险与市场份额及监管压力均呈显著的负相关关系,说明消费者和监管者的压力能有效控制公司的承保风险。投资风险仅与市场份额呈显著的正相关关系,与监管压力无显著关系,说明外部机制对投资风险的影响力弱于承保风险。

## 四、实证分析

### (一) 基础模型

本部分主要采用结构方程模型 (Structure Equation Model, SEM) 方法进行实证研究。结构方程模型是当代行为与社会领域量化研究的重要统计方法,它融合了传统多变量统计分析中的因素分析与路径分析统计技术,能够对各种因果模型进行模型辨识、估计与验证。模型涉及的变量分为两大类:潜在变量和观察变量。潜在变量则是指研究中反映的某种抽象概念,而观察变量则是实际可得的数据,用以反映潜在变量。一个完整的 SEM 由测量模型和结构模型组成,测量模型由潜在变量和观察变量组成,是一组观察变量的线性函数,结构模型是潜在变量间因果关系模型的说明。本文模型涉及的回归方程为:

$$X_{ij} = \lambda_{ij} Y_i + \delta_{ij} (i = 1,2,3, j = 1,2)$$
$$Y_1 = \beta_2 Y_2 + \beta_3 Y_3 + \varepsilon_2$$
$$Y_3 = \beta_5 Y_2 + \varepsilon_3$$
$$Y_4 = \beta_7 Y_2 + \varepsilon_4$$
$$Z = \beta_1 Y_1 + \beta_2 Y_2 + \beta_4 Y_2 + \varepsilon_1$$

本文运用 Amos 软件对 SEM 模型进行分析,基础模型设定如图 13-4 所示,其中椭圆表示潜在变量,矩形表示观察变量,箭头表示变量间的作用关系。模型包含三个潜在变量:股权结构、董事会运作和外部机制,每个潜在变量分别由两个观察变量反映;工资水平作为薪酬激励的替代变量与股权结构、董事会运作一起代表内部治理机制的各个方面。最终各变量通过不同路径对保险公司风险承担产生影响,包括承保风险和投资风险,本文将用基础模型对两者分别进行检验。

结合理论及实际,本文对各变量作如下假定,确立各变量间的相互关系。

**H1**:股权结构对董事会运作有显著的正向影响。本文假设股权的分散性更有助于股东间权力的制衡,从而增强董事会运作的有效性。具体而言即非大股东持股比

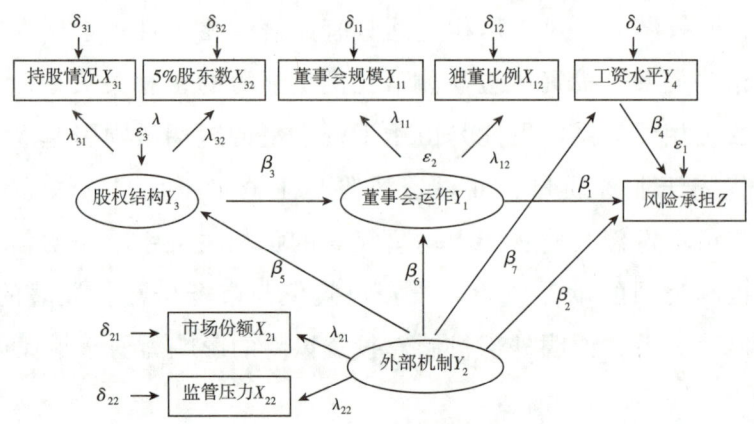

**图 13-4 保险公司治理与风险承担基础模型**

例越高、5%以上股东数量越多，董事会运作越有效。

**H2**：外部机制对股权结构、董事会运作有显著的正向影响，对工资水平的影响不确定。本文假定外部各方压力有助于公司改善内部机制，但对于工资水平的影响方向不明确，比如市场份额对工资水平的影响。

**H3**：外部机制、股权结构、董事会运作对风险承担有显著的负向影响，工资水平对风险承担有显著的正向影响。本文假设外部监督压力越大、公司股权结构越分散、董事会运作越规范越有助于降低公司风险承担，而短期的工资激励可能会提高公司风险承担。

模型识别情况方面，SEM希望得到过度识别的模型，即模型自由度要大于0。本文基础模型中，模型属于过度识别，满足模型识别基本要求。

**（二）细分模型及结果**

**1. 投资风险模型**

将基础模型用于保险公司投资风险承担（IR）情况的验证，基于样本总体的标准化的输出结果如表13-11所示。

**表 13-11 基于样本总体的 IR 模型结果**

| 测量模型 | | | 标准化估计值 | C.R. | 显著性 p |
|---|---|---|---|---|---|
| 股权结构 | → | 持股情况 | 0.816 | | |
| 股权结构 | → | 重要股东数 | 1.008 | 9.687 | *** |
| 董事会运作 | → | 董事会规模 | 0.648 | | |
| 董事会运作 | → | 独董比例 | 0.733 | 7.864 | *** |
| 外部机制 | → | 市场份额 | 0.974 | | |
| 外部机制 | → | 监管压力 | 0.175 | 2.305 | ** |

续表

| 测量模型 | | | 标准化估计值 | C.R. | 显著性 p |
|---|---|---|---|---|---|
| 结构模型 | | | | | |
| 股权结构 | → | 董事会运作 | 0.462 | 5.743 | *** |
| 外部机制 | → | 股权结构 | -0.170 | -2.181 | ** |
| 外部机制 | → | 董事会运作 | 0.723 | 4.183 | *** |
| 外部机制 | → | 工资水平 | -0.374 | -3.832 | *** |
| 工资水平 | → | IR | 0.134 | 1.888 | * |
| 董事会运作 | → | IR | 0.367 | 3.198 | *** |
| 外部机制 | → | IR | -0.032 | -0.313 | 0.754 |
| 样本量 | 220 | | 自由度 | 14 | |
| 适配度指标 RMSEA/GFI/NFI | | | 0.096/0.956/0.921 | | |

注：***、**和*分别表示在1%、5%和10%的水平下显著。

由于 SEM 处理的是整体契合度的程度，关注整体模型的比较，因而模型参考的指标是多元的，必须参考多种指标才能对模型的适配度做出整体判断。本文中报告了几个常用的衡量指标：RMSEA 为渐进残差均方和平方根，衡量了样本数据与理论模型的契合程度，一般认为小于 0.1 属于合理范围；GFI 为适配度指数，用来显示观察矩阵中的方差与协方差可被理论隐含的矩阵预测得到的量，一般判别标准为大于 0.9；NFI 为规准适配指数，是一种比较性适配指标，一般判别标准为大于 0.9。

从上述模型适配度结果中可以看出，基于样本总体的 IR 模型主要适配度指标均通过检验，模型适配程度良好。表 13-4 中的标准化系数衡量了各变量间的直接影响。从结果来看，各测量模型路径系数显著性都较高，说明其测量结果是有统计意义的。并且多数测量变量各路径因素载荷都比较高，说明观察变量能够较好地反映潜在变量的变异情况。

同时，为了更全面地对各影响路径进行刻画，除了明确直接影响及其显著程度外，更需要关心间接影响的显著性，即检验是否存在相应的中介效应。SEM 模型中间接效应的显著性问题是一个难点，目前并无统一的检验标准，比较流行的做法是通过 Bootstrapping 方法获取间接效应的模拟分布，从而对其显著性进行检验，本文即采用这样的方法。具体做法是运用 Amos 软件执行 Bootstrap 程序，选取次数为 1000 次，置信水平为 90%，检验结果见表 13-12。

表13-12 投资风险模型的影响路径情况

| 对IR | 外部机制 | 内部机制 | | |
|---|---|---|---|---|
| | | 股权结构 | 董事会运作 | 工资水平 |
| 直接影响 | -0.032 | 0 | 0.367*** | 0.134* |
| 间接影响 | 0.186* | 0.168*** | 0 | 0 |
| 总影响 | 0.154 | 0.168 | 0.367 | 0.134 |

注：***、**和*分别表示在1%、5%和10%的水平下显著。

结构模型方面，内部机制的三个组成部分股权结构、董事会运作和工资水平分别对投资风险产生直接或间接影响。其中，股权结构通过影响董事会运作间接影响投资风险，其间接影响系数为 $0.46 \times 0.37 = 0.17$，并且其影响显著性较高，说明股权结构对公司投资风险承担存在明显的正向影响，即公司股权结构越分散公司投资风险越高。这与本文的假设不符，但也间接说明随着治理结构的不断完善，我国保险业相关制衡机制逐步建立，一股独大的弊端逐步减小，并未出现股权结构越集中，投资风险越大的情况；董事会运作对公司投资风险存在正向的直接显著影响，其影响系数为0.37，能够解释13.69%的投资风险变异性，表明我国保险业董事会运作规范性的提升与投资风险呈正相关。工资水平对公司投资风险的产生有直接的显著影响，其系数较小，为0.134，说明短期工资激励让经理人倾向于进行高风险的投资。

从整体状况来看，模型结果表明内部治理机制对公司投资风险承担具有显著的正向影响，即公司内部治理机制越强，公司投资风险越高。对这种关系存在消极和积极两个角度的解读，主要取决于投资项目价值。消极角度，若保险公司的高风险投资行为并未给公司带来对应的价值提升，那么就说明我国保险业内部治理机制失效，并没有对保险公司投资风险形成有效把控，反映了我国保险业公司内部治理方面存在的"形似而神不似"的现实状况。积极角度，若是保险公司的投资项目风险与其价值相匹配，那么这种投资风险承担的提升则是对改善公司价值有益处的，因此可以认为正是由于公司内部治理机制的改善，提高了保险公司的风险容忍度，因而其选择进行了更多风险更高但价值凸显的投资项目。由于我国保险业处于快速发展期，各市场主体间差异较大，两种角度的解读可能都反映了当前行业中存在的一些状况。

外部机制对投资风险的影响也分为直接和间接两类，在模型中体现为四条路径。

路径1（直接影响）：外部机制→投资风险

路径2（间接影响）：外部机制→股权结构→董事会运作→投资风险

路径3（间接影响）：外部机制→董事会运作→投资风险

路径4（间接影响）：外部机制→工资水平→投资风险

但从模型结果来看，其中直接影响路径1的系数较小且不显著，其余三条路径各系数均显著。路径2的影响系数为-0.029，路径3的影响系数为0.266，路径4的影响系数为-0.048，综合的间接影响为0.186，并且在10%的显著性水平下显著，说明外部机制也间接地对保险公司风险承担产生一定的正向影响。这一点可能是由于当一家保险公司市场份额较大或是偿付能力状况出问题时，其面临的投资压力其实是比较大的。一方面，市场份额大的保险公司投资规模巨大，"规模是收益的敌人"，资金量增大带来的结果是没有足够的风险收益适中的资产进行配置，为了获得一定的投资收益，公司往往不得不配置更多风险较高的资产；另一方面，由于"偿一代"下公司偿付能力充足率主要受承保端影响，当公司的偿付能力降低时，承保端发展受到限制，公司可能选择在对偿付能力影响相对较小的投资端进行调整，提高高风险资产配置比例，希望通过投资收益改善公司偿付能力，而这也凸显了推行"偿二代"的重要意义，即通过偿付能力监管综合把控公司业务价值链条上的各项风险，从而有效发挥外部治理机制对公司风险的管控作用。

2. 承保风险模型

将基础模型用于保险公司承保风险承担（UR）情况的验证，基于样本总体的标准化的输出结果如表13-13所示。

**表13-13 基于样本总体的UR模型输出结果**

| 测量模型 | | | 标准化估计值 | C.R. | 显著性p |
|---|---|---|---|---|---|
| 股权结构 | → | 持股情况 | 0.866 | | |
| 股权结构 | → | 重要股东数 | 0.950 | 10.975 | *** |
| 董事会运作 | → | 董事会规模 | 0.690 | | |
| 董事会运作 | → | 独董比例 | 0.681 | 7.918 | *** |
| 外部机制 | → | 市场份额 | 0.934 | | |
| 外部机制 | → | 监管压力 | 0.192 | 2.447 | ** |
| 结构模型 | | | | | |
| 股权结构 | → | 董事会运作 | 0.526 | 6.576 | *** |
| 外部机制 | → | 股权结构 | -0.142 | -1.784 | * |
| 外部机制 | → | 董事会运作 | 0.746 | 4.515 | *** |
| 外部机制 | → | 工资水平 | -0.39 | -4.058 | *** |
| 工资水平 | → | UR | 0.172 | 2.394 | ** |

续表

| 测量模型 | | | 标准化估计值 | C. R. | 显著性 p |
|---|---|---|---|---|---|
| 董事会运作 | → | UR | -0.253 | -2.224 | ** |
| 外部机制 | → | UR | 0.101 | 0.898 | 0.369 |
| 样本量 | | 220 | 自由度 | | 15 |
| 适配度指标 | RMSEA/GFI/NFI | | | 0.109/0.947/0.905 | |

注：\*\*\*、\*\*和\*分别表示在1%、5%和10%的水平下显著。

UR模型的相关适配度指标也基本通过检验，显示模型整体具有较好的适配性。从检验结果来看，无论是测量模型还是结构模型，各路径上系数均表现出较高的显著性，模型结果较好。间接效应的显著性检验依旧通过Bootstrap完成，结果如表13-14所示。

内部机制方面，股权结构依然通过影响董事会运作间接影响承保风险，其影响系数为-0.133，并在10%的显著性水平下显著，能够解释1.75%的承保风险的变异性，说明股权结构对公司承保风险产生轻微的负向影响；董事会运作方面，其直接显著影响公司承保风险，影响系数为-0.25，能够解释6.25%的承保风险的变异性，说明董事会运作对承保风险具有一定的负向影响；工资水平对公司承保风险的影响较为显著，其影响系数为0.17，说明经理人在短期工资的激励下具有忽视业务质量的倾向，导致了承保风险的上升。

表13-14 承保风险模型的传导路径情况

| 对 UR | 外部机制 | 内部机制 | | |
|---|---|---|---|---|
| | | 股权结构 | 董事会运作 | 工资水平 |
| 直接影响 | 0.101 | 0 | -0.253** | 0.172** |
| 间接影响 | -0.237** | -0.133* | 0 | 0 |
| 总影响 | -0.136 | -0.133 | -0.253 | 0.172 |

整体而言，内部治理机制对保险公司承保风险产生显著的负向影响，即保险公司内部治理机制越完善，公司承保风险承担越低，这一点与对投资风险的影响存在差异。这说明随着我国保险公司内部治理机制的完善和健全，各公司承保业务风险管理能力得到了有效提升，承保业务经营稳定性增强。

外部机制方面，依然通过直接和间接两种途径对承保风险造成影响，路径依旧为四条。

路径1（直接影响）：外部机制→承保风险

路径2（间接影响）：外部机制→股权结构→董事会运作→承保风险

路径3（间接影响）：外部机制→董事会运作→承保风险

路径4（间接影响）：外部机制→工资水平→承保风险

从结果来看，外部机制对承保风险的直接影响较小且并不显著。间接影响的三条路径影响系数为 -0.237，且在5%的显著性水平下显著。总体而言，外部机制主要通过间接影响对保险公司承保风险的管控起到了显著的积极作用，这一点应当说是与我国保险业外部发展环境特别是监管环境密切相关。从监管的角度来看，我国保险业历来重视对保险公司偿付能力的监管，而"偿一代"下最低资本的计算标准直接和承保业务相关，由此导致保险公司对承保风险的管控较为严格。对于偿付能力出现问题的保险公司，其在承保业务方面不得不选择审慎从事，因而间接表现出外部治理机制对承保风险的较好的管控效果。

（三）模型结果综合分析

1. 模型假设验证情况

综合两个模型结果可以看出，股权结构对董事会运作具有显著的正向影响，假设1得到了较好验证；外部机制对董事会运作有显著的正向影响，但对股权结构具有显著的负向影响，同时，也通过模型发现外部机制对工资水平产生显著的负向影响，假设2得到部分验证；而内、外部公司治理对风险承担的影响机制较为复杂（下文具体分析），假设3得到部分验证。

2. 内部机制对保险公司风险承担的传导机制分析

综合上述检验结果可以发现，内部机制对保险公司风险承担的具体影响状况因风险类别而异，对于投资风险，内部治理机制均表现为正向影响；而对于承保风险，内部治理机制整体上表现为负向影响，但其中工资水平表现出正向影响。具体方式上，内部机制对两种风险的影响均以直接影响为主，间接影响为辅。

3. 外部机制对保险公司风险承担的传导机制分析

外部机制对保险公司风险承担有显著的影响，但具体影响状况也与风险类别相关。对于投资风险主要产生正向影响，但程度明显低于内部机制；对于承保风险主要产生负向影响，并且对承保风险的影响力和显著性均强于投资风险，影响程度与内部机制相当。影响方式方面，对两种风险，外部机制的直接影响均不显著，主要通过间接影响发挥作用。

## 五、结论与展望

本文基于经典公司治理理论，结合我国保险行业实际构建SEM分析模型，对我国保险公司治理与风险承担的关系及作用机制进行了初步探究,主要的结论如下。

第一,总体而言,我国保险公司治理对风险承担的具体影响与风险类别紧密相关,其在影响方向和方式上均存在一定差异。方向上,总体而言,我国保险公司治理对投资风险产生正向影响,而对承保风险产生负向影响;方式上,公司治理对投资风险的正向影响主要来自内部机制,外部机制对其影响较小,而对于承保风险,内、外部机制对其产生的负向影响程度相当。造成上述差别的原因可能在于保险公司在进行承保及投资业务决策时所具备的管理能力及外部约束存在差异。一方面,承保是保险公司传统和基础的业务,大多数保险公司股东及管理层均具有较为丰富的保险业务经验,能够充分有效地形成决策,降低业务风险。而相比较而言,投资业务并非保险公司的传统强项,内部决策有效性恐受人员结构等因素影响。另一方面,在"偿一代"下,承保业务对公司的偿付能力影响大于投资业务,监管层的关注度也相对更高。

第二,具体而言,受两种机制自身特性决定,内、外部治理机制对风险承担影响的作用机制与效果也不同。外部机制对两种风险的直接影响均不显著,主要通过间接影响发挥作用,对承保风险产生负向间接影响,而对投资风险产生正向间接影响;内部机制对两种风险的直接和间接影响均比较显著,但以直接影响为主,间接影响为辅,总体对承保风险产生负向影响,而对投资风险产生正向影响。

第三,保险公司内部治理机制完善性提升,但有效性可进一步提高。从样本统计结果及行业发展实际可以看出,我国保险业在内部公司治理机制的完善性方面发展迅速,各项机制建设有条不紊:股权结构趋于合理、董事会建设日益规范、独立董事制度得到广泛采用、激励机制日益受到重视。但机制完善程度的提升并不等于风险的降低,机制作用的有效性才是关键。从模型分析的结果来看,内部机制对公司承保风险承担的管控有效性较高,但对投资风险的管控上,部分投资能力不强的公司甚至可能存在显著提高公司投资风险承担的状况。

第四,保险公司外部治理机制完善性有待提升,但已有机制的有效性较好。研究分析发现,受金融市场及保险业发展阶段的制约,我国保险业公司治理外部机制的完善性存在一定的缺陷,健全而有效的控制权市场及职业经理人市场尚未形成,保险公司治理面临的外部监督主要来自监管者和消费者,外部治理机制的完善性有待提升。但就已有机制的有效性而言,外部机制总体上对保险公司风险承担起到了积极的管控作用,特别是对于保险公司承保风险的管控作用十分显著。

本文从整体上对我国保险业公司治理与风险承担的关系及传导机制做了初步探讨,但受数据可得性限制,本文部分指标的选取和衡量尚存在优化空间,对文章结论形成一定局限,未来在获取更丰富数据的基础上,可展开进一步细致研究分析。

## 参考文献

[1] 冯根富. 双重委托代理理论:上市公司治理的另一种分析框架——兼论进一步完善中国上市公司治理的新思路[J]. 经济研究,2004(12).

[2] 郝臣,李慧聪,罗胜. 保险公司治理研究:进展、框架与展望[J]. 保险研究,2011(6).

[3] 刘金石,王贵. 公司治理理论:异同探源、评介与比较[J]. 经济学动态,2011(5).

[4] 刘素春. 保险公司治理的特殊性:研究基于利益相关者理论[J]. 保险研究,2010(5).

[5] 石大林,何晓峰,李天慧. 公司治理机制、替代效应与风险承担[J]. 贵州财经大学学报,2015(1).

[6] 徐华,李思荟. 内部治理、外部监管与保险公司风险承担[J]. 保险研究,2013(12).

[7] 夏喆,靳龙. 公司治理机制对我国保险业风险与绩效的影响:基于我国保险行业 2011 年截面数据[J]. 保险研究,2013(3).

[8] 杨馥. 中国保险公司治理监管制度研究[M]. 北京:经济科学出版社,2011.

[9] Brick I. E. N. K. Chidambaran. Board Monitoring, Firm Risk, and External Regulation[J]. Journal of Regulatory Economics,2008(33):87-116.

[10] Chen C. R. T. L. Steiner. Risk Taking Behavior and Managerial Ownership in the United States Life Insurance Industry[J]. Applied Financial Economics,2001(11):165-171.

[11] Cheng J. and M. A. Weiss. Risk-Based Capital and Firm Risk Taking in Property-Liability Insurance[J]. The Geneva Papers,2013(38):274-307.

[12] Cheng J. E. Elyasiani and J. Jia. Institutional Ownership Stability and Risk Taking:Evidence from the Life-health Insurance Industry[R]. Working Paper of Networks Financial Institute,2011.

[13] Eling M., M., Sebastian. Corporate Governance and Risk Taking:Evidence from the U. K. and German Insurance Markets[J]. Journal of Risk and Insurance,2013,81(3):653-682.

[14] Jensen M., and W. Meckling. Theory of the Firm:Managerial Behavior, Agen-

cy Costs and Ownership Structure [J]. Journal of Financial Economics, 1976 (3): 305 – 360.

[15] Lai Y. H., and W. C. Lin. Corporate Governance and the Risk – Taking Behavior in the Property/Liability Insurance Industry [R]. Working Paper, Taiwan University, 2008.

[16] Lee S. J., D. Mayers. Guaranty Funds and Risk – taking: Evidence from the Insurance Industry [J]. Journal of Financial Economics, 1997 (44): 3 – 24.

[17] Morck R., Shleifer A., and R. W. Vishny. Management Ownership and Market Valuation: An Empirical Analysis [J]. Journal of Financial Economics, 1988 (20): 293 – 315.

[18] Rediker K. J., and A. Seth. Boards of Directors and Substitution Effects of Alternative Governance Mechanisms [J]. Strategic Management Journal, 1995 (16): 85 – 99.

# 专题
# 中国养老产业的发展与养老保险机构的服务创新能力评价

寇业富

(中央财经大学中国精算研究院/保险学院)

人口老龄化既关乎个人及家庭生活状况，也关乎就业、消费、产业经济、社会保障、文化伦理等。2021年5月11日公布的第七次全国人口普查主要数据显示，60岁及以上人口为26402万人，占总人口比重为18.70%，其中，65岁及以上人口为19064万人，占总人口比重为13.50%。20世纪60年代人口出生高峰期出生的人口已开始进入老年阶段，预计到2025年我国60岁及以上人口和65岁及以上人口占总人口的比重将分别达到20%、14%；到2049年，我国老年人口的比重将高达33.9%，这就意味着在每3个人中就有1位老人。

随着人口老龄化程度的日益加深，养老产业未来发展空间巨大。相关预测显示，预计2025年我国老年用品产业总规模将超过5万亿元，2030年我国养老产业市场规模将超过20万亿元。在经济高质量发展的过程中，面对规模如此之大的银发社会以及随之而来的养老金缺口，养老问题在社会经济发展中将更为凸显。养老产业目前已经成为资本的蓝海市场，并将成为我国经济的一个重要增长点。

## 一、养老产业发展回顾

现在，我国已经全面建成小康社会，并处于人口老龄化和人口红利的末端，"健康中国"已上升为国家战略。随着拥有财富的中年人保险保障意识的不断增强，随着国家宏观政策的持续深化，养老产业将迎来难得的发展机遇。

各大产业纷纷进军养老市场，较为成功的产业包括：地产商、保险机构、养老服务运营商和投资与实业机构等。养老产业呈多样化趋势，表现为"老龄化+保险""老龄化+科技""老龄化+消费""老龄化+地产""保险+养老社区"等。

养老服务竞争主体的主要代表有四类。①房地产公司：如万科、保利、远洋、绿地。②保险机构类：如泰康人寿、中国人寿、太平人寿、合众人寿、大家寿险等。③养老服务运营商：如光大汇晨养老机构、美国城堡投资（在中国推广国外老年住宅模式）、美国假日养老公寓集团（全球最大的老年公寓运作公司）。④投资与实业类：如燕达实业、世纪爱晚、新锦华。

然而，养老产业在发展的过程中暴露出一些乱象。一是养老产品和服务供需失衡导致企业亏损。例如，目前我国适老宜居社区缺口巨大，市场前景广阔，因而许多企业投资这一领域。但90%以上的老年人倾向于选择居家养老，致使现有企业和机构提供的养老住宅入住率不高，而提供居家养老服务的企业或社会养老机构数量较少，由此出现养老服务需求与养老服务供给不匹配的问题，导致养老服务企业和机构多处于亏损状态。二是少数企业造成行业失信。少数养老服务企业或养老机构违规经营、"跑路"等事件的发生，导致很多家庭对养老服务行业的信任度直线下降，此类问题的存在对养老产业的良性发展有较大影响。

## 二、健康养老产业的模式

从养老产业具体运作模式来看，主要分三种：重资产模式、轻资产模式、轻重并举的资产模式。

重资产模式主要是险企使用自有资金直接参与到养老地产的建设和运营过程中，这之中最受关注的就是泰康保险。作为最早进入养老社区领域的险企之一，泰康保险采取的就是买地自建的模式，而这也成为当下险企进入养老社区的一个主要途径。

值得一提的是，重资产模式考验险企流动性、战略定力和运营能力，对保险公司的资源整合能力也提出了极高的要求。

相比之下，轻重并举的模式对险企的资金流动性要求较低，保险公司得以用较少的资金撬动更大规模的养老服务供给，以更多的专业护理和运营服务加持养老社区。例如，中国太平就采用了轻资产和重资产相结合的方式，一方面斥重资打造了大型CCRC社区"梧桐人家"，另一方面打造以旅居社区为主的"太平乐享家"项目，已有多个第三方养老社区项目。

此外，还有部分保险公司采用纯轻资产的模式，轻资产运作负债少，如大家保险，探索"以核心城区高品质养老机构布局为主，以城郊特色化持续照料退休社区为辅"的差异化发展道路。

"保险公司通过整合养老资源，将多层次的养老服务与保单有机结合，以刚性的养老需求带动相对低频的保险需求，形成新的销售场景和客户群体，既实现了从客户需求出发定制服务方案，也为自己打开了转型发展的广阔空间。"大家保险集团董事长何肖锋在接受媒体采访时表示。

根据相关数据，目前市场上已有13家保险机构投资的近60个养老社区项目，为全国20余个省份提供床位数超8万张，充分发挥了商业保险的催化剂和黏合剂作用，有效促进养老健康服务业发展。

保险企业早已布局养老产业，作为最早感知人口年龄结构变化的行业，其实早在十几年前，一些保险公司已经穿透周期悄然布局养老产业。"数据君统计了14家保司在不同城市打造各具特色的保险养老社区，投资额超过千亿元"[①]。具体情况见表1。

表1 保险养老社区概况（听数据君说保险）

| 保险公司 | 养老社区 | 网点规划 | 可否入住（可入住地区） |
|---|---|---|---|
| 泰康人寿 | 泰康之家 | 北京、上海、广州、成都、苏州、武汉、杭州等15个城市 | 北京、成都、广州、上海、苏州 |
| 光大永明 | 光大汇晨 | 北京、苏州、上海、山东 | 北京、苏州、上海、山东 |
| 恒大人寿 | 恒大养生谷 | 西安、三亚、海南、郑州、南京、湖南 | 三亚 |
| 人保寿险 | 人保人家颐园 | 大连 | 未开业 |
| 招商仁和 | 仁和颐家 | 雄安、江苏、杭州、厦门、广州、深圳 | 广州、深圳 |
| 中国人寿 | 国寿嘉园 | 北京、天津、三亚、苏州 | 苏州 |
| 太平人寿 | 梧桐人家 | 北京、云南、上海、宁波、四川 | 上海 |
| 阳光人寿 | 颐康之家 | 德州 | 德州 |
| 合众人寿 | 合众优年 | 武汉、南宁、沈阳、合肥 | 武汉、南宁、沈阳、合肥 |
| 太保寿险 | 太保家园 | 成都、武汉、上海、云南、海南、厦门、杭州、武汉 | 未开业 |
| 平安人寿 | 平安养老综合服务社区 | 浙江桐乡市 | 未开业 |
| 新华人寿 | 新华家园 | 北京 | 北京 |
| 复星保德信 | 星堡 | 上海、北京 | 上海、北京 |
| 君康人寿 | 君康年华 | 上海、北京 | 未开业 |

但是，从我国现在养老产业模式来看，当前的养老产业发展模式对于保险企业

---

① 资料来源：14家保险公司养老社区分析浅报［EB/OL］. https://zhuanlan.zhihu.com/p/93765689? utm_source = wechat_session.

优势的发挥或者挖掘却并不到位。

多数养老社区仍亏损。由于我国险企养老社区仍处于初期阶段，从运营模式来看，养老社区收入来源包括入门费、会员卡、月费和其他服务费用，并通过给予满足条件的保险客户入住养老社区的资格、优先入住的权限和部分折扣优惠的形式，来实现和保险业务的联动。而"只租不售"的监管要求也使保险系养老社区的投资回报周期更长，目前大多数养老社区尚处于亏损阶段。

保险公司在加大养老社区投入的同时，进一步加大了对养老产业链上下游的投资。近年来，保险资金在医疗、健康、养老产业链的投资规模非常大，主要目的在于延伸产业链链条，打造康养大生态，进而大幅度降低成本、提高效率。目前，一些头部和大型保险公司已经着手以养老服务赋能和反哺保险产品及保险营销，开辟了一条或许可以延续保险快速发展和增量发展的整合营销的新赛道。

## 三、部分保险公司的养老产业发展情况

由于社会养老储蓄缺口较大，个人养老需求日趋多元化，推动保险公司的商业养老产品不断优化和丰富。同时，国家公共政策亦引导着个人商业养老行业走向，通过监管机构的政策引导，先后由中国银保监会印发《个人税收递延型商业养老保险业务管理暂行办法》（银保监发〔2018〕23号）、中国银保监会等13部门联合发布《关于促进社会服务领域商业保险发展的意见》（2020年1月），《中华人民共和国国民经济和社会发展第十四个五年规划和2035年远景目标纲要》（2021年3月）等文件，引导养老第三支柱开放创新，不断完善养老制度设计，推动个人商业养老金融的发展。

部分保险公司也积极布局养老产业。

保险公司在养老金融方面具有先发优势，这在业内已达成共识。从客户、产品和投资几个方面，保险公司在第二、第三支柱中均发挥着重要作用，是养老金第二、第三支柱的端到端服务商。养老体系第二支柱主要指年金市场，由企业和个人共同承担。第三支柱是针对个人的商业养老保险。第二支柱的客户为"员工+家庭"，企业通过保险公司以年金形式为员工配置养老保险计划。养老第三支柱主要是面对个人消费者，需要为客户提供一对一或点对点的服务。而保险公司本身的经营方式也是面对个人消费者，保险公司或生态伙伴通过线下代理人、线上平台、外部合作方等为消费者提供"养老金融+服务"产品，对保险资金进行资产配置，获取投资收益。

像泰康集团、太平洋寿险、国寿养老、太平人寿、光大永明保险等保险企业都

加大了对养老产业的投资力度。在养老机构布局方面，截至2019年3月，泰康人寿已在15个核心城市医养社区布局，全面覆盖京津冀、长三角、珠三角、华中、西南、东北区域，基本完成全国布局，规划总投资超过200亿元，搭售12款保险产品。养老保险计划与养老社区开展业务对接。以"爱家有约"为品牌的产品体系，有养老年金险、教育金保险、护理险、终身寿险、投连险、重疾险、高端医疗、海外医疗险共12款产品，为高端客户提供全生命周期的健康财富规划方案。由于成本较高，泰康养老社区的收费标准也较高，主要提供高端养老服务等。

## 四、充分发挥保险公司在养老领域的作用

由于养老产业与保险行业具有天然的合作优势，我国第三支柱养老又急需发展，保险公司应利用此条件，发展商业养老保险，加强与专业养老机构的合作，如养老院、老年社会福利院、老年公寓、老年服务中心、护养院等，在产品开发、养老服务、健康保健等方面多下功夫。

（一）个人商业养老保险产品需做到差异化

由于收入水平、地域、养老观念的不同，保险公司在推出产品时应根据客户需求、经济能力、风险承受能力等因素进行不同的分类，设计差异化的创新型养老保险产品，进行客户个人账户和风险的匹配，进一步打开商业养老保险产品的发展空间。比如，在养老年金保险产品方面，我们不应当仅仅局限于目前的定额养老年金产品，也应探索变额等不同类型的年金险产品，根据不同客户需求设计和推广。

（二）个人商业养老保险产品应具有组合功能

在产品设计上要打破常规思维，大胆创新，建立以养老功能为核心、多种功能组合为辅助的"养老+"系列保险产品。提高产品的交叉性，使保险责任兼具单项功能和组合功能，提升商业养老保险业务的可持续性，包括但不限于"养老+长期护理""养老年金+黄金""养老+健康""养老+服务""养老+金融""养老+消费"等。

（三）产品创新应符合智能化、个性化的社会潮流

保险机构在设计新型组合产品的同时，也要重视对科技型产品尤其是人工智能化产品的研发，例如，可以利用AI技术的智能医生助手解决投保人日常检查、对病重老人的实时体征指标的监测等问题。更重要的是，大数据、云计算、人工智能等高新技术的发展给养老保险产品的创新带来全方位的变革，从产品设计定价、营销方式到核保调查以及理赔，包括保险业服务、运营、管理等全套业务流程向科技化方向发展。商业养老保险机构还可针对有特殊保险需求的人群"量身定做"，定

向推出定制化保险，积极开拓中高端市场。

(四) 积极参与打造科技型居家养老模式

目前，我国的居家养老模式仍比较原始，缺乏科学化引导，商业养老保险公司可以利用其自身的信息资源为居家养老健康管理的信息化和互联互通等提供服务，此时保险公司已不再是一个销售保险产品的角色，而有可能是销售健康管理信息的服务商，通过信息网络平台和人工智能手段践行智慧养老；或许在不久的将来，可能出现政府和商业养老保险公司合作的社区养老模式，保险公司或能发挥信息中介的功能，提供健康大数据、科学化流程管理的模式，或者提供专业的上门居家养老服务人员。

目前，产品的创新发展主要靠保险公司的推动，希望能够提供更加有力的税收优惠政策、投资政策、产品审批政策、定价政策等，为个人商业养老保险的产品创新搭桥铺路。

## 五、养老保险公司的价值创造能力评估

养老社区开发资金需求量大、回收期长，是一座难以翻越的"大山"，正因如此，公司资本实力不足就成了限制投资策略选择的第一道屏障。因为重资产运作只有实力雄厚的大公司做得起，实力较小的中小公司做不了，只能选择轻资产模式。

轻重资产模式各有优劣。轻资产模式资金投入少、简单灵活，可以快速复制，易受资本商青睐，但形不成规模经济，对养老产业链的参与、整合力度小。重资产模式资金投入大，盈利模式复杂，不易复制，回报率低，但易形成规模经济、提高服务效率，能推动养老设施全产业链发展。

为了更好地促进养老保险产业的发展，我们结合多年来对保险公司综合竞争力评价、保险公司价值成长性的研究，对养老保险机构的服务创新能力进行综合评价。

研究对象为参与养老社区建设的上述13家保险公司（因为君康人寿没有及时发布2020年年度信息披露报告，故剔除了君康人寿），以及太平养老、泰康养老两家养老保险公司，共计15家养老保险机构。

为了综合考虑养老保险机构的资本管理能力、盈利能力、经营创新能力[①]三个维度，运用主成分分析方法、因子分析方法对我国养老保险机构的综合服务创新能

---

① 关于资本管理能力、盈利能力指标下的二级指标设置以及评价方法，参考《2021中国保险公司竞争力与投资价值评价研究报告》；关于经营创新能力指标下的二级指标设置，参考本报告第三章的有关内容。

力做出评价。

评价结果见表2和图1。

表2 养老保险机构服务创新能力得分及排名

| 公司 | 排名 | 得分 | 公司 | 排名 | 得分 |
|---|---|---|---|---|---|
| 泰康人寿 | 1 | 100.0 | 合众人寿 | 9 | 72.3 |
| 太平人寿 | 2 | 92.6 | 恒大人寿 | 10 | 67.4 |
| 人保寿险 | 3 | 89.3 | 招商仁和 | 11 | 65.6 |
| 平安人寿 | 4 | 85.6 | 阳光人寿 | 12 | 64.9 |
| 太保寿险 | 5 | 84.8 | 太平养老 | 13 | 63.6 |
| 新华人寿 | 6 | 84.8 | 光大永明 | 14 | 58.9 |
| 泰康养老 | 7 | 83.1 | 复星保德信 | 15 | 40.0 |
| 中国人寿 | 8 | 78.7 |  |  |  |

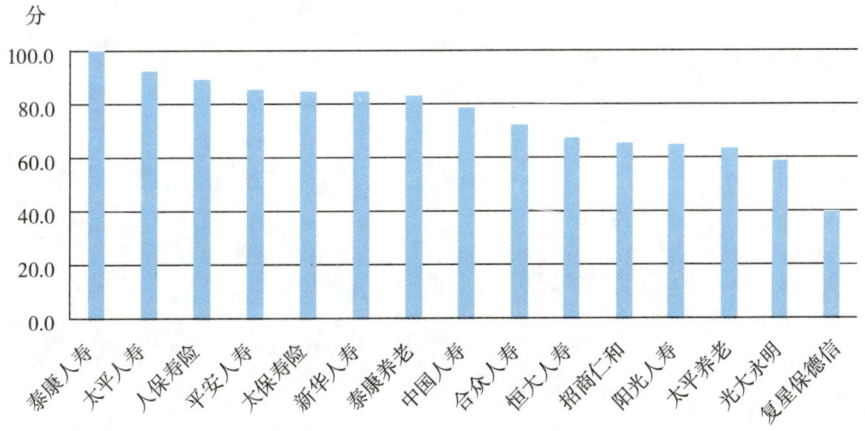

图1 养老保险机构服务创新能力评价得分

# 附 录

## 附录一  2021年中国保险公司综合竞争力的评价结果

**附表1  2021年中国人身保险公司综合竞争力得分及排名**

| 公司名称 | 排名 | 得分 | 公司名称 | 排名 | 得分 |
| --- | --- | --- | --- | --- | --- |
| 中国人寿 | 1 | 100.0 | 财信吉祥 | 38 | 67.5 |
| 平安人寿 | 2 | 98.9 | 中荷人寿 | 39 | 67.4 |
| 泰康人寿 | 3 | 91.1 | 合众人寿 | 40 | 67.3 |
| 太保寿险 | 4 | 88.1 | 中德安联 | 41 | 66.8 |
| 新华人寿 | 5 | 87.2 | 太平养老 | 42 | 66.2 |
| 友邦人寿 | 6 | 85.6 | 陆家嘴国泰 | 43 | 65.2 |
| 太平人寿 | 7 | 83.4 | 东吴人寿 | 44 | 64.6 |
| 恒大人寿 | 8 | 79.4 | 华贵人寿 | 45 | 64.5 |
| 平安健康 | 9 | 77.8 | 珠江人寿 | 46 | 64.2 |
| 百年人寿 | 10 | 77.7 | 光大永明 | 47 | 64.1 |
| 农银人寿 | 11 | 76.4 | 国富人寿 | 48 | 63.9 |
| 人保寿险 | 12 | 76.0 | 招商仁和 | 49 | 63.7 |
| 信泰人寿 | 13 | 75.7 | 工银安盛 | 50 | 63.7 |
| 中邮人寿 | 14 | 75.5 | 国宝人寿 | 51 | 63.5 |
| 阳光人寿 | 15 | 75.2 | 中意人寿 | 52 | 63.1 |
| 泰康养老 | 16 | 75.1 | 利安人寿 | 53 | 62.9 |
| 招商信诺 | 17 | 74.7 | 君龙人寿 | 54 | 62.4 |
| 中融人寿 | 18 | 74.5 | 恒安标准 | 55 | 62.4 |
| 英大人寿 | 19 | 74.2 | 中韩人寿 | 56 | 62.0 |
| 昆仑健康 | 20 | 73.8 | 北京人寿 | 57 | 62.0 |
| 前海人寿 | 21 | 73.8 | 国华人寿 | 58 | 60.5 |
| 上海人寿 | 22 | 73.5 | 华泰人寿 | 59 | 59.6 |
| 中宏人寿 | 23 | 73.2 | 中英人寿 | 60 | 58.9 |
| 建信人寿 | 24 | 72.4 | 国联人寿 | 61 | 57.0 |
| 平安养老 | 25 | 72.3 | 复星联合健康 | 62 | 57.0 |

续表

| 公司名称 | 排名 | 得分 | 公司名称 | 排名 | 得分 |
| --- | --- | --- | --- | --- | --- |
| 民生人寿 | 26 | 71.9 | 海保人寿 | 63 | 56.2 |
| 中信保诚人寿 | 27 | 71.3 | 中华人寿 | 64 | 52.5 |
| 幸福人寿 | 28 | 71.2 | 长生人寿 | 65 | 52.4 |
| 交银康联 | 29 | 70.8 | 瑞华健康 | 66 | 50.0 |
| 太保安联健康 | 30 | 70.4 | 复星保德信 | 67 | 49.7 |
| 大都会人寿 | 31 | 70.3 | 渤海人寿 | 68 | 48.7 |
| 人保健康 | 32 | 70.3 | 瑞泰人寿 | 69 | 47.7 |
| 同方全球人寿 | 33 | 70.0 | 爱心人寿 | 70 | 46.7 |
| 长城人寿 | 34 | 69.8 | 三峡人寿 | 71 | 45.3 |
| 横琴人寿 | 35 | 68.4 | 鼎诚人寿 | 72 | 41.7 |
| 中银三星 | 36 | 68.1 | 德华安顾 | 73 | 40.0 |
| 汇丰人寿 | 37 | 68.0 | | | |

### 附表2　2021年中国财产险公司竞争力综合评价得分与排名

| 公司 | 排名 | 得分 | 公司 | 排名 | 得分 |
| --- | --- | --- | --- | --- | --- |
| 人保财险 | 1 | 100.0 | 美亚保险 | 38 | 74.7 |
| 平安财险 | 2 | 97.0 | 粤电自保 | 39 | 73.8 |
| 太保财险 | 3 | 93.1 | 现代财险 | 40 | 73.4 |
| 众安财险 | 4 | 92.8 | 众惠相互 | 41 | 73.0 |
| 国寿财险 | 5 | 91.1 | 永安财险 | 42 | 72.3 |
| 紫金财险 | 6 | 90.0 | 永诚财险 | 43 | 71.9 |
| 中石油专属保险 | 7 | 89.3 | 中路财险 | 44 | 71.5 |
| 诚泰财险 | 8 | 87.6 | 日本财险 | 45 | 71.2 |
| 国任财险 | 9 | 87.0 | 安联财险 | 46 | 70.9 |
| 鼎和财险 | 10 | 86.2 | 中煤财险 | 47 | 70.8 |
| 国泰财险 | 11 | 86.2 | 中银财险 | 48 | 70.4 |
| 英大财险 | 12 | 85.6 | 三井住友 | 49 | 70.4 |
| 阳光财险 | 13 | 85.0 | 鑫安汽车 | 50 | 69.6 |
| 恒邦财险 | 14 | 83.9 | 泰康在线 | 51 | 68.9 |
| 北部湾财险 | 15 | 83.6 | 泰山财险 | 52 | 68.3 |
| 铁路自保 | 16 | 82.5 | 三星财险 | 53 | 67.4 |
| 黄河财险 | 17 | 82.4 | 华安财险 | 54 | 66.8 |
| 阳光农险 | 18 | 82.3 | 东京海上 | 55 | 64.5 |

续表

| 公司 | 排名 | 得分 | 公司 | 排名 | 得分 |
| --- | --- | --- | --- | --- | --- |
| 中华联合 | 19 | 81.1 | 浙商财险 | 56 | 64.1 |
| 中远海自保 | 20 | 80.7 | 安盛天平 | 57 | 63.8 |
| 亚太财险 | 21 | 80.6 | 华农财险 | 58 | 63.7 |
| 国元农险 | 22 | 80.4 | 苏黎世保险 | 59 | 63.6 |
| 安信农险 | 23 | 80.2 | 中航安盟 | 60 | 63.2 |
| 大地财险 | 24 | 80.2 | 珠峰财险 | 61 | 62.0 |
| 众诚财险 | 25 | 79.8 | 华海财险 | 62 | 61.8 |
| 锦泰财险 | 26 | 79.8 | 瑞再企商 | 63 | 61.1 |
| 中原农险 | 27 | 79.3 | 中意财险 | 64 | 59.9 |
| 太平科技 | 28 | 79.1 | 东海航运 | 65 | 58.4 |
| 利宝互助 | 29 | 77.8 | 史带财产 | 66 | 57.2 |
| 都邦财险 | 30 | 77.3 | 安华农险 | 67 | 56.6 |
| 燕赵财险 | 31 | 77.2 | 前海联合 | 68 | 54.5 |
| 安诚财险 | 32 | 76.3 | 长安责任 | 69 | 53.9 |
| 融盛财险 | 33 | 76.0 | 渤海财险 | 70 | 52.0 |
| 太平财险 | 34 | 75.4 | 合众财险 | 71 | 50.3 |
| 爱和谊 | 35 | 75.4 | 安达保险 | 72 | 45.0 |
| 华泰财险 | 36 | 74.7 | 富邦财险 | 73 | 40.0 |
| 富德财险 | 37 | 74.7 | | | |

## 附录二 中国保险资产管理业的政策与机构建设

中国保险资产管理业政策梳理

1995 年

● "自由时代"终结

该年颁布的《中华人民共和国保险法》对保险资金运用的范围和形式等都作了严格的规定。规定资金运用的形式限于银行贷款、买卖政府债券、金融债券和国务院规定的其他资金运用模式。保险企业的资金不得用于设立证券经营机构和向企业投资。保险资金陆续退出证券市场。

1996 年

● 政策强化

中国人民银行发布《保险管理暂行规定》（以下简称《规定》）。《规定》明确指出对于保险资金的运用，仅限于银行存款、买卖政府债券、买卖金融债券，以及国务院规定的其他资金运用方式。

1999 年

● 1999 年 5 月债权比例调整

《保险公司购买中央企业债券管理办法》颁布，规定保险公司购买的企业债券余额按成本价格计算不得超过公司上月末总资产的 10%。

● 1999 年 8 月债券回购

中国人民银行发布《关于批准保险公司在全国银行间同业市场办理债券回购业务的通知》，批准保险公司在银行间同业市场办理债券回购业务。

● 1999 年 10 月间接入市

《保险公司投资证券投资基金管理暂行办法》颁布，批准保险资金间接入市。保险公司投资基金占总资产的比例不得超过中国保监会核定的比例。根据当时证券投资基金市场的规模，确定保险资金间接进入证券市场的规模为保险公司资产的 5%。以后视具体情况适当增加。

2002 年

● 2002 年 10 月修法明典

《保险法》修正案获得通过。原法第一百零四条第三款"保险公司的资金不得用于设立证券经营机构和向企业投资"，修改为第一百零五条第三款"保险公司的资金不得用于设立证券经营机构，不得用于设立保险公司以外的企业"。

2003 年

● 2003 年 1 月明确投资基金比例

中国保监会重新修订了《保险公司投资证券投资基金管理暂行办法》，进一步明确了保险公司资金运用于各类基金的比例，资金运用监管进一步细化。保险公司投资基金的余额按成本价格计算不得超过本公司上月末总资产的 15%。

● 2003 年 6 月放宽企业债券投资

《保险公司投资企业债券管理暂行办法》颁布，保险公司可投资于信用评级在

AA 级以上的所有企业债券；同时，保险公司投资企业债券的比例限制也由原来的 10% 提高到 20%。

● 2003 年 6 月外汇资金投资开闸

中国保监会与央行联合发布《关于保险外汇资金投资境外股票有关问题的通知》，明确保险外汇资金可投资境外成熟资本市场证券交易所上市的股票，但仅限于中国企业在境外发行的股票。

● 2003 年 7 月投资央行票据

中国保监会发布了《关于保险公司投资中央银行票据的通知》，允许保险公司在银行间债券市场投资中央银行票据。

## 2004 年

● 2004 年 2 月政策导向

《国务院关于推进资本市场改革开放和稳定发展的若干意见》出台，提出要鼓励合规资金入市，支持保险资金以多种方式直接投资资本市场，逐步提高社会保障基金、企业补充养老基金、商业保险资金等投入资本市场的资金比例。要培养一批诚信、守法、专业的机构投资者，使基金管理公司和以保险公司为主的机构投资者成为资本市场的主导力量。这标志着保险资金直接入市的政策坚冰开始融化。

● 2004 年 3 月投资银行次级债

中国保监会下发《关于保险公司投资银行次级定期债务有关事项的通知》，允许保险公司投资银行次级债。

● 2004 年 4 月规范保险资产管理公司

中国保监会公布《保险资产管理公司管理暂行规定》，确定了保险资产管理公司与保险公司之间的权利义务关系以及受托管理保险资金应遵循的基本规则，标志着保险资金的运用将进一步专业化、规范化。

● 2004 年 8 月境外运用保险外汇资金

中国保监会、中国人民银行联合颁布《保险外汇资金境外运用管理暂行办法》，首次允许保险公司在接受严格监管的前提下在境外运用外汇资金。

● 2004 年 10 月直接入市

中国保监会和中国证监会联合发布《保险机构投资者股票投资管理暂行办法》，保险资金直接入市获准。

## 2005年

●2005年2月出台股票直投细则

中国保监会和中国证监会联合下发《关于保险机构投资者股票投资交易有关问题的通知》及《保险机构投资者股票投资等级结算业务指南》，明确了保险资金直接投资股票市场涉及的证券账户、交易席位、资金结算等问题。

●2005年2月资产托管

中国保监会联合中国银监会下发《保险公司股票资产托管指引（试行）》和《关于保险资金股票投资有关问题的通知》，明确了保险资金直接投资股市涉及的资产托管、投资比例、风险监控等问题，规定保险机构股票投资的余额，不超过上年底总资产扣除投资连结保险产品资产和万能保险产品资产后的5%。

●2005年5月风险控制体系

中国保监会出台《保险资金运用风险控制指引（试行）》，对保险公司和保险资产管理公司建立运营规范、管理高效的保险资金运用风险控制体系，制定完善的保险资金运用风险控制制度提出了具体要求。

●2005年8月债券投资进入新阶段

中国保监会发布《保险机构投资者债券投资管理暂行办法》，整合了现行保险债券投资政策，增加了企业短期融资券等新的投资品种，明确了债券及其发行人资质条件，实行了债券投资比例差别控制，标志着保险机构的债券投资即将进入新的发展阶段。

●2005年9月保险外汇运用细则出台

中国保监会发布《保险外汇资金境外运用管理暂行办法实施细则》，保险外汇资金境外运用渠道包括结构性存款、住房抵押贷款证券、货币市场基金，以及内地企业在境外发行的股票，为保险资金在国际金融市场配置资产提供了操作平台。

●2005年12月规范股票投资条件

中国保监会发布《保险机构投资者股票投资资格条件》，规范了直接或者委托保险资产管理公司从事股票投资的资格条件。

## 2006年

●2006年3月基础设施投资办法出台

中国保监会颁布《保险资金间接投资基础设施项目管理办法》，允许保险资金采取债权、股权、物权及其他可行方式，投资交通、通信、能源、市政、环境保护等国家重点基础设施项目。

● 2006 年 6 月保险"国十条"发布

《国务院关于保险业改革发展的若干意见》正式发布，具体提出了十条意见，被称为保险"国十条"。该意见提出要在风险可控的前提下，鼓励保险资金直接或间接投资资本市场，逐步提高投资比例，稳步扩大保险资金投资资产证券化产品的规模和品种，开展保险资金投资不动产和创业投资企业试点；支持保险资金参股商业银行；支持保险资金境外投资；支持相关保险机构投资医疗机构；允许符合条件的保险资产管理公司逐步扩大资产管理范围。

● 2006 年 10 月投资银行股权开闸

中国保监会发布《关于保险机构投资商业银行股权的通知》，允许保险机构投资上市商业银行的股权。

● 2006 年 11 月风险管理工作新发展

中国保监会发布《关于加强保险资金风险管理的意见》，标志着保险资金风险管理工作进入了新的阶段。

2007 年

● 2007 年 2 月信用风险管理新阶段

中国保监会发布《保险机构债券投资信用评级指引（试行）》，要求保险机构建立内部信用评级系统，评估债券投资信用风险。这是保险业全面落实《关于加强保险资金风险管理的意见》的重要举措，标志着保险资金债券投资开始步入信用风险管理阶段。

● 2007 年 7 月规范同业拆借业务

中国人民银行发布《同业拆借管理办法》《保险公司等六类非银行金融机构进入全国银行间同业拆借市场审核规则》，允许保险公司、保险资金管理公司进入银行间同业拆借市场，并对保险公司申请同业拆借业务资格程序做出了规定。

● 2007 年 7 月保险资金境外投资办法出台

中国保监会会同中国人民银行、国家外汇管理局正式发布《保险资金境外投资管理暂行办法》，允许保险机构运用自有外汇或购汇进行境外投资，投资范围包括股票、股票型基金、股权、股权型产品等权益类产品。

● 2007 年 7 月基础设施债权投资办法出台

中国保监会发布《保险资金间接投资基础设施债权投资计划管理指引（试行）》，以推动和规范保险资金在基础设施领域内的债权投资。

2008 年

●2008 年 1 月银保深层次合作

银监会与保监会签署《中国银监会与中国保监会关于加强银保深层次合作和跨业监管合作谅解备忘录》，在商业银行和保险公司相互投资所涉及的准入条件、审批程序、机构数量、监管主体、风险处置与市场退出程序及信息交换六个方面达成一致意见。

2009 年

●2009 年 3 月规范股票投资业务

保监会发布《保监会关于规范保险机构股票投资业务的通知》，要求保险公司及保险资产管理公司改进股票资产配置管理，强化股票池制度管理，建立公平交易制度，依规运作控制总体风险，加强市场风险动态监测，并落实岗位风险责任。

●2009 年 3 月管理能力标准出台

保监会发布《关于加强资产管理能力建设的通知》，该通知包括《保险公司股票投资管理标准》和《保险机构信用风险管理能力标准》，这两个标准是监管机构评估保险机构有关管理能力的主要依据。

●2009 年 3 月基础设施债权投资计划管理办法发布

保监会发布《关于保险资金投资基础设施债权投资计划的通知》和《基础设施债权投资计划产品设立指引》。保险资金投资基础设施债权投资计划在投资主体、投资比例、投资范围和项目上均有所放宽。

●2009 年 3 月增加债券投资品种

保监会发布《关于增加保险机构债券投资品种的通知》，增加了部分债券投资品种，明确了保险机构投资有关债券的资产比例，允许保险机构投资境内市场发行的无担保债券。

●2009 年 8 月加强债券回购业务管理

保监会发布《关于加强保险机构债券回购业务管理的通知》，要求保险机构加强回购融入资金管理，包括加强账户管理、强化成本控制、明确资金用途、控制融资规模、严格比例管理等。

●2009 年 9 月调整债券投资政策

保监会发布《关于债券投资有关事项的通知》，对于保险机构债券投资的有关政策进行调整。保险机构投资企业（公司）债券的比例，由不超过该保险机构上季度末总资产的 30%，调整为不超过该保险机构上季度末总资产的 40%。

- 2009年11月两岸监管合作

保监会与台湾金融监督管理机构签署了《海峡两岸保险业监督管理合作谅解备忘录》。根据该备忘录，两岸保险监督管理机构在信息交换、机构设立、人员培训和交流等方面开展合作，标志着两岸保险监管机构将据此建立监管合作机制。

- 2009年12月规范无担保债券投资

为加强无担保债券投资管理，规范投资行为，防范投资风险，《关于保险机构投资无担保企业债券有关事宜的通知》出台。

2010年

- 2010年7月调整保险资金投资政策

为加强负债管理，优化资产结构，分散投资风险，保监会出台《关于调整保险资金投资政策有关问题的通知》。

- 2010年8月《保险资金运用管理暂行办法》出台

保监会发布《保险资金运用管理暂行办法》，该办法是《保险法》修订实施后，中国保监会发布的关于保险资金运用的重要基础性规章，对规范保险资金运用，保障保险资金运用安全，维护广大投保人和被保险人权益，防范保险业风险，具有重要的意义。

- 2010年8月投资政策调整办法出台

为加强负债管理，优化资产结构，分散投资风险，保监会出台《关于调整保险资金投资政策有关问题的通知》。

- 2010年9月不动产和股权投资办法出台

保监会发布《保险资金投资不动产暂行办法》和《保险资金投资股权暂行办法》，宣告了保险资金投资不动产由此进入实质性运作阶段。

2011年

- 2011年4月调整保险资产管理公司管理暂行规定

为防范资金运用风险，促进资产管理业务发展，保监会出台关于调整《保险资产管理公司管理暂行规定》有关规定的通知。

2012年

- 2012年4月规范财险公司投资业务

保监会出台《关于进一步加强财产保险公司投资型保险业务管理的通知》，对财险公司规范资产管理作了细化规范。

● 2012年7月规范险资投资债券业务

为规范保险资金投资债券行为，改善资产配置，维护保险当事人合法权益，保监会出台《保险资金投资债券暂行办法》。

● 2012年7月制定保险资产配置管理办法

保监会颁布《保险资产配置管理暂行办法》，对保险公司独立账户做了清晰的定义，为保险资产管理公司开展以财富增值为目的的资产管理业务奠定政策基础。

● 2012年7月规范保险资金委托投资行为

保监会制定《保险资金委托投资管理暂行办法》，来规范保险资金委托投资行为，防范投资管理风险，切实保障资产安全，维护保险当事人合法权益。

● 2012年7月规范保险资金投资股权和不动产行为

为进一步规范保险资金投资股权和不动产行为，增强投资政策的可行性和有效性，防范投资管理风险，中国保监会结合市场实际需要，调整放松了部分限制，强化了风险控制要求，发布了《关于保险资金投资股权和不动产有关问题的通知》。

● 2012年10月规范投资交易业务

为规范保险资金参与各种金融衍生品，有效防范风险，保监会制定并印发《保险资金参与股指期货交易规定》《保险资金参与金融衍生产品交易暂行办法》。

● 2012年10月规范境外投资管理

为规范保险资金境外投资运作行为，防范投资管理风险，实现保险资产保值增值，保监会出台《保险资金境外投资管理暂行办法实施细则》，对保险公司投资海外的具体事项做了规定。

● 2012年10月规范基础设施债权投资业务

为促进基础设施投资计划创新，规范管理行为，加强风险控制，维护投资者合法权益，中国保监会制定并印发了《基础设施债权投资计划管理暂行规定》。

● 2012年10月规范投资有关金融产品

为进一步优化保险资产配置结构，促进保险业务创新发展，规范保险资金投资理财产品等类证券化金融产品，保监会出台《关于保险资金投资有关金融产品的通知》。

● 2012年12月制定公募证券投资基金管理办法

保监会出台《资产管理机构开展公募证券投资基金管理业务暂行规定（征求意见稿）》，拟允许符合条件的证券公司、保险资产管理公司、私募证券基金管理机构三类机构直接开展公募基金管理业务。

2013 年

● 2013 年 1 月规范投资创业板上市公司股票业务

保监会出台《关于保险资金投资创业板上市公司股票等有关问题的通知》，允许保险资金投资创业板上市公司股票。

● 2013 年 1 月启动历史存量保单投资蓝筹股政策

经国务院同意，保监会将启动历史存量保单投资蓝筹股政策，允许符合条件的部分持有历史存量保单的保险公司申请试点。

● 2013 年 2 月规范债权投资计划

为推动债权投资计划业务创新发展，提高监管效率和透明程度，债权投资计划发行将由备案制调整为注册制，保监会出台《关于债权投资计划注册有关事项的通知》。

● 2013 年 2 月规范资产管理产品业务试点

为支持保险资产管理公司开展资产管理产品（以下简称"产品"）业务试点，保护产品持有人权益，防范和控制风险，保监会出台《关于保险资产管理公司开展资产管理产品业务试点有关问题的通知》。

● 2013 年 6 月制定设立基金管理公司办法

证监会和保监会联合发布《保险机构投资设立基金管理公司试点办法》，申请投资设立基金管理公司的保险机构，包括保险公司、保险集团（控股）公司、保险资产管理公司和其他保险机构。

● 2013 年 7 月规范跨境人民币结算再保险业务

自 2012 年以来，国际金融环境发生深刻变化，我国逐步调整对跨境人民币结算的相关政策，《关于跨境人民币结算再保险业务有关问题的通知》（保监发〔2011〕49 号）中的部分规定已不适应跨境人民币结算再保险业务发展的要求。保监会发布《关于跨境人民币结算再保险业务有关问题的补充通知》。

● 2013 年 8 月加强外部信用评级监管

进一步加强保险资金信用风险管理，规范外部信用评级使用行为，中国保监会发布《关于加强保险资金投资债券使用外部信用评级监管的通知》。

● 2013 年 9 月规范资金运用比例监管

保监会发布《关于加强和改进保险资金运用比例监管的通知（征求意见稿）》，对各类资产重新分大类监管，更加关注投资品的真实属性，回归风险收益本质，其中增加了基础设施债权计划和不动产投资比例，由 20% 提升到 30%。

2014 年

●2014 年 1 月允许保险资金投资创业板上市公司股票

为促进保险业支持经济结构调整和转型升级，支持中小企业发展，优化保险资产配置结构，保监会发布《关于保险资金投资创业板上市公司股票等有关问题的通知》，允许保险资金投资创业板上市公司股票。

●2014 年 1 月启动历史存量保单投资蓝筹股政策

经国务院同意，保监会将启动历史存量保单投资蓝筹股政策，允许符合条件的部分持有历史存量保单的保险公司申请试点。

●2014 年 2 月加强和改进保险资金运用比例监管

为进一步推进保险资金运用体制的市场化改革，加强和改进保险资金运用比例监管，中国保监会出台《中国保监会关于加强和改进保险资金运用比例监管的通知》，系统梳理了现有的比例监管政策，并在整合和资产分类的基础上，形成了多层次比例监管框架。

●2014 年 3 月规范保险资金银行存款业务

为加强保险资金银行存款业务监管，防范资金运用风险，中国保监会出台《关于规范保险资金银行存款业务的通知》。

●2014 年 4 月授权北京等保监局开展保险资金运用监管试点

为防范保险资金运用风险，推进保险资金运用属地监管工作，优化配置监管资源，提高监管工作效率，保监会颁布《关于授权北京等保监局开展保险资金运用监管试点工作的通知》。

●2014 年 5 月规范资金运用关联交易信息披露

中国保监会制定《保险公司资金运用信息披露准则第 1 号：关联交易》，规范保险公司资金运用关联交易的信息披露行为，防范投资风险。

●2014 年 5 月制定集合资金信托计划有关事项

保监会出台《关于保险资金投资集合资金信托计划有关事项的通知》加强保险机构投资集合资金信托计划业务管理，规范投资行为，防范资金运用风险。

●2014 年 6 月规范内控与合规计分监管

为提高保险资金运用合规与内控监管的有效性，推进量化监管和分类监管，防范投资风险，中国保监会印发《保险资金运用内控与合规计分监管规则》。

●2014 年 8 月新"国十条"出台

《国务院关于加快发展现代保险服务业的若干意见》（国发〔2014〕29 号，简称新"国十条"）出台，明确了保险业未来发展的总体要求、重点任务和政策措施，提出到 2020 年，基本建成保障全面、功能完善、安全稳健、诚信规范，具有较强服务能力、创新能力和国际竞争力，与我国经济社会发展需求相适应的现代保险服务业，努力由保险大国向保险强国转变。同时提出了 9 个方面 29 条政策措施。

● 2014 年 10 月规范投资细则

中国保监会发布《关于保险资金投资优先股有关事项的通知》，允许保险资金直接投资优先股，并规范投资细则。

● 2014 年 10 月制定保险资产风险五级分类

为完善保险资金投后管理，科学审慎评估资产风险，提高保险资产质量，中国保监会发布《关于试行〈保险资产风险五级分类指引〉的通知》。

● 2014 年 10 月规范非保险子公司管理

保监会提出《保险公司所属非保险子公司管理暂行办法》，对保险公司所属非保险子公司的风险进行全面监测，切实防范风险传递，保护保险消费者利益，促进保险业健康发展。

● 2014 年 10 月保监会与银监会联合规范托管业务

为加强保险资产托管业务管理，规范保险资产托管行为，维护保险资产安全，中国保监会与中国银监会联合发布《关于规范保险资产托管业务的通知》。

● 2014 年 12 月规范保险资金运用属地监管试点

中国保监会办公厅发布《关于保险资金运用属地监管试点工作有关事项的通知》（保监厅发〔2014〕76 号），授权北京、上海、江苏、湖北、广东、深圳保监局代行部分保险资金运用监管职权。

● 2014 年 12 月规范保险资金投资创业投资基金业务

保监会发布《关于保险资金投资创业投资基金有关事项的通知》，允许保险资金投资创业投资基金，支持创业企业和小微企业健康发展，防范投资风险。

● 2014 年 12 月制定保险集团并表监管指引

中国保监会发布《关于印发〈保险集团并表监管指引〉的通知》，该通知以控制为基础，兼顾风险相关性，确定并表监管范围。同时明确了包括集团结构、公司治理、风险管理、内部交易、偿付能力、资产负债管理、流动性风险等七个方面的并表监管内容。

2015 年

● 2015 年 1 月"偿二代"政策出台

为完善我国保险监管体系，改进和加强偿付能力监管，深化保险业市场化改革，转变行业增长方式，更好地保护保险消费者权益，保监会于 2012 年启动了"中国风险导向偿付能力体系"（以下简称"偿二代"）建设工作，2015 年 1 月，保监会将研制完成的偿二代全部主干技术标准共 17 项监管规则予以发布。

● 2015 年 2 月规范保险资产管理产品风险责任人有关事项

为加强保险资产管理产品风险管理，落实保险资产管理产品业务风险责任，中国保监会发布《关于保险资产管理产品风险责任人有关事项的通知》。

● 2015 年 3 月调整境外投资业务

保监会发布《关于调整保险资金境外投资有关政策的通知》，进一步拓宽了海外投资范围、扩大了境外债券投资范围，开放了香港创业板股票投资领域。

● 2015 年 4 月规范关联交易有关问题

为进一步规范保险公司关联交易行为，有效防范经营风险，保护保险消费者合法权益，中国保监会出台《关于进一步规范保险公司关联交易有关问题的通知》。

● 2015 年 4 月制定信息披露准则

保监会印发《保险公司资金运用信息披露准则第 2 号：风险责任人》，规定了风险责任人的信息披露细则、保险公司风险责任人的信息披露行为，防范投资风险。

● 2015 年 7 月规范融资融券债权收益权业务

为维护资本市场健康稳定发展，防止股市非理性下跌，切实维护投资者和投保人合法权益，保监会发布《关于保险资产管理产品参与融资融券债权收益权业务有关问题的通知》，保险资产管理公司通过发行保险资产管理产品募集资金，与证券公司开展融资融券债权收益权转让及回购业务，可以协商合理确定还款期限，不得单方面强制要求证券公司提前还款。

● 2015 年 7 月规范蓝筹股票监管比例有关事项

为优化保险资产配置结构，促进资本市场长期稳定健康发展，保监会出台《关于提高保险资金投资蓝筹股票监管比例有关事项的通知》。

● 2015 年 7 月制定互联网保险业务监管办法

保监会印发《互联网保险业务监管暂行办法》，放开互联网保险业务经营区域的限制，鼓励保险机构通过互联网创新产品，提升保险行业的服务质量。同时针对目前互联网保险业务存在的诸多问题比如信息披露不充分、产品不规范等给出了具体的方案。

● 2015 年 8 月规范个人所得税优惠型保险业务

为贯彻落实财政部、国家税务总局、保监会《关于开展商业健康保险个人所得税政策试点工作的通知》（财税〔2015〕56 号）精神，促进个人税收优惠型健康保险业务健康发展，保护被保险人的合法权益，保监会研究制定了《个人税收优惠型健康保险业务管理暂行办法》。

●2015 年 9 月规范保险私募基金业务

为进一步发挥保险资金长期投资的独特优势，支持实体经济发展，防范相关风险，保监会就规范设立保险私募基金有关事项做出通知——《关于设立保险私募基金有关事项的通知》。

●2015 年 9 月规范资产支持计划业务

中国保监会根据基础资产风险状况和监督需要对基础资产的范围实施动态负面清单管理，印发《资产支持计划业务管理暂行办法》的通知。

●2015 年 10 月修改非保险金融产品销售规则

保监会发布《关于修改〈中国保监会关于严格规范非保险金融产品销售的通知〉的通知》，进一步强调保险从业人员不得销售非保险金融产品，同时对于销售人员的资质提出了更高的要求，有助于优化保险销售人员的整体素质，防止因销售误导或不当出现风险交叉传递。

●2015 年 12 月出台保险资金运用内部控制指引

为防范新形势下保险公司资产负债错配风险和流动性风险，加强对保险公司资产配置行为的监管，保监会印发《保险资金运用内部控制指引》及应用指引的通知。

●2015 年 12 月完善保险资金运用信息披露准则

针对 2015 年保险公司频繁举牌上市公司的激进行为，保监会要求保险公司举牌上市公司股票的信息披露行为更为规范，防范投资风险，就此保监会印发《保险公司资金运用信息披露准则第 3 号：举牌上市公司股票》。

●2015 年 12 月规范中国保险保障基金有限责任公司业务监管办法

为进一步完善保险保障基金管理机制，保护投保人利益，防范风险，维护保险市场平稳健康发展，保监会对《中国保险保障基金有限责任公司业务监管暂行办法》进行了修订，并印发《中国保险保障基金有限责任公司业务监管办法》（以下简称《办法》）。

●2015 年 12 月规范保险业防范和处置非法集资工作

为严厉打击涉及保险领域的非法集资活动，切实防范化解保险业非法集资风险，进一步完善健全行业非法集资风险防控体系和工作机制，明确保险业防范和处置非法集资工作的责任和工作要求，中国保监会印发《关于进一步做好保险业防范和处置非法集资工作的通知》。

## 2016年

● 2016年5月完善保险资金运用信息披露准则

为规范保险公司大额未上市股权和大额不动产投资的信息披露行为，防范投资风险，中国保监会印发《保险公司资金运用信息披露准则第4号：大额未上市股权和大额不动产投资》。

● 2016年5月加强保险公司管理交易信息披露

为提高保险资金投资运作透明度，中国保监会出台《关于进一步加强保险公司管理交易信息披露工作有关问题的通知》。

● 2016年6月规范组合类保险资产管理产品业务监管

为加强保险资产管理产品业务监管，规范市场行为，强化风险管控，对组合类保险资产管理产品业务进行规范，中国保监会出台《关于加强组合类保险资产管理产品业务监管的通知》。

● 2016年6月规范保险资金间接投资基础设施

保险机构对PPP项目投资态度仍然较为谨慎，《保险资金间接投资基础设施项目管理办法》的出台对于保险机构投资PPP项目具有一定的促进作用。

● 2016年6月规范保险资管公司通道类业务

为对通道类业务进行限制，防范监管套利，中国保监会印发《中国保监会关于清理规范保险资产管理公司通道类业务有关事项的通知》。

● 2016年7月规范保险公司股权管理

保监会对保险公司单一股东持股比例已进行多次调整，目前多数险企的单一股东都面临超标持股的风险，中国保监会特印发《保险公司股权管理办法》。

## 2017年

● 2017年1月进一步规范保险资金股票投资监管

为进一步明确保险机构股票投资监管政策，规范股票投资行为，防范保险资金运用风险，中国保监会印发《关于进一步加强保险资金股票投资监管有关事项的通知》。

● 2017年5月支持保险资金更好地服务实体经济

为深入贯彻落实《中共中央 国务院关于深化投融资体制改革的意见》（中发〔2016〕18号）和《国务院关于加快发展现代保险服务业的若干意见》（国发〔2014〕29号）精神，推动政府和社会资本合作（PPP）项目融资方式创新，支持保险资金更好地服务实体经济，中国保监会出台《关于保险资金投资政府和社会资本合作项目有关事项的通知》。

● 2017 年 5 月加强保险资金服务实体经济

为支持保险资金投资关系国计民生的重大工程，进一步服务实体经济，中国保监会出台《关于债权投资计划投资重大工程有关事项的通知》。

2018 年

● 2018 年 1 月提出保险资金运用管理的基础性制度

中国保监会印发《保险资金运用管理办法》。明确保险资金投资的主要形式，规定保险资金运用的管理模式，重点明确保险资金运用的决策机制和风险管控机制，要求保险机构健全公司治理和内部控制，切实承担各项管理职责和相关风险，明确监管机构对保险机构和相关当事人的违规责任追究。

● 2018 年 1 月规范保险资产管理机构股权投资计划设立业务

保监会印发《关于保险资金设立股权投资计划有关事项的通知》。

● 2018 年 3 月规范保险集团开展内保外贷业务

保监会印发《关于规范保险机构开展内保外贷业务有关事项的通知》（保监发〔2018〕5 号）。

● 2018 年 10 月加强险资在金融市场的作用

银保监会印发《关于保险资产管理公司设立专项产品有关事项的通知》（银保监发〔2018〕65 号），旨在化解优质上市公司股票质押流动性风险，为优质上市公司和民营企业提供长期融资支持，维护金融市场。

2019 年

● 2019 年 1 月 25 日，中国银保监会发布《关于保险资金投资银行资本补充债券有关事项的通知》，允许保险资金投资银行发行二级资本债券和无固定期限资本债券，并分别就政策性银行和商业银行发行的上述债券的管理标准进行明确，同时分别就二级资本债券、无固定期限资本债券的评级做出规定，并明确了发行人应符合的条件。

● 2019 年 5 月 7 日，中国银保监会办公厅发布《关于保险资金参与信用风险缓释工具和信用保护工具业务的通知》，完善市场信用风险分散分担机制，允许保险资金参与信用风险缓释工具和信用保护工具，并对保险资金参与信用衍生品的业务进行规范，要求保险资金不得作为信用风险承担方、仅限于对冲风险，且对参与机构的资质提出要求。

● 2019年6月17日，中国银保监会办公厅发布《关于资产支持计划注册有关事项的通知》，中国银保监会对保险资产管理机构首单资产支持计划之后发行的支持计划，实行注册制管理，交由中保保险资产登记交易系统有限公司（以下简称"中保登"）办理注册工作。

● 2019年6月19日，中国银保监会办公厅发布《关于保险资金投资集合资金信托有关事项的通知》，旨在规范保险资金投资集合资金信托业务，对保险机构投资集合资金信托的决策机制、风险责任人、信托公司选择标准进行明确，并对集合资金信托的基础资产类型、投向、评级做出限定，严禁通道业务和劣后级投资，明确了保险资金去通道、去嵌套的监管导向，有利于限制不合理、不合规的投资业务开展。

● 2019年11月22日，中国银保监会发布《保险资产管理产品管理暂行办法（征求意见稿）》（以下简称《保险资管暂行办法（征）》）。银保监会在制定《保险资管暂行办法（征）》时，遵循坚持保险资管产品的私募定位、坚持严控风险的底线思维、坚持保险资管产品的中长期特色以及坚持原则导向和规则细化相结合的原则。

● 2019年12月16日，中国银保监会印发《关于将澳门纳入保险资金境外可投资地区的通知》，进一步规范保险资金境外投资行为，切实支持粤港澳大湾区建设，扩增保险资金可投资区域。

**2020年**

● 2020年5月20日，银保监会发布《关于保险资金投资银行资本补充债券有关事项的通知》，放宽了保险资金投资的资本补充债券发行人条件；取消了可投债券的外部信用等级要求；明确了保险机构信用风险管理能力应当达到银保监会规定的标准，并且上季度末偿付能力充足率不得低于120%；要求保险机构按照发行人对资本补充债券权益工具或者债务工具分类，相应确认为保险机构的权益类资产或者固定收益类资产，纳入相应监管比例管理。

● 2020年6月23日，银保监会发布了《保险资金参与国债期货交易规定》，并同步修订了《保险资金参与金融衍生产品交易办法》和《保险资金参与股指期货交易规定》。《保险资金参与国债期货交易规定》的发布，进一步丰富了保险资金运用风险对冲工具，有利于保险公司加强资产负债管理，增强风险抵御能力。同时，《保险资金参与金融衍生产品交易办法》《保险资金参与股指期货交易规定》的修订，统一了监管口径，完善了保险资金参与金融衍生品交易的监管规制体系，有利于扩大保险机构的选择权，也有利于夯实保险机构履行全面风险管理的主体责任，强化风险意识,持续加强风险管理能力建设。

● 2020年7月17日,银保监会发布了《关于优化保险公司权益类资产配置监管有关事项的通知》(以下简称《通知》)。《通知》规定,险资配置权益类资产最高可占到上季度末总资产的45%。

● 2020年9月11日,为了贯彻落实资管新规,进一步规范保险资产管理产品业务发展,细化《保险资产管理产品管理暂行办法》的相关规定,银保监会发布了《组合类保险资产管理产品实施细则》《债权投资计划实施细则》《股权投资计划实施细则》三个细则。三个细则遵循以下原则:一是坚持严控风险的底线思维,二是坚持服务实体经济的导向,三是坚持深化"放管服"改革优化营商环境,四是坚持与大资管市场同类私募产品规则拉平。

● 2020年11月13日,银保监会发布了《关于保险资金财务性股权投资有关事项的通知》,其核心内容是取消保险资金财务性股权投资的行业限制,通过"负面清单+正面引导"机制,提升保险资金服务实体经济能力。

**保险资产管理公司一览表**

| 公司名称 | 设立时间 | 注册地 | 股东情况 | 注册资本 | 管理资产规模 | 产品和服务内容 |
|---|---|---|---|---|---|---|
| 中国人保资产管理股份有限公司 | 2003年 | 上海 | 股东为中国人民保险集团股份有限公司和慕尼黑再保险资产管理公司 | 8亿元人民币 | 超过8200亿元人民币 | 公司具备保监会核准的股票投资能力、无担保债券投资能力、股权投资能力、基础设施投资计划产品创新能力、不动产投资计划产品创新能力、衍生品运用能力(股指期货)和信托产品投资能力,具有人社部批准的企业年金投资管理人资格和国家外汇局批准的经营外汇业务资格,获准发行投资理财产品和受托管理合格投资者资金 |
| 中国人寿资产管理有限公司 | 2003年 | 北京 | 由中国人寿保险(集团)和中国人寿保险股份有限公司共同出资设立 | 30亿元人民币 | 超过21000亿元人民币 | 业务涵盖固定收益类投资、权益类投资、项目投资及国际业务 |

续表

| 公司名称 | 设立时间 | 注册地 | 股东情况 | 注册资本 | 管理资产规模 | 产品和服务内容 |
| --- | --- | --- | --- | --- | --- | --- |
| 华泰资产管理有限公司 | 2005年 | 上海 | 由华泰保险集团股份有限公司发起设立 | 1亿元人民币 | 超过1500亿元人民币 | 经营范围包括管理运用自有资金及保险资金、受托资金管理业务、与资金管理业务相关的咨询业务以及国家法律法规允许的其他资产管理业务 |
| 平安资产管理有限责任公司 | 2005年 | 上海 | 由中国平安保险（集团）股份有限公司发起设立 | 5亿元人民币 | 19700亿元人民币 | 涵盖资本市场及非资本市场等投资领域，具有长期成功大额资产投资管理经验及跨市场资产配置和全品种投资能力 |
| 中再资产管理股份有限公司 | 2005年 | 北京 | 由中国再保险（集团）股份有限公司、中国大地财产保险股份有限公司、中国人寿再保险股份有限公司、中国财产再保险股份有限公司、瑞士再保资产管理（亚洲）有限公司、福禧投资控股有限公司六家股东联合发起成立 | 5亿元人民币 | 超过130亿元人民币 | 拥有包括受托管理保险资金业务资格、信用风险管理能力资格、基础设施债券投资计划受托投资能力资格、基础设施债券投资计划产品创新能力资格、不动产投资计划产品创新能力资格、股权投资业务能力资格及不动产投资资格在内的全部保监会同意开展的资金运用业务能力资格 |
| 泰康资产管理有限责任公司 | 2006年 | 北京 | 股东为泰康人寿保险股份有限公司和中诚信托有限责任公司 | 10亿元人民币 | 超过8300亿元人民币 | 投资范围涵盖固定收益投资、权益投资、境外投资、基础设施及不动产投资、股权投资、金融产品投资等，所提供的服务和产品包括保险资金投资管理、另类项目投资管理、企业年金投资管理、金融同业业务、财富管理服务、资产管理产品、养老金产品、境外理财产品、QDII（合格境内机构投资者）专户、公募基金产品等 |

续表

| 公司名称 | 设立时间 | 注册地 | 股东情况 | 注册资本 | 管理资产规模 | 产品和服务内容 |
|---|---|---|---|---|---|---|
| 太平洋资产管理有限责任公司 | 2006年 | 上海 | 股东为中国太平洋保险（集团）股份有限公司、中国太平洋人寿保险股份有限公司、中国太平洋财产保险股份有限公司 | 5亿元人民币 | — | 公司具备中国保监会要求的股票投资能力、无担保债券投资能力、股权投资能力、不动产投资能力、基础设施投资计划产品创新能力、不动产投资计划产品创新能力和衍生品运用等多项能力 |
| 太平资产管理有限公司 | 2006年 | 上海 | 由中国太平保险集团公司发起设立 | 1亿元人民币 | 超过3000亿元 | 具有丰富的海内外保险经营和资产管理经验 |
| 新华资产管理股份有限公司 | 2006年 | 北京 | 控股股东为新华人寿保险股份有限公司 | 5亿元人民币 | 约5000亿元人民币 | 公司日益成为国内外股票市场、基金市场、债券市场等资本市场上重要的大型机构投资者之一 |
| 安邦资产管理有限责任公司 | 2011年 | 北京 | 由安邦保险集团股份有限公司发起设立 | 6亿元人民币 | — | 以受托管理保险资金为主要业务，投资范围涵盖固定收益类资产、权益类资产、流动性资产、不动产类资产、其他金融产品类资产等，同时提供的服务和产品包括受托保险资金投资管理，定向或集合保险资产管理产品，以及基础设施债权投资计划、不动产投资计划、项目资产支持计划等创新金融产品等 |

续表

| 公司名称 | 设立时间 | 注册地 | 股东情况 | 注册资本 | 管理资产规模 | 产品和服务内容 |
| --- | --- | --- | --- | --- | --- | --- |
| 生命保险资产管理有限公司 | 2011年 | 深圳 | 股东为富德保险控股股份有限公司、富德生命人寿保险股份有限公司和深圳市富德金融投资控股有限公司 | 1亿元人民币 | 近千亿元人民币 | 已获得信用风险管理能力、股票投资能力、不动产投资计划产品创新能力、基础设施债权计划产品创新能力、股指期货运用能力等5项能力,并与公司股东共享股权、不动产投资能力及团队,投资范围涵盖了固定收益投资、权益投资、基础设施不动产投资、股权投资等,所提供的产品和服务包括保险及非保险资金受托管理、另类项目投资管理、资产管理产品、基础设施债权投资计划、不动产投资计划、投资顾问等 |
| 光大永明资产管理股份有限公司 | 2012年 | 北京 | 由中国光大集团股份公司和光大永明人寿保险有限公司共同发起设立 | 5亿元人民币 | 超过4300亿元人民币 | 公司获得了中国保监会信用风险管理能力、债权投资计划产品创新能力和股票直接投资能力备案,拥有广大的业务空间和强大的业务创新能力;具有全国银行间债券市场交易资格,并在中央国债登记结算有限责任公司和上海清算所股份有限公司申请了DVP(券款对付)服务 |
| 合众资产管理股份有限公司 | 2012年 | 北京 | 由合众人寿保险股份有限公司和中发实业(集团)有限公司共同发起设立 | 1亿元人民币 | — | — |

续表

| 公司名称 | 设立时间 | 注册地 | 股东情况 | 注册资本 | 管理资产规模 | 产品和服务内容 |
|---|---|---|---|---|---|---|
| 民生通惠资产管理有限公司 | 2012年 | 上海 | 由民生人寿保险股份有限公司出资设立 | 1亿元人民币 | 约700亿元人民币 | 公司具有基础设施投资计划、不动产投资计划、项目资产支持计划及资产管理产品的设立发行资格 |
| 阳光资产管理股份有限公司 | 2012年 | 深圳 | 主要股东有阳光保险集团股份有限公司、阳光人寿保险股份有限公司、阳光财产保险股份有限公司等 | 1亿元人民币 | 5898.13亿元人民币 | 主要业务包括管理运用自有资金、保险资金、受托资产管理以及与资金管理相关的咨询业务,其业务领域涵盖权益投资、固定收益投资、股权投资、金融产品投资、境外投资、基础设施及不动产投资等多个方面 |
| 中英益利资产管理股份有限公司 | 2013年 | 北京 | 由中英人寿、信泰人寿、华润信托和凯石投资共同出资组建 | 1亿元人民币 | — | 受托管理委托人委托的人民币、外币资金;管理运用自有人民币、外币资金;开展保险资产管理产品业务等 |
| 中意资产管理有限责任公司 | 2013年 | 北京 | 由中意人寿保险有限公司、中意财产保险有限公司、昆仑信托有限责任公司三方共同出资设立 | 2亿元人民币 | 超过740亿元人民币 | 受托管理委托人委托的人民币、外币资金;管理运用自有人民币、外币资金;开展保险资产管理产品业务等 |
| 华安财保资产管理有限责任公司 | 2013年 | 天津 | 由华安财产保险股份有限公司和特华投资控股有限公司共同筹建 | 2亿元人民币 | — | 受托管理委托人委托的人民币、外币资金;管理运用自有人民币、外币资金;开展保险资产管理产品业务等 |
| 长城财富资产管理股份有限公司 | 2015年 | 深圳 | 股东为长城人寿保险股份有限公司、北京金融街投资(集团)有限公司、工布江达长润投资管理有限公司和中建二局第三建筑工程有限公司 | 1亿元人民币 | — | 受托管理委托人委托的人民币、外币资金;管理运用自有人民币、外币资金;开展保险资产管理产品业务等 |

续表

| 公司名称 | 设立时间 | 注册地 | 股东情况 | 注册资本 | 管理资产规模 | 产品和服务内容 |
|---|---|---|---|---|---|---|
| 英大保险资产管理有限公司 | 2015年 | 北京 | 由国家电网公司资产管理有限公司等31家国有大型骨干企业发起设立 | 12亿元人民币 | — | 受托管理委托人委托的人民币、外币资金；管理运用自有人民币、外币资金；开展保险资产管理产品业务等 |
| 华夏久盈资产管理有限责任公司 | 2015年 | 北京 | 由华夏人寿保险股份有限公司和北京世纪力宏计算机软件科技有限公司共同发起设立 | 1亿元人民币 | 2000亿元人民币 | 受托管理委托人委托的人民币、外币资金；管理运用自有人民币、外币资金；开展保险资产管理产品业务等 |
| 建信保险资产管理有限公司 | 2016年 | 深圳 | 由建信人寿保险有限公司和建银国际（中国）有限公司共同发起设立 | 1亿元人民币 | — | — |
| 百年资产管理有限责任公司（筹） | — | 大连 | 由百年人寿保险股份有限公司、大连一方地产有限公司和江西恒茂房地产开发有限公司3家企业共同出资设立 | 1亿元人民币 | — | — |
| 永诚保险资产管理有限公司 | 2016年 | 宁波 | 由永诚财产保险股份有限公司全资发起设立 | 3亿元人民币 | 2.45亿元人民币 | 受托管理委托人委托的人民币、外币资金，管理运用自有人民币、外币资金，开展保险资产管理产品业务，中国银保监会批准的其他业务，国务院其他部门批准的业务 |
| 工银安盛资产管理有限公司 | 2019年 | 上海 | 由工银安盛人寿保险有限公司100%持股 | 1亿元人民币 | 1.3亿元人民币 | 受托管理委托人委托的人民币、外币资金，管理运用自有人民币、外币资金，开展保险资产管理产品业务，中国银保监会批准的其他业务，国务院其他部门批准的业务 |

续表

| 公司名称 | 设立时间 | 注册地 | 股东情况 | 注册资本 | 管理资产规模 | 产品和服务内容 |
|---|---|---|---|---|---|---|
| 交银康联资产管理有限公司 | 2019年 | 上海 | 由交银康联人寿保险有限公司100%持股 | 1亿元人民币 | 1.25亿元人民币 | 受托管理委托人委托的人民币、外币资金，管理运用自有人民币、外币资金，开展保险资产管理产品业务，中国银保监会批准的其他业务，国务院其他部门批准的业务 |
| 中信保诚资产管理有限责任公司 | 2020年 | 北京 | 中信保诚人寿持股100% | 5亿元人民币 | — | 受托管理委托人委托的人民币、外币资金，管理运用自有人民币、外币资金，开展保险资产管理产品业务，中国银保监会批准的其他业务，国务院其他部门批准的业务 |
| 招商信诺资产管理有限公司 | 2020年 | 北京 | 招商信诺人寿保险有限公司持股87.35%，招银国际资本管理（深圳）有限公司持股4.99%，招银国际金融控股（深圳）有限公司持股4.99%，招银金融控股（深圳）有限公司持股2.67% | 5亿元人民币 | — | 受托管理委托人委托的人民币、外币资金，管理运用自有人民币、外币资金，开展保险资产管理产品业务，与资产管理业务相关的咨询业务，中国银保监会批准的其他业务，国务院其他部门批准的业务 |
| 中再资产管理（香港）有限公司 | 2015年 | 香港 | — | 1亿港币 | — | — |
| 中国人保香港资产管理公司 | 2014年 | 香港 | — | 5000万港币 | — | — |

续表

| 公司名称 | 设立时间 | 注册地 | 股东情况 | 注册资本 | 管理资产规模 | 产品和服务内容 |
|---|---|---|---|---|---|---|
| 新华资产管理（香港）有限公司 | 2013年 | 香港 | — | 5000万港币 | — | — |
| 生命资产管理（香港）有限公司 | 2012年 | 香港 | — | 1亿港币 | — | — |
| 安邦资产管理（香港）有限公司 | 2011年 | 香港 | — | 2亿港币 | — | — |
| 中国太保资产管理（香港）有限公司 | 2009年 | 香港 | — | 5000万港币 | — | — |
| 华泰资产管理（香港）有限公司 | 2007年 | 香港 | — | 1500万港币 | — | — |
| 中国人寿富兰克林资产管理公司 | 2006年 | 香港 | — | 6000万港币 | — | — |
| 泰康资产管理（香港）公司 | 2007年 | 香港 | — | 1500万港币 | — | — |
| 中国平安资产管理（香港）有限公司 | 2006年 | 香港 | — | — | — | — |
| 太平资产管理（香港）有限公司 | 1996年 | 香港 | — | — | — | — |

注：数据截至2020年12月31日。

资料来源：银保监会官网、各公司官网。

# 参考文献

[1] 寇业富,陈辉,周桦. 保险蓝皮书——中国保险市场发展分析(2020)[M]. 北京:中国经济出版社,2020.

[2] 寇业富,陈辉,张宁,周县华. 2020中国保险公司竞争力评价研究报告[M]. 北京:中国财政经济出版社,2020.

[3] 寇业富. 医疗保险索赔模型研究[M]. 北京:中国财政经济出版社,2011.

[4] 陈辉. 数据之美:精准捕捉未来的商业小趋势[M]. 北京:中信出版社,2019.

[5] 张宁. 金融保险:深度学习[M]. 北京:经济科学出版社,2018.

[6] 郑智. 中国资产管理行业发展报告(2017)[M]. 北京:社会科学文献出版社,2017.

[7] 保监会. 中国保险资产管理发展报告(2018)[M]. 北京:中国金融出版社,2018.

[8] 寇业富,李晓林. 寿险公司业务结构的相似性分析及其聚类研究[J]. 中央财经大学学报,2009(2).

[9] 李晓林. 寿险产品体系研究[M]. 中央财经大学学报,2005(7).

[10] 石晓军,闫竹. 发达国家保险发展特点及其经验借鉴:OECD国家20年保险发展透视[J]. 保险研究,2015(7):3-14.

[11] 万怡婷. 德国保险市场研究[J]. 商,2015(21):243-244.

[12] 许闲. 金融危机下德国保险监管的应对与借鉴[J]. 中国金融,2010(1):41-42.

[13] 陈敬元. 德国保险业风险防控的实践与启示[J]. 中国保险,2017(12):61-64.

[14] 刘仁伍. 中国保险业:现状与发展[M]. 北京:社会科学文献出版社,2008.

[15] 秦亦菲,李晓林. 保险市场逆向选择问题研究新进展[M]. 经济学动态,

2008(3).

[16] 华宝证券. 保险资产管理行业 2012 年度报告[R]. 2013.

[17] 华宝证券."泛资管"时代下的保险资产管理行业:2013 年保险资产管理行业报告[R]. 2014.

[18] 华宝证券."新常态"下的保险资产管理行业:2014 年保险资产管理行业报告[R]. 2015.

[19] 华宝证券. 低利率下的保险资产管理行业:2016 年保险资产管理行业报告[R]. 2017.

[20] 华泰证券. 保险行业深度报告[R]. 2016.

[21] 中信建投证券. 我国保险资管发展概况及中报举牌梳理[R]. 2016.

[22] 苏向杲. 保险资管产品注册规模突破 1.8 万亿元 "一带一路"保险资金投入 6260 亿元[N]. 证券日报,2017-05-18(B02).

[23] 李超. 险资"定投"蓝筹 保险资管计划股债双收[N]. 中国证券报,2017-03-01(A06).

[24] 吴海燕. 保险资管存量规模破 1.6 万亿 不动产投资占比最大[N]. 证券时报,2017-01-05(A05).

[25] 蔡虹."偿二代"实施对保险资产管理的重大影响——基于资产端的研究[J]. 上海保险,2017(2):10-14.

[26] 张伟楠. 保险资产管理进入新时代[N]. 中国保险报,2017-01-23(001).

[27] 贾雅琪. 中国保险资金另类投资问题研究[D]. 首都经济贸易大学,2016.

[28] 赵燕妮,郭金龙. 英国保险业演化发展过程及对我国的启示[J]. 金融理论与实践,2014(12).

[29] 赵燕妮. 英国人寿保险市场发展现状及五力分析模型[J]. 时代金融,2016(1).

[30] 赵玉林,主编. 产业经济学原理及案例(第三版)[M]. 北京:中国人民大学出版社,2014.

[31] 苏东水,主编. 产业经济学(第四版)[M]. 北京:高等教育出版社,2015.

[32] 刘志彪,安同良. 现代产业经济分析[M]. 南京:南京大学出版社,2014.

[33] 蒲成毅. 保险产业结构与保险发展的关系[J]. 保险研究,2005(6).

[34] 王森. 保险资管大象起舞[J]. 金融客,2016(1):78-87.

[35] 李光荣. 保险举牌常态化[J]. 英才,2016(5):96-97.

[36] 曾炎鑫. 去年险资举牌股票市值 1257 亿元 目前浮盈 13.75%[N]. 证券

时报,2016-01-20(A5).

[37] 吴世农,李常青,余玮. 我国上市公司成长性的判定分析和实证研究[J]. 南开管理评论,1999(4).

[38] 普华永道发布. 中国保险中介行业发展趋势白皮书[EB/OL]. https://www.pwccn.com/zh/insurance/insurance-trend-report-2019.pdf.

[39] 魏华林. 中国保险中介市场问题研究[J]. 保险研究,2002(6):4-7.

[40] 陈淑锐,付立新. 数据时代保险中介行业转型[J]. 中国金融,2021(5):76-77.

[41] 褚福灵. 中国社会保障制度解读[M]. 天津:天津人民出版社,2020.

[42] 张洪涛,张俊岩. 保险学(第四版)[M]. 北京:中国人民大学出版社,2014.

[43] Sigma Insurance Data Resource, http://www.Sigma-explore.com.

[44] Insurance Council of Australia, http://www.insurancecouncil.com.au.

[45] Australian Prudential Regulation Authority, http://www.apra.gov.au.

[46] history_of_insurance_japan_150years, http://www.swissre.com.

[47] The General Insurance Association of Japan, http://www.sonpo.or.jp.

[48] The Life Insurance Association of Japan, http://www.seiho.or.jp.

[49] Financial Services Agency, http://www.fsa.go.jp.

# 后 记

本报告的写作得到学校的大力支持和帮助,在此对中央财经大学保险学院院长、中国精算研究院院长李晓林教授、中国精算研究院副院长池义春教授,以及保险学院、中国精算研究院的其他领导和老师(陈建成教授、郑苏晋教授、徐景峰教授、高洪忠副研究员等)表示衷心的感谢!

报告得到教育部[①]、中央财经大学保险学院、中国精算研究院[②]等单位的课题资助和支持,在此表示衷心的感谢!

报告的完成得益于课题组成员的团结和辛苦工作,课题组成员既有从事保险、精算教育多年的教师,也有具有丰富保险、精算实践经验的业界精英。

有许多保险、精算专业的研究生和本科生参与了数据的搜集、整理等工作,为报告的完成付出了很多艰辛繁杂的劳动。主要有:南杨姝祺、孙蕾、许姜昕、司迪、余媛媛、沈益帆、吴红、王星宇、彭若薇、胡旭、李亚如、杨忠诺、刘晓明、陈昊等,在此对他们的付出表示感谢!感谢中国精算研究院办公室的王庆焕、薛丽娜、许丽文等为本书的出版付出的劳动!

课题组在指标的设立、信息的搜集整理、模型的探索完善等方面付出了很大的努力,但是《2021保险蓝皮书——中国保险市场发展分析》中的不足和疏漏之处在所难免,欢迎各位读者不吝赐教,以便我们做进一步的修改和完善。

---

① 受到高等学校学科创新引智计划——"保险风险分析与决策"学科创新引智基地(NO. B17050)、教育部人文社会科学重点研究基地重大项目"数据时代商业保险服务健康保障体系的机制与智能路径研究"(项目批准号:16JJD790062)和"大数据背景下的风险量化与保险业发展指数体系研究"(项目批准号:16JJD790060)的资助。

② 2021年度学科建设专项经费(中国精算研究院)提升自主创新和社会服务能力(项目号:022859320006)。

联系方式：kouyefu@ cufe. edu. cn。

寇业富

2021 年 7 月 20 日

# 北京智方圆税务师事务所简介

北京智方圆税务师事务所有限公司成立于2017年，现有员工60人，2018年被中国注册税务师协会认定为4A级税务师事务所。智方圆名字内涵：遵循税法，智慧圆通。智方圆企业文化：服务社会、实现自我、科学合理、简单透明、合作包容、敬业进取。

智方圆位于北京CBD核心区的万达广场9号楼4层，占据整个楼层的四分之三，附近有1号线、10号线、14号线三条地铁，步行15分种以内。

智方圆为客户提供四项专业涉税服务：税务代理、税务鉴证、税务咨询、税务内控。提供三项综合服务：税企分歧沟通、涉税课题研究、推动政策调整。智方圆涉税服务的目标，在于帮助客户规避税务风险、创造税务价值、改进税务管理。

智方圆为中国人寿集团、中国人寿资管、中意人寿、大家保险、中投公司（CIC）、中国国新控股、新天域资本、中信产业基金、双维投资、国家能源财务公司、华夏基金等大型金融企业，以及中石油、中石化、中海油等能源企业提供常年税务顾问、课题研究、行政复议等涉税服务。

联系人：望　娟
电　话：010－58208701；150 1150 2286
邮　箱：wangjuan@cstcta.com